KTS Schriften zum Insolvenzrecht

Herausgegeben von
Reinhard Bork · Rolf Stürner

Band 65

Carl Heymanns Verlag 2020

Pre-Packaged Deals

Die Regulierung vorgeplanter, vorzeitiger
Unternehmensverkäufe in der Insolvenz
in England und Deutschland

Von Jasper Bothe

Carl Heymanns Verlag 2020

Zitiervorschlag: *Bothe*, Pre-Packaged Deals (KTS Bd. 65), S. 1

Bibliografische Information der Deutschen Nationalbibliothek
Die Deutsche Nationalbibliothek verzeichnet diese Publikation in der
Deutschen Nationalbibliografie; detaillierte bibliografische Daten sind
im Internet über http://dnb.d-nb.de abrufbar.

ISBN 978-3-452-29687-0

www.wolterskluwer.de

Umschlagkonzeption: Martina Busch, Grafikdesign, Homburg Kirrberg
Satz: R. John + W. John GbR, Köln
Druck und Weiterverarbeitung: SDK Systemdruck Köln GmbH & Co. KG

Gedruckt auf säurefreiem, alterungsbeständigem und chlorfreiem Papier.

Für meine Eltern

und Theresa

Vorwort

Die vorliegende Arbeit wurde im Sommersemester 2020 von der Fakultät für Rechtswissenschaft der Universität Hamburg als Dissertation angenommen. Sie befindet sich hinsichtlich der Rechtsprechungs- und Literaturnachweise auf dem Stand der kurz zuvor erfolgten Einreichung. Ihre Leitfrage ist: Welchen Spielraum bieten das englische und das deutsche Insolvenzrecht für die sog. *pre-packaged deals*, die nicht nur im wissenschaftlichen Diskurs in letzter Zeit besondere Aufmerksamkeit genossen haben? Die Arbeit bietet einen umfassenden Vergleich der einschlägigen Verfahrensregelungen, beleuchtet zugleich aber auch eine Vielzahl von selbstständigen Einzelfragen, die sich in diesem Kontext stellen.

Meinem verehrten Doktorvater, Herrn Prof. Dr. Reinhard Bork, danke ich herzlich für die Anregung dieser Untersuchung, den großen wissenschaftlichen Freiraum und die erhebliche Unterstützung, die ich bei ihrer Durchführung genießen durfte. Ihm und Herrn Prof. Dr. Dres. h.c. Rolf Stürner gilt ferner mein Dank für die Aufnahme in diese Schriftenreihe. Herrn Prof. Dr. Hinrich Julius danke ich für die zügige Erstellung des Zweitgutachtens. Auch all den Kolleginnen und Kollegen aus meiner schönen und lehrreichen Zeit als wissenschaftlicher Mitarbeiter am Lehrstuhl für Zivilprozess- und Allgemeines Prozessrecht der Universität Hamburg, während der ein maßgeblicher Teil dieser Arbeit entstanden ist, bin ich zu großem Dank für ihren jeweiligen Beitrag verpflichtet. Außerdem durfte ich von einem Forschungsaufenthalt an der University of Oxford und einer Hospitation bei der Londoner *barristers' chambers* South Square profitieren. Herrn Prof. Dr. Horst Eidenmüller, LL.M. (Cantab.) und den dortigen *barristers* danke ich jeweils für die freundliche Aufnahme und die währenddessen gewährten Einblicke. Schließlich standen mir an verschiedenen Stellen auf dem langen Weg bis zur Promotion meine ehemaligen »Chefs« Frau Dr. Stefanie Böhnstedt, LL.M. (Cornell), Herr Jochen Ellrott und Herr Prof. Dr. Rupprecht Podszun, vor allem aber Herr Prof. Dr. Klaus Bartels dankenswerterweise fördernd zur Seite.

Im tiefsten Dank verbunden bin ich meiner Familie und meinen Freunden. Sie haben mich in der gesamten Promotionszeit großartig unterstützt. Je nach Bedarf wurde Ablenkung, Motivation und/oder Rat geboten und stets viel Geduld gezeigt. Sie sind – nicht nur deshalb – mein größtes Glück. Nach Kai waren Cornelius, Felix, Jan, Lorenz, Markus und Ole sowie Georg und Lotta wohl besonders »nah dran« an dieser Arbeit und den *ups and downs* während ihrer Entstehungszeit. In der ersten Reihe standen dabei aber wieder einmal meine Eltern und Theresa, denen ich dieses kleine Buch daher widmen möchte.

Frankfurt am Main, im Oktober 2020   *Jasper Bothe*

VII

Inhaltsübersicht

Inhalt

Einleitung

Die Insolvenz eines Unternehmens in Deutschland endet bekanntlich oftmals darin, dass es im Ganzen oder ein selbstständiger Teil davon im werbenden Zustand verkauft wird – die »gute alte« sog. übertragende Sanierung[1] gilt gemeinhin als Mittel »erster Wahl«[2] und »Erfolgsmodell« in »über 90 %« der Fälle[3]. Der positive Erstbefund schützt jedoch keineswegs davor, den Status quo einer kritischen Überprüfung zu unterziehen. Denn Raum zur Verbesserung kann grundsätzlich immer noch bestehen und ist freilich gerade bei einem derart praxisrelevanten Institut zu suchen. Außerdem rückt die aktuelle gesamtwirtschaftliche Entwicklung nicht nur hierzulande das Insolvenz- und Sanierungsrecht und dessen Leistungsfähigkeit wieder voll in den Fokus. Dabei stört nicht, dass der europäische Gesetzgeber insbesondere mit den Restrukturierungsplänen seiner Richtlinie über präventive Restrukturierungsrahmen[4] zuletzt eher andere Sanierungsinstrumente als den »einfachen« Verkauf gefördert hat. Denn in der rechtsökonomischen Forschung wird immer wieder aufgezeigt, dass letztere Variante außer in Sonderfällen, insbesondere bei Unternehmen mit wichtigen rechtsträgerspezifischen, also nicht (leicht) übertragbaren Assets, prinzipiell die effizientere ist.[5] Vielmehr ist auch von Interesse, ob sich das deutsche Recht mit seiner übertragenden Sanierung im (wissenschaftlichen) Wettbewerb der Rechtsordnungen[6] ebenfalls bewähren kann, sie also nicht nur innerhalb der eigenen Rechtsordnung glänzen kann. Das »Konkurrenzprodukt«, das in dieser Arbeit zum Vergleich herangezogen werden soll, ist der sog. *pre-packaged deal/sale* (kurz: Pre-Pack[7]) in England (und Wales[8]).

§ 1 Pre-Packs: Praxis in England – und in Deutschland?

Dieser Begriff beschreibt dort nicht etwa einen im Gesetz explizit vorgesehenen und im Detail ausgestalteten Prozess, sondern ein rechtstatsächliches Phänomen, bei dem

---

1 Begriffsbildend *K. Schmidt*, ZIP 1980, 328, 336.
2 *Hagebusch/Oberle*, NZI 2006, 618, 621.
3 *Undritz*, ZGR 2010, 201, 205.
4 Richtlinie (EU) 2019/1023 des Europäischen Parlaments und des Rates v. 20.06.2019.
5 S. dazu *Kranz*, S. 28 ff.; jüngst und entsprechend kritisch zum Ansatz des europäischen Gesetzgebers *Eidenmüller*, EBOR 2017, 273, 288 f.; *ders./van Zwieten*, EBOR 2015, 625, 654 ff.
6 S. dazu mit Blick auf den Brexit *Eidenmüller*, ZEuP 2018, 868, 868 ff.
7 Zum Zwecke der besseren Lesbarkeit wird im Folgenden darauf verzichtet, dieses Fremdwort durch kursive Schrift kenntlich zu machen.
8 Ausschließlich aus dem vorstehenden Grund werden sich die Bezugnahmen im Folgenden auf England beschränken. Die Besonderheiten und Parallelregelungen, die in Schottland bzw. Nordirland bestehen, bleiben hier außer Betracht. – S. dazu im Allgemeinen *Bork*, Sanierungsrecht, Rn. 1.40; *Schillig*, BeckOK, Internationales Insolvenzrecht – England, Rn. 1; *Schlegel* in: MüKo, Länderbericht England und Wales, Rn. 10 ff.

die Möglichkeiten, welche die *administration* – eines der verschiedenen gesetzlich normierten Verfahren des englischen Insolvenz- und Sanierungsrechts für Unternehmen[9] – bietet, auf eine spezielle Art und Weise wahrgenommen werden.[10] Teilweise findet in diesem Zusammenhang dementsprechend auch der Terminus »pre-pack(aged) administration« Verwendung. Die Besonderheit eines Pre-Packs ist (aus englischer Sicht), dass der Verkauf dabei bereits *vor* der Einleitung und Eröffnung des Verfahrens vollständig ausverhandelt und unmittelbar danach durch den soeben bestellten *administrator*, die dortige Amtsperson, nur noch verbindlich gemacht und erfüllt wird.[11] Diese Person wird dafür (noch in nichtamtlicher Funktion) bereits in die Planung während der vorinsolvenzlichen Phase eingebunden.[12] Dass die Verfahrenseinleitung und der Vollzug des Verkaufs auf ein und denselben Tag fallen, ist dort keineswegs unüblich.[13] Mit einem identischen Institut kann die deutsche Praxis nicht aufwarten. Der *pre-packaged deal* nach englischer Gangart ist ihr fremd. In Deutschland gilt es nicht zuletzt schon als vergleichsweise früh, falls – wie heute aber üblich[14] – die konkrete Planung des Unternehmensverkaufs unter Beteiligung des vorläufigen Insolvenzverwalters im Eröffnungsverfahren und nicht erst nach der Beteiligung der Gläubigerorgane in der Phase nach der Eröffnung stattfindet, was aber immer noch *während* des Verfahrens und in einem förmlichen Rahmen ist. Die übertragende Sanierung hat somit mit Verspätungsnachteilen zu kämpfen. Dass zur Beschreibung dieser Praxis vereinzelt ähnliche Begriffe wie zur englischen fallen,[15] darf über die erheblichen praktischen Unterschiede nicht hinwegtäuschen.

Neben diesen praktischen Differenzen gibt es noch weitere konkrete Anlässe dafür, dass hier das englische Pre-Pack als Vergleichsobjekt gewählt wurde, nämlich dessen praktische Bedeutung, öffentliche und wissenschaftliche Rezeption sowie einige jüngere Reformen seiner rechtlichen Rahmenbedingungen.

§ 2 Pre-Packs: Praktische Bedeutung und Kritik

Die Bedeutung, die Pre-Packs in der englischen Insolvenz- und Sanierungspraxis haben, ist erheblich. Legt man die offiziellen Statistiken zugrunde, machten sie in den Jahren 2010 und 2011 etwa 27 % bzw. 26 % aller *administration*-Verfahren aus; im

---

9 S. dazu deutschsprachig etwa *Bork*, Sanierungsrecht, Rn. 6.1 ff.; *Schilling*, BeckOK, Internationales Insolvenzrecht – England, Rn. 93 ff.; *Schlegel* in: MüKo, Länderbericht England und Wales, Rn. 40 ff. jeweils m. w. N.

10 Vgl. statt aller *Haywood*, Insolv. Int. 2010, 17, 18.

11 Vgl. SIP 16, Rn. 1.

12 Vgl. statt aller *Baird/Khokhar* in: Olivares-Caminal, Rn. 9.09 f.

13 Vgl. exemplarisch *Re Euromaster Ltd* [2012] EWHC 2356 (Ch). – S. für eine Fallstudie *Baird/Khokhar* in: Olivares-Caminal, Rn. 9.59 ff.

14 Vgl. nur *Bork*, Sanierungsrecht, Rn. 5.9; im Übrigen etwa die Nachweise in der folgenden Fn.

15 Vgl. mit dem Begriff »pre-packed deal« zuerst wohl *Menke*, BB 2003, 1133, 1138 mit Fn. 57; sodann auch *Bitter/Rauhut*, KSI 2007, 258, 261; *Vallender*, GmbHR 2004, 642, 642 mit Fn. 5; *Zipperer*, NZI 2008, 206, 207; ähnlich jüngst auch *Wessels/Madaus*, ELI-Report, S. 297; sowie *Blech* in: Meyer-Sparenberg/Jäckle, § 61 Rn. 75.

Zeitraum von November 2015 bis Dezember 2016 sowie im Jahre 2017 betrug ihr Anteil 22 % bzw. 28 %.[16] Der neueste Wert liegt für das Jahr 2018 vor, ergibt sich aus einer Gesamtzahl von 450 Pre-Packs in diesem Zeitraum und beläuft sich auf 30 %.[17] Das Phänomen ist dementsprechend längst nicht mehr nur von wissenschaftlichem Interesse.[18] Auch in der allgemeinen Öffentlichkeit werden Pre-Packs intensiv diskutiert.[19] Manche schätzen ihre Prominenz in den Debatten sogar als »überproportional« ein und nehmen sie als »einen der sichtbarsten und meistdiskutierten Teile« des englischen Insolvenz- und Sanierungsrechts wahr.[20] Hier soll jedoch nicht noch einmal das Für und Wider in allen Einzelheiten nachgezeichnet werden.[21] Es muss der Hinweis genügen, dass sich Pre-Packs in England von Anbeginn an erheblicher Skepsis und auch dezidierter Kritik ausgesetzt sahen. Vor allem standen sie – wie es *His Honour Judge Cooke* in seiner Entscheidung in *Re Kayley Vending*[22] schon vor einiger Zeit auf den Punkt brachte – unter dem Verdacht, dass sie systematisch die »Interessen der einfachen Gläubiger verletzen«, wobei er nicht nur das statusbedingte Interesse an bestmöglicher Befriedigung, sondern auch das Begehren nach Beteiligung am und Information über den Prozess im Blick hatte.[23] Besonders kritisch beäugt und teils als *phoenixing* angegriffen wurde seit jeher der (erhebliche) Anteil von Pre-Packs, bei denen Insider des jeweiligen Schuldners, etwa dessen Management, als Käufer auftreten.[24] Im Allgemeinen

---

16 *Pre-Pack-Pool*, Annual Review 2017, S. 6. – Für den Zeitraum von 2012 bis Oktober 2015 fehlen offizielle Angaben. Im Übrigen beruhen die angesetzten Gesamtzahlen von Pre-Packs jeweils auf freiwilligen Meldungen durch die treibenden Akteure, weshalb die Dunkelziffern sogar noch größer sein könnten, vgl. mit diesem Hinweis noch *Insolvency Service*, 2010 SIP 16 Report, S. 6.
17 *Pre-Pack-Pool*, Annual Report 2018, S. 4.
18 Allein als Vergleichsobjekt zum deutschen Recht dienten sie aber etwa bereits *Bork*, Sanierungsrecht, Rn. 6.13 ff. und 6.33; *Derksen*, S. 417 ff.; *Freund*, S. 159 ff.; *Klein*, Comp. Law. 2012, 261, 261 ff.; *dies.*, Comp. Law. 2012, 303, 303 ff.; *Kranz*, S. 220 ff.; *Phillips/Kaczor*, ICR 2010, 328, 328 ff.; *Steffek* in: Allmendinger/Dorn/Lang/Lumpp/Steffek, S. 302, 324 ff. – Diese Untersuchungen beruhen indes mittlerweile auf altem (englischem) Recht und/oder verfolgen andere Ansätze. – S. für einen aktuellen, konzisen Vergleich (nur) der direkten Kontrollmechanismen, indes mit abweichendem Verständnis der Insiderprophylaxe in Deutschland bei einem vorzeitigen Unternehmensverkauf *Eidenmüller* in: Gordon/Ringe, S. 1003, 1025 ff.
19 Vgl. exemplarisch die mittlerweile nahezu legendäre und von *Herman* (The Times, 18.10.2010) zitierte Aussage eines Gläubigers in Bezug auf die Pre-Pack-Praxis: »Britain is in danger of becoming the bankruptcy brothel of the world«.
20 So *R3*, Pre-Pack Evaluation 2018, S. 1 (eigene Übersetzung).
21 S. dazu weiterführend etwa *Finch/Milman*, S. 371 ff.; *Xie*, S. 35 ff.; *van Zwieten* in: Goode, Rn. 11-39; aus rechtsökonomischer Sicht *Kranz*, S. 206 ff. – Die vergleichsrelevanten Kritikpunkte werden freilich im Laufe der Arbeit behandelt und weiter belegt.
22 *Re Kayley Vending* [2009] EWHC 904 (Ch), Rn. 11 (eigene Übersetzung).
23 S. zu den unterschiedlichen Gläubigerinteressen *Steffek*, S. 38 ff.
24 Vgl. exemplarisch die zynische Darstellung von *Moulton* (Recovery 2005 [Autumn], 2, 2): »A company is heading into trouble. Its directors and shareholders are introduced to an appealing fellow who drives a very nice BMW, who explains that if they work with him they will get rid of most of their creditors and buy the business back pretty well immediately at a very modest cost. Great sales pitch« – S. speziell dazu weiterführend *Anderson*, Rn. 18.01 ff.; und vor allem *Xie*, S. 92 ff.

fehlte es Pre-Packs folglich an Akzeptanz, und zwar – wie bereits *Bork*[25] anmerkte – in einem Maß, wie es sich heutzutage bei der übertragenden Sanierung in Deutschland bei Weitem nicht ausmachen lässt.

§ 3 Pre-Packs: Gesetzgeberische Initiativen

Dieses Problem hat offenkundig auch der englische Gesetzgeber gesehen. Im Zuge einer größeren Initiative zur »Stärkung von Transparenz und Vertrauen in der Wirtschaft« veranlasste er eine aufwändige, unabhängige Untersuchung von Pre-Packs,[26] die schließlich im Jahr 2014 veröffentlicht wurde und heute – in Anknüpfung an den Namen ihrer Verfasserin – als »Graham Report« bekannt ist. *Teresa Graham* selbst bediente sich *qualitativer* Methoden, griff aber ergänzend auf die Ergebnisse einer zusätzlich veranlassten *quantitativ* orientierten Studie[27] zurück. Ihr wesentliches Ergebnis war, dass Pre-Packs dem Grunde nach zu befürworten sind, aber durchaus Reformbedarf besteht.[28] Die Untersuchung schlug sogleich konkrete Änderungen vor, die bereits im Jahr darauf weitgehend umgesetzt wurden und nun vor allem die besondere Konfliktlage bei Pre-Packs an Insider durch neuartige Regelungen auflösen sollen. Parallel fand die sog. *Red Tape Challenge* statt, bei der es – wie der Name sagen soll – dem Gesetzgeber darum ging, ineffiziente Regelungen auszumachen.[29] Dieses Vorhaben mündete unter anderem in zwei umfangreichen Änderungsgesetzen auch zum Insolvency Act 1986 (IA 1986), dem Small Business, Enterprise and Employment Act 2015 (SBEEA 2015) und dem Deregulation Act 2015,[30] sowie im Folgejahr mittelbar auch in einer Neufassung der ergänzenden Insolvency Rules (IR, nunmehr -2016; zuvor -1986)[31]. Diese Reformen, die teils erst in jüngerer Zeit in Kraft getreten sind,[32] betreffen konkret auch das Recht der *administration*, mithin »das Gerüst« der Pre-Packs, und zwar in einzelnen Aspekten erheblich.[33]

---

25 *Bork*, Sanierungsrecht, Rn. 6.33. – S. für eine vereinzelte kritische Würdigung aus der jüngeren Zeit etwa *Zipperer*, NZI 2008, 206, 206 ff.; zu früheren Legitimationsproblemen Teil 1 § 2 B.
26 *BIS*, Transparency & Trust, S. 15 und 45 (eigene Übersetzung).
27 *Walton/Umfreville*, Pre-Pack Empirical Research, *passim*.
28 *Graham Report*, S. 6 ff.
29 S. dazu *Insolvency Service*, Red Tape Challenge, *passim*.
30 SBEEA 2015, Explanatory Notes, Rn. 69; Deregulation Act 2015, Explanatory Notes, Rn. 5.
31 IR 2016, Explanatory Notes, Rn. 2.2.
32 Die Reformen des SBEEA 2015 sind über einen längeren Zeitraum gestaffelt in Kraft getreten. Die Zeitpunkte sind teilweise in dem Gesetz selbst, teilweise – auf Grundlage des Gesetzes – in Ausführungsvorschriften im Wege von sog. *statutory instruments* geregelt, s. sec. 164 (2), (3), (4) SBEEA 2015, sowie sec. 161 (1), 164 (1), (5) SBEEA 2015 i. V. m. (beispielsweise) SBEEA 2015 (Commencement No. 1) Regulations 2015/1329. Entsprechendes gilt für den Deregulation Act 2015, vgl. sec. 115 (1), (2), (3) Deregulation Act 2015 bzw. sec. 115 (4) ff. Deregulation Act 2015 i. V. m. (beispielsweise) Deregulation Act 2015 (Commencement No. 1 and Transitional and Saving Provisions) Order 2015/994. Die IR 2016 sind am 06.04.2017 in Kraft getreten.
33 Die einschlägigen Regelungen finden sich in sec. 117 ff. und sch. 9 SBEEA 2015 bzw. in sec. 17, 19 und sch. 6 Deregulation Act 2015. – S. allgemein zu Ersterem etwa *Johnson*, Insolv. Int. 2015, 117, 117 ff.; sowie *Söhner*, RIW 2016, 489, 489 ff.; *Stiegler*, ZIP 2016, 1808, 1808 ff.

§ 4 Pre-Packs: Vorteile und Vorbildcharakter

Dass in England viele, nicht zuletzt *Graham*[34] und – auf ihren Rat hin – ausweislich der Reformen auch der Gesetzgeber, Pre-Packs auch in Anbetracht der Kritik prinzipiell befürworten, liegt an den erheblichen Effizienzvorteilen dieses Instituts.[35] Insbesondere weil Pre-Packs – wie soeben gezeigt – getreu dem von *Karsten Schmidt*[36] ausgerufenen Motto vergleichsweise »früh, schnell und still« erfolgen, lassen sich über sie – unstreitig – die unmittelbaren und mittelbaren Insolvenzkosten minimieren, insbesondere Beeinträchtigungen des *goodwill* des betroffenen Unternehmens verhindern[37]. So ist nach einer empirischen Studie von *Frisby*[38] im Vergleich zu den regulären Unternehmensverkäufen in der Insolvenz in England die durchschnittliche Gesamtquote bei Pre-Packs höher, wenn auch nur geringfügig. Die gesicherten Gläubiger stehen in diesen Fällen meist sogar deutlich besser.[39] Die – gleichsam von *Frisby*[40] gestreute – Sorge geht dort allgemein auch eher dahin, dass die ungesicherten Gläubiger an den Effizienzgewinnen von Pre-Packs nicht angemessen teilhaben, mithin noch höhere Quoten »verschenkt« werden[41].[42] *Polo*[43] kommt in einer ähnlichen Untersuchung auf breiterer Datenbasis indes zu dem Schluss, die Sorge sei unbegründet, denn Pre-Packs wirkten insgesamt wertsteigernd. Jedenfalls ist die schwächere Stellung der ungesicherten Gläubiger kein Pre-Pack-spezifisches Problem, sondern dem englischen Insolvenz- und Sanierungsrecht allgemein eigen, wie nun auch noch einmal *Graham*[44] betont hat und diese Arbeit ebenfalls noch zeigen soll. Dementsprechend befürworteten jüngst auch *Wessels/Madaus*[45] in ihrem Report für das *European Law Institute* das Konzept »Pre-Pack« unter Effizienzgesichtspunkten »aus ganzem Herzen« und empfehlen den Mitgliedstaaten ausdrücklich, entsprechende Regelungen vorzuhalten. Und auf diesem Gebiet wird die englische Version gern als »Marktführer« betrachtet.[46] So diente sie auch bereits mehrfach als Inspiration für andere Gesetzgeber, etwa in Frankreich[47], den Niederlanden[48] und zuletzt Polen[49].

---

34 Vgl. *Graham Report*, S. 6 f.
35 S. auch dazu weiterführend die Nachweise in Fn. 21.
36 *K. Schmidt*, Gutachten 54. DJT, S. D 133.
37 Vgl. im Ergebnis statt aller *Steffek* in: Allmendinger/Dorn/Lang/Lumpp/Steffek, S. 302, 325.
38 *Frisby Report*, S. 48.
39 *Frisby Report*, S. 53.
40 Vgl. *Frisby Report*, S. 67.
41 So treffend *Bork*, Sanierungsrecht, Rn. 6.17 mit Fn. 75.
42 S. instruktiv zum Ganzen *Armour*, in: Austin/Aoun, S. 43, 61 ff.; jüngst *Kranz*, S. 213 ff.
43 *Polo*, S. 6 ff.
44 Vgl. *Graham Report*, S. 53.
45 *Wessels/Madaus*, ELI-Report, S. 302 (eigene Übersetzung).
46 So *Wellard/Walton*, IIR 2012, 143, 144 (eigene Übersetzung).
47 S. dazu *Assaya/Weil/Rutstein*, C.R. & I. 2015, 113, 113 ff.
48 S. dazu *Smits*, ICR 2016, 26, 26 ff.; zu einem insoweit einschneidenden EuGH-Urteil *Bothe*, ZIP 2017, 2441, 2441 ff.; zu dessen Auswirkungen *van Zanten*, NZI 2018, 144, 144 ff.
49 S. dazu *Kuglarz*, NZI 2018, 926, 926 ff.

§ 5 Konzept und Ziel der Untersuchung

Die vorliegende Arbeit hat daher *pre-packaged deals* in England und Deutschland zum Gegenstand. Unter Berücksichtigung der eingangs dargelegten praktischen Differenzen geht es dabei für das geltende deutsche Recht vor allem um die Frage, *inwieweit* es für Pre-Packs nach dem englischen Muster (nicht) geeignet ist. Genauer: Welche Möglichkeiten bietet das *administration*-Verfahren in England konkret, die das (Regel-[50])Insolvenzverfahren in Deutschland nicht vorsieht, und wo bestehen – vielleicht anders als man auf den ersten Blick vermuten mag – ähnliche Freiräume oder Grenzen? Das englische Institut dient damit einerseits als Maßstab. Andererseits soll es sich einem echten Vergleich mit der übertragenden Sanierung stellen, und dies gerade nicht nur unter dem Aspekt der Effizienz, sondern auch im Hinblick auf die Wahrung der (unterschiedlichen) Gläubigerinteressen. Schließlich gilt es, Antworten auf die Frage zu suchen, weshalb das deutsche Institut spürbar weniger Kritik erfährt. Somit soll dabei nicht nur, aber auch beleuchtet werden, wie die Preisfindung, das »Grundproblem« bei einem jeden Unternehmensverkauf in der Insolvenz,[51] jeweils gelöst wird.

Diese Untersuchung hat damit vornehmlich Erkenntnisfunktion. Soweit ihr Gegenstand reicht, soll sie einen weiteren Beitrag zum Verständnis von Recht und Praxis in England leisten. Auf der anderen Seite soll sie Antworten auf einige teils stark umstrittene, teils bisher vernachlässigte Fragen anbieten, die sich in diesem Kontext in Bezug auf das deutsche Recht stellen. Darüber hinaus soll sie einen Beitrag zur Reformdiskussion in Deutschland leisten, indem sie – unter Berücksichtigung der Erfahrungen mit den englischen Pre-Packs – entsprechende Potenziale aufzeigt, gegebenenfalls aber auch auf Risiken hinweist, also warnt. Dabei ist freilich von besonderem Interesse, ob und gegebenenfalls inwieweit sich die jüngeren Reformen in England auswirken. Vielleicht ist nun nicht mehr – wie von *Steffek*[52] zuvor – zu konstatieren, dass Pre-Packs in Deutschland bloß »mit Bedacht zu fördern« sind, sondern dass sie absoluten Vorbildcharakter aufweisen, da ihre Probleme behoben sind und sie ihr Potenzial frei entfalten können.

---

50 Außer Betracht bleibt damit insbesondere das Insolvenzplanverfahren (in Eigenverwaltung), nicht zuletzt da die sog. Übertragungspläne in der Praxis deutlich weniger relevant sind, vgl. etwa *Bitter*, ZGR 2010, 147, 155; *Undritz* in: Kübler, § 2 Rn. 31; ferner auch *He*, S. 236. – Die dazu bislang vom Regelungskonflikt her am ehesten vergleichbare Konstellation in England dürfte gewesen sein, falls zum Unternehmensverkauf das *administration*- mit dem *scheme of arrangement*-Verfahren verbunden wird. – S. dazu knapp Teil 1 § 1. Es bleibt aber abzuwarten, wie sich die englische Praxis insoweit nach der umfangreichen Gesetzesreform durch den Corporate Governance and Insolvency Act 2020 entwickelt.

51 So treffend *Bork*, Insolvenzrecht, Rn. 435.

52 *Steffek* in: Allmendinger/Dorn/Lang/Lumpp/Steffek, S. 302, 325.

§ 6 Methode und Gang der Untersuchung

Zu diesem Zweck sollen im Wege eines funktionalen Rechtsvergleichs die für *pre-packaged deals* relevanten Unterschiede und Gemeinsamkeiten zwischen dem *administration-* und dem Insolvenzverfahren herausgearbeitet, auf die wirklich wesentlichen Punkte kondensiert und sodann ausgewertet werden. Im Bewusstsein der Grenzen, die dieser Methode aufgezeigt werden,[53] und der besonderen Hürden beim Verfahrensrechtsvergleich[54] (mit England[55]), sollen – wo immer möglich – Praxisberichte in den Vergleich einfließen, um die Rechtswirklichkeiten möglichst originalgetreu abzubilden. Die Arbeitshypothese ist dabei, dass sich die englischen Pre-Packs bei Lichte betrachtet nicht nur als *vorgeplante*, sondern auch als vor dem regulären Termin stattfindende, also *vorzeitige* Unternehmensverkäufe in der Insolvenz darstellen. Im Hinblick auf das Untersuchungsziel stehen insoweit die jeweiligen Kontrollmechanismen im Fokus, allerdings nicht nur die direkten, also die Wirksamkeits- und Zulässigkeitskriterien für einen solchen Verkauf, sondern auch die indirekten, wie etwa allgemeine verfahrensrechtliche Beschränkungen und disziplinierende Faktoren bei der Ausübung des Amtes als *administrator* bzw. Insolvenzverwalter. Denn das Gesamtbild der Regulierung ergibt sich nur bei der Betrachtung all dieser Mechanismen und ihrer Wechselwirkungen.

Im ersten Teil werden folglich die Rahmenbedingungen des *administration-* und des Insolvenzverfahrens verglichen, die für Unternehmensverkäufe in der Insolvenz im Allgemeinen und für *pre-packaged deals* im Besonderen von Relevanz sind, also insbesondere die indirekten Kontrollmechanismen. Dort wird auch untersucht, ob und gegebenenfalls inwieweit jeweils Grenzen für die Vorplanung des Verkaufs bestehen. Dieser Teil wird aber auch zeigen, dass das Eröffnungsverfahren in seiner derzeitigen praktischen Ausgestaltung eine Eigenheit des deutschen Rechts ist, der Unternehmensverkauf in dieser Phase jedoch in zeitlicher Hinsicht das Äquivalent zum englischen Pre-Pack darstellt. Daher wird im zweiten Teil der Frage nachgegangen, ob und gegebenenfalls unter welchen Voraussetzungen im Eröffnungsverfahren ein Unternehmensverkauf vollzogen werden kann und darf, die sich als äußerst umstritten herausstellen wird und deshalb einer selbstständigen, eingehenden Untersuchung bedarf. Im dritten und letzten Teil folgt dann der detaillierte Vergleich der direkten Regulierung vorzeitiger Unternehmensverkäufe in England und Deutschland, mithin der entsprechenden Kontrollmechanismen, die bei einem englischen Pre-Pack greifen, und ihren funktionalen Äquivalenten, also den Kontrollmechanismen bei einem Verkauf vor dem Berichtstermin nach § 158 InsO. Zum Schluss werden die wesentlichen Ergebnisse der einzelnen Teile im Rahmen einer Gesamtschau zusammengeführt.

---

53 S. dazu *Michaels* in: Reimann/Zimmermann, S. 345, 345 ff.; *Örücü* in: Smits, S. 442, 442 ff.
54 S. dazu *Gottwald* in: FS Schlosser, S. 227, 227 ff.; *Koch*, ZEuP 2007, 735, 735 ff.
55 S. dazu *Brandt*, S. 11 f.

Teil 1 Rahmenbedingungen

Der folgende erste Teil soll aber zugleich dazu dienen, die beiden Verfahren, die in dieser Arbeit gegenübergestellt werden, unter den für die Ziele dieser Untersuchung wesentlichen Aspekten vorzustellen. Dafür sollen zunächst die Grundzüge des *administration*- und des Insolvenzverfahrens beleuchtet werden, bevor deren gesetzliche Zwecke betrachtet werden, auch um die – keineswegs eindeutige – Antwort auf Frage zu finden, welcher Stellenwert dem Unternehmensverkauf insoweit zukommt. Anschließend werden die jeweiligen Verfahrensakteure erläutert, wobei freilich auch die beiden Amtspersonen, der *administrator* und der Insolvenzverwalter, als die potenziellen »Verkäufer« Berücksichtigung finden werden. Danach sollen die Kontrollmechanismen erläutert werden, denen sie unterstellt sind, worunter hier die jeweiligen Regelungen betreffend ihre Auswahl und Amtsausübung nicht nur, aber auch bei einem (*pre-packaged*) Verkauf verstanden werden. Bevor abschließend kurz die Publizitätsvorschriften der beiden Verfahren betrachtet werden, wird noch die wichtige Schnittstelle der Verfahrenseinleitung eingehend behandelt, mithin *wer wie* und vor allem *wann* das *administration*- bzw. das Insolvenzverfahren einleiten kann.

§ 1 Verfahrensgrundzüge

Zunächst soll in komprimierter Form der wesentliche Charakter der Verfahren dargelegt werden, und zwar in dem Sinne, zu welchen Zwecken sie – noch ungeachtet der rechtlichen Vorgaben[56] – eingesetzt werden *können*: Die *administration* wird in England heute als *das* Sanierungsinstrument angesehen,[57] womit allerdings nicht gesagt ist, dass die Sanierung regelmäßig während einer – von entsprechenden Maßnahmen begleiteten – Betriebsfortführung im Rahmen dieses Verfahrens (sog. *trading administration*) erreicht wird.[58] Denn insoweit finden sich kaum Regelungen, welche die Fortführung erleichtern, geschweige denn eine leistungs- oder finanzwirtschaftliche Sanierung des Unternehmens über die gesamte Dauer des Verfahrens ermöglichen.[59] Das deutsche Recht trifft dafür deutlich mehr und hilfreichere Vorkehrungen, nicht zuletzt über die Regelungen betreffend gegenseitige Verträge (§§ 103 ff. InsO) mitsamt dem grundsätzlichen Verbot insolvenzbedingter Lösungsklauseln, ein »schärferes« Anfechtungsrecht und die Gestaltungsmöglichkeiten des Insolvenzplanverfahrens (§§ 217 ff. InsO).[60] Den Rahmen, das schuldnerische Unternehmen ohne Betriebsfort-

---

56 S. zum Verfahrenszweck Teil 1 § 2.
57 Vgl. *McCormack* in: Faber/Vermunt/Kilborn/Richter, S. 234, 235 ff.
58 Vgl. *Tett*, ICR 2012, 167, 167.
59 Vgl. *Titchen* in: Lightman/Moss, Rn. 10-006 ff.
60 S. dazu *Bork*, Sanierungsrecht, Rn. 23.21 und 24.13. – Der Corporate Governance and Insolvency Act 2020 dürfte insoweit jedoch zu einer gewissen Annäherung des englischen an das deutsche Recht führen.

führung zu verwerten, bietet das *administration*-Verfahren aber im Ausgangspunkt genauso wie das Insolvenzverfahren. Als Sanierungsinstrument »wirkt« das englische Verfahren indes eher in zwei bestimmten Konstellationen und dabei jeweils vor allem dadurch, dass es – funktional vergleichbar mit dem Institut der Sicherungsmaßnahmen (§§ 21 ff. InsO) bzw. den Beschlagnahmewirkungen der §§ 80 ff. InsO, wenngleich im Ergebnis sogar noch ein wenig schwächer in der Schutzwirkung[61] – ein (vorläufiges) Moratorium vorsieht (para. 42 ff. sch. B1 IA): Zum einen in der Kombination mit anderen Verfahren, insbesondere dem *scheme of arrangement* (sog. *twinning*) oder dem *company voluntary arrangement*, und deren Sanierungsmechanismen, mithin gewissermaßen als Grundgerüst.[62] Zum anderen wird es häufig tatsächlich allein als verfahrensrechtlicher Rahmen für die Umsetzung eines (*pre-packaged*) Unternehmensverkaufs eingesetzt und daher auch als bloßes »deal delivery tool« angesehen.[63] *Administration*- und Insolvenzverfahren gleichen sich wiederum insoweit, als dass sie sich, unabhängig vom Einsatzzweck, in ihrer Wirkung im Ausgangspunkt auf sämtliche Gläubiger erstrecken – sowohl das Insolvenz- als auch das *administration*-Verfahren sind kollektiver Natur. Tatsächlich war ein Grund für dessen Einführung, dass in England auch ein Kollektivverfahren mit Sanierungseignung verfügbar sein sollte.[64] Dies vorausgeschickt soll nun ein grober Überblick darüber gegeben werden, wie der Ablauf der Verfahren *nach deren Eröffnung*[65] durch das Gesetz für den Regelfall konzipiert ist:

Zunächst folgt sowohl im Rahmen des *administration*- als auch des Insolvenzverfahrens eine Art Zwischenphase, welche offenkundig primär der Vorbereitung der Entscheidung über den weiteren Fortgang des Verfahrens, mithin dem Votum über das »Ob« und »Wie« der Verwertung bzw. Sanierung, dienen soll. In England muss dazu das *administrator's proposal*, ein konkreter und mit Informationen insbesondere betreffend die schuldnerische Vermögenslage[66] sowie die Gläubiger unterlegter Vorschlag, schriftlich ausgearbeitet und unter anderem grundsätzlich sämtlichen bekannten Gläubigern zugeschickt werden (para. 49 (1), (4) (b) sch. B1 IA 1986 sowie r. 3.35 ff. IR 2016). In Deutschland müssen nach den §§ 151 ff. InsO bestimmte Unterlagen, die im Wesentlichen dieselben Informationen betreffen, beim Gericht zur Einsicht insbesondere der Verfahrensakteure[67] niedergelegt werden. Ferner sind der Entscheidungstermin sowie der konkrete -gegenstand als Teil der Tagesordnung[68] insbesondere allen Gläubigern, deren Aufenthalt bekannt ist, zuzustellen und im Internet zu veröffentlichen (§§ 8 Abs. 2, 9 Abs. 1, 29 Abs. 1 Nr. 1, 30 und 74 Abs. 2 InsO). Daneben ist selbstverständlich das angestrebte Vorgehen durch entsprechende Maßnahmen vorzubereiten. Diese Phase soll sich im Rahmen der *administration* und im

---

61 S. dazu *Bork*, Sanierungsrecht, Rn. 10.13 ff.
62 S. dazu *Payne*, S. 247 ff.
63 So *Tett*, ICR 2012, 167, 167.
64 S. dazu umfassend *Fletcher*, EBOR 2004, 119, 124 ff.
65 S. zum Einleitungsverfahren im Detail Teil 1 § 5 B.
66 Diese Information erfolgt vorwiegend über Bezugnahmen auf das sogar bereits vorher fällige *statement of company's affairs* (para. 47 sch. B1 IA 1986 sowie r. 3.28 ff. IR 2016).
67 S. dazu Teil 1 § 3.
68 Vgl. nur *Janssen* in: MüKo, § 156 Rn. 11.

Insolvenzverfahren im Regelfall auf maximal zehn (para. 51 (2) sch. B1 IA 1986) bzw. sechs Wochen (§ 29 Abs. 1 Nr. 1 InsO) beschränken. Danach steht – abgesehen von Sonderkonstellationen in England[69] – *die* Entscheidung an. Diese ist in den beiden Verfahren jeweils von den Gläubigern[70] zu treffen, allerdings – seit kurzer Zeit – auf äußerst unterschiedliche Art und Weise: Durch para. 10 sch. 9 (3) SBEEA 2015 wurde para. 50 sch. B1 IA 1986, wonach insoweit – wie weiterhin in Deutschland (§ 157 InsO) – eine physische Gläubigerversammlung (*creditors' meeting*) abzuhalten war, mit Wirkung zum 6. April 2019 aufgehoben. Nunmehr ist die Gläubigerzustimmung stattdessen im Wege des *qualifying decision procedure* nach s. 246ZE IA 1986 einzuholen (r. 3.38 (2) IR 2016), falls dem nicht 10 % der Gläubiger (nach Köpfen oder Summen) oder zehn Gläubiger widersprechen (s. 246ZE (3), (4), (7) IA 1986). Dahinter verbergen sich verschiedene Formen der Entscheidungsfindung, vor allem schriftliche und elektronische Abstimmungen sowie virtuelle Gläubigerversammlungen (r. 15.3 IR 2016). Alternativ (r. 3.38 (3) IR 2016) kann die Gläubigerzustimmung sogar im Rahmen des *deemed consent procedure* nach s. 246ZF IA 1986 fingiert werden, und zwar dann, wenn den zugeschickten Vorschlägen nicht ein 10%-Quorum der Gläubiger (ausschließlich nach Summen) widerspricht (s. 246ZF (4), (6) IA 1986); anderenfalls bedarf es eines tatsächlichen Placets, das dann im Rahmen des vorgenannten Verfahrens einzuholen ist (s. 246ZF (5) IA 1986). In Deutschland sieht das Gesetz speziell in Bezug auf die Entscheidung über einen Unternehmensverkauf ferner vor, dass – sofern sie nicht bereits im Zuge der ersten planmäßigen Gläubigerversammlung erfolgte – insoweit zumindest der Gläubigerausschuss (§ 160 Abs. 1 Nr. 1 InsO) und unter besonderen Umständen sogar eine weitere Gläubigerversammlung (§§ 161 ff. InsO) dem gesondert zustimmen muss. In England bedarf schlicht jede erhebliche Abweichung von dem ursprünglich abgesegneten Konzept der nochmaligen Zustimmung der Gläubiger auf einem der erläuterten Wege (para. 54. sch.B1 IA 1986; r. 3.42 (1), (3) IR 2016).

Haben die Gläubiger die Verwertung des schuldnerischen Vermögens in Form des Unternehmensverkaufs beschlossen, so folgt danach freilich zunächst einmal dessen Umsetzung. Daran schließt sich in Deutschland die Feststellung der am Erlös Berechtigten (§§ 174 ff. InsO) sowie dessen Verteilung (§§ 187 ff. InsO) an. In England können

---

69 Die Beteiligung der Gläubiger ist nach para. 52 (1) sch. B1 IA 1986 dann entbehrlich, wenn voraussichtlich sämtliche Gläubiger voll befriedigt werden können oder das vorhandene Schuldnervermögen für Ausschüttungen an die ungesicherten Gläubiger nicht genügt, wobei solche im Rahmen der Pflichtabgabe (*prescribed part*) bei Verwertung eines besonderen Sicherungsrechts, der *floating charge*, nach para. 176A IA außer Betracht bleiben. – S. zur Pflichtabgabe *Bork*, Sanierungsrecht, Rn. 13.31; zum Sicherungsrecht Teil 1 § 3 B. I.

70 Angemerkt sei, dass ein *ablehnendes* Gläubigervotum in England aber überraschend wenig Gewicht hat. So entscheidet in diesem Fall gemäß para. 55 sch. B1 IA 1986 schlicht das Gericht über den weiteren Ablauf des Verfahrens. Nach der Entscheidung *Re DKLL Solicitors v Revenue and Customs Commissioners* [2007] EWHC 2067 (Ch) kann es dabei theoretisch sogar den Inhalt der von den Gläubigern abgelehnten *proposals* wählen; der Gläubigerseite kommt insoweit kein Vetorecht zu. – In Deutschland ist zwar eine Fiktion der Zustimmung der Gläubiger möglich, und zwar dann, wenn sich kein hinreichendes Gläubigerquorum zur Entscheidung zusammenfindet (§ 160 Abs. 1 S. 3 InsO). Ist es aber einmal tatsächlich zu einer Ablehnung gekommen, kann sie vom Gericht nur unter den strengen Voraussetzungen des § 78 InsO revidiert werden.

die entsprechenden Schritte auf unterschiedlichen Wegen gegangen werden. Sofern dabei auch eine Ausschüttung an ungesicherte Gläubiger erfolgen soll, bedarf es einer besonderen gerichtlichen Erlaubnis, um sie noch im Rahmen des *administration*-Verfahrens stattfinden zu lassen (para. 65 (3) sch. B1 IA 1986).[71] Dieser Weg wird in der Praxis allerdings immer öfter gewählt.[72] Falls nicht, ist der wahrscheinlichste Weg der, den das Gesetz dafür auch grundsätzlich vorgesehen hatte, nämlich der Wechsel in ein gesondertes Liquidationsverfahren, das *creditors' voluntary winding up* (para. 83 (1) sch. B1 IA 1986), dessen Vorgaben[73] dann insoweit maßgeblich sind.[74] Das Insolvenzverfahren endet stets erst danach, und zwar – nach einer weiteren Gläubigerversammlung, dem Schlusstermin (§ 197 InsO), – durch gerichtliche Aufhebung (§ 200 InsO).

§ 2 Verfahrenszweck

Bei der näheren Betrachtung des *administration*- und des Insolvenzverfahrens hat deren gesetzlicher Zweck freilich den Ausgangspunkt zu bilden. Im Rahmen dieser Arbeit gilt es dabei zunächst zu hinterfragen, ob die Unternehmenssanierung (*corporate rescue*) als selbstständiger und gleich- oder sogar vorrangiger Verfahrenszweck einzustufen ist, ob also etwa ein Unternehmensverkauf auch allein zu diesem Zweck und damit möglicherweise »auf Kosten« der Gläubiger verfolgt werden darf. Nicht zuletzt haben einige deutsche Kommentatoren des englischen Rechts der *administration* dort offensichtlich einen derartigen Sanierungsvorrang ausmachen können.[75] Des Weiteren ist zu prüfen, ob in England und Deutschland insoweit nicht nur begrifflich, sondern auch gesetzlich zwischen einem *rescue of the company* bzw. einer Sanierung des Unternehmensträgers und einem bloßen *rescue of the business* bzw. einer Sanierung des Unternehmens (auch: übertragende Sanierung) differenziert wird. Dabei interessiert freilich vor allem, ob insofern eine Rangordnung besteht, nach welcher der Unternehmensverkauf lediglich eine nachrangige Option darstellt.

A. England

Der »Zweck« des *administration*-Verfahrens ergibt sich ausweislich der amtlichen Überschrift aus para. 3 sch. B1 IA 1986. Selbst ausgewiesene Kenner des englischen Rechts halten diese Vorschrift für »komplex, geradezu delphisch«,[76] was das Unter-

---

71 S. dazu *Stonebridge* in: Lightman/Moss, Rn. 27-017 ff.
72 So berichtet *Armour* in: Austin/Aoun, S. 43, 52.
73 R. 14.2 ff. IR 2016 bzw. s. 107 ff, 175 ff. IA 1986.
74 Vgl. *van Zwieten* in: Goode, Rn. 11-123, auch zur Verfahrensbeendigung bei Kombination der *admininstration* mit einem *scheme of arrangement* oder *company voluntary arrangement*.
75 So etwa *Hirte* in: FS Schäfer, S. 605, 606; *Schlegel* in: MüKo, Länderbericht England und Wales, Rn. 40; in der Sache auch *Freund*, S. 124 f.
76 So etwa *Armour/Mokal*, LMCLQ 2005, 28, 41 (eigene Übersetzung).

suchungsbedürfnis hier unterstreichen dürfte. So muss der *administrator* sein Amt nach para. 3 (1) sch. B1 IA mit einem der folgenden Ziele ausüben:

»[...] (a) rescuing the company as a going concern, or

(b) achieving a better result for the company's creditors as a whole than would be likely if the company were wound up (without first being in administration), or

(c) realising property in order to make a distribution to one or more secured or preferential creditors.«

Unter Berücksichtigung der eingangs erläuterten Begrifflichkeiten stellt die Sanierung des Unternehmensträgers das erste Ziel dar.[77] Im englischen Schrifttum wird betont, dass damit nicht die Sanierung einer »leeren Hülle«, sondern des Unternehmensträgers mitsamt zumindest der wesentlichen Teile des Unternehmens gemeint ist.[78] Diesem Ziel kann durch einen Unternehmensverkauf freilich nicht gedient werden.[79] Dieses Vorgehen wird – auch in der Ausprägung als Pre-Pack[80] – in der Praxis vielmehr regelmäßig zur Erreichung des zweiten Ziels eingesetzt,[81] welches in der Sache in einer besseren Verwertung als im Rahmen eines *liquidation*-Verfahrens liegt[82]. Denn das Tatbestandsmerkmal »better result« ist wirtschaftlich zu verstehen und bezieht sich auf den Verwertungserlös.[83] Dass das *administration*-Verfahren für einen Unternehmensverkauf regelmäßig vorteilhafter ist und dementsprechend ein *better result* verspricht, liegt vor allem daran, dass es sich eher für eine Veräußerung als *going concern* eignet. So erleichtert beispielsweise nur darin ein gesetzliches Moratorium die Betriebsfortführung,[84] während die Befugnis dazu im Rahmen eines *liquidation*-Verfahrens durch sec. 5 sch. 4 IA 1986 beschränkt ist[85]. Das dritte Ziel lässt die Art und Weise der Verwertung offen, kann jedoch allenfalls dann einschlägig sein, wenn das Schuldnervermögen für Ausschüttungen an ungesicherte und nicht bevorzugte (*preferential*) Gläubiger nicht ausreicht.[86]

Die Auswahl zwischen diesen Zielen ist keineswegs frei. Das Gesetz gibt diesbezüglich im Ausgangspunkt eindeutig eine absteigende Hierarchie vor.[87] So ist für das erste und dritte Ziel explizit geregelt, dass sie grundsätzlich nur dann (nicht) verfolgt werden dürfen, wenn das erste selbst bzw. – aus Sicht des dritten – das erste und zweite Ziel nicht erreicht werden können (para. 3 (3) (a), (4) sch. B1 IA 1986). Des Weiteren

---

77 A. A. *Laukemann*, S. 262 (»Unternehmens*geschäft*«).

78 Vgl. etwa *Phillips/Cooke* in: Totty/Moss/Segal, Rn. C2-02.

79 Zur Erreichung dieses Ziels wird in der Praxis üblicherweise eine finanzielle Restrukturierung über die Verbindung der *administration* mit einem *company voluntary arrangement* oder *scheme of arrangement* angestrebt, vgl. nur *Armour/Mokal*, LMCLQ 2005, 28, 42.

80 Vgl. *Baird/Khokhar* in: Olivares-Caminal, Rn. 9.08.

81 Vgl. *Key2Law (Surrey) LLP v De'Antiquis* [2011] EWCA Civ 1567; Enterprise Act 2002, Explanatory Notes, Rn. 650; *Phillips/Cooke* in: Totty/Moss/Segal, Rn. C2-02.

82 Vgl. nur *Armour/Mokal*, LMCLQ 2005, 28, 42.

83 So bereits *Armour/Mokal*, LMCLQ 2005, 28, 42; vgl. zustimmend jüngst *Xie*, S. 50; auch *Lightman/Bailey* in: Lightman/Moss, Rn. 12-025.

84 *Armour/Mokal*, LMCLQ 2005, 28, 42.

85 S. dazu *van Zwieten* in: Goode, Rn. 11-29.

86 S. dazu umfassend *Lightman/Bailey* in: Lightman/Moss, Rn. 12-018 f.

87 Vgl. statt aller *van Zwieten* in: Goode, Rn. 11-26.

muss der *administrator* dem Gericht erläutern, warum im Einzelfall vorrangige Ziele nicht verfolgt wurden (para. 49 (2) (b) sch. B1 IA 1986; r. 3.35 (1) (j) (i) IR 2016). Belässt man es bei der Betrachtung dieser Vorschriften, ließe sich tatsächlich ein Sanierungsvorrang attestieren. Vor diesem Hintergrund erklären sich auch die Aussagen im englischen Schrifttum, im Recht der *administration* gelte prinzipiell ein Vorrang der Sanierung des Unternehmensträgers (*rescue of the company*).[88]

Die entscheidende Weichenstellung ergeht indes andernorts. So gibt para. 3 (2) sch. B1 IA 1986 als generelle Maßgabe vor, dass der *administrator* die Ausübung seines Amtes am Interesse aller Gläubiger auszurichten hat. Des Weiteren regelt para. 3 (3) (b) sch. B1 IA 1986, dass das erste Ziel *auch*[89] dann nicht angestrebt werden muss, wenn das zweite Ziel ein besseres Ergebnis für die Gläubigergesamtheit verspricht. Daraus folgt, dass die *administration* stets der bestmöglichen Befriedigung der Gläubigergesamtheit dienen muss und sich nach diesem Kriterium auch die Auswahl zwischen den Zielen des Verfahrens in para. 3 (1) sch. B1 IA 1986 zu richten hat; die letzteren Vorgaben sind – anders als ihre hierarchische Anordnung vermuten lässt – selbst gewissermaßen nachrangig. Dieses Verständnis lässt sich bereits den Materialien entnehmen.[90] So weisen die *Explanatory Notes* darauf hin, dass eine Unternehmensträgersanierung nur dann verfolgt werden soll, wenn damit das »beste Ergebnis« für die Gläubigergesamtheit erreicht wird, und sprechen von dem »*einen* übergeordneten Zweck« der *administration*.[91] Auch in einem Redebeitrag im *House of Lords* vor der Verabschiedung des Gesetzes wurde betont, dass sie keinesfalls »auf Kosten« der Gläubigergesamtheit verfolgt werden soll.[92] Dementsprechend hat nun auch der *Court of Appeal*[93] festgehalten, was im Kern schon zuvor der überwiegenden Ansicht im Schrifttum entsprach[94]: Das zweite Ziel »*muss*« sogar dann (über einen Unternehmens-

---

88   So etwa *Weisgard/Griffiths/Doyle*, Rn. 12.10; vgl. auch *Fletcher*, EBOR 2004, 119, 135; *Phillips/Cooke* in: Totty/Moss/Segal, Rn. C2-02 (»apparent priority«).

89   A. A. *Derksen*, S. 407, der die Ausnahmevoraussetzungen in para. 3 (3) sch. B1 IA 1986 offenbar kumulativ versteht, da er betont, dass zusätzlich noch das erste Ziel nicht realisierbar sein darf. – Vgl. wie hier etwa *Anderson*, Rn. 8.05; *Baird/Khokhar* in: Olivares-Caminal, Rn. 9.08; *Lightman/Bailey* in: Lightman/Moss, Rn. 12-022; der Gesetzeswortlaut lautet »either [...] or«.

90   Der Rückgriff auf die Materialien zur Gesetzesauslegung ist im englischen Recht (noch nicht sehr lange) zulässig, vgl. nur *Vogenauer* in: Triebel/Illmer/Ringe/Vogenauer/Ziegler, S. 9, 19 f. m. w. N. – S. für ein höchstrichterliches Anwendungsbeispiel *BNY Corporate Trustee Ltd v Eurosail-UK 2007-3BL Plc* [2013] UKSC 28.

91   Vgl. Enterprise Act 2002, Explanatory Notes, Rn. 647 und 650 (eigene Übersetzung und Hervorhebung).

92   Vgl. Hansard, House of Lords Debates, 21.10.2002, Vol. 639, Col. 1101 f.

93   *Key2Law (Surrey) LLP v De'Antiquis* [2011] EWCA Civ 1567, Rn. 33 (eigene Übersetzung und Hervorhebung).

94   Vgl. *Armour/Mokal*, LMCLQ 2005, 28, 43 und 47; *Finch/Milman*, S. 315; *Finch*, J.B.L. 2003, 527, 532; *Phillips/Cooke* in: Totty/Moss/Segal, Rn. C2-02; *Stevens* in: Getzler/Payne, S. 153, 161; *Wood*, Comp. Law. 2015, 1, 4; *Xie*, S. 51; *van Zwieten* in Goode, Rn. 11-29; wohl auch *Fletcher*, EBOR 2004, 119, 137; lediglich missverständlich *Lightman/Bailey* in: Lightman/Moss, Rn. 12-018 (»dürfen«; eigene Übersetzung), da sie andernorts betonen, dass die überragende gesetzliche Pflicht des *administrator* grundsätzlich vor allem darin liegt, »to maximise the total expected net recoveries of creditors as a whole«, ebd., Rn. 12-025.

verkauf) angestrebt werden, wenn zwar eine Sanierung des Unternehmensträgers möglich wäre, jenes Vorgehen aber ein besseres Ergebnis für die Gläubigergesamtheit verspricht. Ferner hob er hervor, diesen Maßstab bei der Amtsausübung zu achten, sei »*die* überragende Pflicht« eines jeden *administrator*.[95]

Nach alledem ist als *Ergebnis* zu konstatieren: Primärer Zweck des *administration*-Verfahrens ist die bestmögliche Befriedigung der Gläubigergesamtheit. Dem gilt nach dem Gesetz der Vorrang, nicht der Unternehmenssanierung[96]. Als Sanierungsform wird jedoch grundsätzlich die Sanierung des Unternehmensträgers gesetzlich priorisiert.[97] Insofern kommt dem Unternehmensverkauf tatsächlich ein gewisser Nachrang zu. Die rechtlichen und praktischen Hürden für einen reinen *business rescue* erscheinen jedoch sehr gering. Der Vorrang des *company rescue* ist schon nicht absolut. Denn die Auswahl zwischen diesen beiden gesetzlich anerkannten *Zielen* hat sich – wie gezeigt – letztlich strikt danach zu richten, womit dem primären *Zweck* der bestmöglichen Befriedigung der Gläubigergesamtheit besser gedient ist. Er erscheint eher historisch bedingt, symbolischer Natur: Die hier maßgebliche Vorschrift wurde durch den Enterprise Act 2002 zur Durchsetzung der mittlerweile wohl bekannten *rescue culture*[98] und vor dem Hintergrund eingeführt, dass es unter der Geltung des alten Rechts selten zum *corporate rescue* und fast nie zu Sanierungen des Unternehmensträgers kam[99].[100] Es gab zuvor kein auf die Unternehmenssanierung ausgerichtetes Verfahren.[101] So dienen auch in der Praxis *administration*-Verfahren in den allermeisten Fällen allein dem *rescue of the business* und nicht dem *rescue of the company*.[102] Zu dem Verhältnis kursieren die Zahlen von 95 % zu 5 %.[103] In Anlehnung an die Gesetzessystematik anders gewendet: In aller Regel wird nicht das erste, sondern das zweite Ziel verfolgt.[104]

B. Deutschland

Auf den ersten Blick scheint das deutsche Recht auf die grundlegende Frage nach dem Insolvenzrechtszweck eine eindeutigere Antwort zu geben. So schreibt § 1 S. 1 InsO zunächst vor, dass Insolvenzverfahren in Deutschland dazu dienen, »die Gläubiger eines Schuldners gemeinschaftlich zu befriedigen«, indem – zusammengefasst – das

---

95 *Key2Law (Surrey) LLP v De'Antiquis* [2011] EWCA Civ 1567, Rn. 32 (eigene Übersetzung und Hervorhebung).
96 So explizit auch *Xie*, S. 51.
97 A. A. *Wolf*, S. 80.
98 S. dazu etwa *Finch*, J.B.L. 2003, 527, 527 ff.; deutschsprachig *Ehricke/Köster/Müller-Seils*, NZI 2003, 409, 410 ff.; *Müller-Seils*, S. 70 ff.
99 Vgl. *Fletcher*, EBOR 2004, 119, 122; *Mokal*, S. 210 und 227; *Stevens* in: Getzler/Payne, S. 153, 155.
100 Diese Änderung gilt tatsächlich sogar als eine der bedeutendsten Reformen durch den Enterprise Act 2002, vgl. nur *Armour/Mokal*, LMCLQ 2005, 28, 41.
101 *Xie*, S. 37.
102 *Baird/Khokhar* in: Olivares-Caminal, Rn. 9.06; *McCormack* in: Faber/Vermunt/Kilborn/Richter, S. 234, 235; *van Zwieten* in: Goode, Rn. 11–18.
103 Vgl. nur *Derksen*, S. 406 m. w. N.
104 *Wood*, Comp. Law. 2015, 1, 5.

15

Vermögen des Schuldners liquidiert oder dessen Unternehmen saniert wird. Dass damit die *bestmögliche* Befriedigung der Gläubigergesamtheit gemeint ist, wird nur sehr selten in Frage gestellt.[105] Man würde auch meinen, der Wortlaut (»dient dazu […], indem«) gibt schon hinreichend klar eine Hierarchie vor.[106] Auf der anderen Seite lässt sich nicht bestreiten, dass der Gesetzgeber zuletzt vor allem die Sanierung von insolventen Unternehmen erleichtern wollte, nicht zuletzt durch das (Reform-)Gesetz zur weiteren Erleichterung der Sanierung von Unternehmen (ESUG)[107]. Jedenfalls gilt weiterhin als nicht geklärt, welche Verfahrensziele und -zwecke sich nun in welcher Rangordnung aus § 1 S. 1 InsO ergeben und vor allem an welcher Stelle die (übertragende) Sanierung zu verorten ist.[108] In weiten Teilen entpuppt sich die entsprechende Debatte nach hiesigem Verständnis jedoch insofern als Scheindiskussion, als sich einige Literaturstimmen gegenseitig abweichende Meinungen attestieren, das Gros derer tatsächlich aber nur in Nuancen oder in der Darstellungsweise abweicht und im Wesentlichen zu denselben Ergebnissen kommt, wie die nachfolgende Darstellung des *Meinungsstandes* zeigen soll.[109]

Nur wenige Stimmen im Schrifttum vertreten insoweit nach hiesigem Verständnis »wirklich«, also in den wesentlichen Ergebnissen, eine andere Ansicht. Diesem Lager sind wohl bald auch *Paulus/Dammann* zuzurechnen, die § 1 S. 1 InsO entnehmen, dass sich die Insolvenzordnung der Unternehmenssanierung »durchaus offen gegenüber verhält«, bereit sei »von der alleinigen Konzentration auf die Gläubigerinteressen abzurücken« und die »Unternehmensrettung« das »Insolvenzrechtsziel« sei, wonach Insolvenzverwalter streben.[110] *Limmer* sieht in der »allgemeinen Förderung« der Unternehmenssanierung ein besonderes »Ziel« der Insolvenzordnung.[111] Andere vertreten diesen Ansatz noch dezidierter. So ist nach Ansicht von *Hirte* die Unternehmenssanierung ein zur Gläubigerbefriedigung gleichrangiges Ziel der Insolvenzordnung.[112] Den Charakter als deren »absolutes Ziel« spricht auch *Andreas Schmidt* der bestmöglichen Gläubigerbefriedigung ab und ordnet sie ebenfalls »neben« der »Sanierungsfunktion« ein.[113] In der Sache zu demselben Ergebnis kommt auch *Pape*, nachdem er in der ESUG-Reform einen »Paradigmenwechsel« ausgemacht hat.[114] Nach dieser Ansicht soll die Unternehmenssanierung mithin offensichtlich weit mehr sein als ein lediglich zur *Liquidation* – als alternativen Vorgehensweise – gleichwertiges, aber dem erstge-

---

105 So aber jüngst *Paulus/Dammann*, ZIP 2018, 249, 250. – Dagegen die ganz herrschende Ansicht, beispielsweise jüngst BGH NJW 2017, 1749, Rn. 12 (= BGHZ 214, 220); *Sternal* in: Heidelberger Kommentar, § 1 Rn. 3; auch und umfassend dazu *Landfermann* in: FS Wimmer, S. 408, 408 f.
106 So etwa auch *Eidenmüller*, S. 26 Fn. 20.
107 BGBl. I S. 2582.
108 So berichten etwa auch *Paulus/Berberich* in: Faber/Vermunt/Kilborn/Richter, S. 313, 315.
109 A. A. zum Folgenden etwa *Ganter/Bruns* in: MüKo, § 1 Rn. 85.
110 *Paulus/Dammann*, ZIP 2018, 249, 251 nach ausdrücklichem »Überdenken« und einer »Neubetrachtung unter den gewandelten politischen Bedingungen«. – Anders noch *Paulus*, ZGR 2005, 309, 314; sowie zuletzt *Paulus*, NZI 2015, 1001, 1001.
111 *Limmer* in: Kölner Schrift³, Kapitel 27 Rn. 5.
112 *Hirte* in: FS Schäfer, S. 605, 606.
113 *A. Schmidt* in: Hamburger Kommentar, § 1 Rn. 38 und 41.
114 *Pape* in: Kübler/Prütting/Bork, § 270b Rn. 14 f.

nannten Zweck des § 1 S. 1 InsO, der bestmöglichen Befriedigung der Gläubigergesamtheit, untergeordnetes Verfahrensziel.

Auf der letzteren, niedrigeren Stufe ordnet sie aber nicht nur ständig die Rechtsprechung,[115] sondern – zumindest nach hiesigem Verständnis – auch das Gros der Literaturstimmen ein. Davon veranschaulichen die meisten ihre Ansicht mit der Aussage, die
Unternehmenssanierung sei lediglich ein Mittel zur Erreichung der nach § 1 S. 1 InsO
bezweckten Befriedigung der Gläubiger.[116] Andere stellen den Vorrang der bestmöglichen Gläubigerbefriedigung gegenüber der Unternehmenssanierung durch die Charakterisierung als »primären« bzw. »sekundären« Verfahrenszweck dar,[117] oder dadurch,
dass sie betonen, die Unternehmenssanierung sei kein »Selbstzweck«[118]. Wieder andere stufen die Unternehmenssanierung – auf den ersten Blick freilich weniger eindeutig
– als gleichrangiges Verfahrensziel[119] eines Insolvenzverfahrens ein oder entnehmen
§ 1 S. 1 InsO zumindest in Bezug auf Unternehmensinsolvenzen eine gleichwertige
Sanierungsfunktion[120]. Allerdings ergibt sich aus dem Kontext dieser Aussagen jeweils
genauso wie bei den vorgenannten Literaturstimmen, dass letztlich die bestmögliche
Gläubigerbefriedigung das entscheidende Kriterium dafür sein soll, mit welchem dieser Ziele das Insolvenzverfahren im Einzelfall zu begehen ist und/oder der proklamier-
te grundsätzliche Gleichrang eben lediglich gegenüber der Liquidation, als dem anderen »Mittel zum Zweck«, bestehen soll.

Im Rahmen der *Stellungnahme* ist zunächst nochmals auf den eingangs dargelegten
Wortlaut zu verweisen, der – wie soeben gezeigt – für den letzteren Ansatz spricht.
Durch einen Blick auf die Gesetzeshistorie lässt sich dieser Eindruck bekräftigen[121]
und darüber hinaus das Argument ablehnen, seit dem Inkrafttreten des § 1 S. 1 InsO
habe ein Paradigmenwechsel stattgefunden. So gibt der Gesetzesentwurf der Bundesregierung zur Einführung der Insolvenzordnung die bestmögliche Gläubigerbefriedigung als »einheitliches Hauptziel« des neuen Insolvenzverfahrens aus.[122] Und auch die
dazugehörige Stellungnahme des Rechtsausschusses bezeichnet die Unternehmenssa-

---

115 Vgl. nur BGH NJW 2017, 1749, Rn. 12 (= BGHZ 214, 220) (Gläubigerbefriedigung als
»Insolvenzzweck« und Sanierung als »Mittel zur Zweckerreichung«); BGH NJW 2016,
1945 Rn. 25 (= BGHZ 210, 1); sowie BGH NJW 2005, 2015, 2016 (= BGHZ 163, 62) (jeweils: Gläubigerbefriedigung als »vorrangiges Ziel«); ferner tendenziell auch BVerfG
NJW 2015, 465 Rn. 24. – S. dazu weiterführend *Landfermann* in: FS Wimmer, S. 408,
421 ff.
116 Vgl. *Bitter*, ZGR 2010, 147, 152; *Brinkmann/Zipperer*, ZIP 2011, 1337, 1138; *Eidenmüller*, S. 26; *Foerste*, ZZP 2012, 265, 266; *Henckel* in: Jaeger, § 1 Rn. 2 ff.; vgl. ähnlich
Bork, Insolvenzrecht, Rn. 1 und 5 (»Ziel« und »Wege« zur Verwertung); *Schmerbach*, in:
Frankfurter Kommentar, § 1 Rn. 11 (»Hauptziel« und »Wege« zur Gläubigerbefriedigung);
Sternal in: Heidelberger Kommentar, § 1 Rn. 3 ff. (»Hauptzweck« und »Mittel zur Gläubigerbefriedigung«); sowie im Übrigen auch *Noack/Buncke*, KTS 2005, 129, 129.
117 Vgl. etwa *Ganter/Bruns* in: MüKo, § 1 Rn. 1.
118 *Humberg* in Berliner Kommentar, § 1 Rn. 7; *Thole*, JZ 2011, 765, 770; vgl. *Häsemeyer*,
Rn. 1.12.
119 So etwa *Prütting* in: Kölner Schrift[3], Kapitel 1 Rn. 65 f.
120 So etwa *Smid*, Handbuch Insolvenzrecht, § 1 Rn. 28.
121 So etwa auch *Schmerbach*, in: Frankfurter Kommentar, § 1 Rn. 11.
122 RegE-InsO, BT-Drucks. 12/2443, S. 108.

17

nierung lediglich als einen »Weg« zur Gläubigerbefriedigung.[123] Die ESUG-Materialien gehen in genau dieselbe Richtung, indem sie klarstellen, die Unternehmenssanierung sei weiterhin »kein Selbstzweck«, und betonen, dass daran festgehalten werde, dass »[v]orrangiges Ziel des Insolvenzverfahrens« die bestmögliche Gläubigerbefriedigung sei. *Insofern* solle gerade »[k]eine Änderung der InsO« erfolgen.[124] Um bei der bekannten Darstellungsform zu bleiben, lässt sich das hiesige Verständnis folgendermaßen zusammenfassen: Auch indem vom Gesetzgeber (durch die ESUG-Reform) ein Mittel zum Zweck besonders gestärkt wurde und dementsprechend dessen Praxisbedeutung zugenommen hat, wurde dieses Mittel noch nicht zu einen ebenbürtigen Zweck des Gesetzes gemacht.

Demnach ist als *Zwischenergebnis* zu konstatieren: Primärer Zweck des Insolvenzverfahrens ist weiterhin die bestmögliche Gläubigerbefriedigung; *dazu* ist die Sanierung nicht gleichrangig. Ob dieses Ziel im Einzelfall zu verfolgen ist (oder nicht), richtet sich vielmehr streng nach den Auswirkungen auf das Befriedigungsinteresse der Gläubiger.

Ferner besteht in Deutschland wohl dahingehend Einigkeit, dass der Unternehmensverkauf und die Unternehmensträgersanierung als Formen der Verwertung des schuldnerischen Vermögens bzw. der Sanierung des Unternehmens nach dem Gesetz gleichrangig nebeneinanderstehen,[125] also vor allem letztere Vorgehensweise – anders als in England – nicht gesetzlich einen gewissen Vorrang genießt. Zwar gab es in Deutschland auch einmal gegenläufige rechtspolitische Bestrebungen. So empfahl die im Jahr 1978 zunächst von dem damaligen Bundesjustizminister *Vogel* beauftragte Kommission für Insolvenzrecht in ihrem sog. Ersten Bericht aus dem Jahr 1985, dass als eine »Sanierung« im Sinne eines damals vorgeschlagenen neuartigen »Reorganisationsverfahrens« nur die des Unternehmensträgers gelten solle.[126] Und auch das von *Karsten Schmidt* erstellte Gutachten zum 54. Deutschen Juristentag, das zwischenzeitlich erschienen war, stellte den Vorschlag in den Raum, den Unternehmensverkauf in der Insolvenz als Sanierungsmethode für unzulässig zu erklären.[127] Die tatsächliche Rechtsentwicklung sollte dann aber dennoch einen anderen Weg gehen. Zunächst sprach sich insbesondere *Balz* gegen die in den vorstehend genannten Reformvorschlägen ausgemachte »Sanierungseuphorie« und für die Legitimität und Zweckmäßigkeit der übertragenden Sanierung als verfahrenstechnisches Mittel zur bestmöglichen Verwertung aus.[128] Klarheit schuf insofern jedoch letztlich der InsO-Gesetzgeber, indem er betonte, dass an einer Sanierung des Unternehmensträgers für sich genommen kein gesteigertes öffentliches Interesse bestehe sowie die Art und Weise der Sanierung gänzlich den Marktkräften zu überlassen sei, und vor diesem Hintergrund den Status der übertragenden Sanierung »als gleichrangiges Instrument neben der Sanierung des Schuldners« festschrieb.[129]

---

123 Stellungnahme Rechtsausschuss zur InsO BT-Drucks. 12/7302, S. 155.
124 RegE-ESUG, BT-Drucks. 17/5712, S. 17.
125 Vgl. etwa *Bork*, Insolvenzrecht, Rn. 4 f.; *Ludwig* in: Braun, § 1 Rn. 3; *Pape* in: Uhlenbruck, § 1 Rn. 7.
126 BMJ, Erster Bericht der Kommission für Insolvenzrecht, S. 157 und 161 f.
127 *K. Schmidt*, Gutachten 54. DJT, S. D 83 f.
128 Vgl. *Balz*, S. 18 ff. und 71 ff.
129 RegE-InsO, BT-Drucks. 12/2443, S. 75 f. und 93.

Nach alledem lässt sich im *Ergebnis* festhalten, dass die übertragende Sanierung gegenüber den anderen Sanierungs- bzw. Verwertungsformen gleichrangig ist, ihr im Besonderen und der Sanierung im Allgemeinen aber kein Vorrang gegenüber der bestmöglichen Befriedigung der Gläubigergesamtheit gebührt. Allein in Letzterem liegt der primäre Verfahrenszweck in Deutschland.

§ 3 Verfahrensakteure

Nun gilt es, die Akteure des *administration-* bzw. Insolvenzverfahrens unter den wesentlichsten Aspekten vorzustellen, und zwar insbesondere diejenigen, welchen bei der Regulierung von (*pre-packaged*) Unternehmensverkäufen in England und Deutschland im Allgemeinen[130] maßgebliche Bedeutung zukommt.

A. *Schuldner*

Dass der Schuldner in diesem Zusammenhang angeführt wird, dürfte auf den ersten Blick verwundern. Schließlich soll hier auf deutscher Seite doch das Regelinsolvenzverfahren und nicht etwa das Verfahren in Eigenverwaltung im Fokus stehen; und bei der *administration* handelt es sich auch nicht um ein *debtor-in-possession procedure*.[131] Vielmehr wird der Schuldner jeweils gemäß den im Folgenden zu erläuternden Maßgaben aus seiner Rolle als Akteur verdrängt und sein Vermögen Objekt des Verfahrens. Allerdings wird die Schuldnerseite in England häufig im Rahmen der Verfahrenseinleitung beteiligt[132] und in Deutschland weist ihr das Gesetz etwa in der Zwischenphase nicht unbedeutende Interventionsmöglichkeiten zu[133]. Gänzlich »außen vor« ist sie im vorliegenden Kontext somit keineswegs.

B. *Gläubiger*

Auf der Gläubigerseite ließe sich zunächst zwischen Alt- und Neugläubigern, also solchen, deren Forderungen bereits vor Verfahrenseinleitung bestanden bzw. erst danach entstanden sind, sowie in ersterem Kreis zwischen den ungesicherten und den (unterschiedlich) gesicherten Gläubigern differenzieren. Denn diese verschiedenen Gläubigerarten sind in beiden Rechtsordnungen bekannt und jeweils besonderen Regelungen unterlegt.[134] Des Weiteren sind im Rahmen sowohl des *administration-* als auch des Insolvenzverfahrens für die Beteiligung der Gläubigerseite am Verfahren

---

130 In England spielt seit nicht allzu langer Zeit (nur) bei einem Pre-Pack an Insider im Besonderen noch ein neuartiges Expertengremium eine Rolle, der sog. Pre-Pack-Pool, s. dazu Teil 3 § 2 B. I. 3.

131 Vgl. nur *van Zwieten* in: Goode, Rn. 11–19.

132 S. dazu Teil 1 § 5.

133 S. dazu Teil 3 § 3.

134 S. dazu umfassend *Bork*, Sanierungsrecht, Rn. 3.9 ff. und 9.11 ff.

19

Gremien vorgesehen, und zwar – mit der Gläubigerversammlung (§§ 74 ff. InsO) bzw. dem *creditors' meeting* (para. 246ZE (3) IA 1986) und dem Gläubigerausschuss (§§ 67 ff. InsO) bzw. dem *creditors' committee* (para. 57 sch. B1 IA 1986) – jeweils ein »großes« und ein »kleines«. Insofern bestehen in einigen Aspekten sogar erhebliche Unterschiede, wie etwa den Einsetzungsmöglichkeiten, der Zusammensetzung und der praktischen Bedeutung.[135] Im vorliegenden Kontext sind auf der Gläubigerseite indes nur zwei Verfahrensakteure letztlich wirklich von praktischer Relevanz. Dies betrifft einerseits eine bestimmte Untergruppe der gesicherten Gläubiger in England, namentlich die Halter (*holder*) einer *qualifying floating charge* (im Folgenden auch: QFC-Inhaber); andererseits eines der beiden Gläubigerorgane in Deutschland, und zwar den Gläubigerausschuss.

I. England – *qualifying floating charge holder*

Die *floating charge* ist im Wesentlichen ein durch die Rechtsprechung[136] entwickeltes arteigenes Kreditsicherungsrecht, das – je nach Sicherungsabrede – das gesamte Vermögen einer Kapitalgesellschaft in seinem jeweiligen Bestand erfassen kann, dabei aber zunächst noch insofern »schwebt«, als der Sicherungsgeber im Rahmen des normalen Geschäftsbetriebs das Sicherungsgut nutzen und frei darüber verfügen darf. Erst unter bestimmten Umständen kommt es zur sog. *crystallisation*, wodurch sie sich als dingliche Sicherheit an dem derzeitigen Vermögensbestand konkretisiert, die Nutzungs- und Verfügungsbefugnis des Sicherungsgebers eingeschränkt wird und regelmäßig Verwertungsreife eintritt.[137] Danach wird das Sicherungsrecht als »fixed charge« bezeichnet.[138] Dem deutschen Recht ist die *floating charge* unbekannt – es bietet keine Möglichkeit, ein Unternehmen, als Inbegriff eines wechselnden Bestands von Sach- und Rechtsgesamtheiten, kraft eines einzigen, umfassenden Instruments als Sicherheit zu stellen.[139] Dem Inhaber einer *floating charge* kommen – wie im Folgenden genauer dargelegt werden soll[140] – im Rahmen der *administration* einige Sonderrechte zu, falls das Sicherungsrecht dazu gemäß para. 14 (1) sch. B1 IA 1986 befähigend (*qualifying*) ist. Dies setzt zum einen voraus, dass die jeweilige Sicherungsabrede diese Vorschrift für anwendbar erklärt oder die Sonderrechte selbst ausweist; zum anderen muss der jeweilige Gläubiger eine oder mehrere floating charges innehaben, die (in der Summe) tatsächlich nahezu das gesamte Gesellschaftsvermögen erfassen

---

135 S. dazu umfassend in Bezug auf die »kleinen« Gläubigerorgane *Bork*, IIR 2012, 127, 127 ff. – Dass es – wie unter Teil 1 § 1 erläutert – seit der SBEEA 2015-Reform in England nur noch ausnahmsweise zu einer physischen Gläubigerversammlung kommt und unter ganz besonderen Umständen sogar die Gläubigerbeteiligung gänzlich ausfällt, sind nur zwei maßgebliche Unterschiede zur Rechtslage in Deutschland. – S. für weitere *Bork*, Sanierungsrecht, Rn. 17.12 ff.
136 Vgl. das *House of Lords* in *Spectrum Plus Ltd* [2005] 3 W. L. R. 59, 89 (»bred by equity lawyers and judges out of the needs of the commercial and industrial entrepreneurs«).
137 S. dazu auch unten Teil 1 § 5 C. II. 2.
138 Vgl. instruktiv zum Ganzen *Steffek*, S. 145 ff. – S. dazu allein deutschsprachig, umfassend und monographisch etwa *Brambosch*, S. 26 ff.; *Grädler*, S. 11 ff.; jüngst *Kleweta*, S. 9 ff.
139 Vgl. prägnant, im Ergebnis aber statt aller *Grädler*, S. 98 f.
140 S. dazu vor allem Teil 1 § 4 A. I und Teil 1 § 5.

(para. 14 (2), (3) sch. B1 IA 1986.[141] Eine derartige Stellung wird in aller Regel nur Großgläubigern eingeräumt. Typischerweise handelt es sich bei den QFC-Inhabern um die kreditgebenden Banken.[142]

II. Deutschland – Gläubigerausschuss

Nach § 67 Abs. 1 InsO kann das Insolvenzgericht bereits vor der ersten Gläubigerversammlung (aber erst nach der Verfahrenseinleitung) einen Gläubigerausschuss einsetzen. Dieses Organ wird in dieser Zwischenphase auch als »vorläufig«[143] bezeichnet oder »Interimsausschuss«[144] genannt, da die Gläubigerversammlung später nach §§ 68 Abs. 1 S. 2, Abs. 2 InsO über dessen Beibehaltung und die Wahl anderer Mitglieder entscheiden kann. Seit der ESUG-Reform ist ferner die Möglichkeit gesetzlich verankert,[145] noch davor, mithin während des Einleitungsverfahrens, einen Gläubigerausschuss einzusetzen, den das Gesetz ausdrücklich als »vorläufig« deklariert (§§ 21 Abs. 2 S. 1 Nr. 1a, 22a InsO). Im Schrifttum wird diesbezüglich zwar auch die Bezeichnung »vor-vorläufig« genutzt.[146] In dieser Arbeit soll es aber bei der gesetzlichen Differenzierung bleiben und ist primär der auf Grundlage von § 67 InsO gerichtlich eingesetzte Gläubigerausschuss von Interesse.[147] Die Befugnis der Gläubigerversammlung, *abschließend* über die Ein- und Besetzung des Gläubigerausschusses zu bestimmen, ist in der Praxis kaum und im vorliegenden Kontext wohl gar nicht relevant. Denn bevor es dazu kommen kann, sind die maßgeblichen Weichenstellungen des Insolvenzverfahrens – zu denen die Entscheidung über einen (vorzeitigen) Unternehmensverkauf zweifellos zählt – in der Regel schlicht bereits erfolgt.[148]

Ob ein Gläubigerausschuss nach § 67 InsO eingesetzt wird, steht im pflichtgemäßen Ermessen des Insolvenzgerichts.[149] Ein bedeutsames Entscheidungskriterium sind dabei der Umfang des schuldnerischen Unternehmens und die damit regelmäßig korrelierende Komplexität des Insolvenzverfahrens.[150] Dasselbe gilt im Ausgangspunkt für die Frage, mit wie vielen und mit welchen Mitgliedern der Gläubigerausschuss besetzt wird.[151] Allerdings müssen es mindestens zwei sein;[152] ferner »sollen« im Gläubiger-

---

141 S. dazu weiterführend *van Zwieten* in: Goode, Rn. 11-06 ff.
142 Vgl. *Grädler*, S. 31; *Steffek*, S. 50; *Stevens* in: Getzler/Payne, S. 153, 154.
143 Vgl. etwa *Jungmann* in: K. Schmidt, § 67 Rn. 9.
144 Vgl. etwa *Vallender* in: Uhlenbruck, § 22a Rn. 78.
145 Der Reform war die Praxis einiger Insolvenzgerichte vorausgegangen, ohne explizite gesetzliche Ermächtigung, allein auf der Grundlage der Generalklausel des § 21 Abs. 1 S. 1 InsO noch vor der Eröffnung des Insolvenzverfahrens einen Gläubigerausschuss zu bestellen. Die Zulässigkeit dessen war indes im Schrifttum intensiv diskutiert und von der damals wohl herrschenden Meinung abgelehnt worden, s. dazu umfassend *de Bruyn*, Rn. 115 ff.
146 So etwa *Jungmann* in: K. Schmidt, § 67 Rn. 13.
147 S. zum vorläufigen Gläubigerausschuss im Besonderen Teil 2 § 1 A. II.
148 Vgl. *Bork*, IIR 2012, 127, 130.
149 Wohl allgemeine Ansicht, vgl. etwa *Gerhardt* in: Jaeger, § 67 Rn. 17; *Kübler* in: Kübler/ Prütting/Bork, § 67 Rn. 9; *Schmid-Burgk* in: MüKo, § 67 Rn. 6.
150 S. dazu weiterführend *Knof* in: Uhlenbruck, § 67 Rn. 8.
151 Wohl allgemeine Ansicht, vgl. etwa *Jungmann* in: K. Schmidt, § 67 Rn. 28; *Knof* in: Uhlenbruck, § 67 Rn. 9; *Schmid-Burgk* in: MüKo, § 67 Rn. 6.

ausschuss die absonderungsberechtigten Gläubiger, die Insolvenzgläubiger mit den höchsten Forderungen und die Kleingläubiger sowie die Arbeitnehmer repräsentiert sein (§ 67 Abs. 2 InsO). Letztere Regelung bietet jedenfalls dann Raum für Abweichungen, wenn dafür ein begründeter Anlass besteht.[153] Bedeutsam ist ferner, dass auch Personen, die keine Gläubiger sind, bestellt werden können (§ 67 Abs. 3 InsO). Denn dies eröffnet die Möglichkeit, den Gläubigerausschuss auch mit besonders qualifizierten und sachverständigen Externen als Repräsentanten der Gläubigergruppen zu besetzen.[154]

Von diesen Freiheiten machen die Gerichte in der Praxis häufig Gebrauch, so dass insofern regelmäßig Vertreter der typischerweise wichtigen Gläubigergruppen Banken (häufig deren interne Insolvenzexperten), Lieferanten (etwa Mitarbeiter der Warenkreditversicherer) und Arbeitnehmer (etwa Gewerkschaftler oder Betriebsräte) gewählt werden[155]. Hinzu kommen – je nach Einzelfall – teilweise noch Abgesandte des Pensions-Sicherungs-Verein Versicherungsverein auf Gegenseitigkeit (PSVaG; bei Großinsolvenzen mit erheblichen Ruhegeldverpflichtungen) und der Bundesagentur für Arbeit (bei der sog. Insolvenzgeld-Vorfinanzierung).[156] Eine Gesamtzahl von drei oder fünf Mitgliedern wird – je nach Verfahrensumfang – allgemein für zweckmäßig gehalten,[157] dürfte daher in der Praxis auch üblich sein. Es ist allerdings nur bei Großinsolvenzen die Regel, dass ein Gläubigerausschuss überhaupt eingesetzt wird. Bei der Mehrheit der Kleininsolvenzen kommt es nicht dazu.[158] In Bezug auf sämtliche Insolvenzverfahren wird geschätzt, dass die Einsetzungsquote heute jedenfalls bei über 20 % liegt.[159]

C. Gericht

Sowohl das *administration-* als auch das Regelinsolvenzverfahren finden unter gerichtlicher Mitwirkung statt – in welchem Maße, soll erst im späteren Verlauf der Arbeit dargelegt werden. Hier soll beleuchtet werden, wer durch das jeweilige Gerichtsorganisations- und Zuständigkeitsrecht damit dann konkret betraut ist.

I. England

In England besteht insoweit ab einem Gesellschafts-Stammkapital von über 120.000 £ eine ausschließliche Zuständigkeit des *High Court*. Im Übrigen sind grundsätzlich der

---

152 So die bisher wohl allgemeine Ansicht, vgl. etwa BGH NZI 2009, 386 Rn. 4 und Ls.; *Knof* in: Uhlenbruck, § 67 Rn. 20. – A. A. wohl allein *Pollmächer/Siemon*, NZI 2018, 625, 625 ff.
153 Vgl. *Jungmann* in: K. Schmidt, § 67 Rn. 31; *Schmid-Burgk* in: MüKo, § 67 Rn. 10; im Ergebnis wohl auch *Frege*, NZG 1999, 478, 480 (»in Ausnahmefällen«). – A. A. (weitergehend) *Gerhardt* in: Jaeger, § 67 Rn. 21.
154 Vgl. nur *Knof* in: Uhlenbruck, § 67 Rn. 19.
155 *Bork*, IIR 2012, 127, 132.
156 *Knof* in: Uhlenbruck, § 67 Rn. 9.
157 Vgl. etwa *Frind* in: Hamburger Kommentar, § 67 Rn. 8.
158 *Bork*, IIR 2012, 127, 130.
159 So *Kübler* in: Kübler/Prütting/Bork, § 67 Rn. 3 f.

High Court sowie der *eine*, englisch-walisische *County Court*, welcher über mehrere über die Länder verteilte Anhörungszentren (*hearing center*) verfügt,[160] konkurrierend zuständig (sec. 251, 117 (1), (2) IA 1986).[161] In der Praxis wird aber in einem solchen Fall in aller Regel bevorzugt, den *High Court* anzurufen.[162] Das Insolvenzrecht fällt dort grundsätzlich in die *Chancery Division*, eine seiner drei Abteilungen; generell gehört es in die Gerichtsbarkeit der *Business & Property Courts*, einer Zusammenfassung besonders spezialisierter Gerichte in England.[163] Der *High Court* hat seinen Hauptsitz in London, verfügt aber in England und Wales noch über zehn Bezirksvertretungen (*District Registries*), die jeweils unter der Aufsicht von einem bestimmten *High Court Judge* stehen und bei denen ebenfalls mündliche Verhandlungen stattfinden können.[164] *Business & Property Courts* gibt es außerhalb von London noch an sieben weiteren Orten.[165] In der *Chancery Division* am *High Court* gibt es zurzeit 16 *Chancery Judges* und sechs besonders spezialisierte *Insolvency and Companies Court (ICC) Judges*.[166] In den *District Registries* können die Verfahren generell – je nach Inhalt, Komplexität und Streitwert – durch einen *District Judge*, einen besonders ausgewiesenen *Chancery Circuit Judge* oder durch einen *High Court Judge*, der dann als »visiting« bezeichnet wird, geführt werden.[167] Allerdings ist in Bezug auf die gerichtliche Beteiligung im Rahmen der Einleitung eines *administration*-Verfahrens explizit festgelegt, dass sie ausschließlich durch einen *High Court*- oder einen *ICC Judge* erfolgen darf.[168] Bei diesen Personen handelt es sich regelmäßig um äußerst erfahrene Experten. So setzt die Erhebung in ein solches Amt voraus, dass die jeweilige Person selbst vor diesem Gericht bereits mehrere Jahre Vertretungsberechtigung (*rights of audience*) innehatte,[169] was faktisch letztlich bedeutet, dass insofern eine erhebliche Berufserfahrung notwendig ist. Es ist sogar nicht unüblich, dass hochspezialisierte *barrister* nach jahrzehntelanger beratender und forensischer Tätigkeit zum krönenden Abschluss ihrer Karriere auf die entsprechende Richterbank im *High Court* wechseln, wie sich jüngst wieder am Beispiel von *The Honourable Mr. Justice Snowden* zeigte.

160 Sec. A1 County Courts Act 1984. – So stellt sich die Gerichtsstruktur erst seit der Reform durch den Crime and Courts Act 2013 (sec. 17 [1]) dar. Zuvor gab es eine Vielzahl selbstständiger, lokaler *County Courts*.
161 S. dazu auch *Barden* in: Lightman/Moss, Rn. 6-033. – Für die konkurrierende Zuständigkeit muss das jeweilige *hearing center* des *County Court* aber insbesondere auch »insolvency jurisdiction« besitzen (para. 1.1 [10] Insolvency Practice Direction). Welche Gerichte diese Kompetenz aufweisen, ist in sch. 6 IR 2016 geregelt. Des Weiteren müssen Anträge auf Einleitung eines Insolvenzverfahrens im Rahmen des *County Court* besonderen Spezialrichtern (*specialist judges*) vorgelegt werden, die sodann komplexere oder größere Verfahren übernehmen sollen (para. 3.6 ff. Insolvency Practice Direction).
162 *Bork*, Sanierungsrecht Rn. 9.29 mit Fn. 63.
163 *Her Majesty's Courts & Tribunals Service*, Chancery Guide, Rn. 1.1 ff. und 25.1 ff. – Sie sind aufgeführt in Practice Direction 57AA.
164 *Her Majesty's Courts & Tribunals Service*, Chancery Guide, Rn. 1.1.
165 Vgl. para. 1.2 Practice Direction 57AA.
166 *Her Majesty's Courts & Tribunals Service*, Chancery Guide, Rn. 1.5.
167 *Her Majesty's Courts & Tribunals Service*, Chancery Guide, Rn. 25.4 und 30.1.
168 Para. 3.3 (1) Insolvency Practice Direction.
169 Vgl. die Stellenbeschreibungen auf www.judiciary.uk/about-the-judiciary/who-are-the-judiciary/judicial-roles/judges/high-ct-masters-registrars/ (zuletzt abgerufen am 21.01.2020).

Nach alledem kann *Bork* nur darin zugestimmt werden, dass das englische Zuständig-
keits- und Gerichtsorganisationsrechts sicherstellt, dass mit den entsprechenden
Rechtsfragen nur wenige, stetig und intensiv mit den einschlägigen Materien beschäf-
tigte, also routinierte sowie kompetente Richter betraut werden.[170] Dementsprechend
wird daran, soweit ersichtlich, in England auch keine Kritik geübt.

II. Deutschland

In Deutschland liegt die sachliche Zuständigkeit für Insolvenzsachen auf der Ebene
der Amtsgerichte, wobei grundsätzlich nur eines pro Landgerichtsbezirk dafür als
»Insolvenzgericht« kompetent ist, und zwar das am Sitz des jeweiligen Landgerichts
(§ 2 Abs. 1 InsO). Für den Bereich der Konzerninsolvenzen hat der Gesetzgeber mit
§ 2 Abs. 3 InsO noch eine besondere Möglichkeit zur Konzentration der Zuständigkei-
ten geschaffen. Im Allgemeinen sind die Länder insoweit durch § 2 Abs. 2 InsO zu
abweichenden Regelungen ermächtigt, unter anderem dazu, weitere Insolvenzgerichte
zu schaffen. Sie haben sich erfolgreich gegen das Vorhaben der Bundesregierung[171]
gesperrt, diese Möglichkeit im Zuge der ESUG-Reform zu streichen.[172] Viele Länder
haben von der Ermächtigung auch tatsächlich Gebrauch gemacht.[173] Daher gibt es derzeit in Deutschland insgesamt 182 Gerichte, bei denen Unternehmensinsolvenzen be-
treut werden können.[174] Die entsprechenden Abteilungen an den Amtsgerichten sind
gemäß der allgemeinen Regelung in § 22 Abs. 1 GVG mit Einzelrichtern besetzt. Dort
liegt die funktionelle Zuständigkeit für Insolvenzsachen zwar grundsätzlich beim
Rechtspfleger (§ 3 Nr. 2 e) RPflG). Auch in Deutschland ist sie aber in Bezug auf die
Verfahrenseinleitung besonders geregelt: Die entsprechenden Entscheidungen bleiben
nach § 18 Abs. 1 Nr. 1 RPflG den Richtern vorbehalten. Dass es in einigen Bezirken
abweichende Handhabungen von Insolvenzrechtssachen und in einigen Abteilungen
nicht einmal eine für den Aufbau einer gewissen Expertise genügende Zahl an Fällen
gibt,[175] ist (allein) dieser Gerichtsorganisation geschuldet.[176] Der Professionalisierung
der gerichtlichen Bearbeitung von Insolvenzsachen stehen offenbar noch weitere insti-
tutionelle Rahmenbedingungen entgegen. So »sollen« die Insolvenzrichter nach § 22
Abs. 6 GVG zwar zum Zeitpunkt der Zuweisung im gerichtlichen Geschäftsvertei-
lungsplan oder zumindest erwartbar »alsbald« über belegbare Kenntnisse im Insolvenzrecht und in damit verbundenen Materien verfügen können. Aus ihren Reihen
kommt aber die Kritik, dass in der Praxis weder der erforderliche Kenntnisstand hinreichend überprüft werde noch angemessene Fortbildungsangebote existieren wür-

---

170 *Bork*, Sanierungsrecht, Rn. 9. 29.
171 RegE-ESUG, BT-Drucks. 17/5712, S. 19 f.
172 Vgl. Rechtsausschuss zum RegE-ESUG, BT-Drucks. 17/7511, S. 33.
173 S. dazu *Rüther* in: Hamburger Kommentar, § 2 Rn. 7.
174 S. dazu die Auflistung der Insolvenzgerichte im sog. Justizportal des Bundes und der Län-
     der. – Von der Gesamtsumme sind jedoch zehn Insolvenzgerichte in Berlin abzuziehen, bei
     denen nach § 8 Abs. 1 der dortigen Verordnung über die Zuweisung amtsgerichtlicher Zu-
     ständigkeiten ausschließlich Verbraucherinsolvenzverfahren behandelt werden können.
175 Vgl. mit empirischem Beleg *Jacoby/Madaus/Sack/Schmidt/Thole*, ESUG-Evaluation,
     S. 236.
176 *Bork*, Sanierungsrecht, Rn. 9.28.

den.[177] Des Weiteren wird berichtet, dass die Insolvenzdezernate in der Richterschaft eher unbeliebt seien, weshalb insofern eine hohe Personalfluktuation bestehe und häufig Berufsanfänger betraut würden,[178] auch wenn § 22 Abs. 6 GVG das zumindest bei Richtern auf Probe im ersten Berufsjahr ausschließt. Nach alledem überrascht nicht, dass die nicht nur von *Bork* bereits vor einiger Zeit getroffene Einschätzung, dass das deutsche Zuständigkeits- und Gerichtsorganisationsrecht keine durchgehend kompetente und schnelle gerichtliche Betreuung von Insolvenzsachen gewährleistet und daher insoweit praktischen Bedürfnissen nicht genügt, mittlerweile empirisch bestätigt wurde. So war nur eine knappe Mehrheit der im Rahmen der von der Bundesregierung in Auftrag gegebenen ESUG-Evaluation befragten rund 340 Experten der Ansicht, dass die Richter der wirtschaftlichen Komplexität eines Sanierungsprozesses regelmäßig gut gewachsen sind.[179] Und eine methodologisch vergleichbare Studie aus dem Privatsektor kam zu dem Ergebnis, dass eine deutliche Mehrheit eine Professionalisierung der Insolvenzgerichte fordert.[180]

D. Amtsperson

Wie bereits erwähnt, kommt es nicht nur in Deutschland – mit dem (vorläufigen[181]) Insolvenzverwalter –, sondern auch in England – mit dem *administrator* – zur Einsetzung einer Amtsperson, welche sodann jeweils gemäß den folgenden Maßgaben die Geschicke des Schuldners leitet. Mit diesen Ämtern können nach dem Gesetz nur natürliche Personen betraut werden (sec. 390 (1) IA 1986 und § 56 Abs. 1 S. 1 InsO[182]). In England ist es sogar möglich, im Rahmen desselben Verfahrens mehr als eine Amtsperson zu bestellen (para. 100 ff. sch. B1 IA 1986), die dann entweder nebeneinander (*concurrently*) tätig sind, mithin jeweils bestimmte einzelne Aufgaben eigenständig wahrnehmen (para. 100 (2) (b) sch. B1 IA 1986), oder ihre Tätigkeit gemeinsam (*jointly*) ausüben (para. 100 (2) (a) sch. B1 IA 1986). Die dortige Praxis geht dahin, bei besonders aufwändigen oder »kritischen« Verfahren zwei *joint administrators* zu bestellen.[183] In Deutschland kann in einem Verfahren zwar auch eine weitere Amtsperson (sog. Sonderinsolvenzverwalter) bestellt werden, allerdings ausschließ-

---

177 So etwa *Frind*, ZInsO 2018, 231, 232 f.
178 So etwa *Bork*, Sanierungsrecht, Rn. 9.28.
179 *Jacoby/Madaus/Sack/Schmidt/Thole*, ESUG-Evaluation, S. 236.
180 *McKinsey/Noerr*, InsO-Studie 2018, S. 6 und 20.
181 S. zum vorläufigen Insolvenzverwalter im Besonderen Teil 2 § 1 A. I. – Im Übrigen gelten die folgenden Ausführungen insoweit (wegen §§ 21 Abs. 2 S. 1 Nr. 1, Nr. 1a InsO) entsprechend.
182 Inwieweit der damit einhergehende Ausschluss juristischer Personen von der Bestellung zum Insolvenzverwalter unter verfassungs- und europarechtlichen Gesichtspunkten zulässig ist, wurde in Deutschland kontrovers diskutiert. Die Verfassungsmäßigkeit dieser Norm wurde indes in Bezug auf reine Inlandssachverhalte (implizit) positiv beschieden insbesondere in BVerfG NJW 2016, 930, womit die Frage zumindest für die Praxis geklärt sein dürfte. Dagegen aber wiederum *Kleine-Cosack*, ZIP 2016, 741, 747. – S. dazu etwa *Frind* in: Hamburger Kommentar, § 56 Rn. 3 f.
183 *Baird/Khokhar* in: Olivares-Caminal, Rn. 9.12.

lich, sofern und soweit der Insolvenzverwalter tatsächlich oder rechtlich verhindert ist, sein Amt auszuüben. Im Regelfall kann es nicht mehrere Verwalter geben.[184]

1. Rechtsstellung

In England geht – im Gegensatz zur Rechtslage in Deutschland betreffend den »endgültigen« Insolvenzverwalter nach § 80 Abs. 1 InsO – die Verwaltungs- und Verfügungsbefugnis über das schuldnerische Vermögen richtigerweise nicht automatisch auf den *administrator* (als Inhaber eines privaten Amtes[185]) über.[186] Unter praktischen Gesichtspunkten wird er jedoch dennoch aus einer weitgehend vergleichbaren Position heraus tätig.[187] Denn dem *administrator* kommt nach para. 59 f. sch. B1 IA 1986 ebenfalls grundsätzlich eine uneingeschränkte Geschäftsführungs- und Veräußerungsbefugnis zu, wobei er indes stets als gesetzlicher Vertreter (*agent*) der schuldnerischen Gesellschaft fungiert (para. 69 sch. B1 IA 1986).[188] Das bisherige Management verliert seine Kompetenzen dadurch zwar nicht vollständig, darf sodann aber nur noch mit seiner Zustimmung tätig werden und kann von ihm jederzeit ausgewechselt werden (para. 64 bzw. 61 sch. B1 IA 1986). Darüber hinaus kommt nach para. 5 sch. B1 IA 1986 einem jeden *administrator* der Status als *officer of the court* zu,[189] was als Privileg unter anderem mit sich bringt, dass der jeweilige *administrator* vor unberechtigten Eingriffen in seine Amtsführung durch Dritte geschützt ist und bei Gericht insofern jederzeit Weisungen einholen darf.[190] Folglich ist die Amtsperson trotz der Unterschiede in der dogmatischen Konstruktion sowohl in England[191] als auch in Deutschland[192] vor allem faktisch der Verkäufer des jeweiligen Unternehmens. Denn sie schließt im Namen des Schuldners bzw. handelnd in ihrer Eigenschaft als Insolvenzverwalter über dessen Vermögen den entsprechenden Kaufvertrag. Ihr kommt dabei somit jeweils die Position des Letztentscheiders zu.

2. Sonderfrage: Befugnis zur Verwertung von Sicherungsgut

In der Praxis dürfte es indes kaum vorkommen, dass das gesamte Unternehmen des Schuldners, das verkauft werden soll, sich aus dessen unbelasteten Vermögen zusammensetzt. Praxisrelevant ist daher, inwieweit die Amtsperson zu der Veräußerung von Sicherungsgut befugt ist. Denn die gesicherten Gläubiger können (außerhalb eines Insolvenzplanverfahrens) nicht etwa qua Mehrheitsbeschluss der Gläubigergesamtheit

---

184 Vgl. statt aller *Graeber* in: MüKo, § 56 Rn. 153 und 158.
185 So die ganz h. M., vgl. nur *Bork*, Insolvenzrecht, Rn. 78 m. w. N.
186 So bereits *Schlegel* in: MüKo, Länderbericht England und Wales, Rn. 43. – A. A. *Henke*, S. 148; *Köster*, S. 145.
187 Vgl. im Ergebnis ebenso *Ringe/Otte* in: Triebel/Illmer/Ringe/Vogenauer/Ziegler, S. 307, 322.
188 Vgl. auch *Bork*, Sanierungsrecht, Rn. 9.70.
189 Unbeachtlich ist demnach explizit, ob der *administrator* gerichtlich oder außergerichtlich bestellt wurde, s. zu diesen Varianten des Einleitungsverfahrens in England Teil 1 § 4 A. I.
190 S. dazu *Lightman/Bailey* in: Lightman/Moss, Rn. 12-006
191 Vgl. *Titchen* in: Lightman/Moss, Rn. 11-034.
192 Vgl. *König* in: Bork/Hölzle, Kapitel 5 Rn. 105.

zu Rechtseinbußen gezwungen werden.[193] In England erklärt das Gesetz es sogar ausdrücklich für unzulässig, dass das *administrator's proposal* Eingriffe in die Rechte der gesicherten Gläubiger ohne deren Zustimmung vorsieht (para. 73 (1) (a), (2) (a) sch. B1 IA 1986).[194] Eine einvernehmliche Ablösung der Sicherungsrechte ist aber freilich möglich. Die Zustimmung aller relevanten gesicherten Gläubiger einzuholen, dürfte allerdings in der Praxis nicht immer einfach und jedenfalls einem schnellen, geräuschlosen Verkauf des Unternehmens nicht unbedingt zuträglich sein. Von besonderer Bedeutung ist daher, inwieweit die Amtsperson notfalls auch gegen ihren Willen Sicherungsgut verwerten darf.

a) England

Der *administrator* darf über Gegenstände des schuldnerischen Vermögens, die einer *floating charge* unterliegen, frei verfügen (para. 70 (1) sch. B1 IA 1986). Ruft man sich nun die *crystallisation*-Gründe in Erinnerung,[195] muss man allerdings davon ausgehen, dass bei Verfahrenseinleitung regelmäßig viele *charges* nicht mehr *floating* sein werden. Bei allen anderen Sicherungsmitteln, von denen vor allem die *fixed charge* relevant ist,[196] bedarf er zur Veräußerung der Zustimmung des Gerichts in Form der Freigabe *eigenen* Sicherungsguts bzw. – aus deutscher Perspektive *per se* eine bemerkenswerte Möglichkeit – der Ablösung der Rechte der Sicherungsgeber an *fremdem* Sicherungsgut, das im schuldnerischen Besitz ist (para. 71 (1) bzw. 72 (1) sch. B1 IA 1986). Insofern besteht somit – eben anders als bei mit einer *floating charge* belasteten Schuldnervermögen – zwar kein originäres Verwertungsrecht. Der *administrator* kann dazu aber gerichtlich ermächtigt werden. Voraussetzung dafür ist, dass die Verwertung dem Zweck des Verfahrens dient (para. 71 (2) (b) bzw. 72 (2) (b) sch. B1 IA 1986).

Die Einholung einer Zustimmung des Gerichts ist allerdings dann nicht praktikabel, wenn der Unternehmensverkauf als Pre-Pack durchgeführt werden soll. Die Gründe dafür liegen in dem Zeitaufwand und den Unwägbarkeiten, die damit zwingend einhergehen.[197] So kann zum einen ein dahingehender Antrag bei Gericht nach den vorgenannten Vorschriften ausschließlich durch einen bereits amtierenden *administrator*, mithin erst nach Verfahrenseinleitung gestellt werden (para. 71 (2) (a) bzw. 72 (2) (a) sch. B1 IA 1986); zum anderen muss zuvor eine gerichtliche Anhörung unter Beteiligung des Sicherungsgebers stattfinden (r. 3.49 IR 2016), in der insbesondere geprüft wird, ob die materielle Zustimmungsvoraussetzung gegeben ist. Aus diesen praktischen Erwägungen muss der *administrator* bei einem Pre-Pack die Zustimmung der (nicht mit einer *floating charge*) gesicherten Gläubiger einholen, sofern und soweit »ihr« Sicherungsgut mitveräußert werden soll.[198] Deren Zustimmung macht dann auch die gerichtliche entbehrlich.[199]

193   Vgl. nur Bork, Sanierungsrecht, Rn. 14.20.
194   Anders liegt es bei Verbindung mit einem *scheme of arrangement*- oder *company voluntary arrangement*-Verfahren (para. 73 (1) (a), (2) (c) sch. B1 IA 1986). – S. dazu Teil 1 § 1.
195   S. dazu oben Teil 1 § 3 B. I.
196   Vgl. nur *O'Connel v Rollings* [2014] EWCA Civ 639.
197   S. dazu *Gray*, C.R. & I. 2013, 107, 108.
198   Vgl. im Ergebnis *Armour* in: Austin/Aoun, S. 43, 60.
199   *Van Zwieten* in: Goode, Rn. 11-90 mit Fn. 440.

b) Deutschland

Dem Insolvenzverwalter im eröffneten Verfahren wird durch § 166 Abs. 1 InsO generell die Befugnis zur Verwertung von in seinem Besitz befindlichen, beweglichen Sicherungsgegenständen zugewiesen, sofern sie zum insolvenzbefangenen Vermögen des Schuldners gehören, mithin einem Absonderungs- (§§ 49 ff. InsO) und keinem Aussonderungsrecht i. S. d. § 47 S. 1 InsO unterliegen. Entscheidend ist freilich, dass diese Befugnis die *lastenfreie* Veräußerung der Gegenstände ermöglicht.[200] Von ihr dürften wohl nicht sämtliche,[201] aber die meisten Vermögensgegenstände, die das jeweilige Unternehmen in seiner wirtschaftlichen Einheit ausmachen, erfasst sein. Diese kann er folglich unmittelbar nach der Verfahrenseinleitung[202] aus eigenem Recht veräußern, etwa im Zuge eines Unternehmensverkaufs. Dass in Bezug auf alle anderen Sicherungsmittel bzw. -güter für den Insolvenzverwalter kein originäres Verwertungsrecht besteht (§§ 47, 49 und 173 InsO *e contrario*), dürfte daher nicht so sehr ins Gewicht fallen. Sofern sie Teil des Unternehmensverkaufs werden sollen, kommt der Insolvenzverwalter aber folglich nicht darum herum, mit den jeweiligen Sicherungsnehmern Verwertungsvereinbarungen zu treffen.

§ 4 Kontrollmechanismen betreffend die Amtsperson

Dass vor allem der *administrator* bei einem *pre-packaged* Unternehmensverkauf auf die Billigung der gesicherten Gläubiger angewiesen sein kann, ändert jedoch für sich genommen nichts daran, dass ihm genauso wie dem Insolvenzverwalter bei einem vorzeitigen Unternehmensverkauf letztlich die entscheidende Position zukommt. Vor diesem Hintergrund sollen im Folgenden die Kontrollmechanismen dargelegt werden, die das englische und das deutsche Recht in Bezug auf die Auswahl der Amtsperson und ihre Amtsausübung im Allgemeinen vorsieht.

A. Auswahl

Wer die konkrete Person auswählt, die im Einzelfall *administrator* bzw. Insolvenzverwalter werden soll, ist in der Praxis freilich eine äußerst bedeutsame Frage. Davon im Ausgangspunkt zu trennen ist indes die Frage, wie die Rechte zur *Bestellung* der Amtsperson verteilt sind. Das mag aus deutscher Perspektive überraschen. Es folgt daraus, dass die Amtsperson in England – eben anders als in Deutschland – nicht nur durch das Gericht, sondern auch durch einige bestimmte Verfahrensakteure selbst bestellt werden kann.[203]

---

200 S. dazu *Eckardt* in: Jaeger, § 166 Rn. 120 ff.
201 So aber die gesetzgeberische Absicht, vgl. RegE-InsO, BT-Drucks. 12/2443, S. 178.
202 S. zur Lage im Eröffnungsverfahren Teil 2 § 1 A. I.
203 S. dazu im Detail Teil 1 § 5.

I. England

Auswahl und Bestellung des *administrator* fallen (nur) in letzterer Konstellation gänzlich zusammen: Die entsprechend ermächtigten Verfahrensakteure können grundsätzlich eine Person ihrer Wahl selbst bestellen. Die übrigen Akteure haben darauf – rechtlich gesehen[204] – keinen Einfluss.[205] Falls der *administrator* gerichtlich bestellt wird, darf der jeweilige Antragsteller für diese Position eine Person seiner Wahl vorschlagen (r. 3.3 (2) (j) IR 2016). An diesen Vorschlag ist das Gericht rechtlich zwar strenggenommen nicht gebunden.[206] Denn wie sich para. 13 (1) sch. B1 IA 1986 entnehmen lässt, steht die Entscheidung über das »Ob« und »Wie« der Verfahrenseinleitung, mit der gegebenenfalls auch zugleich der *administrator* bestellt wird, grundsätzlich im Ermessen des Gerichts.[207] Faktisch wird aber in aller Regel antragsgemäß entschieden.[208] Zur Ausnahme soll es insbesondere dann kommen können, wenn die vorgeschlagene Person nicht den Auswahlvorgaben[209] entspricht,[210] weshalb man wohl eher von einem intendierten Ermessen sprechen muss. In der gerichtlichen Praxis sind Abweichungen von den Vorschlägen der Antragsteller tatsächlich sogar nur in den Fällen erkennbar, in denen es alternative Vorschläge gab. Diese Situationen werden indes nicht nach einem einheitlichen Muster gelöst, auch wenn dafür stets entscheidend sein soll, mit welchem Kandidaten der Verfahrenszweck wohl besser erreicht werden kann:[211] Einerseits soll im Grundsatz einem zeitlich vorrangigen Eigenantrag Folge geleistet werden,[212] andererseits soll grundsätzlich dem Willen der wertmäßigen Gläubigermehrheit Vorrang gewährt werden[213].

---

204 Allerdings kommt bestimmten Bestellungsberechtigten aufgrund ihrer bevorzugten Stellung im Rahmen des englischen Einleitungsverfahrens faktischer Einfluss zu, s. auch dazu Teil 1 § 5 B.

205 Vgl. *Bork/Wiese*, Rn. 4.23 ff.; *Henke*, S. 89; *Köster*, S. 82; ferner *Barden* in: Lightman/Moss, Rn. 6-078 (QFC-Inhaber mit dem »right to select the insolvency practitioner who will be appointed«). Im Übrigen scheint dies aus englischer Perspektive selbstverständlich zu sein. Es ergibt sich für die sog. *out of court route* nicht zuletzt auch daraus, dass die Bestellungsanzeige, mit welcher nach r. 3.17 (1) (d), 3.24 (1) (c) bzw. 3.25 (2) (b) IR 2016 auch der *administrator* zu bestimmen ist, unmittelbar mit Eingang bei Gericht wirksam wird, s. dazu Teil 1 § 5 B. I. Eine gerichtliche Eignungsprüfung oder Ähnliches findet an dieser Stelle somit offenbar nicht statt.

206 Vgl. im Ergebnis ebenso *Henke*, S. 90; *Köster*, S. 80; ähnlich *Bork*, Sanierungsrecht, Rn. 9.66.

207 Vgl. nur *Structures & Computers Ltd* [1998] B.C.C. 348 – S. dazu auch Teil 3 § 4 B.

208 Vgl. ebenso *Henke*, S. 90; *Köster*, S. 80. Auch dies scheint aus englischer Perspektive selbstverständlich zu sein. Dafür spricht auch eine Analyse der in Fn. 212 f. genannten Entscheidungen zu konkurrierenden Anträgen. Denn dort wurde stets einer der vorgeschlagenen Kandidaten vom Gericht bestellt, nie hingegen ein Dritter.

209 S. dazu sogleich unter Teil 1 § 4 B.

210 Vgl. *Barden* in: Lightman/Moss, Rn. 6-051.

211 Vgl. instruktiv *Northern Bank Ltd v Taylor* [2014] NICh 9.

212 So etwa in *GP Noble Trustees Ltd v Berkeley Berry Birch Plc* [2006] EWHC 892 (Ch); *World Class Homes Ltd* [2004] EWHC 2906 (Ch); *Structures & Computers Ltd* [1998] B.C.C. 348.

213 So etwa in *Healthcare Management Services Ltd v Caremark Properties Ltd* [2012] EWHC 1693 (Ch); *Med-Gourmet Restaurants Ltd v Ostuni Investments Ltd* [2010] EWHC 2834 (Ch); *Oracle (North West) Ltd v Pinnacle Financial Services (UK) Ltd* [2008] EWHC 1920 (Ch).

II. Deutschland

In Deutschland, wo der Insolvenzverwalter eben stets der gerichtlichen Bestellung bedarf, liegt nach § 56 Abs. 1 S. 1 InsO auch die Auswahl der Person letztlich beim Gericht. Immerhin sind insoweit für die Gläubigerseite gewisse Einflussmöglichkeiten gesetzlich verankert. Diese Rechte sind indes zwingend über einen bereits konstituierten vorläufigen Gläubigerausschuss i. S. d. §§ 21 Abs. 2 S. 1 Nr. 1a, 22a InsO wahrzunehmen,[214] den es aber – dies sei vorausgeschickt – keineswegs in jedem Fall gibt[215]. Konkret legt § 56a InsO die Grundsätze fest, dass dieses Gläubigergremium vor der Bestellung des Insolvenzverwalters zu den Anforderungen, die an diesen (im Einzelfall) zu stellen sind, und zur Person anzuhören ist (Abs. 1), sofern es einstimmig für eine bestimmte Person votiert, dieses Votum grundsätzlich bindend ist (Abs. 2 S. 1) und das Gericht, falls es ausnahmsweise davon abweichen will, zumindest das mitgeteilte Anforderungsprofil in seiner Entscheidung zu berücksichtigen hat (Abs. 2 S. 2). Die Abweichung von einem einstimmigen Votum ist nach dieser Vorschrift dann zulässig, wenn die vorgeschlagene Person »nicht geeignet« ist. Das ist richtigerweise dann der Fall, wenn sie den Auswahlvorgaben[216] nicht entspricht.[217] Diese Hürden gilt es aus der Gläubigersicht letztlich zu überwinden, um den eigenen Wunschkandidaten auf den ersten Schlag[218] durchzusetzen. Die Schuldnerseite kann insoweit nur versuchen, mittelbar Einfluss zu nehmen.

B. Auswahlgrenzen

Die Auswahl der Amtsperson ist jedoch in keiner der beiden Verfahren völlig frei. Vielmehr werden jeweils verschiedene Anforderungen an die natürliche Person gestellt, um ausgewählt bzw. nicht aus dem Amt entlassen werden zu können.

---

214 Vgl. nur *Ries* in: K. Schmidt, § 56a Rn. 8.

215 S. dazu Teil 2 § 1 A. II.

216 S. dazu sogleich unter Teil 1 § 4 B.

217 Teilweise wird insoweit eine *offenkundige* Ungeeignetheit gefordert, so *Römermann*, NJW 2012, 645, 649; vgl. zustimmend *Zipperer* in: Uhlenbruck, § 56a Rn. 9; wohl auch *Göcke* in: BeckOK, § 56 Rn. 37.1. Sofern damit ein besonderer Prüfungs*maßstab* angenommen wird, wäre diese Ansicht abzulehnen, da der Gesetzgeber (RegE-ESUG, BT-Drucks. 17/5712, S. 26) diesbezüglich ohne jegliche Einschränkung auf § 56 Abs. 1 S. 1 InsO verwiesen hat, vgl. (im Ergebnis) ebenso *Bork/Thole*, Rn. 11; *Lüke* in: Kübler/Prütting/Bork, § 56a Rn. 13; *Riedel* in: Heidelberger Kommentar, § 56a Rn. 23. – Eine andere Frage ist allerdings die nach der zulässigen Prüfungs*tiefe* des Gerichts, s. dazu *Bork/Thole*, Rn. 12.

218 Für die Bindungswirkung eines nachträglichen Vorschlags auf der Grundlage von § 56a Abs. 3 InsO gelten nach ganz überwiegender Ansicht die erläuterten Hürden, insbesondere das Eignungserfordernis, entsprechend, vgl. nur *Riedel* in: Heidelberger Kommentar, § 56a Rn. 15; *Ries* in: K. Schmidt, § 56a Rn. 24; im praktischen Ergebnis auch *Graeber* in: MüKo, § 56a Rn. 72. – Ferner greift das Recht zur Wahl eines Insolvenzverwalters in § 57 InsO explizit erst in der ersten Gläubigerversammlung, die auf die gerichtliche Bestellung eines anderen Insolvenzverwalters folgt, mithin nach der Verfahrenseinleitung und damit regelmäßig zu spät, um noch die grundlegenden Weichenstellungen beeinflussen zu können, vgl. nur *de Bruyn*, Rn. 399.

I. Im Allgemeinen

So können als *administrator* ausschließlich solche Personen bestellt werden, die *insolvency practitioner* (*IP*) sind (para. 6 sch. B1, sec. 388, 390 IA 1986). Dieser Status setzt insbesondere voraus, dass die Person eine entsprechende Zulassung von und die Mitgliedschaft bei einem *Recognised Professional Body* (*RPB*) vorweisen kann (sec. 390 (2), 390A (2) (a) IA 1986).[219] Dabei handelt es sich um staatlich anerkannte Fachverbände.[220] Diese Verbände müssen nach sec. 391 (4) (b) IA 1986 sicherstellen, dass die ihnen zugehörigen *IPs* sowohl für das Amt fähige und geeignete (*fit and proper*) Personen sind als auch die notwendige (praktische) Ausbildung und Erfahrung mitbringen. Daher postulieren die *RPBs* als Voraussetzungen für die Zulassung als *IP* ihrerseits, mithin auf berufsrechtlicher Ebene, Eignungskriterien, insbesondere das Gebot der Unabhängigkeit,[221] das Bestehen einer anspruchsvollen theoretischen Prüfung sowie einschlägige Berufserfahrung in nicht unerheblichem Umfang[222].

Für den Insolvenzverwalter ist bekanntlich keine Bestellungsvoraussetzung vorgesehen, die an eine derartige berufsrechtliche Zulassung oder eine Kammerzugehörigkeit anknüpft – aktuell gibt es insofern keinen regulierten Berufsstand. Immerhin hat sich an vielen Gerichten die Praxis herausgebildet, Personen, die generell als Insolvenzverwalter geeignet erscheinen, in sog. Vorauswahllisten zu führen,[223] wodurch der Kreis potenzieller Insolvenzverwalter eine gewisse faktische Einschränkung erfährt. Die Eignungskriterien ergeben sich vor allem aus § 56 Abs. 1 S. 1 InsO, mithin unmittelbar aus dem Insolvenzrecht. Nach dieser Vorschrift muss die jeweilige Person insbesondere geschäftskundig und unabhängig sein. Diese Vorgaben haben indes durch Rechtsprechung und Literatur weitere Konkretisierung und Ergänzung erfahren.[224]

II. Im Besonderen: Vorbefassungsmöglichkeit

Hier ist freilich ganz besonders von Interesse, ob eine Person, die sich vor der Verfahrenseinleitung – sei es auf Seiten des Schuldners oder anderer späterer Verfahrensakteure – bereits mit dem schuldnerischen Unternehmen, insbesondere dessen Sanierung, befasst hat, noch als Amtsperson in Betracht kommt. In Deutschland wird diese Frage zumeist schon bei der Auswahl (und Bestellung) des Insolvenzverwalters relevant. Denn dort wird eben bereits dann stets gerichtlich geprüft, ob die jeweilige Person die Eignungskriterien des § 56 Abs. 1 S. 1 InsO erfüllt, insbesondere die danach notwendige Unabhängigkeit aufweist. In England stellt sich die Frage der Zulässigkeit einer Vorbefassung demgegenüber häufig in einem anderen Kontext. Sie kommt nämlich vorwiegend erst dann auf, wenn es darum geht, ob ein bereits eingesetzter *administra-*

---

219 Sec. 390 (2) (b), 393 IA 1986 a. F., welche daneben die Zulassung durch den *Secretary of State* ermöglichten, wurden durch den Deregulation Act 2015 gestrichen. – S. dazu auch *Lightman/Bailey* in: Lightman/Moss, Rn. 12-003.
220 *Bork/Wiese*, Rn. 3.9; vgl. ähnlich *Köster*, S. 60.
221 S. dazu umfassend *Laukemann*, S. 270 ff.; auch *Bork/Wiese*, Rn. 3.39.
222 S. dazu *Bork/Wiese*, Rn. 3.20 f. und 5.3; auch *Köster*, S. 51 ff.
223 *Bork/Thole*, Rn. 1.
224 S. dazu *Bork/Thole*, Rn. 5 f. und 83 ff.

tor vom Gericht wieder abzuberufen[225] ist. Das dürfte schlicht auch daran liegen, dass die Gerichte – wie soeben gezeigt – an seiner Auswahl und (und Bestellung) häufig eben gar nicht beteiligt sind.[226] Da das englische Recht – anders als das deutsche in § 56 Abs. 1 S. 1 InsO – auf insolvenzrechtlicher Ebene kein als systematischer und dogmatischer Anknüpfungspunkt dienendes Kriterium der Unabhängigkeit vorsieht, löst es die Frage anhand der richterrechtlich entwickelten *rules of conflict of interest*.[227]

1. England

Daraus folgt jedoch nicht etwa ein absolutes Verbot der Vorbefassung, wie der *High Court* jüngst in der Sache *Davey v Money*[228] nochmals deutlich betonte. Vielmehr ist nach englischem Recht eine umfangreiche und einzelfallbezogene Vorbefassung des *administrator* möglich, sie entspricht sogar, gerade bei Pre-Packs, der geübten Praxis. So wird in diesen Fällen doch gerade die Person, die zukünftig als *administrator* bestellt werden soll, bereits vor der Verfahrenseinleitung in beratender, noch nicht offizieller Funktion intensiv eingebunden, um etwa die Konditionen des Unternehmensverkaufs zu verhandeln.[229] Diese Praxis hat durch eine Reform im Jahr 2010[230] sogar eine gewisse gesetzgeberische Billigung gefunden.[231] So können nun nach r. 3.52 IR 2016 währenddessen entstandene Gebühren und Auslagen des künftigen *administrator* (*pre-administration costs*) mit Zustimmung der Gläubiger als Verfahrenskosten aus der Masse erstattet werden. Die Rechtsprechung hat die Grenzen zulässiger Vorbefassung erst kürzlich sehr weit gezogen: In der Entscheidung in *Re Zinc Hotels (Holdings) Ltd*[232] sah der *High Court* bei einem *administrator*, dessen Kanzlei die schuldnerische Gesellschaft kurz vor der Verfahrenseinleitung zwar nicht insolvenzbezogen, aber sehr intensiv, nämlich im Umfang von etwa 400 *billable hours*, beraten hatte, keinen schädlichen Interessenkonflikt. Denn ein unzulässiger *conflict of interest* bestehe regelmäßig erst dann, wenn der *administrator* persönlich befangen scheint, da er sich dem Vorwurf nicht ordnungsgemäßer Amtsführung ausgesetzt sieht. So verhielt es sich schließlich in den Fällen, die den Entscheidungen *Clydesdale Financial Services Ltd v Smailes*[233] und *Ve Vegas Investors IV LLC v Shinners*[234] zugrunde lagen. Dabei ging es jeweils um die Beteiligung der Amtsperson an einem möglicherweise

---

225 S. zu dieser Möglichkeit Teil 1 § 4 C. III. 3. a).

226 Vgl. *Shekerdemian/Cur!.*, ICR 2019, 4, 4.

227 S. dazu umfassend *Laukemann*, S. 322 ff.

228 *Davey v Money* [2018] EWHC 766 (Ch), Rn. 341 (»there can be no hard and fast legal rule […] prohibiting the appointment of administrators of agents who have been recommended by the secured creditor(s)«); vgl. auch *Re Maxwell Communications Corp Plc (No. 1)* [1992] B.C.C. 372.

229 S. dazu *Xie*, IIR 2012, 85, 91 f.

230 S. dazu *Walton*, IIR 2009, 85, 102 ff.

231 So auch *Re Zinc Hotels (Holdings) Ltd* [2018] EWHC 1936 (Ch).

232 *Re Zinc Hotels (Holdings) Ltd* [2018] EWHC 1936 (Ch).

233 *Clydesdale Financial Services Ltd v Smailes* [2009] EWHC 3190 (Ch).

234 *Ve Vegas Investors IV LLC v Shinners* [2018] EWHC 186 (Ch).

verfahrenszweckwidrigen, weil unterwertigen[235] Pre-Pack, die nach Ansicht des *High Court* durch einen neuen, unbefangenen *administrator* untersucht werden sollte. Demnach ist eine Vorbefassung im Ausgangspunkt offenbar zulässig; die Grenze wird regelmäßig erst dann erreicht, wenn das Verhalten des *administrator* im Rahmen der Vorbefassung für sich genommen pflichtwidrig sein könnte, was eben insbesondere bei der Beteiligung an einem »kritischen« Pre-Pack in Betracht kommt,[236] und es gewissermaßen ein Richten in eigener Sache zu verhindern gilt.

2. Deutschland

In Deutschland ergeben sich die Grenzen zulässiger Vorbefassung auf der einen Seite, wie bereits angedeutet, aus dem Unabhängigkeitsgebot des § 56 Abs. 1 S. 1 InsO. Denn natürlich können im Zuge einer solchen Tätigkeit wirtschaftliche, persönliche oder rechtliche Abhängigkeiten gegenüber dem Schuldner oder einzelnen Gläubigern begründet werden, welche der jeweiligen Person die nach dem Gesetz erforderliche Eignung als Insolvenzverwalter nehmen, da sie dadurch möglicherweise ungewollten Interessenkonflikten ausgesetzt ist.[237] Disqualifizierend ist eine Vorbefassung nach der Rechtsprechung dann, wenn sie nach den Umständen des Einzelfalls, insbesondere ihrer Art und Intensität, aus der Sicht eines unvoreingenommenen, sachverständigen und informierten Verfahrensakteurs[238] die ernstliche Besorgnis der Befangenheit rechtfertigt.[239] Das gesetzliche Unabhängigkeitserfordernis ist richtigerweise *de lege lata* auch nicht disponibel,[240] wird vor allem in der Praxis offenbar in aller Regel nicht so gehandhabt.[241] Allerdings legt § 56 Abs. 1 S. 3 InsO auf der anderen Seite fest, dass die erforderliche Unabhängigkeit des Insolvenzverwalters nicht schon dadurch ausgeschlossen wird, dass die Person vom Schuldner oder von einem Gläubiger vorgeschlagen worden ist (Nr. 1) und/oder den Schuldner vor dem Antrag auf Verfahrenseinleitung in allgemeiner Form über den Ablauf eines Insolvenzverfahrens und dessen

---

235 S. zu den Pflichten Teil 1 § 4 C. I.

236 *Shekerdemian/Curl* (ICR 2019, 4, 7 ff.) sind sogar der Ansicht, dass *ausschließlich* bei einer Vorbefassung in Form der Beteiligung an einem »umstrittenen« Pre-Pack ein schädlicher *conflict of interest* besteht.

237 S. zur Ratio des Unabhängigkeitsgebots *Laukemann*, S. 57 ff.

238 S. zum Hintergrund der objektiven Auslegungsperspektive *Laukemann*, S. 84 f.

239 Vgl. jüngst BGH NZI 2016, 913 Rn. 23 m. w. N.

240 So auch die heute ganz überwiegende Ansicht, vgl. insbesondere *Bork*, ZIP 2013, 145, 145 ff.; *Kebekus/Zenker* in: FS Beck, S. 285, 295; *Kumpan*, S. 190 f.; *Vallender/Zipperer*, ZIP 2013, 149, 149 ff.; ferner etwa *Lüke* in: Kübler/Prütting/Bork, § 56a Rn. 13; *Riedel* in: Heidelberger Kommentar, § 56 Rn. 7; *Ries* in: K. Schmidt, § 56 Rn. 23. Für diese Ansicht spricht auch, dass es für die Disponibilität einer teleologischen Reduktion des § 56 Abs. 1 S. 1 InsO bedürfte, vgl. ebenso *Laukemann*, S. 392 f. Diese Methode erscheint jedoch schon deshalb nicht zulässig, weil der Gesetzgeber im Rahmen der ESUG-Reform das Unabhängigkeitserfordernis trotz anderweitiger Bestrebungen nicht weiter abgeschwächt hat. – A. A. insbesondere *Schmidt/Hölzle*, ZIP 2012, 2238, 2238 ff. (relativierend *Hölzle*, ZIP 2013, 447, 447 ff.); wohl aber auch *Landfermann*, WM 2012, 821, 825; *Römermann*, ZInsO 2013, 218, 218; sowie in engen Grenzen *Laukemann*, S. 392 f.

241 Vgl. nur *Jacoby/Madaus/Sack/Schmidt/Thole*, ESUG-Evaluation, S. 213; exemplarisch *Frind*, ZInsO 2013, 59, 59 ff.

Folgen beraten hat (Nr. 2). Damit ist jedoch, wie die Wortwahl der Gesetzesbegründung[242] noch einmal verdeutlicht, keine umfangreiche, einzelfallbezogene Vorbefassung mit dem Schuldner gestattet.[243] Eine solche Tätigkeit ist vielmehr bereits dann schädlich, wenn sie darüber hinausgeht, die Pflicht zur Insolvenzantragstellung zu prüfen,[244] dabei also etwa konkrete Ratschläge zur weiteren Geschäftsführung[245] oder Vorschläge für Sanierungsmaßnahmen[246] gemacht werden.[247] Sogar die Beteiligung an einem anderweitigen Sanierungsversuch in der vorinsolvenzlichen Phase konstituiert grundsätzlich ein Auswahlhindernis.[248] Außerdem können insofern auch anderweitige unmittelbare oder mittelbare Mandatsverhältnisse oder ständige Geschäftsbeziehungen zum Schuldner oder zu den Gläubigern schädlich sein,[249] was der *Bundesgerichtshof*[250] etwa auch noch bei derartigen Verbindungen angenommen hat, die über zehn Jahre zurücklagen. Im Schrifttum wird insofern allenfalls ein »gelegentlicher« Kontakt als unschädlich eingestuft.[251] Schließlich soll auch die Einschaltung von Sozien oder anderweitig verbundenen Kollegen nicht vor Befangenheit schützen können.[252]

C. Amtsausübung

Nun sollen die Kontrollmechanismen dargelegt werden, die primär nicht die Person, sondern die Amtsausübung des *administrator* bzw. Insolvenzverwalters im Allgemeinen betreffen, mithin nicht nur, aber auch bei einem vorzeitigen Unternehmensverkauf durch die Amtsperson als Vertreter des Schuldners bzw. in dieser Eigenschaft[253] greifen. Auf diese Konstellation soll aber freilich ein besonderes Augenmerk gelegt werden.

I. Pflichten

Den Ausgangspunkt haben die grundlegenden Pflichten zu bilden, denen die Amtsperson in England und Deutschland insoweit unterliegt. Den Dreh- und Angelpunkt für

---

242 Vgl. RegE-ESUG, BT-Drucks. 17/5712, S. 26 (»allgemeine Informationen«).
243 Ebenso *Jahntz* in: Frankfurter Kommentar, § 56 Rn. 9.
244 Vgl. *Delhaes/Römermann* in: Nerlich/Römermann, § 56 Rn. 17; *Graeber* in: MüKo, § 56 Rn. 34; *Zipperer* in: Uhlenbruck, § 56 Rn. 44; auch *Kumpan*, S. 190.
245 Vgl. BGH NZI 2016, 508 Rn. 26.
246 Vgl. *Graeber* in: MüKo, § 56 Rn. 34.
247 Vgl. zum Ganzen *Jahntz* in: Frankfurter Kommentar, § 56 Rn. 9 und 19.
248 Insoweit wohl ganz herrschende Ansicht, vgl. nur *Graeber* in: MüKo, § 56 Rn. 32; *Jahntz*, in: Frankfurter Kommentar, § 56 Rn. 9; *Lüke* in: Kübler/Prütting/Bork, § 56 Rn. 49c. – Umstritten ist allein, ob das Vorbefassungsverbot (in dieser Strenge) auch für eine vorinsolvenzliche Beteiligung in Form der Erstellung eines Insolvenzplans gilt, vgl. dafür etwa *Kebekus/Zenker*, in: FS Beck, S. 285, 292; *Lüke* in: Kübler/Prütting/Bork, § 56 Rn. 49c.; dagegen etwa *Jahntz*, in: Frankfurter Kommentar, § 56 Rn. 9; auch *Zipperer* in: Uhlenbruck, § 56 Rn. 43; in Sonderfällen *Graeber* in: MüKo, § 56 Rn. 30.
249 Vgl. BGH NZI 2016, 913 Rn. 23; BGH NZI 2016, 508 Rn. 26.
250 Vgl. BGH NZI 2017, 667 Rn. 11.
251 So *Lüke* in: Kübler/Prütting/Bork, § 56 Rn. 49d.
252 So etwa *Zipperer* in: Uhlenbruck, § 56 Rn. 44 m. w. N.
253 S. zur Rechtsstellung Teil 1 § 3 D. 1.

den im vorliegenden Kontext relevanten Pflichtenkreis bildet in beiden Rechtsordnungen der Verfahrenszweck, der sich dort – wie eingangs erläutert[254] – im Wesentlichen entspricht. In England ist er sogar in eine gesetzliche Pflichtvorgabe gegossen: Nach para. 3 (2) sch. B1 IA 1986 *muss* der *administrator* die Ausübung seines Amtes grundsätzlich am Interesse sämtlicher Gläubiger ausrichten, was – wie ebendort gezeigt – vor allem bedeutet, dass er für deren bestmögliche Befriedigung zu sorgen hat.[255] Dass der Insolvenzverwalter ebenso diesem Verfahrenszweck verpflichtet ist und sich daher in seiner Amtsführung daran orientieren muss, steht in Deutschland weitestgehend außer Frage,[256] auch wenn § 1 S. 1 InsO keine konkreten Pflichten, sondern den Zweck abstrakt formuliert. Ein Weg zur bestmöglichen Gläubigerbefriedigung ist freilich die günstigste Verwertung des schuldnerischen Vermögens. In Bezug auf einen Unternehmensverkauf wird aus den genannten Grundpflichten dementsprechend sowohl in England[257] als auch in Deutschland[258] gefolgert, dass die jeweilige Amtsperson ihn zu den bestmöglichen Konditionen abschließen muss oder – anders gewendet – dass ihr ein Verkauf unter Wert verboten ist. In England würde dies zugleich einen Verstoß gegen die allgemeine, dem *common law* entspringende Sorgfaltspflicht (*duty of care*) begründen,[259] welcher ein jeder *administrator* als Treuhänder (*fiduciary*) des schuldnerischen Vermögens unterliegt[260].

II. Aufsicht

Für eine spürbare Kontrolle der Amtsausübung des *administrator* bzw. des Insolvenzverwalters ist eine entsprechende Aufsicht freilich ein wichtiger Baustein, der im Folgenden dargelegt werden soll. Auch dabei soll der Fokus auf der Konstellation »vorzeitiger Unternehmensverkauf« liegen und versucht werden, die insoweit praktisch relevanten Aufseher zu erfassen. Außer Betracht bleiben daher die großen Gläubigerorgane, insbesondere die Gläubigerversammlung mit ihren Rechten aus §§ 57, 68 InsO, die nach den gesetzgeberischen Konzepten vielmehr bei einer Verwertung zum regulären

---

254 S. zu den Verfahrenszwecken Teil 1 § 2.

255 Nur wenn eine Sanierung des Unternehmensträgers ausscheidet *und* das Schuldnervermögen für Ausschüttungen an ungesicherte und nicht bevorzugte Gläubiger nicht ausreicht (s. dazu *Lightman/Bailey* in: Lightman/Moss, Rn. 12-018 f.), darf der *administrator* sich nach para. 3 (4) (a) sch. B1 IA 1986 am Interesse der gesicherten oder bevorzugten Gläubiger orientieren. Dann ist er trotzdem noch verpflichtet, die Interessen der übrigen Gläubiger nicht unnötig zu verletzen (para. 3 (4) (b) sch. B1 IA 1986). Ein Vorgehen »auf deren Kosten« ist somit stets unzulässig.

256 Vgl. etwa BGH NJW 2017, 1749, Rn. 12 (= BGHZ 214, 220); umfassend *Landfermann* in: FS Wimmer, S. 408, 408 f.; ferner *Sternal* in: Heidelberger Kommentar, § 1 Rn. 3. – A. A. *Paulus/Dammann*, ZIP 2018, 249, 250 (nur) in Bezug auf das Maximierungsgebot.

257 Vgl. etwa *Armour* in: Austin/Aoun, S. 43, 64; *Astle*, Insolv. Int. 2015, 72, 73; *Titchen* in: Lightman/Moss, Rn. 11-013.

258 Vgl. etwa OLG Rostock NZI 2011, 488, 488; *Thole* in: K. Schmidt, § 60 Rn. 11; *Schoppmeyer* in: MüKo, § 60 Rn. 33.

259 Vgl. nur *Armour* in: Austin/Aoun, S. 43, 64.

260 Vgl. para. 75 (3) sch. B1 IA 1986 *e contrario* sowie grundlegend *Kyrris v Oldham* [2003] EWCA Civ 1506. – S. dazu auch *Lightman/Bailey* in: Lightman/Moss, Rn. 12-004.

Termin greifen.[261] Das kleine Gläubigerorgan in England, das *creditors' committee*, scheidet als Aufseher (nur) schon deshalb aus, weil es dort kaum Verfahren gibt, in denen es überhaupt eingesetzt wird.[262] Dementsprechend schenkt ihm das englische Schrifttum, soweit ersichtlich, in diesem Zusammenhang auch keine Beachtung. In der Praxis stellt sich die Aufsicht über die Amtsausübung der Amtsperson dort vielmehr wie folgt dar.

1. England

In England gilt es insoweit zu unterscheiden zwischen dem Gericht und dem Fachverband, dem der jeweilige *administrator* angehört.

a) Gericht

Das englische Recht regelt die gerichtliche Aufsicht über mehrere, unterschiedlich ausgestaltete Weisungsbefugnisse. Daneben steht noch ein besonderes Verfahren, das bei Beanstandungen von bestimmten Verfahrensakteuren zum Tragen kommt und potenziell Eingriffe in die Amtsführung des *administrator* ermöglicht.

aa) Eigene Befugnisse

Zunächst soll der *administrator* nach para. 68 (2) sch. B1 IA 1986 sämtliche Weisungen des Gerichts in Bezug auf die Führung des schuldnerischen Unternehmens (*directions [...] in connection with any aspect of his management of the company's affairs*) befolgen. Das Gericht darf auf dieser Basis jedoch nur tätig werden, sofern noch nicht über die *proposals* der Amtsperson über die Verfahrensabwicklung abgestimmt wurde; danach dürfen Weisungen nur noch ergänzend dazu sein oder erfolgen, falls sich zwischenzeitlich die tatsächlichen Umstände maßgeblich geändert haben (para. 68 (3) sch. B1 IA 1986). Dennoch ließe sich die Vorschrift als Ermächtigungsgrundlage für eine umfassende (proaktive) Fachaufsicht gegenüber dem *administrator* verstehen. Die Gerichte machen davon allerdings nur sehr zurückhaltend Gebrauch, da sie ihren Auftrag grundsätzlich vielmehr in einer (nachträglichen) Rechtsaufsicht sehen:[263] Die mit dem Recht der *administration* betrauten Richter in England haben sich in ständiger Rechtsprechung die Leitlinie gesetzt, dass wirtschaftliche Entscheidungen eines *administrator* grundsätzlich respektiert werden und sie sich deshalb in der Regel insbesondere *ex-ante*-Interventionen von Amts wegen in Bezug auf Amtsführung des *administrator* enthalten.[264] Dieses Verständnis von den Rollen der beiden Verfahrensakteure, mithin auch von der gerichtlichen Aufsicht, lässt sich besonders gut an der Rechtsprechung betreffend die Zulässigkeit von Pre-Packs sowie den Umfang ihrer gerichtlichen *ex-ante*-Überprüfung ablesen, die im weiteren Verlauf der Arbeit noch dargelegt und

---

261 S. dazu Teil 1 § 1.

262 S. dazu umfassend im Vergleich zum deutschen Pendant *Bork*, IIR 2012, 127, 127 ff.

263 Vgl. ähnlich *Bork*, Sanierungsrecht, Rn. 6.18; auch *Henke*, S. 99.

264 S. dazu umfassend *Lightman/Bailey* in: Lightman/Moss, Rn. 12-008 ff.; vgl. auch *Finch/Milman*, S. 386 f.; *van Zwieten* in: Goode, Rn. 11-40.

eingehend erläutert werden soll.[265] Bezeichnend sind aber beispielsweise auch die Ausführungen *Re Trident Fashions Ltd (No. 2)*, die sogar lediglich die *nachträgliche* Prüfungskompetenz des Gerichts betreffen:

»[...] the court should only interfere if a judgment made by the administrator [...] was a judgment to which no reasonable insolvency practitioner could come.«[266]

Nach alledem hat *Henke* mit seiner Charakterisierung der gerichtlichen Überwachung in England als »[f]ormale Fachaufsicht, faktische Rechtsaufsicht« wohl nicht Unrecht.[267]

Daneben kommt dem Gericht zwar durch para. 63 sch. B1 IA 1986 generell die Befugnis zu, dem *administrator* Weisungen in Bezug auf seine Aufgaben (*directions in connection with his functions*) zu erteilen. Diese Regelung dient ihrerseits aber wiederum eher der Absicherung des *administrator*, da sie einen entsprechenden Antrag seinerseits voraussetzt. Zu diesem Zweck wird in der Praxis von ihr auch regelmäßig Gebrauch gemacht.[268] Da eine Weisung auf dieser Grundlage nicht gegen den Willen des *administrator* ergehen darf, lässt sie sich schwerlich als Kontrollmechanismus einstufen. So findet sich die Vorschrift bezeichnenderweise im Gesetz auch nicht in dem Abschnitt über die Pflichten (*duties*), sondern in dem über die Befugnisse (*powers*) des *administrator*.

bb) Beanstandungsverfahren nach para. 74 sch. B1 IA 1986

Des Weiteren können einzelne Gläubiger oder Gesellschafter des Schuldners beim Gericht die Amtsführung des *administrator* nach para. 74 (1) sch. B1 IA 1986 beanstanden. Das sich dem anschließende Verfahren ist vorwiegend auf eine *ex-ante*-Prüfung konkreter Maßnahmen ausgerichtet.[269] So kann das Gericht, wenn dann auch die materielle Voraussetzung gegeben ist, insbesondere dem *administrator* die beanstandete Handlung untersagen oder diesbezüglich eine Entscheidung der Gläubiger anordnen, und zwar beides auch im Wege vorläufigen Rechtsschutzes (para. 74 (3) (d), (4) (a) und (b) sch. B1 IA 1986). Die Voraussetzung ist, dass den Interessen des jeweiligen Antragstellers eine unfaire Verletzung (*unfair harm*) droht (para. 74 (1) sch. B1 IA 1986),[270]

---

265 S. dazu Teil 3 § 1 A. I. 1 bzw. Teil 3 § 4 B.
266 *Re Trident Fashions Ltd* [2004] EWHC 293 (Ch), Rn. 39.
267 *Henke*, S. 99.
268 *Bork*, Sanierungsrecht, Rn. 9.36.
269 Vgl. *Re Coniston Hotel (Kent) LLP* [2013] EWHC 93 (Ch), Rn. 35 (»The primary relief is directed to regulating the conduct of the administration itself«). In dieser Entscheidung wurde zwar erstmalig festgehalten, dass das eine während eines *administration*-Verfahrens eingeleitete Prüfung nach para. 74 sch. B1 IA 1986 nicht automatisch mit der Verfahrensbeendigung endet, aber explizit offengelassen, ob in einer solchen *ex-post*-Konstellation auf dieser gesetzlichen Grundlage ausnahmsweise auch eine Schadensersatzverurteilung erfolgen kann.
270 Der alternative Anordnungsgrund »nicht gemäß para. 4 sch. B1 IA 1986 ausreichend schnelle und effektive Amtsführung des *administrator*« (para. 74 (2) sch. B1 IA 1986) wird im englischen Schrifttum, soweit ersichtlich, nicht behandelt, scheint daher irrelevant zu sein. Dafür spricht auch, dass diese Vorgabe generell für praktisch unbedeutend gehalten wird, vgl. nur *Lightman/Bailey* in: Lightman/Moss, Rn. 12-031.

was dieser darlegen können muss[271]. Eine Beeinträchtigung geschützter Interessen ist regelmäßig erst dann »unfair« im Sinne dieser Vorschrift, wenn sie eine Ungleichbehandlung darstellt, die nicht durch den Verfahrenszweck, insbesondere das Interesse der Gläubigergesamtheit, gerechtfertigt ist.[272] Außerdem lassen die Gerichte auch insoweit seit jeher erhebliche Zurückhaltung walten.[273] Die Eingriffsermächtigung wird eng interpretiert und ist wohl eher bei Einzelschäden relevant. So hat der *High Court* in *Re Charnley Davies Ltd* festgehalten, dass ein *pre-packaged* Unternehmensverkauf, der unter Wert erfolgt, zwar pflichtwidrig, aber allein dadurch nicht zwingend »unfair« im Gesetzessinne gegenüber einzelnen Gläubigern ist.[274] Schon in Anbetracht dieser sehr hohen Hürden wird in dem Verfahren nach dieser Vorschrift kein wirksames Korrektiv gesehen.[275]

b) Fachverbände

Der *administrator* unterliegt neben seinen gesetzlichen Pflichten in seiner Eigenschaft als *insolvency practitioner* einer Vielzahl berufsrechtlicher Vorgaben, insbesondere in Form der Regelungen »seines« *RPBs*.[276] Dementsprechend steht die Amtsperson in England zusätzlich auch unter der Aufsicht ihres jeweiligen Fachverbands, und zwar gleich auf mehreren Wegen. So kann zunächst die Beachtung dieser Maßgaben in einem konkreten Verfahren überprüft werden, sofern ein Beschwerdeverfahren eingeleitet wird. Dafür wurde erst im Jahr 2013 das sog. *Complaints Gateway* eingeführt, das für die Mitglieder sämtlicher Fachverbände gilt und als zentrale Anlaufstelle für Beschwerden gegen *IPs* dient.[277] Es ist beim *Insolvency Service* eingerichtet, der mit dem gesamten Insolvenzrecht betrauten Ausführungsbehörde des zuständigen Ministeriums[278]. Dort kann von jedem mit berechtigtem Interesse, insbesondere von den Gläubigern, ein entsprechender Antrag gestellt werden, und zwar auch über ein Formular im Internet.[279] Die zuständige Abteilung des *Insolvency Service* prüft sodann summarisch, ob die Beschwerde berechtigt ist. Ihre Entscheidung soll bereits innerhalb von 15 Werktagen ergehen. Sie handelt dabei aber lediglich als vorgeschaltete Instanz. Denn bejahendenfalls wird der Fall an den im Einzelfall zuständigen Fachverband

---

271 *Xie*, IIR 2012, 85, 99.
272 Vgl. *Re Coniston Hotel (Kent) LLP* [2013] EWHC 93 (Ch); *Re Lehmann Brother International Europe Ltd* [2008] EWHC 2869 (Ch); *Lightman/Bailey* in: Lightman/Moss, Rn. 12-060 f. und 12-064.
273 *Armour* in: Austin/Aoun, S. 43, 66; *Bork*, Sanierungsrecht, Rn. 9.70; vgl. auch *Re Lehmann Brother International Europe Ltd* [2008] EWHC 2869 (Ch).
274 *Re Charnley Davies Ltd* [1990] BCC 605; vgl. so auch jüngst *Re Meem SL Ltd* [2017] EWHC 2688 (Ch). – Eine Anordnung nach para. 74 sch. B1 IA 1986 ist jüngst beispielsweise bei einer drohenden Missachtung von Sicherungsrechten einzelner Gläubiger ergangen, vgl. *Blue Monkey Gaming Ltd v Hudson* [2014] 6 WLUK 458 (CHD). S. dazu auch *Re Nortel* [2013] UKSC 52.
275 *Bork*, Sanierungsrecht, Rn. 6.18.
276 S. dazu *Bork/Wiese*, Rn. 3.28 ff.
277 Vgl. (auch zum Folgenden) *Wood*, Insolv. Int. 2017, 106, 106 ff.
278 *Bork/Wiese*, Rn. 3.7.
279 Link: www.gov.uk/complain-about-insolvency-practitioner (zuletzt abgerufen am 21.01.2020).

weitergereicht, der dann eine vollumfängliche Prüfung vornimmt. Darüber hinaus stehen die *IPs* auch unter einer verfahrensunabhängigen, dauerhaften Überwachung durch ihren jeweiligen Fachverband: Zum einen unterliegen sie den Verbänden gegenüber umfangreichen Berichtspflichten. Zum anderen sind sie Kontrollbesuchen (*monitoring visits*) von ihnen ausgesetzt, die sowohl turnusmäßig als auch anlassbezogen stattfinden.[280] Dass die *RPBs* insoweit ihrer Überwachungsfunktion ordnungsgemäß nachkommen, stellt wiederum der *Insolvency Service* durch eigene Aufsichtsmaßnahmen sicher. Dabei wurden von staatlicher Seite nach eigenen Angaben in den letzten Jahren die Kontrolldichte und der »Druck« deutlich erhöht.[281]

2. Deutschland

In Deutschland gibt es zwar im Ansatz ähnliche Vereinigungen von Amtspersonen, wie etwa den *Berufsverband der Insolvenzverwalter in Deutschland* (VID) oder den *Gravenbrucher Kreis*. Diese Zusammenschlüsse sind aber – anders als ihre englischen Pendants – insbesondere nicht als staatlich zugelassene Organe in die Aufsicht über die Amtspersonen (in einzelnen Verfahren) eingebunden.[282] Außerdem ist, wie bereits erwähnt,[283] die Mitgliedschaft in einem solchen Verband keine zwingende Voraussetzung, um als Insolvenzverwalter bestellt zu werden, ihr »Innenrecht« betreffend die Amtsausübung, wie etwa die »Grundsätze ordnungsgemäßer Insolvenzverwaltung« des VID, mithin schon nicht allgemeingültig. Das berufsrechtliche Korsett der Amtsperson in Deutschland ist somit in der Gesamtbetrachtung nicht annähernd so eng wie in England.[284] Die Aufsicht über sie gestaltet sich tatsächlich vielmehr wie folgt.

a) Gericht

Nach § 58 Abs. 1 S. 1 InsO steht der Insolvenzverwalter unter gerichtlicher Aufsicht. Dass damit im Ausgangspunkt eine Rechtmäßigkeitskontrolle gemeint ist, mithin Zweckmäßigkeitsentscheidungen grundsätzlich eigenverantwortlich vom Verwalter zu treffen sind, entspricht wohl noch der allgemeinen Ansicht.[285] Nicht abschließend geklärt erscheint allerdings die Abgrenzung zwischen den beiden Bereichen. Dasselbe gilt für den Kreis der nach Art und Umfang zulässigen Aufsichtsmaßnahmen, wobei auch insoweit noch im Ausgangspunkt dahingehend Einigkeit besteht, dass er gesetzlich nicht abschließend festgelegt ist und sich daher stets nach den Umständen des Einzelfalls richtet[286]: Beim überwiegenden Teil des Schrifttums sowie auf Seiten der Rechtsprechung und ihrer Vertreter herrscht offenbar das Verständnis vor, dass das Gericht bei erkennbarer Pflichtwidrigkeit (jedenfalls in Gestalt der Insolvenzzweckwidrigkeit[287]) ausnahmsweise den Verwalter auch anweisen, mithin bestimmte Amts-

---

280 S. dazu *Bork/Wiese*, Rn. 3.29 f.
281 S. dazu jüngst *Insolvency Service*, IP Monitoring and Regulation Report, *passim*.
282 S. für einen eingehenden Vergleich *Henke*, S. 180 ff.
283 S. dazu Teil 1 § 4 B. I.
284 Vgl. *Bork/Wiese*, Rn. 5.4.
285 Vgl. statt aller *Rechel* in: Rattunde/Smid/Zeuner, § 58 Rn. 11 m. w. N.
286 Vgl. statt aller *Lüke* in: Kübler/Prütting/Bork, § 58 Rn. 5 m. w. N.
287 S. dazu Teil 2 § 3 B.

handlungen einfordern oder untersagen darf.[288] Andere interpretieren die gerichtliche Aufsicht zurückhaltender: Außerhalb des Bereichs gesetzlicher Mitwirkungsbefugnisse seien sämtliche repressiven Maßnahmen unzulässig.[289] Die Kompetenz des Gerichts sei insoweit letztlich auf Informationserlangung beschränkt, vor allem zur Vorbereitung einer nachträglichen Rechtsverfolgung durch andere Verfahrensakteure.[290] Die Informationsbeschaffung des Gerichts soll § 58 Abs. 1 S. 2 InsO gewährleisten. Nach dieser Vorschrift ist es jederzeit berechtigt, vom Verwalter einen Sachstandsbericht oder einzelne Auskünfte zu verlangen. Außerdem kann das Gericht ihn zur Befolgung seiner insolvenzrechtlichen Pflichten anregen, indem es ihm gegenüber bei Zuwiderhandlung Zwangsgeld androht und gegebenenfalls festsetzt (§ 58 Abs. 2 S. 1 InsO). Sofern dem Verwalter aber im Einzelfall nicht gerade Untätigkeit vorgeworfen wird, wird die gerichtliche Aufsicht in der Praxis oftmals ohnehin auf eine nachträgliche (Rechtmäßigkeits-)Kontrolle beschränkt sein.[291] Nicht zuletzt ist eine allgegenwärtige, vorauseilende Aufsicht des Gerichts weder geschuldet[292] noch meistens praktisch darstellbar.

b) Gläubigerausschuss

Sofern ein Gläubigerausschuss eingesetzt worden ist, haben außerdem dessen Mitglieder nach § 69 InsO die Amtsführung des Insolvenzverwalters zu überwachen. Deren Überwachungsbefugnis bezieht sich nicht nur auf die Recht-, sondern auch auf die Zweckmäßigkeit des Verwalterhandelns.[293] Tatsächlich handelt es sich dabei für sie sogar um *Pflicht*, die nach § 71 InsO haftungsbewehrt ist.[294] Um diese Aufgabe wahrnehmen zu können, ist der Gläubigerausschuss nach der überwiegenden Ansicht aus § 69 S. 2 InsO auch ohne einen besonderen Anlass mit umfangreichen Informations-

---

288 Vgl. *Graeber* in: MüKo, § 58 Rn. 39 f. und 44; *Riedel* in: Heidelberger Kommentar, § 58 Rn. 3 f.; *Römermann* in: Nerlich/Römermann, § 59 Rn. 10 ff.; *Vallender/Zipperer* in: Uhlenbruck, § 58 Rn. 11 und 21 f.; ferner (ausschließlich bei »zweifelsfreier Sach- und Rechtslage«) *Gerhardt* in: Jaeger, § 58 Rn. 13 und 15 f.; des Weiteren (bei Insolvenzzweckwidrigkeit) LG Göttingen, NZI 2009, 61, 62; AG Hamburg, NZI 2009, 117, 119; AG Münster, Beschl. v. 06.12.2014, Az. 77 IN 111/09, Rn. 70 ff. (juris); *Blersch* in: Berliner Kommentar, § 58 Rn. 4 f.; *Blümle* in: Braun, § 59 Rn. 4 ff.; *Frind* in: Hamburger Kommentar, § 58 Rn. 5 und 8 f.; *Jahntz*, in: Frankfurter Kommentar, § 56 Rn. 8; *Lüke* in: Kübler/Prütting/Bork, § 58 Rn. 11; *Rechel* in: Rattunde/Smid/Zeuner, § 58 Rn. 12. – Anders zeigt sich das Meinungsbild, sofern es speziell um die Anordnung von Zahlungen an die Insolvenzmasse geht, s. dazu etwa *Graeber* in: MüKo, § 59 Rn. 41.
289 *Andres* in Andres/Leithaus, § 58 Rn. 7; *Häsemeyer*, Rn. 6.32; *Ries* in: K. Schmidt, § 58 Rn. 17.
290 *Ries* in: K. Schmidt, § 58 Rn. 17.
291 Im Ergebnis ebenso *Ganter* in: FS Fischer, S. 121, 121.
292 Vgl. nur *Ganter* in: FS Fischer, S. 121, 121; *Graeber* in: MüKo, § 58 Rn. 15; *Vallender/Zipperer* in: Uhlenbruck, § 58 Rn. 23.
293 Wohl allgemeine Ansicht, vgl. nur *Frind* in: Hamburger Kommentar, § 69 Rn. 11; *Ganter* in: FS Fischer, S. 121, 124; *Kübler* in: Kübler/Prütting/Bork, § 69 Rn. 2.
294 S. dazu *Ganter* in: FS Fischer, S. 121, 121 ff.

rechten gegenüber dem Verwalter ausgestattet.[295] Die allgemeinen Interventionsmöglichkeiten des Gläubigerausschusses sind allerdings beschränkt. Insbesondere steht ihm unter keinen Umständen ein Weisungsrecht gegenüber dem Verwalter zu.[296] Sieht der Gläubigerausschuss Eingriffsbedarf, erschöpfen sich insoweit seine Möglichkeiten darin, das Gericht einzuschalten. Er kann beispielsweise – jeweils auf der Grundlage eines entsprechenden Beschlusses des Gremiums – die vermeintliche Fehlentwicklung beim Gericht bloß zur Anzeige bringen[297] oder dort direkt Sanktionen einfordern[298].

III. Sanktionen

Das Bild von den Kontrollmechanismen betreffend die Amtsausübung des *administrator* bzw. des Insolvenzverwalters wäre nicht komplett, falls nicht auch die Sanktionen dargestellt werden, die insbesondere von Seiten der Aufsicht drohen, falls die Amtspersonen gegen ihre Pflichten verstoßen. Nicht zuletzt dürfte sich aus deren Sicht daraus der stärkste Kontrolleffekt ergeben.

1. Keine Außenwirkung im Grundsatz

Keine der beiden Rechtsordnungen sanktioniert Pflichtverstöße der Amtsperson dadurch, dass sie die davon betroffenen Rechtshandlungen grundsätzlich im Außenverhältnis für unwirksam erklärt. Die Wirksamkeit einer (unzulässigen) Rechtshandlung eines *administrator* richtet sich – seiner Rechtsstellung entsprechend – im Ausgangspunkt vielmehr nach den allgemeinen, weitgehend ungeschriebenen Grundsätzen zum Recht der Stellvertretung (*agency*).[299] Dort sind zum Verkehrsschutz bereits Institute vorgesehen, die mit der deutschen Duldungs- und Anscheinsvollmacht vergleichbar sind.[300] Das Recht der *administration* trifft dazu noch ergänzende Sonderregelungen. Zunächst erklärt para. 104 sch. B1 IA 1986 sogar Rechtshandlungen eines fehlerhaft bestellten *administrator* für grundsätzlich wirksam. Die Unwirksamkeit wird tatsächlich nur in diesem Fall und bei Eigengeschäften der Amtsperson überhaupt diskutiert.[301] Schließlich schreibt para. 59 (3) sch. B1 IA 1986 für die Anwendung der allgemeinen Grundsätze noch sinngemäß vor, dass das »interne Dürfen« des *administrator* unbeachtlich ist, sofern im Einzelfall das Geschäft werthaltig und sein Gegenüber in gutem Glauben ist (*in good faith and for value*). In Deutschland folgt Vergleichbares aus den Grundsätzen der Insolvenzzweckwidrigkeit. Demnach sind auch unzulässige Rechtshandlungen eines Insolvenzverwalters grundsätzlich wirksam; Unwirksamkeit tritt nur ausnahmsweise ein, und zwar erst dann, wenn für sein Gegenüber im Einzelfall evident

---

295 Vgl. nur *Gerhardt* in: Jaeger, § 59 Rn. 15; *Knof* in: Uhlenbruck, § 69 Rn. 25; *Kübler* in: Kübler/Prütting/Bork, § 69 Rn. 24. – A. A. *Jungmann* in: K. Schmidt, § 69 Rn. 17.
296 Wohl allgemeine Ansicht, vgl. nur *Frind* in: Hamburger Kommentar, § 69 Rn. 2; *Knof* in: Uhlenbruck, § 69 Rn. 10; *Schmitt* in: Frankfurter Kommentar, § 69 Rn. 4.
297 *De Bruyn*, Rn. 383.
298 *Kübler* in: Kübler/Prütting/Bork, § 69 Rn. 19.
299 Vgl. *Re Home Treat Ltd.* [1991] BCC 165 (Ch); *Lightman/Bailey* in: Lightman/Moss, Rn. 12-063 mit Fn. 267; *Titchen* in: Lightman/Moss, Rn. 10-015 mit Fn. 32.
300 *Vogenauer* in: Triebel/Illmer/Ringe/Vogenauer/Ziegler, S. 33, 88.
301 S. dazu *Titchen* in: Lightman/Moss, Rn. 11-127 mit Fn. 199.

ist, dass die fragliche Maßnahme klar und eindeutig mit dem Insolvenzzweck nach § 1 S. 1 InsO unvereinbar ist.[302] Für die aus den §§ 160 bis 163 InsO folgenden Pflichten gibt § 164 InsO die grundsätzliche Beschränkung der Sanktionierung von Verstößen auf das Innenverhältnis sogar ausdrücklich vor.

2. Disziplinarmaßnahmen der englischen Fachverbände

Das englische Recht weist aufgrund der »Verkammerung« der *insolvency practitioner* eine besondere Sanktionsmöglichkeit auf: Falls die *RPBs* eine Beschwerde über das *Complaints Gateway* für begründet erachten oder im Rahmen ihrer regulären Überwachung der *IPs* selbst einen Pflichtverstoß festgestellt haben, können sie unterschiedliche Disziplinarmaßnahmen erlassen.[303] Damit die verschiedenen Fachverbände ihre jeweiligen Mitglieder mit einheitlichen Sanktionen belegen, hat der *Insolvency Service* insoweit allgemeingültige Richtlinien erlassen, die sog. *Common Sanctions Guidance*. Diese geben für eine Vielzahl unterschiedlicher Verstöße unverbindlich vor, ob grundsätzlich ein Sanktionsbedarf besteht und, falls ja, welche Sanktionen dafür in der Regel in Betracht zu ziehen sind. Dabei reicht das Spektrum von (schweren) förmlichen Rügen bis hin zu dem Entzug der Mitgliedschaft im Fachverband oder dem (teilweisen) Entzug der Zulassung als *IP*; daneben können auch noch Bußgelder auferlegt werden. Des Weiteren wurde als Grundsatz festgelegt, dass Verstoß, Sanktion und »Sünder« namentlich zu veröffentlichen sind. Somit wird offenkundig auch ein »Naming and Shaming«-Ansatz verfolgt.

3. Entlassung

Die Entlassung aus dem Amt ist sowohl für den *administrator* als auch für den Insolvenzverwalter eine mögliche Sanktion bei einem Pflichtverstoß.

a) England

Der *administrator* kann nach para. 88 sch. B1 IA 1986 vom Gericht entlassen werden.[304] Dafür ist nach dem Gesetzeswortlaut kein Antrag erforderlich. Es ist aber auch möglich, wie sich aus r. 3.65 (1) IR 2016 ergibt, die Prüfung einer *administrator*-Entlassung beim Gericht zu beantragen. Tatsächlich geht dem ein solcher Antrag üblicherweise voraus.[305] Der Kreis der Antragsberechtigten ist nicht bestimmt. Die Befugnis soll allein an ein berechtigtes Interesse geknüpft sein.[306] Die Vorschrift nennt auch

---

302 Vgl. nur *Bork*, Insolvenzrecht, Rn. 152; ausführlich dazu Teil 2 § 3 B. I.
303 Vgl. (auch zum Folgenden) *Wood*, Insolv. Int. 2017, 106, 106 ff.
304 Das gilt sowohl bei gerichtlicher als auch bei außergerichtlicher Bestellung des *administrator*, vgl. statt aller *Stonebridge* in: Lightman/Moss, Rn. 27-003. – S. zu den Varianten Teil 1 § 5 B. I.
305 So verhielt es sich etwa in *Ve Vegas Investors IV LLC v Shinners* [2018] EWHC 186 (Ch); *Clydesdale Financial Services Ltd v Smailes* [2009] EWHC 3190 (Ch); *Sisu Capital Fund Ltd v Tucker* [2005] EWHC 2170 (Ch).
306 *Stonebridge* in: Lightman/Moss, Rn. 27-007.

keine Voraussetzungen für die Entlassung. Es entspricht jedoch allgemeiner Ansicht, dass ein Entlassungsgrund gegeben sein muss.[307] Insofern ist zwischen verschiedenen Konstellationen zu differenzieren, wie *Shekerdemian/Curl*[308] jüngst überzeugend herausgearbeitet haben: Sofern dem jeweiligen *administrator* »nur« ein Verstoß gegen seine Amtsführungspflichten vorgeworfen wird, fordern die Gerichte einen Nachweis dessen und treffen dann noch Abwägungen, insbesondere im Hinblick auf die Folgekosten der Auswechslung der Amtsperson, weshalb die Entlassungsanträge in diesen Fällen regelmäßig nicht erfolgreich sind.[309] Weniger strenge Voraussetzungen gelten wohl faktisch,[310] falls dem jeweiligen *administrator* ein solcher Pflichtverstoß in Verbindung mit einer vorinsolvenzlichen Tätigkeit angelastet wird, mithin – wie an entsprechender Stelle erläutert – ein Fall schädlicher Vorbefassung gegeben ist. Denn dann tendiert die Rechtsprechung offenbar dazu, schon gewisse Anzeichen für die Pflichtwidrigkeit als Entlassungsgrund genügen zu lassen. So verhielt es sich in den – bereits ebendort geschilderten – Fällen, die den Entscheidungen *Clydesdale Financial Services Ltd v Smailes*[311] und *Ve Vegas Investors IV LLC v Shinners*[312] zugrunde lagen und jeweils ein Pre-Pack betrafen. Tatsächlich handelt es sich laut *Shaw* dabei sogar um die einzigen veröffentlichten Fälle erfolgreicher Entlassungsanträge nach para. 88 sch. B1 IA 1986.[313] Gerade im Hinblick auf die letztere, jüngere Entscheidung werden solchen Bestrebungen nunmehr gute Erfolgsaussichten beigemessen, sofern im Einzelfall eben Anzeichen für die Unzulässigkeit des Pre-Packs bestehen.[314]

b) Deutschland

Der Insolvenzverwalter kann nach § 59 Abs. 1 InsO vom Gericht entlassen werden, und zwar sowohl auf Antrag des Gläubigerausschusses oder der Gläubigerversammlung als auch von Amts wegen. »Anträge« einzelner Gläubiger können vom Gericht allenfalls als unverbindliche Anregungen zu einem amtswegigen Einschreiten behan-

---

307 Exemplarisch *Clydesdale Financial Services Ltd v Smailes* [2009] EWHC 3190 (Ch), Rn. 14 (»There must of course be a good ground for [removing an administrator from office]«).

308 *Shekerdemian/Curl*, ICR 2019, 4, 5 ff.; vgl. in der Sache ebenso *Shaw*, South Square Digest (June 2018), 45, 47; auch *Stonebridge* in: Lightman/Moss, Rn. 27-003.

309 Vgl. instruktiv etwa *Sisu Capital Fund Ltd v Tucker* [2005] EWHC 2170 (Ch); für einen Ausnahmefall, in dem allerdings die *joint administrator* ihrer Entlassung durch Amtsniederlegung zuvorkamen, *Coyne v DRC Distribution Ltd* [2008] EWCA Civ 488. – Entsprechendes gilt auch dann, wenn der Vorwurf ausschließlich in der Vorbefassung des *administrator* liegt, s. dazu *Shekerdemian/Curl*, ICR 2019, 4, 10; sowie oben Teil 1 § 4 B. II; ferner auch *Laukemann*, S. 296.

310 Vgl. bereits *Xie*, IIR 2012, 85, 99.

311 *Clydesdale Financial Services Ltd v Smailes* [2009] EWHC 3190 (Ch).

312 *Ve Vegas Investors IV LLC v Shinners* [2018] EWHC 186 (Ch).

313 *Shaw*, South Square Digest (June 2018), 45, 47.

314 So *Shekerdemian/Curl*, ICR 2019, 4, 10 f.; wohl auch *Shaw*, South Square Digest (October 2018), 30, 32. – Unklar ist indes, ob dies auch dann gilt, wenn mit der Entlassung im Einzelfall dem Willen der Gläubigermehrheit widersprochen würde. Denn diesem Aspekt wurde in den beiden Entscheidungen ebenfalls hohes Gewicht beigemessen.

delt werden.[315] Die Vorschrift knüpft die Entlassung stets daran, dass ein wichtiger Grund dafür vorliegt. Dies setzt nach ständiger Rechtsprechung des *Bundesgerichtshofs* voraus, dass – auch unter Berücksichtigung der schutzwürdigen Belange des jeweiligen Verwalters – das Interesse der Gesamtheit der Gläubiger und die Rechtmäßigkeit der Verfahrensabwicklung objektiv nachhaltig beeinträchtigt wären, falls er weiter im Amt verbleiben würde; sofern die Beeinträchtigung durch einen Verstoß gegen die verwalterlichen Pflichten begründet ist, bedarf es einer Abwägung aller Umstände des Einzelfalls, insbesondere der Erheblichkeit der Pflichtverletzung.[316] Gemessen daran wird in einem Verkauf des schuldnerischen Unternehmens unter Wert wohl in aller Regel ein Vorwurf liegen, der zur Entlassung berechtigt.[317] Nach der Rechtsprechung muss das Gericht zwar grundsätzlich vom Vorliegen des wichtigen Grundes überzeugt sein; begründete Anhaltspunkte genügen aber ausnahmsweise dann, wenn der Verdacht im Rahmen zumutbarer Amtsermittlung des Gerichts gemäß § 5 Abs. 1 InsO nicht ausgeräumt werden kann und größere Schäden für die Insolvenzmasse zu befürchten sind.[318] Auch die Voraussetzungen für die Beweismaßsenkung dürften regelmäßig erfüllt sein, falls der Vorwurf in einem unterwertigen Unternehmensverkauf liegt.

4. Haftung

Falls der Pflichtverstoß im Einzelfall zu einem Schaden geführt hat, droht schließlich der Amtsperson sowohl in England als auch in Deutschland die Haftung.

a) England

Der *administrator* haftet grundsätzlich nur im Innenverhältnis gegenüber dem Schuldner.[319] Denn all die Pflichten, die ihn generell in seiner Eigenschaft als Amtsperson

---

315 *Graeber* in: MüKo, § 59 Rn. 53.
316 Vgl. nur BGH NZI 2019, 541 Rn. 17; BGH NZI 2017, 667 Rn. 8; BGH NZI 2015, 20 Rn. 7 ff.
317 Vgl. bejahend für masseschädigendes Verhalten im Allgemeinen statt vieler im Schrifttum etwa *Vallender/Zipperer* in: Uhlenbruck, § 59 Rn. 10. Der *Bundesgerichtshof* lässt in ständiger Rechtsprechung sogar masseschädigendes Verhalten in anderen Verfahren als wichtigen Grund genügen, vgl. BGH NZI 2015, 20 Rn. 9; BGH NZI 2012, 247 Rn. 9; BGH NZI 2011, 282 Rn. 20. – Davon zu trennen ist die Frage, inwieweit das Gericht in einem solchen Fall auch zur Entlassung *verpflichtet* ist, vgl. nur BGH NZI 2017, 667 Rn. 9 ff. – A. A. aber etwa *Riedel* in: Heidelberger Kommentar, § 59 Rn. 3 und 9, der indes auf tatbestandlicher Ebene eine Abwägung vorzunehmen scheint, vgl. ebd., Rn. 1 und 7.
318 Vgl. BGH NZI 2011, 282 Rn. 12; BGH NZI 2006, 158, 159; so nun wohl auch die herrschende Ansicht im Schrifttum; vgl. nur *Frind* in: Hamburger Kommentar, § 59 Rn. 8; *Lüke* in: Kübler/Prütting/Bork, § 59 Rn. 10; *Riedel* in: Heidelberger Kommentar, § 59 Rn. 7; *Ries* in: K. Schmidt, § 59 Rn. 4; *Vallender/Zipperer* in: Uhlenbruck, § 59 Rn. 9; ferner *Römermann* in: Nerlich/Römermann, § 59 Rn. 8. – A. A. heute etwa noch *Graeber* in: MüKo, § 59 Rn. 15 (ausreichend erhärteter Verdacht genügt schon im Grundsatz).
319 *Bork/Wiese*, Rn. 5.9.

treffen, bestehen grundsätzlich eben nur gegenüber dem Schuldner,[320] die Gläubiger werden darüber (lediglich) mittelbar geschützt.[321] Ansprüche dieser Verfahrensakteure gegenüber dem *administrator* persönlich kommen nur ausnahmsweise in Betracht, da sie eine entsprechende Sonderrechtsbeziehung voraussetzen.[322] Das gilt insbesondere für die allgemeine Sorgfaltspflicht – dieser unterliegt der *administrator* etwa gegenüber den ungesicherten Gläubigern in der Regel nicht.[323] Allerdings sind einzelne Gläubiger neben anderen befugt, einen besonderen »Verfahrensrechtsbehelf«[324] geltend zu machen, namentlich den sog. *misfeasance claim* nach para. 75 sch. B1 IA 1986. Darüber können die Antragsberechtigten die Amtsführung des *administrator* gerichtlich untersuchen lassen und Verstöße gegen bestimmte (gegenüber dem Schuldner bestehende) Pflichten geltend machen.[325] Als Sanktion droht insbesondere Schadensersatz nach para. 75 (3) (c) sch. B1 IA 1986. Der Ersatz ist jedoch zwingend an die schuldnerische Gesellschaft zu leisten.[326] Einzelne Gläubiger sind zwar rechtsbehelfsbefugt, können aber haftungsmäßig nicht durchgreifen. Vielmehr profitieren im Erfolgsfall – mittelbar über die Masseanreicherung – sämtliche Gläubiger.[327] Es handelt sich folglich um eine Art Sammelklage einer bestimmten Gruppe (*class claim*).[328] Für einzelne Gläubiger ist sie unattraktiv, da sie dabei sämtliche Kosten alleine tragen müssen, während etwaige Klageerträge eben auch anderen zugutekommen würden.[329] Erschwerend kommt hinzu, dass sie den Pflichtverstoß, also etwa den Unternehmens-

---

320 So insbesondere dessen treuhänderische Verpflichtungen in Bezug auf das schuldnerische Vermögen sowie dessen allgemeine Sorgfaltspflicht, vgl. speziell in Bezug auf ein vermeintlich unzulässiges Pre-Pack *Clydesdale Financial Services Ltd v Smailes* [2009] EWHC 3190 (Ch), Rn. 48 f. (»The [claims for equitable compensation for breach of fiduciary duty and for damages for breach of duty of care are] for breaches of duties owed to the company. [...] they are claims vested in [the company not the creditors]. [The creditors] do not have standing to maintain this claim and [...] therefore it should be struck out and so I order«); s. dazu auch *Walton*, IIR 2009, 85, 101.

321 Vgl. *van Zwieten* in: Goode, Rn. 11-99.

322 Vgl. *Lightman/Bailey* in: Lightman/Moss, Rn. 12-056 – Eine solche *special relationship* kann insbesondere gegenüber gesicherten Gläubigern bestehen, mithin sich gewissermaßen aus der Sicherungsabrede ergeben, vgl. nur *Charalambous v B&C Associates* [2009] EWHC 2601 (Ch).

323 Vgl. *Re Newscreen Media Group Plc* [2009] EWHC 944 (Ch); grundlegend *Kyrris v Oldham* [2003] EWCA Civ 1506; auch *van Zwieten* in: Goode, Rn. 11-99.

324 So treffend *Bork/Wiese*, Rn. 5.9.

325 *Lightman/Bailey* in: Lightman/Moss, Rn. 12-065.

326 *Lightman/Bailey* in: Lightman/Moss, Rn. 12-067.

327 Vgl. nur *Re Coniston Hotel (Kent) LLP* [2013] EWHC 93 (Ch), Rn. 40 (»The court cannot order the wrongdoing administrator to pay equitable compensation for a breach of fiduciary duty or damages for breach of fiduciary duty or damages for breaches of some other duty to an individual creditor [...]. If there is a deficiency in the insolvency then the payment goes for the benefit of the creditors as a class«).

328 *Lightman/Bailey* in: Lightman/Moss, Rn. 12-065.

329 *Armour* in: Austin/Aoun, S. 43, 52, auch mit dem Hinweis, dass falls zur Verfahrensbeendigung der Wechsel in ein *liquidation*-Verfahren gewählt wird (s. dazu Teil 1 § 1), die darin einzusetzende Amtsperson den Haftungsprozess »für die Masse« führen könnte, es zu diesem Verfahrensabschluss aber eben selten kommt; vgl. ebenso *Bork*, Sanierungsrecht, Rn. 6.18 mit Fn. 82.

verkauf unter Wert, darlegen müssen, was sich nicht zuletzt vor dem Hintergrund der grundsätzlichen Achtung wirtschaftlicher Entscheidungen der *administrator* durch die englischen Gerichte schwer gestaltet.[330] Aus der Praxis wird berichtet, kleineren Gläubigern fehle es häufig schlicht an »Mut oder Geld«, um ein Pre-Pack gerichtlich überprüfen zu lassen.[331] In der Haftung des *administrator* wird dementsprechend oft kein effektiver Kontrollmechanismus ihm gegenüber gesehen.[332]

b) Deutschland

Beim Insolvenzverwalter stehen Innen- und Außenhaftung im Ausgangspunkt nebeneinander: Nach § 60 Abs. 1 S. 1 InsO haftet er gegenüber »allen Beteiligten«. Zu diesem Kreis zählt der Schuldner,[333] darüber hinaus aber nach allgemeiner Ansicht auch die einzelnen Gläubiger. Allerdings können Schadensersatzansprüche gegen den Verwalter während des Verfahrens nur von einem neu bestellten oder einem Sonderinsolvenzverwalter geltend gemacht werden, sofern die jeweilige Pflichtverletzung zu einem Gesamtschaden geführt hat (§ 92 S. 2 InsO). Das sind solche Schäden, welche die Gläubiger gemeinschaftlich durch eine Verminderung des zur Insolvenzmasse gehörenden Vermögens vor oder nach der Eröffnung des Insolvenzverfahrens erlitten haben (§ 92 S. 1 InsO). Ein derartiger Schaden liegt vor, falls der Verwalter im Einzelfall (nur) die Pflichtverletzung begangen hat, das Unternehmen des Schuldners unter Wert zu verkaufen.[334] Dann erschöpft sich der Schaden der Insolvenzgläubiger in der Verringerung ihrer Quote. Durch die Masseverkürzung sind die Gläubiger nicht individuell, sondern als Teil der Gläubigergesamtheit geschädigt.[335] Allerdings stellen begründete Anhaltspunkte für einen nicht unerheblichen Fall der Verwalterhaftung einen Grund zur Bestellung eines Sonderinsolvenzverwalters dar.[336] Damit ist der Weg dafür eröffnet, dass die Quotenschäden gemäß § 92 InsO während des Verfahrens zur Masse gezogen werden können. Die Gläubiger tragen dann mittelbar (nur) ihren jeweiligen Anteil am Prozessrisiko. Denn Urteile, die für oder gegen den Verwalter im Gesamtschadensprozess ergehen, müssen sie gegen sich gelten lassen.[337] Es bleiben aber die Probleme der Durchsetzung der Haftung: Die Beweislast für die Voraussetzungen des § 60 InsO trägt der Kläger.[338] Außer im Falle einer evidenten Verschleuderung[339] dürfte ihr Nachweis nicht leicht zu führen sein.

---

330 Vgl. *Armour* in: Austin/Aoun, S. 43, 66.
331 *Astle*, Insolv. Int. 2015, 72, 73 (eigene Übersetzung).
332 Vgl. *Armour* in: Austin/Aoun, S. 43, 66; *Xie*, IIR 2012, 85, 99; *Astle*, Insolv. Int. 2015, 72, 73.
333 Vgl. BGH ZIP 1985, 423, 423; *Schoppmeyer* in: MüKo, § 60 Rn. 65 f.; *Sinz* in: Uhlenbruck, § 60 Rn. 46 f.
334 Vgl. OLG Rostock NZI 2011, 488, 488 ff., ferner etwa *Brinkmann*, S. 21 (»Verschleuderung von Massebestandteilen«); *Hirte* in: Uhlenbruck, § 92 Rn. 7.
335 S. dazu jüngst BGH NJW 2018, 2404 Rn. 77.
336 Wohl allgemeine Ansicht, vgl. nur AG Charlottenburg, ZIP 2015, 1697, 1698; *K. Schmidt* in: K. Schmidt, § 92 Rn. 23; *Zipperer* in: Uhlenbruck, § 56 Rn. 57.
337 *Brinkmann*, S. 81.
338 Wohl allgemeine Ansicht, vgl. nur BGH NZI 2016, 53 Rn. 3; *Schoppmeyer* in: MüKo, § 60 Rn. 121; *Thole* in: K. Schmidt, § 60 Rn. 53; sowie – anders als teilweise behauptet – wohl auch *Berger/Frege/Nicht*, NZI 2010, 321, 331.

§ 5 Verfahrenseinleitung

Nachdem eingangs jeweils der Ablauf des *eröffneten* Verfahrens in seinen Grund-
zügen dargestellt wurde, soll nun die Verfahrenseinleitung eingehender behandelt werden, die als Schnittstelle für die Umsetzung eines vorzeitigen Unternehmensverkaufs
besonders relevant ist. Die Einleitung des *administration*-Verfahrens erfolgt unmittelbar durch die Bestellung des *administrator* (para. 1 (2) (b) sch. B1 IA 1986). Insoweit
lassen sich zwei verschiedene Wege unterscheiden, die grundsätzlich frei wählbar nebeneinander offenstehen: die Bestellung durch einen gerichtlichen Beschluss, die *administration order* (para. 10, 11 sch. B1 IA 1986), und die Bestellung durch bestimmte, dazu besonders befugte Verfahrensakteure selbst (para. 14 (1) bzw. 22 sch. B1 IA
1986). Diese Varianten werden als *in-court route/appointment* bzw. *out-of-court
route/appointment* bezeichnet. Letztere Option wurde erst nachträglich durch die Reformen des Enterprise Act 2002 eingeführt und gilt als einer der Gründe für den An-
stieg der praktischen Bedeutung des *administration*-Verfahrens.[340] In der Praxis wird
im Regelfall die *out-of-court route* gewählt, und zwar sowohl bei *administration*-
Verfahren im Allgemeinen[341] als auch bei Pre-Packs im Besonderen[342]. Die *in-court
route* wird nur unter besonderen Umständen freiwillig gewählt. Ein solcher Sonderfall
kann indes gerade dann vorliegen, wenn ein Pre-Pack geplant ist.[343] Es kann jedoch
auch sein, dass sie ausnahmsweise eingeschlagen werden *muss*. So können bestimmte
Einleitungsberechtigte ausnahmsweise nicht einen *administrator* über die *out-of-court
route* bestellen, sofern bereits ein Antrag auf Einleitung eines *winding up*-Verfahrens
vorliegt (para. 25 (a) sch. B1 IA 1986).[344] Falls auf einen solchen Antrag hin bereits
vorläufig die entsprechende Amtsperson, der *provisional liquidator*, bestellt worden
ist, können noch weitere Einleitungsberechtigte das *administration*-Verfahren nicht
mehr auf diese Weise einleiten (para. 17 (a) sch. B1 IA 1986). Nach Einschätzung der
Rechtsprechung sind solche konkurrierenden Anträge in der Praxis nicht unüblich;
wenn sie gestellt werden, dann regelmäßig von kleineren Gläubigern, die über die Absicht der Einleitung eines *administration*-Verfahrens informiert sind und ihr kritisch
gegenüberstehen.[345] Demgegenüber kennt das deutsche Recht keine derart unterschiedlichen Möglichkeiten zur Verfahrenseinleitung, insbesondere keine außergerichtliche
Variante. Vielmehr führt generell nur ein Weg in das Insolvenzverfahren, der gewissermaßen eine *in-court route* ist: Die Einleitung eines solchen Verfahrens erfolgt stets

---

339 Dazu wird man den Fall OLG Rostock NZI 2011, 488 zählen müssen, wo ein Unterneh-
     men für nahezu 50 % unter Zerschlagungswert verkauft wurde. Bezeichnenderweise ist
     dies auch eine der wenigen veröffentlichten Entscheidungen zur Insolvenzverwalterhaftung
     in Bezug auf einen (vermeintlich) unterwertigen Unternehmensverkauf.
340 Vgl. *Finch/Milman*, S. 323.
341 *Van Zwieten* in: Goode, Rn. 11-10 und 11-41.
342 *Re Kayley Vending* [2009] EWHC 904 (Ch); *Lightman/Bailey* in: Lightman/Moss, Rn. 12-
     013.
343 S. dazu unten Teil 3 § 4 A. – Ein weiterer Sonderfall liegt dann vor, wenn zur internationa-
     len Anerkennung der Einleitung des *administration*-Verfahrens eine gerichtliche »Bestäti-
     gung« benötigt wird, vgl. *Barden* in: Lightman/Moss, Rn. 6-024.
344 Vgl. *Lightman/Bailey* in: Lightman/Moss, Rn. 12-013.
345 *Re Kayley Vending* [2009] EWHC 904 (Ch); vgl. *Barden* in: Lightman/Moss, Rn. 6-024.

unter Beteiligung des Gerichts und durch dessen Eröffnungsbeschluss gemäß § 27 InsO, wovon die Ernennung des Insolvenzverwalters inhaltlich nur ein Teil ist.

Diesen grundlegenden Unterschied zwischen dem englischen und dem deutschen Verfahren vorausgeschickt, soll im Folgenden nun dargelegt werden, *wer* zur Verfahrenseinleitung befugt ist, *wie* das Verfahren dazu ausgestaltet ist sowie *was* die Voraussetzungen dafür sind, wobei in Bezug auf das englische Recht stets zwischen den beiden Wegen zur Verfahrenseinleitung zu differenzieren ist.

A. Einleitungsberechtigte

Außergerichtlich kann der *administrator* durch die schuldnerische Gesellschaft (*company*) oder deren Management (*directors*; para. 22 sch. B1 IA 1986) sowie einen QFC-Inhaber (para. 14 (1) sch. B1 IA 1986) direkt bestellt werden. Die Ausübung der erstgenannten Bestellungsbefugnis setzt einen wirksamen Gesellschafterbeschluss voraus,[346] stellt sich somit tatsächlich eher als Gesellschafter-Einleitungsrecht dar[347]. Diese Kompetenz soll jedoch nicht gegen den Willen des Managements ausgeübt werden können.[348] In der Praxis ist sie ohnehin in aller Regel gesellschaftsvertraglich ausgeschlossen.[349] Für eine Bestellung durch das Management ist, sofern dieses sich nicht aus einem einzelnen *director* zusammensetzt, ebenfalls ein entsprechender Beschluss seiner Mitglieder erforderlich, wobei eine einfache Mehrheit genügt (para. 105 sch. B1 IA 1986), es sei denn, der jeweilige Gesellschaftsvertrag stipuliert dafür ausnahmsweise etwas anderes[350].[351] Die insolvenzrechtliche Regelung ist folglich nicht vorrangig. Die gerichtliche Bestellung eines *administrator* kann insbesondere[352] ebenfalls durch die Gesellschaft und das Management beantragt werden (para. 12 (1) (a), (b) sch. B1 IA 1986), wobei hinsichtlich der rechtlichen Voraussetzungen und praktischen Einschränkungen das soeben Gesagte gleichermaßen gilt. Ferner sind auch hier etwaige QFC-Inhaber antragsbefugt (para. 35 (1) sch. B1 IA 1986). Hinzu kommen bei der *in-court route* insofern einzelne oder mehrere Gläubiger (para. 12 (1) (c) sch. B1 IA 1986). In diesem Rahmen können folglich auch »einfache« Gläubiger die Verfahrenseinleitung anstrengen. In der Praxis werden die meisten *administration*-Verfahren von den Berechtigten aus der Sphäre der schuldnerischen Gesellschaft eingeleitet.[353] Die

346 Vgl. exemplarisch *Re Frontsouth (Witham) Ltd* [2011] EWHC 1668 (Ch); ferner statt aller *Barden* in: Lightman/Moss, Rn. 6-073.
347 Vgl. *Baird/Khokhar* in: Olivares-Caminal, Rn. 9.18.
348 So etwa *Barden* in: Lightman/Moss, Rn. 6-020.
349 Vgl. etwa *Assured Logistics Solutions Ltd* [2011] EWHC 3029 (Ch).
350 Vgl. *Minmar (929) Ltd v Khalatschi* [2011] EWHC 1159 (Ch).
351 S. dazu *Barden* in: Lightman/Moss, Rn. 6-020 und 6-073.
352 Antragsbefugt sind ferner bei fehlgeschlagener Vollstreckung von Entscheidungen eines Gerichts niederer Ordnung, des *magistrates' courts*, die dort zuständige Person (*designated officer*; para. 12 (1) (d) sch. B1 IA 1986) sowie bei einem Wechsel aus einem *liquidation*- oder einem *company voluntary arrangement*-Verfahren die jeweilige Amtsperson (para. 38 (1) bzw. 12 (5) sch. B1, sec. 7 (4) (b) IA 1986). Daneben bestehen Sonderantragsrechte außerhalb des Insolvenzrechts, wie etwa für die Finanzaufsichtsbehörde nach s. 359 Financial Services and Markets Act 2000.
353 *Barden* in: Lightman/Moss, Rn. 6-078; *van Zwieten* in: Goode, Rn. 11-41 und 11-48.

Inhaber einer *qualifying floating charge* treten dabei – anders als ihre prominente Stellung vermuten lässt – vor allem aus Reputationsgründen nur ungern selbst auf.[354] Sie sind jedoch faktisch »die Herrscher der *out-of-court route*«,[355] da ihnen im Rahmen der Verfahrenseinleitung aus noch näher zu erläuternden Gründen ein großer Einfluss zukommt.[356] Daraus folgt, dass die Eigeneinleitungen in der Regel in enger Abstimmung mit den QFC-Inhabern und teilweise sogar »auf Druck« von ihnen erfolgt.[357]

In Deutschland sind zunächst einmal die Gläubiger antragsberechtigt (§ 13 Abs. 1 S. 2 2. Fall InsO), wobei bestimmte gesicherte Gläubiger nicht noch besonders hervorgehoben werden. Des Weiteren ist bei den hier behandelten Unternehmensinsolvenzen jedes einzelne Mitglied des Managements berechtigt, im Namen der schuldnerischen Gesellschaft einen Eröffnungsantrag zu stellen (§ 15 Abs. 1 S. 1 InsO). Für den Fall, dass dabei keine Einstimmigkeit herrscht, stellt § 15 Abs. 2 S. 1 InsO (lediglich) insoweit strengere Anforderungen, als dass die Einleitungsvoraussetzungen glaubhaft zu machen sind. Dieses gesetzliche Recht zur Vertretung bei der Antragstellung kann auch nicht gesellschaftsrechtlich weiter eingeschränkt werden.[358] Insofern genießt somit das Insolvenzrecht Vorrang. Die gesellschaftsrechtlichen Vertretungsbefugnisse sind hingegen nach § 18 Abs. 3 InsO maßgeblich, falls sich das Management auf den – zeitlich besonders früh gelagerten – Eröffnungsgrund der drohenden Zahlungsunfähigkeit stützt. Den Gläubigern ist es sogar generell verwehrt, ihre Anträge damit zu begründen. § 18 Abs. 1 InsO ermöglicht in dem frühen Stadium ausschließlich Eigenanträge. Diese augenscheinliche Besonderheit gegenüber der Rechtslage in England entschärft sich aber, wenn man die dortige Praxis berücksichtigt, dass entsprechend frühen Fremdanträgen von den Gerichten sehr skeptisch begegnet wird.[359] Gesellschafter kommen als Antragsteller generell nur in Betracht, falls sie Mitglied einer Personengesellschaft sind (§§ 15 Abs. 1 S. 1, 18 Abs. 3 InsO) oder die Gesellschaft führungslos ist (§ 15 Abs. 1 S. 3 InsO). In der Praxis werden die Eröffnungsanträge bei Unternehmensinsolvenzen meistens durch die Gläubiger, insbesondere die Finanzbehörde oder Sozialversicherungsträger gestellt.[360] Soweit die Verfahren aber mit besonderer Sanierungsabsicht eingeleitet werden, kommt Schuldneranträgen eine größere Bedeutung zu.[361]

---

354 *Baird/Khokhar* in: Olivares-Caminal, Expedited Corporate Debt Restructuring, Rn. 9.20; *van Zwieten* in: Goode, Rn. 11-41.

355 *Van Zwieten* in: Goode, Rn. 11-46 (eigene Übersetzung).

356 S. zu einigen wichtigen Teil 1 § 5 B. I; zu sämtlichen *van Zwieten* in: Goode, Rn. 11-06.

357 Vgl. *Armour* in: Austin/Aoun, S. 43, 61; *Baird/Khokhar* in: Olivares-Caminal, Rn. 9.15; *Barden* in: Lightman/Moss, Rn. 6-078.

358 Vgl. *Bork*, Sanierungsrecht, Rn. 7.11; *Hirte* in: Uhlenbruck, § 15 Rn. 1; *Klöhn* in: MüKo, § 15 Rn. 10.

359 Vgl. *Steffek*, S. 173 f.; ferner *Green v Gigi Brooks Ltd* [2015] EWHC 961 (Ch).

360 *Bork*, Insolvenzrecht, Rn. 95 mit Fn. 8.

361 *Eidenmüller*, ZIP 2014, 1197, 1198.

B. Einleitungsverfahren

Im Folgenden sollen nun die konkreten Einleitungsverfahren, mithin die einzelnen Schritte, die in England und Deutschland zur Verfahrenseinleitung zu vollziehen sind, überblicksweise dargestellt werden. Darauf aufbauend gilt es zu untersuchen, inwieweit dem in rechtlicher und vor allem in tatsächlicher Hinsicht der Charakter als eigenständiger Verfahrensabschnitt beizumessen ist.

I. Schritte zur Verfahrenseinleitung

Zur Verfahrenseinleitung ist in England im Rahmen der *in-court route* und in Deutschland in jedem Fall ein Antrag bei Gericht erforderlich (para. 12 (1), 35 (1) sch. B1 IA 1986 bzw. § 13 Abs. 1 S. 1 InsO). Die Gerichte prüfen dann jeweils vor allem, ob nach ihrer Überzeugung die erforderlichen Einleitungsvoraussetzungen vorliegen.[362] Dafür ist in England vorgesehen, dass bereits an dieser Stelle eine mündliche Anhörung (*hearing*) mit potenziell allen Betroffenen vor Gericht stattfindet (r. 3.7 (2), 3.12 IR 2016) und das Gericht anschließend über die Einleitung der *administration* entscheidet. Den einschlägigen Entscheidungen lässt sich entnehmen, dass dabei in der Praxis tatsächlich immer wieder intensive Verhandlungen geführt werden.[363] Demgegenüber gilt in Deutschland schon nach dem allgemeinen Verfahrensgrundsatz in § 5 Abs. 3 S. 1 InsO, dass Entscheidungen ohne mündliche Verhandlung ergehen können. Tatsächlich prüfen die deutschen Gerichte das Vorliegen der Eröffnungsvoraussetzungen regelmäßig vorwiegend auf Grundlage von schriftlichen Sachverständigengutachten.[364] Mündliche Verhandlungen wären zwar nach § 5 Abs. 2 S. 2 InsO zulässig, finden aber in diesem Verfahrensstadium in der Praxis kaum statt.[365] Wenn Verfahrensbeteiligte angehört werden sollen, wird dem regelmäßig dadurch Genüge getan, dass ihnen Gelegenheit zur schriftlichen Stellungnahme gegeben wird.[366] Wirksam eingeleitet sind die Verfahren wiederum in beiden Rechtsordnungen gleichermaßen grundsätzlich zu dem in der jeweiligen gerichtlichen Entscheidung angegebenen Termin (para. 13 (2) (a) sch. B1 IA 1986 bzw. § 27 Abs. 2 Nr. 3 InsO[367]).[368] Schließlich gilt es, auf eine bedeutsame Regelung des englischen Rechts hinzuweisen, aus der sich unter anderem die bereits erwähnte starke Position der Inhaber einer *qualifying floating charge* im

---

362 Dieser Maßstab ergibt sich in England direkt aus para. 11 sch. B1 IA 1986 (»only if satisfied«), entspricht aber auch in Deutschland der allgemeinen Ansicht, vgl. nur BGH NZI 2006, 405, 405; *Busch* in: MüKo, § 29 Rn. 10; *Zipperer* in: Uhlenbruck, § 27 Rn. 1.

363 Vgl. nur *Re Brown Bear Foods Ltd* [2014] EWHC 1132 (Ch); *Information Governance v Popham* [2013] EWHC 2611 (Ch); *Re British American Racing (Holdings) Ltd* [2004] EWHC 2947 (Ch); sowie speziell in Bezug auf Pre-Packs die unter Teil 3 § 1 A. I. 1 behandelten Entscheidungen.

364 Vgl. etwa *Nissen* in: Bork/Hölzle, Kapitel 4 Rn. 144 ff.

365 Vgl. etwa *Flören* in: Bork/Hölzle, Kapitel 5 Rn. 55 ff. und 66 ff.

366 Vgl. etwa *Vuia* in: MüKo, § 14 Rn. 133 ff.

367 Bei dem Beschluss über die Eröffnung des vorläufigen Insolvenzverfahrens gelten geringfügige Besonderheiten, s. dazu *Haarmeyer/Schildt* in: MüKo, § 21 Rn. 35 ff.

368 Hilfsweise ist in England der Zeitpunkt der Entscheidung und in Deutschland die Mittagsstunde des Tages maßgeblich (para. 13 (2) (b) sch. B1 IA 1986 bzw. § 27 Abs. 3 InsO).

Rahmen des dortigen Einleitungsverfahrens ergibt[369]: Der jeweilige Antragsteller hat die Tatsache der Antragstellung insbesondere sämtlichen QFC-Inhabern anzuzeigen (para. 12 (2) sch. B1 IA 1986). Diese können dann noch einen eigenen Antrag stellen, dem dann grundsätzlich auch zu folgen wäre (para. 36 sch. B1 IA 1986), oder die *administration* auf der Grundlage von para. 14 sch. B1 IA 1986 selbst über die *out-of-court route* einleiten,[370] was freilich vor allem im Hinblick auf die Auswahl der Amtsperson von Relevanz ist[371].

In letzterem Rahmen gestaltet sich das Einleitungsverfahren wie folgt: Die Bestellung des *administrator*, die – wie eingangs erläutert – bereits den Einleitungsakt darstellt, wird dem Gericht durch den jeweiligen Einleitungsberechtigten schlicht durch eine formalisierte Bestellungsanzeige (*notice of appointment*) mitgeteilt (para. 18 bzw. 29 sch. B1 IA 1986). Sie ist auch unmittelbar mit deren Eingang bei Gericht wirksam (para. 19 bzw. 31 sch. B1 IA 1986). Für die Inhaber einer *qualifying floating charge* gilt dabei wiederum eine besondere Erleichterung: Sie können nach r. 3.19 ff. IR 2016 eine Bestellungsanzeige außerhalb der gerichtlichen Öffnungszeiten sogar per E-Mail oder Fax vornehmen. Ähnlich zu der Regelung im Rahmen der *in-court route* muss aber bei der *out-of-court route* vor der Bestellungsanzeige stets eine entsprechende Absichtsanzeige (*notice of intention to appoint*) gegenüber einem bestimmten Adressatenkreis erfolgen. So müssen die Inhaber einer *qualifying floating charge* andere gleichermaßen gesicherte, aber ihnen gegenüber vorrangige Gläubiger zwei Tage, und die übrigen zur außergerichtlichen Verfahrenseinleitung Berechtigten wiederum insbesondere alle QFC-Inhaber fünf Tage zuvor entsprechend informieren (para. 15 bzw. 26 ff. sch. B1 IA 1986). Durch die sich daraus faktisch ergebenden Interventionsmöglichkeiten wird ebenfalls gewährleistet, dass (vorrangige) Inhaber einer *qualifying floating charge* stets selbst den *administrator* auswählen und bestellen könnten.[372] Vor diesem Hintergrund offenbart sich die *out-of-court route* damit aber, anders als die gängige Bezeichnung nahelegen mag, nicht als eine völlig vom Gericht losgelöste Verfahrensvariante. Sie ist (nur) insofern außergerichtlich, als in ihrem Rahmen – eben anders als bei der *in-court route* – zur Verfahrenseinleitung kein Beschluss des Gerichts ergeht und davor keine gerichtliche Anhörung zur Prüfung der Einleitungsvoraussetzungen stattfindet, sondern lediglich bestimmte Formulare bei Gericht einzureichen sind.[373] Dem Gericht kommt insofern folglich (nur) eine »rein administrative« Stellung zu.[374]

II. Charakter als eigenständiger Verfahrensabschnitt

Die vorstehenden Erläuterungen dürften schon erahnen lassen, dass sich die Einleitungsverfahren in England und Deutschland grundlegend unterscheiden. So sind die

369 Vgl. *van Zwieten* in: Goode, Rn. 11-06; vgl. ferner *Baird/Khokhar* in: Olivares-Caminal, Rn. 9.15; *Phillips/Cooke* in: Totty/Moss/Segal, Rn. C2-03.
370 *Van Zwieten* in: Goode, Rn. 11-06. – Der jeweilige QFC-Inhaber muss dann bloß den ersten Antragsteller und das Gericht informieren (r. 3.18 ff. IR 2016).
371 S. dazu Teil 1 § 4 A. I.
372 Vgl. nur *Phillips/Cooke* in: Totty/Moss/Segal, Rn. C2-04 f.
373 Vgl. *Baird/Khokhar* in: Olivares-Caminal, Rn. 9.17.
374 *Barden* in: Lightman/Moss, Rn. 6-003 (eigene Übersetzung).

erläuterten Schritte zur Verfahrenseinleitung in Deutschland dort bekanntlich Teil des Eröffnungsverfahrens, für welches eine Vielzahl besonderer gesetzlicher Vorgaben einschlägig ist (§§ 11 ff. InsO) und in dessen Rahmen spezielle Akteure[375] auftreten und ebensolche Maximen[376] gelten. Dieses Verfahren ist nach dem gesetzgeberischen Konzept für die Prüfung der Eröffnungsvoraussetzungen vorgesehen.[377] Schon in Anbetracht dessen ließe sich das deutsche Eröffnungsverfahren als eigenständiger Verfahrensabschnitt charakterisieren. So beschreibt es etwa auch *Häsemeyer* prägnant als »eine Art Vorverfahren«.[378] Dieses Attest muss man jedenfalls dann ausstellen, wenn man die Handhabung des Eröffnungsverfahrens in der Praxis betrachtet. *Richter*[379] hat jüngst die zuvor bereits allgemein geteilte Einschätzung[380] empirisch belegt, dass die Eröffnungsverfahren bei Unternehmensinsolvenzen (mit Betriebsfortführung) typischerweise etwa zwei bis drei Monate dauern. Das soll jedenfalls dann gelten, wenn später ein Unternehmensverkauf vorgenommen werden soll.[381]

Demgegenüber lässt sich das englische Einleitungsverfahren in keiner seiner beiden Varianten als eigenständiger Verfahrensabschnitt qualifizieren. Dies ergibt sich im Hinblick auf die *out-of-court route* bereits daraus, dass das Gericht dabei – wie soeben erläutert – lediglich eine verwaltende und keine prüfende Funktion hat und das *administration*-Verfahren bereits mit Eingang der Bestellungsanzeige bei Gericht vollständig eingeleitet ist, also praktisch mit sofortiger Wirkung. Der Vorlauf von wenigen Tagen, der sich in diesem Rahmen aus den Pflichten zur Information gesetzlich priorisierter Einleitungsberechtigter ergibt, fällt insofern schon aufgrund seiner Kürze letztlich nicht ins Gewicht. Zu der Einschätzung sollte man aber auch in Bezug auf die *in-court route* kommen, auch wenn dabei – im Ansatz wie in Deutschland – vor der Verfahrenseinleitung noch das Vorliegen der Eröffnungsvoraussetzungen gerichtlich geprüft wird. Dafür spricht zunächst das *law in practice.* So wird berichtet, dass sich die Gerichte bei der Durchführung der Anhörungen vor Erlass einer *administration order* flexibel zeigen und diese bei besonderer Dringlichkeit teils auch außerhalb der regulären Terminierung vornehmen.[382] Tatsächlich zeigt schon eine kursorische Rechtsprechungsanalyse, dass diese *hearings* – und im unmittelbaren Anschluss daran auch die Entscheidungen über die Verfahrenseinleitung – im Pre-Pack-Kontext zum Teil noch auf den Tag der Antragstellung fallen.[383] Für die hiesige Einschätzung spricht aber auch das *law in the books*, da das Gesetz für die fragliche Phase keine besonderen Regelungen geschweige denn eine besondere Bezeichnung trifft, abgesehen von einem

---

375 S. dazu Teil 2 § 1 A.

376 S. dazu Teil 2 § 1 B.

377 Vgl. RegE-InsO, BT-Drucks. 12/2443, S. 112 und 116 f.

378 *Häsemeyer*, S. 133.

379 *Richter*, S. 44.

380 Vgl. nur *Ehricke*, ZIP 2004, 2262, 2266; *Haarmeyer/Wutzke/Förster*, § 14 Rn. 14; *Kriegs*, S. 57.

381 Vgl. *Haarmeyer/Schildt* in: MüKo, § 21 Rn. 11.

382 So *Baird/Khokhar* in: Olivares-Caminal, Rn. 9.16; vgl. exemplarisch *Green v Gigi Brooks Ltd* [2015] EWHC 961 (Ch), s. zu den rechtlichen Rahmenbedingungen *Her Majesty's Courts & Tribunals Service*, Chancery Guide, Rn. 21.26 und 25.28.

383 So etwa in *Christopherus 3 Ltd* [2014] EWHC 1162 (Ch); *Re Hibernia (2005) Ltd* [2013] EWHC 2615 (Ch); *Re DKLL Solicitors v Revenue and Customs Commissioners* [2007] EWHC 2067 (Ch).

zwischenzeitlichen Moratorium (para. 44 sch. B1 IA 1986), das allerdings gerade auf eine kurze Dauer ausgelegt ist. So darf es bei außergerichtlichen Verfahrenseinleitungen maximal zehn Werktage dauern (para. 44 (2) (b), 44 (4) (b) i. V. m. 28 (2) sch. B1 IA 1986).[384]

C. Einleitungsvoraussetzungen

Ganz erhebliche Bedeutung kommt freilich den Voraussetzungen zu, unter welche die Einleitung des *administration-* und des Insolvenzverfahrens gestellt wird. Für die Zwecke der vorliegenden Untersuchung ist indes nur relevant, ob die Einleitungsvoraussetzungen in England und in Deutschland im Wesentlichen vergleichbar sind, mithin die beiden Verfahren ungefähr zu denselben Zeitpunkten eingeleitet werden können und nicht etwa eines der beiden bereits in einem deutlich früheren Stadium verfügbar ist. Dabei ist zu differenzieren zwischen Kriterien, die an die materielle Insolvenz des Schuldners anknüpfen, und solchen, die für sich genommen unabhängig davon sind und alternativ oder kumulativ dazu vorliegen müssen. Einleitungsvoraussetzungen letzterer Art haben vor allem im englischen Recht Bedeutung, wie im Folgenden noch dargelegt werden soll. Zunächst sollen aber die Voraussetzungen der ersten Kategorie behandelt werden.

I. Insolvenz

Solche Kriterien sehen beide Rechtsordnungen vor, allerdings regelungstechnisch und hinsichtlich ihrer Absolutheit auf unterschiedliche Weise. So ist für die Eröffnung des Insolvenzverfahrens stets Voraussetzung, dass einer der gesetzlichen Insolvenzgründe vorliegt (§ 16 InsO). Ähnliches gilt in England (nur) im gesetzlichen und praktischen Regelfall: Dann muss der jeweilige Schuldner zur Forderungsbegleichung unfähig sein *oder* dies wahrscheinlich werden (*the company is or is likely to become unable to pay its debts*). Denn zumindest einer dieser Umstände ist bei der außergerichtlichen Einleitung im Rahmen ihrer Anzeige gegenüber dem Gericht förmlich zu versichern (para. 27 (2) (a) sch. B1 IA 1986) und bei der gerichtlichen Verfahrenseinleitung zur Überzeugung des Gerichts vom jeweiligen Antragsteller darzulegen (para. 11 (a) sch. B1 IA 1986). Die Ausnahme bildet der eher seltene Fall,[385] dass ein QFC-Inhaber das *administration*-Verfahren selbst initiiert. Denn dann ist die *inability to pay debts* eben keine Einleitungsvoraussetzung, wie para. 35 (2) sch. B1 IA 1986 für die gerichtliche Verfahrenseinleitung ausdrücklich regelt und sich für die außergerichtliche Variante aus para. 18, 27 (2) (a) sch. B1 IA 1986 (*e contrario*) ergibt.[386] Somit wird (nur) im englischen Verfahren unter besonderen Umständen auf eine Einleitungsvoraussetzung verzichtet, die an die Insolvenz anknüpft. Bereits hier sei jedoch darauf hingewiesen,

---

384 S. dazu *van Zwieten* in: Goode, Rn. 11-70 ff.
385 S. dazu Teil 1 § 5 A.
386 Vgl. im Ergebnis *van Zwieten* in: Goode, Rn. 11-11; *Mokal*, S. 231; ferner *Baird/Khokhar* in: Olivares-Caminal, Rn. 9.1; *Phillips/Cooke* in: Totty/Moss/Segal, Insolvency, Rn. C2-04.

dass in diesen Fällen eine der eingangs angerissenen anderen Eröffnungsvoraussetzungen zu erfüllen ist.[387]

Es bleibt zu prüfen, inwieweit die Insolvenzkriterien vergleichbar sind. Das Merkmal »Unfähigkeit zur Forderungsbegleichung« ist nach para. 111 (1) sch. B1 IA 1986 auch für das *administration*-Verfahren in sec. 123 IA 1986 legaldefiniert. Es ist weder begrifflich noch systematisch mit der Zahlungsunfähigkeit nach § 17 InsO gleichzusetzen,[388] da mit jenem Kriterium eben eher die materielle Insolvenz gesetzlich umschrieben wird,[389] während sich die »eigentlichen« »Insolvenzgründe«[390] erst aus ihren verschiedenen Legaldefinitionen ergeben.[391] Die wichtigsten Konkretisierungen der *inability to pay debts* finden sich in sec. 123 (1) (e) IA 1986, aus der sich der sog. *cash flow test* ergibt, und sec. 123 (2) IA 1986 mit ihrem *balance sheet test*.[392] Dem Erfordernis der Unfähigkeit zur Forderungsbegleichung gemäß para. 11 (a) bzw. 27 (2) (a) sch. B1 IA 1986 ist folglich insbesondere dann genügt, wenn einer dieser beiden *insolvency tests* positiv ausfällt. Die Insolvenzgründe in England und Deutschland wurden schon vielfach verglichen. Eine besonders detaillierte und überzeugende Untersuchung dazu hat *Steffek*[393] vorgelegt. Auf diesen Vorarbeiten gilt es aufzubauen, weshalb sie hier vor allem vor dem Hintergrund jüngerer Entwicklungen in der Rechtsprechung und Reformen zu würdigen sind.

1. Illiquidität

Zunächst kennen beide Rechtsordnungen einen Tatbestand, der funktional-regelungstechnisch vergleichbar an die Illiquidität des schuldnerischen Unternehmens anknüpft, namentlich *cash flow insolvency* (sec. 123 (1) (e) IA 1986) bzw. Zahlungsunfähigkeit (§ 17 Abs. 2 InsO). Diese setzen nach dem Gesetzeswortlaut voraus, dass bestimmte Verbindlichkeiten (*debts*) bei Fälligkeit bzw. die fälligen Verbindlichkeiten nicht beglichen werden können. Wie die wörtliche Ähnlichkeit der beiden Tatbestände vermuten lässt, und nach bislang wohl einhelliger Einschätzung im rechtsvergleichenden Schrifttum, ergeben sich daraus im Wesentlichen vergleichbare Parameter.[394] *Steffek*[395]

---

387 S. dazu Teil 1 § 5 C. II. 2.

388 Ebenso *Bachner* in: Lutter, 427, 430 (»quite wrong«).

389 Vgl. statt aller *van Zwieten* in: Goode, Rn. 4-01.

390 *Wee*, L.Q.R. 2014, 648, 648 (eigene Übersetzung).

391 Mit dem hier angesetzten Verständnis von der Gesetzessystematik (aber teilweise mit abweichenden Bezeichnungen) etwa auch *Bork*, Sanierungsrecht, Rn. 8.20 ff.; *Schreier*, S. 140; *Steffek*, S. 69 ff. – Anders *Beissenhirtz*, S. 70; *Hartmann*, S. 145; wohl auch *K. Schmidt* in: Lutter, 144, 150 ff.

392 *Finch/Milman*, S. 119; *van Zwieten* in: Goode, Rn. 4-03 f.; vgl. auch *Mokal*, S. 2 Fn. 2. – Daneben gilt ein Schuldner nach sec. 123 (1) (a) bzw. (b) IA 1986 auch bei einer fruchtlosen förmlichen Zahlungsaufforderung (*statutory demand*) gemäß der r. 7.2 ff. IR 2016 sowie einer erfolglosen Vollstreckung gegen ihn als *unable to pay debts*. – Diese Tatbestände überschneiden sich jedoch sowohl inhaltlich als auch zeitlich mit sec. 123 (1) (e) IA 1986 (*cash flow test*), vgl. *Steffek*, S. 170 ff.; auch *Bork*, Sanierungsrecht, Rn. 8.22.

393 *Steffek*, S. 68 ff.; ferner zuletzt *ders.* in: Leible/Reichert, § 38 Rn. 12 ff.

394 Vgl. insbesondere *Steffek*, S. 94 ff. und 170; ferner *Bork*, Sanierungsrecht, Rn. 8.23; *Derksen*, S. 408; *Freund*, S. 125; *Schreier*, S. 200 ff.; wohl auch *Beissenhirtz*, S. 70; *Hartmann*, S. 145.

395 *Steffek*, S. 94 f.

kommt sogar zu dem Ergebnis, dass sec. 123 (1) (e) IA 1986 und § 17 Abs. 2 InsO in »nahezu sämtlichen« Fällen den Insolvenzzeitpunkt gleich bestimmen würden. Diese Einschätzung erscheint im Kern weiterhin als zutreffend. Zwar haben der *Supreme Court* und der *Bundesgerichtshof* in diesem Kontext zwischenzeitlich einschneidende Judikate gefällt. Die Rechtsprechungsentwicklung erfolgte aber in dieselbe Richtung:

Betroffen davon waren die Maßgaben für die prognostische Betrachtung der zukünftigen Liquiditätsentwicklung, die sowohl in England als auch in Deutschland über die Erstellung eines Liquiditätsstatus zum Beurteilungszeitpunkt hinaus zu erfolgen hat, um die erforderliche Illiquidität von wesentlicher Dauer von einer vorübergehenden Zahlungsstockung abzugrenzen.[396] Insofern wurde in England zunächst höchstrichterlich festgelegt, dass der Prognosezeitraum lediglich die – je nach Einzelfall – angemessen nahe Zukunft (»reasonably near future«) erfasst.[397] Darüber hinaus stellte der *Supreme Court* klar, dass im Rahmen dessen nicht nur – wie seit jeher anerkanntermaßen auch in Deutschland – das in diesem Zeitraum liquidierbare Vermögen,[398] sondern auch die währenddessen prognostizierbar fällig werdenden Verbindlichkeiten zu berücksichtigen sind[399]. Danach hat in Deutschland, wo in diesem Kontext grundsätzlich ein Zeitraum von exakt drei Wochen zu betrachten ist,[400] der *II. Zivilsenat* entschieden, dass dabei ebenfalls die in diesem Zeitraum fällig werdenden und eingeforderten Verbindlichkeiten Berücksichtigung finden müssen,[401] womit er sich dem weit überwiegenden Teil des Schrifttums[402] anschloss. In Anlehnung an den Sprachgebrauch in Deutschland lässt sich somit sagen, dass in beiden Rechtsordnungen neuerdings auch die sog. Passiva II in die Betrachtung der zukünftigen Liquiditätsentwicklung einzustellen sind. Dass der dabei anzusetzende Prognosezeitraum einmal abstrakt und einmal konkret definiert ist, dürfte sich im Ergebnis nicht wesentlich auswirken. Nicht zuletzt ist dessen Grenze in England durch die Prognostizierbarkeit gezogen.[403] Dennoch bleibt es nach alledem dabei, worauf bereits *Bork*[404] hingewiesen hat: Der *cash*

---

396 *Bork*, Sanierungsrecht, Rn. 8.23; *Steffek*, S. 80.
397 *BNY Corporate Trustee Service Ltd v Eurosail-UK 2007-3BL Plc* [2013] UKSC 28, Rn. 25.
398 Vgl. grundlegend *Re Capital Annuities Ltd* [1979] 1 WLR 170; jüngst *Re Casa Estates (UK) Ltd* [2014] EWCA Civ 383; s. dazu *van Zwieten* in: Goode, Rn. 4-20.
399 *BNY Corporate Trustee Service Ltd v Eurosail-UK 2007-3BL Plc* [2013] UKSC 28. So bereits das (zuvor umstrittene) Urteil *Re Cheyne Finance plc* [2007] EWHC 2402 (Ch); anders insbesondere noch *Re European Life Assurance Society* [1869] 9 L.R. Eq 122. – S. dazu instruktiv *Walton*, Insolv Int. 2013, 124, 125 ff.; für eine kritische Würdigung *Wee*, LMCLQ 2015, 62, 62 ff.; zu der Historie des Gesetzes, als wichtigem Hintergrund, ferner *Walton*, J.B.L. 2013, 212, 213 ff.
400 Vgl. grundlegend BGH NJW 2005, 3062, 3064 (= BGHZ 163, 134).
401 BGH NZI 2018, 204 Rn. 33 ff. (= BGHZ 217, 130). – Dafür, dass der *IX. Zivilsenat* davon abweichen und den *Großen Senat für Zivilsachen* anrufen will, sind keine Hinweise ersichtlich.
402 Vgl. *Bork*, ZIP 2008, 1749, 1752 ff.; ferner etwa *Brahmstaedt*, S. 172 ff.; *Ganter*, ZInsO 2011, 2297, 2302. – A. A. insbesondere *Fischer* in: FS Ganter, 153, 158 ff.
403 Vgl. prägnant *BNY Corporate Trustee Service Ltd v Eurosail-UK 2007-3BL Plc* [2013] UKSC 28, Rn. 37 (»once the court has to move beyond the reasonably near future (the length of which depends, again, on all the circumstances) any attempt to apply a cash flow test will become completely speculative«).
404 *Bork*, Sanierungsrecht, Rn. 8.23.

flow test ist weniger streng formalistisch und stichtagsbezogen, sondern eher auf eine einzelfallbasierte Gesamtbetrachtung aller wirtschaftlichen Umstände im Hinblick auf die Fortführungsfähigkeit des jeweiligen Unternehmens gerichtet[405].

2. Vermögensinsuffizienz

Des Weiteren sieht sowohl das englische als auch das deutsche Recht eine Norm vor, welche die Verfahrenseinleitung bei Insuffizienz des schuldnerischen Vermögens ermöglicht. Dabei handelt es sich um sec. 123 (2) IA 1986 bzw. § 19 InsO, welche die sog. *balance sheet insolvency* bzw. die Überschuldung normieren. Die englische Regelung setzt ihrem Wortlaut nach zunächst voraus, dass der Wert des Vermögens des Schuldners kleiner ist als der seiner Verbindlichkeiten (*liabilities*[406]), womit sie in der Sache § 19 Abs. 2 S. 1 Hs. 1 InsO entspricht. Dass die englische Norm noch explizit hervorhebt, dass auch bedingte, befristete und künftige (*contingent and prospective*) Verbindlichkeiten zu berücksichtigten sind, während die deutsche Vorschrift lediglich die »bestehenden Verbindlichkeiten« nennt, ist letztlich unerheblich.[407] Denn darunter werden auf eine dieser Arten zum Beurteilungszeitpunkt bereits angelegte Verbindlichkeiten ohne Weiteres subsumiert.[408] Auch können richtigerweise sowohl in England[409] als auch in Deutschland[410] dabei Bewertungsabschläge vorgenommen werden.[411] Außerdem wurde eine Eigenheit aufgehoben, die in der Vermögensinsuffizienz-Prüfung der englischen Rechtsprechung vorübergehend auszumachen war:[412] Der *Supreme Court* entschied in der Sache *Eurosail*[413] entgegen der Vorinstanz[414], dass es kein selbstständiges Kriterium des *balance sheet test* sein soll, dass das jeweilige Unternehmen den »point of no return« erreicht hat.

Schließlich ist im Rahmen der Prüfung der Vermögensinsuffizienz-Tatbestände beider Rechtsordnungen eine Fortführungsprognose anzustellen, die sich allerdings in ihrer Wirkweise unterscheidet: In England bestimmt sich danach, ob die schuldnerischen Vermögenswerte mit Fortführungs- oder Liquidationswerten anzusetzen

---

405 Vgl. *van Zwieten* in: Goode, Rn. 4-16; zustimmend *MacPlant Services Ltd v Contract Lifting Services (Scotland) Ltd* [2008] CSOH 158, Rn. 67; exemplarisch jüngst *Evans v Jones* [2016] EWCA Civ 660.

406 Zum Unterschied zwischen *debts* und *liabilities* im Rahmen von sec. 123 (1) bzw. (2) IA 1986, s. *van Zwieten* in: Goode, Rn. 4-23 f.

407 Vgl. im Ergebnis ebenso *Steffek*, S. 96 f.

408 Vgl. *Mock* in: Uhlenbruck, § 19 Rn. 154 f.; *Pape* in: Kübler/Prütting/Bork, § 19 Rn. 63; *K. Schmidt* in: K. Schmidt, § 19 Rn. 34.

409 Vgl. *Re Casa Estates (UK) Ltd* [2013] EWHC 2371 (Ch); *BNY Corporate Trustee Service Ltd v Eurosail-UK 2007-3BL Plc* [2010] EWHC 2005 (Ch); ferner *van Zwieten* in: Goode, Rn. 4-39; *Walton*, Insolv. Int. 2013, 124, 126.

410 Vgl. *Pape* in: Kübler/Prütting/Bork, § 19 Rn. 63; *Rüntz/Laroche* in: Heidelberger Kommentar, § 19 Rn. 21; *K. Schmidt* in: K. Schmidt, § 19 Rn. 40.

411 A. A. *Steffek*, S. 99.

412 S. dazu noch *Bork*, Sanierungsrecht, Rn. 8.24.

413 *BNY Corporate Trustee Service Ltd v Eurosail-UK 2007-3BL Plc* [2013] UKSC 28; vgl. anschließend etwa *Re Casa Estates (UK) Ltd* [2014] EWCA Civ 383, Rn. 23 f.; erläuternd *Walton*, Insolv. Int. 2013, 124, 125.

414 *BNY Corporate Trustee Service Ltd v Eurosail-UK 2007-3BL Plc* [2011] EWCA Civ 227.

sind.[415] In Deutschland – wo im Rahmen der Überschuldungsbilanz stets letzterer Bewertungsansatz zu wählen ist[416] – schließt eine positive Fortführungsprognose nach § 19 Abs. 2 S. 1 Hs. 2 InsO die Annahme einer tatbestandsmäßigen Überschuldung generell aus. So ist die Rechtslage aber erst seit der Reform durch das sog. Finanzmarktstabilisierungsgesetz.[417] Davor wirkte die Fortführungsprognose in Deutschland – wie auch heute noch in England – als Vorgabe des Bewertungsmaßstabs.[418] Vor diesem Hintergrund dürfte kaum verwundern, dass nicht nur *Steffek*[419] dem alten deutschen und dem englischen Recht insofern weitestgehende Vergleichbarkeit attestiert.

Demgegenüber entsprechen sich der heutige Überschuldungsbegriff und die *balance sheet insolvency* nach alledem rechtlich – wie es bereits *Bork*[420] treffend fasste – eher nur »im Ansatz«. Faktisch – und das ist im vorliegenden Kontext entscheidend – dürften sie aber aller methodischen Unterschiede zum Trotz oft zu denselben Ergebnissen führen, wie auch *Schreier*[421] vermutet. Nicht zuletzt liegt dann, wenn nach Fortführungswerten bewertet werden kann, zumeist keine rechnerische Vermögensinsuffizienz vor.[422] Auch dem Ergebnis einer »englischen« Fortführungsprognose dürfte daher erhebliche Bedeutung für die Annahme einer tatbestandsmäßigen Vermögensinsuffizienz zukommen. Ein wenig Rückhalt findet diese Einschätzung gerade durch einen Vergleich des alten und des neuen Überschuldungsbegriffs in Deutschland. Denn insofern hat schon *Karsten Schmidt*[423] betont, dass die praktischen Ergebnisse häufig ähnlicher seien, als in der Regel angenommen werde. Auch sec. 123 (2) IA 1986 und § 19 InsO n. F. dürften sich nach alledem in ihrer Anwendung nicht *wesentlich* unterscheiden.

3. Zukünftige Insolvenz

Dasselbe dürfte im Ergebnis in Bezug auf para. 11 (a), 27 (2) (a) sch. B1 IA 1986 und § 18 InsO gelten, die gleichermaßen die Verfahrenseinleitung auch schon bei bloß zukünftig zu erwartender materieller Insolvenz[424] ermöglichen:[425] Nach den englischen

---

415 Vgl. *van Zwieten* in: Goode, Rn. 4-35; exemplarisch *Re European Directories (DH6 BV)* [2010] EWHC 3472 (Ch); *BNY Corporate Trustee Service Ltd v Eurosail-UK 2007-3BL Plc* [2010] EWHC 2005 (Ch).

416 Vgl. *Mock* in: Uhlenbruck, § 19 Rn. 130; *K. Schmidt* in: K. Schmidt, § 19 Rn. 24; *Pape* in: Kübler/Prütting/Bork, § 19 Rn. 56.

417 Gesetz zur Umsetzung eines Maßnahmenpakets zur Stabilisierung des Finanzmarkts v. 17. Oktober 2008, BGBl. I S. 1982.

418 S. zur Entwicklung des Überschuldungstatbestands *K. Schmidt* in: K. Schmidt, § 19 Rn. 3 ff.

419 *Steffek*, S. 101 und 117 f.; vgl. ebenso *Beissenhirtz*, S. 70; *Hartmann*, S. 145.

420 *Bork*, Sanierungsrecht, Rn. 8.23.

421 *Schreier*, S. 207 f.; vgl. sogar weitergehend *Derksen*, S. 408 (»geringfügige Unterschiede«).

422 Vgl. Stellungnahme Rechtsausschuss InsO BT-Drucks. 12/7302, S. 157; *Schreier*, S. 208; *Steffek*, S. 98.

423 *K. Schmidt* in: K. Schmidt/Uhlenbruck, Rn. 5.99 ff.

424 Teilweise wird unter dem Begriff »in Deutschland nicht nur – wie hier sowie etwa auch vom Gesetzgeber (RegE-InsO, BT-Drucks. 12/2443, S. 114) und von *Bork* (Insolvenzrecht, Rn. 101) – Zahlungsunfähigkeit (§ 17 InsO) und Überschuldung (§ 19 InsO), sondern auch die drohende Zahlungsunfähigkeit nach § 18 InsO verstanden, vgl. nur *Pape* in: Uhlenbruck, § 1 Rn. 2.

425 Vgl. im Ergebnis ebenso *Freund*, S. 125; wohl auch *Schreier*, S. 211 ff.

Vorschriften kann eine *administration* bereits eingeleitet werden, falls das Unternehmen wahrscheinlich zur Forderungsbegleichung unfähig sein wird (*likely to become unable to pay its debts*), was – unter Berücksichtigung der oben erläuterten Gesetzessystematik – letztlich die Wahrscheinlichkeit einer *cash flow-* oder *balance sheet insolvency* voraussetzt[426]. Insofern sind nach der Rechtsprechung die bereits zuvor erläuterten Vorgaben der sec. 123 (1) (e) bzw. (2) IA 1986 schlicht »*mutatis mutandis*« anzuwenden.[427] Das Insolvenzverfahren steht nach dem Wortlaut jener Vorschrift (nur) schon bei drohender Zahlungsunfähigkeit offen. Der Schuldner droht nach § 18 Abs. 2 InsO dann zahlungsunfähig zu werden, wenn er »voraussichtlich nicht in der Lage sein wird, die bestehenden Zahlungspflichten im Zeitpunkt der Fälligkeit zu erfüllen«. In der Sache werden dabei ebenfalls schlicht die oben dargelegten Merkmale der Zahlungsunfähigkeit nach § 17 InsO in Bezug auf einen zukünftigen Zeitpunkt geprüft.[428] Und seitdem die englische Rechtsprechung geklärt hat, dass für das Merkmal »likely« eine realistische Aussicht (»real prospect«) auf die materielle Insolvenz nicht genügt,[429] sondern deren Eintritt wahrscheinlicher sein muss als ihre Vermeidung (»more probable than not«),[430] besteht auch Übereinstimmung mit dem Verständnis vom Merkmal »voraussichtlich« in Deutschland[431]. Damit verbleibt als Eigenheit des englischen Rechts, dass es insoweit auch auf seinen Vermögensinsuffizienz-Tatbestand verweist, mithin gewissermaßen auch die drohende Überschuldung als Eröffnungsgrund anerkennt.[432] Doch erscheint die Einschätzung von *Steffek*[433], dass sich die Gerichte darauf ohnehin nur in sehr besonders gelagerten Konstellationen[434] stützen, weiterhin zutreffend, der Unterschied mithin praktisch eher irrelevant.

II. Andere

Im Folgenden sollen nun die Voraussetzungen behandelt werden, die alternativ oder kumulativ zur (zukünftigen) Insolvenz für die Einleitung der Verfahren vorliegen müssen. Im weitesten Sinne würde dazu auch das rechtliche Interesse an der Eröffnung des Insolvenzverfahrens nach § 14 Abs. 1 S. 1 InsO gehören. Darin liegt allerdings eher eine negative Voraussetzung, dient die Norm doch primär der Abwehr missbräuchlicher Gläubigeranträge.[435]

---

426 Vgl. *Green v Gigi Brooks Ltd* [2015] EWHC 961 (Ch); *Hammonds (A Firm) v Pro-Fit USA Ltd* [2007] EWHC 1998.

427 *Hammonds (A Firm) v Pro-Fit USA Ltd* [2007] EWHC 1998, Rn. 23.

428 *Ganter*, NZI 2012, 985, 986; vgl. nur BGH NZI 2013, 129 Rn. 15; *Rüntz/Laroche* in: Heidelberger Kommentar, § 18 Rn. 4.

429 *Re Colt Telecom Group plc* [2002] EWHC 2815 (Ch), Rn. 26.

430 *Green v Gigi Brooks Ltd* [2015] EWHC 961 (Ch), Rn. 10; *Re AA Mutual International Insurance Co Ltd* [2004] EWHC 2430 (Ch), Rn. 20 f.; vgl. *Phillips/Cooke* in: Totty/Moss/Segal, Rn. C2-03.

431 Vgl. RegE-InsO, BT-Drucks. 12/2443, S. 115; BGH NZI 2014, 698 Rn. 25; *Bork*, Insolvenzrecht, Rn. 107.

432 Vgl. *Schreier*, S. 211.

433 *Steffek* KTS 2009, 317, 346 f.

434 Vgl. exemplarisch *Re AA Mutual International Insurance Co Ltd* [2004] EWHC 2430 (Ch).

435 Vgl. RegE-InsO, BT-Drucks. 12/2443, S. 113.

1. Wahrscheinliche Verfahrenszweckerreichung

In England ist immer, also insbesondere unabhängig von der einleitenden Person und der gewählten Verfahrensvariante, erforderlich, dass die Erreichung des Zwecks der *administration* einigermaßen wahrscheinlich (*reasonably likely*) ist. Dafür lässt die Rechtsprechung hier – anders als bei der Voraussetzung »zukünftige Insolvenz« – eine realistische Aussicht (»real prospect«) genügen.[436] Das Erfordernis ergibt sich daraus, dass bei der gerichtlichen Bestellung eines *administrator* das Gericht davon nach para. 11 (b) sch. B1 IA 1986 überzeugt werden muss und bei der außergerichtlichen Verfahrenseinleitung, insbesondere auch durch einen Inhaber einer *qualifying floating charge*, mit der Bestellungsanzeige eine entsprechende Erklärung des jeweiligen *administrator* bei Gericht einzureichen ist (para. 18 (3) (b) bzw. 29 (3) (b) sch. B1 IA 1986). Dieser darf sich dabei immerhin auf die ihm durch das jeweilige Unternehmen vorgelegten Informationen verlassen (para. 18 (4) bzw. 29 (4) sch. B1 IA 1986). Auf den ersten Blick mag man darin, dass die Erreichung des Verfahrenszwecks einigermaßen wahrscheinlich sein muss, nur eine kleine Hürde sehen. Nicht zuletzt aufgrund der Konkurrenz der *administration* zu den anderen englischen (Insolvenz-)Verfahren ist sie jedoch tatsächlich nicht ganz unerheblich.[437] In Deutschland gilt eine ähnliche Regelung im Rahmen des sog. Schutzschirmverfahrens nach § 270b Abs. 1 S. 2 InsO, im vorliegenden Kontext jedoch nicht. Insoweit greift – zwar im Ansatz funktional vergleichbar, aber freilich deutlich weniger streng – nur § 26 Abs. 1 S. 1 InsO, wonach zur Verfahrenseröffnung erforderlich ist, dass die Insolvenzmasse voraussichtlich zur Deckung der Verfahrenskosten ausreicht.

2. Eintritt des Sicherungsfalls der *qualifying floating charge*

Falls ein QFC-Inhaber eine *administration* einleiten will, greift – wie bereits erwähnt – die gesetzliche Einleitungsvoraussetzung der (drohenden) materiellen Insolvenz ausnahmsweise nicht. Dann muss aber dessen *floating charge* nicht nur dafür grundsätzlich qualifiziert (*qualifying*),[438] sondern zu diesem Zeitpunkt auch durchsetzbar (*enforceable*) sein. Dieses Erfordernis ergibt sich für die außergerichtliche Verfahrenseinleitung unmittelbar aus para. 16 sch. B1 IA 1986. Für die gerichtliche Variante folgt es daraus, dass die QFC-Inhaber dann bei der Antragstellung darzulegen haben,

---

436 *Hammonds (A Firm) v Pro-Fit USA Ltd* [2007] EWHC 1998, Rn. 24; *Re AA Mutual International Insurance Co Ltd* [2004] EWHC 2430 (Ch), Rn. 20 f.; vgl. *Phillips/Cooke* in: Totty/Moss/Segal, Rn. C2-03.

437 Beispielsweise wurde die Einleitung einer *administration* in der Entscheidung in Bezug auf ein bereits stillgelegtes Unternehmen abgelehnt, da dieses Verfahren generell aufwendiger als die *liquidation* sei und unter diesen Umständen keine realistische Aussicht bestehe, darin eine bessere Verwertung zu erzielen, vgl. *Gabb v Earthly Energy Ltd* [2014] EWHC 1576 (Ch). – In *Green v Gigi Brooks Ltd* [2015] EWHC 961 (Ch) bezweifelte das Gericht, dass die Verfahrenszweckerreichung auch nur einigermaßen wahrscheinlich ist, bereits deshalb, weil die Finanzierung für den geplanten Unternehmensverkauf nicht hinreichend gesichert gewesen sei.

438 S. dazu Teil 1 § 3 B. I.

59

dass sie gleichermaßen die *out-of-court route* beschreiten *könnten* (para. 35 (2) sch. B1 IA 1986), womit eben nicht nur auf die erstere Grundvoraussetzung, sondern auch auf das Durchsetzbarkeitserfordernis des para. 16 sch. B1 IA 1986 verwiesen wird.[439] Ist die *enforceability* im Einzelfall streitig, hindert dies die Verfahrenseinleitung für sich genommen noch nicht. Falls sie allerdings letztlich tatsächlich fehlen sollte, ist die Verfahrenseinleitung unwirksam.[440] Die Durchsetzbarkeit einer *floating charge* gemäß para. 16 sch. B1 IA 1986 ist strenggenommen von deren Kristallisierung zu unterscheiden.[441] Denn sie setzt zwar auch die *crystallisation* voraus, daneben aber noch, dass dem Sicherungsrecht eine fällige Forderung zugrunde liegt.[442] Fraglich ist aber tatsächlich zumeist nur, ob die Kristallisierung erfolgt ist. Dazu kommt es insbesondere dann, wenn eine der »sicherungsvertraglichen Bedingungen« dafür erfüllt ist.[443] Es muss folglich ein dort vereinbartes »event of default«[444] bzw. – nach deutschem Sprachgebrauch – ein Sicherungsfall[445] der entsprechenden Abrede eingetreten sein. Insofern gilt grundsätzlich Vertragsfreiheit.[446] Die typischen Kristallisierungsgründe sind indes: Nichterfüllung einer berechtigten Zahlungsaufforderung, Verletzung bestimmter Finanzkennzahlen oder anderweitige erhebliche Verschlechterung der Vermögensverhältnisse sowie Eintritt der (drohenden) materiellen Insolvenz.[447] Somit ist es zwar wohl rechtlich möglich, auf diesem Weg das Verfahren über das Vermögen eines sol-

---

439 Vgl. *Re St John Spencer Estates and Development Ltd* [2012] EWHC 2317 (Ch); ferner *Re Trainfix Ltd* [2015] EWHC 3713 (Ch); *Barclays Bank Plc v Choicezone Ltd* [2011] EWHC 1303 (Ch); auch *Barden* in: Lightman/Moss, Rn. 6-024 mit Fn. 165; missverständlich *van Zwieten* in: Goode, Rn. 11-09.

440 *BCPMS (Europe) Ltd v GMAC Commercial Finance Plc* [2006] EWHC 3744 (Ch); vgl. *Barden* in: Lightman/Moss, Rn. 6-024; *van Zwieten* in: Goode, Rn. 11-09.

441 A. A. *Kleweta*, S. 107. – Außerhalb des Kontexts von para. 16 sch. B1 IA 1986 wird die Durchsetzbarkeit einer *floating charge* allerdings tatsächlich üblicherweise mit deren Kristallisierung gleichgesetzt, vgl. etwa *Snowden* in: Lightman/Moss, Rn. 3-032.

442 *SAW (SW) 2010 Ltd* [2017] EWCA Civ 1001, Rn. 33 (»A floating charge is in my judgement enforceable if [it has crystallised] and there remains a debt for which the floating charge stands as security«). – S. dazu *Grädler*, S. 54.

443 *SAW (SW) 2010 Ltd* [2017] EWCA Civ 1001, Rn. 33 (eigene Übersetzung). – Daneben sind richterrechtlich einige Gründe anerkannt, die auch ohne eine entsprechende Klausel in der jeweiligen Sicherungsabrede zu einer Kristallisierung führen, vgl. *Brightlife Ltd* [1987] 2 W.L.R. 197; ferner *Grädler*, S. 55 f. Dazu gehört etwa die Betriebsstilllegung, vgl. grundlegend *Woodroffes (Musical Instruments) Ltd* [1985] 2 W.L.R. 543; ferner etwa *Real Meat Co Ltd* [1996] B.C.C. 254; auch *Snowden* in: Lightman/Moss, Rn. 3-086 ff. – In der Praxis, gerade im Kontext der Verfahrenseinleitung, sind jedoch die vertraglichen Kristallisationsgründe überwiegend relevant, vgl. *Snowden* in: Lightman/Moss, Rn. 3-077; auch *Steffek*, S. 157 mit Fn. 470.

444 *Re Euromaster Ltd* [2012] EWHC 2356 (Ch), Rn. 11.

445 *Steffek*, S. 149.

446 So prägnant *Steffek*, S. 149; vgl. nur *Brightlife Ltd* [1987] 2 W.L.R. 197; *Snowden* in: Lightman/Moss, Rn. 3-077.

447 S. dazu *Snowden* in: Lightman/Moss, Rn. 3-079; auch *Grädler*, S. 56 f.; *Steffek*, S. 149 und 157 f.; vgl. exemplarisch für einen Verstoß gegen eine *material adverse change*-Klausel *Re Care People Ltd* [2013] EWHC 1734 (Ch).

venten Unternehmens einzuleiten.[448] Faktisch ist die *enforceability* einer *floating charge*, und damit die Verfahrenseinleitung, aber in aller Regel an belastbare Anzeichen für zumindest nicht unerhebliche finanzielle Probleme des Unternehmens geknüpft.[449] Der entsprechende Zeitpunkt liegt nach der Ansicht von *Steffek*[450] regelmäßig sogar noch nach dem Eintritt der *balance sheet insolvency* gemäß sec. 123 (2) IA 1986.

§ 6 Publizität

Abschließend soll kurz dargelegt werden, inwieweit das *administration-* und das Insolvenzverfahren in der Öffentlichkeit stattfinden. Dass keines der beiden Verfahren absolut heimlich durchgeführt werden kann, ergibt sich bereits aus ihrer Verankerung beim Gericht, die eben – wie soeben gezeigt – sogar auch bei der vermeintlich außergerichtlichen Variante des englischen Verfahrens besteht. Der gerichtliche Charakter bringt naturgemäß eine nicht unerhebliche Aufmerksamkeitswirkung mit sich.[451] Nicht zuletzt erfolgt sowohl in England als auch in Deutschland eine öffentliche Bekanntmachung der Tatsache der (»endgültigen«) Verfahrenseinleitung (para. 46 sch. B1 IA 1986, §§ 23 Abs. 1 S. 1 bzw. 30 Abs. 1 InsO). Vor diesem Hintergrund kommt es ganz entscheidend darauf an, *ab wann* die Verfahrenseinleitung tatsächlich publik wird, also vor allem *wie* sie bekanntzumachen ist. Insoweit gestaltet sich die Rechtslage wie folgt: In England trifft die Veröffentlichungspflicht den *administrator* selbst. Er muss die Verfahrenseinleitung im Amtsblatt »Gazette«, das auch im Internet erscheint, bekanntgeben (para. 46 (2) (b) sch. B1 IA 1986 i. V. m. r. 3.27 (1) IR 2016) und sie den in seiner Kenntnis stehenden Gläubigern mitteilen (para. 46 (3) (b) sch. B1 IA 1986). Beide Pflichten bestehen allerdings erst, sobald es ihm in angemessener Weise möglich ist (*as soon as is reasonably practicable*). Des Weiteren muss der *administrator* die öffentliche Registerstelle, das *Companies House*, darüber informieren, allerdings auch nur innerhalb von sieben Tagen nach der Verfahrenseinleitung (para. 46 (4) sch. B1 IA). In Deutschland erfolgt die öffentliche Bekanntmachung demgegenüber stets auf gerichtliche Veranlassung (§§ 23 Abs. 1 S. 1 bzw. 30 Abs. 1 InsO) und gemäß § 9 Abs. 1 S. 1 InsO im Internet. Der Eröffnungsbeschluss ist gemäß § 30 Abs. 1 InsO sogar »sofort« publik zu machen. Außerdem sind auch hier die gerichtsbekannten Gläubiger gemäß § 30 Abs. 2 InsO gesondert zu informieren. Damit kann indes auch der Insolvenzverwalter beauftragt werden (§ 8 Abs. 3 S. 1 InsO), was in der Praxis regelmäßig geschieht[452].

---

448 *Van Zwieten* in: Goode, Rn. 11-11. – *Barden* (in: Lightman/Moss, Rn. 6-062) geht aber davon aus, dass die Gerichte derartigen Anträgen skeptisch begegnen würden.
449 Vgl. *Barden* in: Lightman/Moss, Rn. 6-061 f.; *Fletcher*, EBOR 2004, 119, 122.
450 *Steffek*, S. 163.
451 Vgl. *Bork*, Sanierungsrecht, Rn. 6.13.
452 Vgl. *Zipperer* in: Uhlenbruck, § 30 Rn. 6.

§ 7 Zusammenfassung

Dass die Publizität beim Insolvenzverfahren ein wenig ausgeprägter, vor allem zu einem etwas früheren Zeitpunkt gewährleistet ist als beim *administration*-Verfahren ist nur einer von vielen Unterschieden, die sich – neben zahlreichen Gemeinsamkeiten – hinsichtlich der Rahmenbedingungen für einen (*pre-packaged*) Unternehmensverkauf in der Insolvenz in England und Deutschland ausmachen lassen, wie die folgende Zusammenfassung der zu diesem Thema gefundenen Ergebnisse verdeutlichen soll. Die damit einhergehende vergleichende Gesamtbetrachtung soll zugleich dazu genutzt werden, die Punkte im Fokus dieser Arbeit zu behalten, die im vorliegenden Kontext als besonders relevant erscheinen.

Verfahrensgrundzüge: Sowohl das *administration*-Verfahren als auch das Insolvenzverfahren sind kollektiver Natur und können insbesondere auch als Rahmen für einen Unternehmensverkauf dienen. Das englische Verfahren ist indes für eine vorherige Betriebsfortführung viel weniger geeignet als das deutsche. In beiden Verfahren folgt nach der gesetzlichen Konzeption auf die Verfahrenseinleitung eine Art Zwischenphase von mehreren Wochen, um die Entscheidung über die Sanierung bzw. Verwertung des Unternehmens vorzubereiten, bevor das beschlossene Vorgehen umzusetzen und – im Falle des Unternehmensverkaufs – der Erlös an die Berechtigten auszukehren ist, wobei der letzte Schritt in England teilweise in einem gesonderten Verfahren erfolgt. Sowohl in England als auch in Deutschland soll diese Entscheidung grundsätzlich unter Beteiligung der Gläubiger getroffen werden, und zwar auch dann, wenn sie erst zu einem späteren Zeitpunkt erfolgt. Dass die Art und Weise der Gläubigerbeteiligung erheblich voneinander abweicht, seitdem das englische Recht insoweit kürzlich reformiert wurde, ist an dieser Stelle noch nicht von Relevanz.[453]

Verfahrenszweck: Die Zwecke, denen das *administration*- und das Insolvenzverfahren *qua* Gesetz zu dienen bestimmt sind, gleichen sich wiederum richtigerweise im Wesentlichen. Insbesondere gilt im englischen Verfahren – anders als manche Kommentatoren aus Deutschland meinen – kein Vorrang und im deutschen Verfahren – entgegen einer dort teilweise vertretenen Ansicht – kein Gleichrang der Sanierung gegenüber der bestmöglichen Gläubigerbefriedigung. In Letzterem liegt vielmehr jeweils der überragende Verfahrenszweck. Der Unternehmensverkauf ist in Deutschland gegenüber den anderen Mitteln zum Zweck *de lege lata* zweifellos gleichwertig, auch wenn es zeitweise anderweitige Bestrebungen gab. In England steht der *rescue of the company* in der gesetzlichen Hierarchie zwar tatsächlich vor dem *rescue of the business*. Dieser Vorrang ist aber eher symbolischer Natur und findet in der Praxis in der Regel keine Berücksichtigung, weshalb dieser Unterschied letztlich nicht ins Gewicht fällt.

Verfahrensakteure: Hinsichtlich der Verfahrensakteure ist das Bild zweigeteilt. Auf der einen Seite finden sich insoweit einige sehr bedeutsame, grundlegende Gemeinsamkeiten zwischen dem *administration*- und dem Insolvenzverfahren. So sind in beiden Verfahren zu diesem Kreis nicht nur die Gläubigerseite und das Gericht, sondern – obwohl es sich dabei nicht um *debtor-in-possession procedures* handelt – tatsächlich

---

453 S. dazu Teil 3 § 1 A. I. 1. f).

auch das schuldnerische Management zu zählen. Vor allem aber sind dort mit dem *administrator* bzw. dem Insolvenzverwalter gleichermaßen Amtspersonen vorgesehen, denen jeweils gewissermaßen die Hauptrolle zugewiesen ist, wenn auch in rechtstechnisch abweichender Art und Weise. Insbesondere sind sie in beiden Verfahren die Personen, die über den Unternehmensverkauf letztlich entscheiden. Auf der anderen Seite haben sich bei näherer Betrachtung auch einige erhebliche Unterschiede gezeigt. Dies gilt zunächst in Bezug auf die Befugnisse der Amtspersonen: Der *administrator* bedarf – anders als der Insolvenzverwalter – bei einem vorzeitigen Unternehmensverkauf regelmäßig der Zustimmung der gesicherten Gläubiger, deren Sicherungsgut »mitverkauft« werden soll. Des Weiteren sieht das englische Recht vor allem im vorliegenden Kontext im Vergleich zum deutschen gerichtsseitig eine weitaus stärkere Zuständigkeitskonzentration vor, die auch noch instanziell höher angesiedelt ist. Zusammen mit den entsprechend strengeren Anforderungen an die Kompetenz und Erfahrung der damit betrauten Richter führt dies strukturell zu einem höheren Professionalisierungsgrad der gerichtlichen Aufsicht und Beteiligung, die sich auch in einer größeren Zufriedenheit der übrigen Verfahrensakteure damit widerspiegelt. Auf der Gläubigerseite bestehen ferner insoweit Unterschiede, als dort im englischen Verfahren mit den Inhabern einer *qualifying floating charge* ein besonderer Typus gesicherter Gläubiger vertreten ist und im vorliegenden Kontext im deutschen Verfahren dem kleinen Gläubigerorgan – anders als seinem englischen Pendant – erhebliche Bedeutung in der Praxis zukommt, wie noch genauer zu erläutern sein wird.

Kontrollmechanismen betreffend die Amtsperson: Hinsichtlich der Kontrollmechanismen betreffend die Amtsperson überwiegen die Unterschiede, soweit es um deren Auswahl und die dafür maßgeblichen Auswahlgrenzen geht: Das Recht zur Auswahl des *administrator* geht grundsätzlich mit dem Recht zur Einleitung des entsprechenden Verfahrens einher. Das Gericht kann dabei überhaupt nur in Ausnahmefällen eingreifen und tut es sogar in diesen Fällen zumeist nur dann, wenn alternative Vorschläge vorliegen. Die Auswahl des Insolvenzverwalters liegt demgegenüber letztlich stets in den Händen des Gerichts. Insoweit billigt das Gesetz allenfalls der Gläubigerseite und auch dort nur einem der Kollegialorgane unter der Voraussetzung der Einstimmigkeit Einfluss zu. Auch die Grenzen dieser Auswahl unterscheiden sich, teilweise sogar diametral. So ist die Zugehörigkeit zu einem Fachverband in Deutschland nicht – wie in England – Voraussetzung zur Bestellung als Amtsperson. Vor allem aber ist dem Insolvenzverwalter eine intensive Vorbefassung, etwa in Form der Vorbereitung eines Unternehmensverkaufs, unmöglich, während dem *administrator* eine solche Tätigkeit grundsätzlich gestattet ist. Legt man den Fokus auf die Kontrolle der Amtsausübung, zeigen sich allerdings einige Gemeinsamkeiten. So sind beide Amtspersonen dabei dem gemeinsamen Verfahrenszweck verpflichtet, weshalb ihnen insbesondere ein Unternehmensverkauf unter Wert gleichermaßen verboten ist. Die (nur) in Deutschland in Recht und Praxis gleichermaßen bekannte Aufsicht des Gläubigerausschusses ist im Allgemeinen nicht durch eigene Möglichkeiten der Intervention flankiert. Das dem englischen Recht eigene gerichtliche Beanstandungsverfahren beinhaltet zwar eine dahingehende Ermächtigung, greift aber wohl nur in eher extremen Ausnahmefällen. Die Kontrollwirkung dieser beiden Eigenheiten erscheint daher letztlich gleichermaßen beschränkt, weshalb sie hier (vorerst) außer Betracht bleiben sollen. Die Fachverbände in England sind demgegenüber im Rahmen ihrer berufsrechtlichen Aufsicht, die in der dort gewählten Form dem deutschen Recht ebenfalls unbekannt ist, mit erheblichen Sanktionsmöglichkeiten ausgestattet und lassen sich darüber hinaus auch noch im Beschwerdewege einschalten. Da die englischen Gerichte ihre gesetzlichen Aufsichtsbefugnisse, die sich auch als Ermächtigung zur Fachaufsicht lesen ließen, tatsächlich eher als solche zur Rechtsaufsicht interpretieren, besteht richtigerweise insoweit wiederum Vergleichbarkeit mit der Lage in Deutschland, wo – im Ausgangspunkt genau umgekehrt – nur in Ausnahmefällen fachaufsichtliche Eingriffe gemacht werden (dürfen). Dass das Gericht die Amtsperson (in beschränktem Umfang) entlässt, ist ebenfalls in beiden Verfahren grundsätzlich möglich und bei begründeten Anhaltspunkten für einen unterwertigen (*pre-packaged*) Unternehmensverkauf auch gleichermaßen praktisch denkbar, seitdem sich die englische Rechtsprechung in jüngster Zeit entsprechend entwickelt hat. Eine Entlassung kann zwar nur im Rahmen des *administration*-Verfahrens auch von einzelnen Gläubigern beantragt werden. Dieser Unterschied dürfte aber aufgrund der *ex-officio*-Befugnis des Gerichts im Insolvenzverfahren im Ergebnis nicht ins Gewicht fallen. Im Falle eines Unternehmensverkaufs unter Wert kommt wiederum sowohl eine Haftung des *administrator* als auch des Insolvenzverwalters in Betracht, die indes jeweils grundsätzlich ausschließlich gegenüber dem schuldnerischen Vermögen besteht, den einzelnen Gläubigern daher nur mittelbar zukommt. Sie können im englischen Verfahren zwar selbst einen Haftungsprozess anstrengen, tragen dann aber auch das Prozessrisiko allein. Im deutschen Verfahren geht aus Gläubigersicht der praktische Nachteil, dass es dazu der Bestellung eines Sonderinsolvenzverwalters bedarf, mit dem Vorteil der Risikoteilung einher. Diese Unterschiede dürften sich im Ergebnis gegenseitig aufwiegen. Die Hürde, dass dem Kläger der Nachweis der Haftungsvoraussetzungen und des -umfangs obliegt, ist schließlich ebenfalls keine Eigenheit des deutschen Rechts.

Verfahrenseinleitung: Die Verfahrenseinleitung unterscheidet sich bereits insoweit grundlegend, als das deutsche Verfahren dafür nur einen Weg über eine gerichtliche Sachentscheidung vorsieht, während im englischen Verfahren mit der *out-of-court*-neben der *in-court route* zusätzlich noch ein Pfad offensteht, bei welchem dem Gericht lediglich eine administrative Stellung zukommt. Die Einleitungsberechtigung, die im Rahmen der *administration* – anders als im Insolvenzverfahren – grundsätzlich für die Gesellschafter besteht, ist praktisch kaum brauchbar und damit im Vergleich unerheblich. Ein gravierender Unterschied besteht jedoch insoweit, als (nur) im englischen Verfahren mit den Inhabern einer *qualifying floating charge* einer bestimmten Gläubigergruppe in diesem Kontext ein besonderer Einfluss eingeräumt wird. Auch hinsichtlich des Einleitungsverfahrens ließen sich erhebliche Differenzen feststellen. Im Insolvenzverfahren steht dahinter ein in rechtlicher und tatsächlicher Hinsicht eigenständiger Verfahrensabschnitt, das Eröffnungsverfahren, wohingegen die Schritte zur Verfahrenseinleitung sogar in der gerichtlichen Variante des *administration*-Verfahrens in deutlich kürzerer Zeit erfolgen und die maßgeblichen Fragen im Rahmen einer gerichtlichen Anhörung geklärt werden. Die potenziellen Einleitungstermine dürften sich wiederum im Wesentlichen entsprechen. So ist zwar allein die Einleitung des englischen Verfahrens unter besonderen Umständen nicht an die Insolvenz geknüpft. In diesen Konstellationen muss aber der Sicherungsfall der dazu vorgebrachten *qualifying floating charge* eingetreten sein, was in der Praxis regelmäßig nur dann der Fall ist, wenn wenigstens belastbare Anzeichen für eine Insolvenznähe bestehen. Die weitgehende Vergleichbarkeit der Insolvenzgründe, die bereits vor einiger Zeit attestiert werden konnte, hat sich zwischenzeitlich durch einige Entwicklungen in der englischen und deutschen Rechtsprechung sogar noch intensiviert. Leichte Abstriche, die sich in der Praxis oft nicht auswirken dürften, sind diesbezüglich weiterhin im Hinblick auf die Wirkung der Fortführungsprognose im Rahmen des Vermögensinsuffizienz-Tatbestands in Deutschland sowie dahingehend zu machen, dass das deutsche Verfahren – im Gegensatz zum englischen – die zukünftige Insolvenz nur in Form der drohenden Illiquidität als Insolvenzgrund anerkennt. Das *administration*-Verfahren stellt schließlich mit der Wahrscheinlichkeit der Verfahrenszweckerreichung zwar noch eine weitere eigenständige Einleitungsvoraussetzung, die aber vornehmlich der Abgrenzung zu den übrigen Verfahren des englischen Insolvenz- und Sanierungsrechts dient.

§ 8 Auswertung

Nach alledem lässt sich konstatieren, dass hinsichtlich der Rahmenbedingungen für einen (*pre-packaged*) Unternehmensverkauf in der Insolvenz in England und Deutschland zwar eine weitgehende Vergleichbarkeit herrscht, aber auch einige erhebliche Unterschiede bestehen. Im Folgenden gilt es diese Differenzen noch einmal zu beleuchten und zu würdigen.

A. Unternehmensverkäufe im Allgemeinen

Die englische Eigenheit, dass die Amtsperson bei einem Mitverkauf von Sicherungsgut im Rahmen eines vorzeitigen Unternehmensverkaufs grundsätzlich der Zustimmung der betroffenen Gläubiger bedarf, lässt sich im Allgemeinen aufgrund des damit einhergehenden Zeit- und Abstimmungsbedarfs sicherlich als sanierungsfeindlich qualifizieren.[454] Auf der anderen Seite stellt dies als Nebeneffekt die Beteiligung und die entsprechende Information zumindest dieser Gläubigergruppe sicher. Das ließe sich insbesondere dann schwerlich kritisieren, falls in diesem Zusammenhang die Gläubigerseite nicht noch anderweitig eingebunden wird, was im letzten Kapitel dieser Arbeit untersucht werden soll. Im Übrigen fällt bei einem Pre-Pack, das – wie in der Praxis keineswegs unüblich[455] – auf Initiative dieser Gläubiger erfolgt, freilich auch die (sanierungs-)hemmende Wirkung des Zustimmungserfordernisses weg.

Die Aufsicht des Gerichts und dessen mögliche Beteiligung sind in Deutschland gerade auch bei einem Unternehmensverkauf systematisch weniger professionell als in England, was indes – das sei nochmals betont – freilich keine Schuld der hiesigen Richterschaft, sondern des deutschen Gerichtsorganisations- und Zuständigkeitsrechts ist. Das ist zum einen der gerichtlichen Unterstützung der treibenden Akteure in sachlicher und zeitlicher Hinsicht nicht zuträglich, mithin sanierungsfeindlich.[456] Zum anderen ver-

---

454 So bereits *Bork*, Sanierungsrecht, Rn. 13.36.
455 S. dazu Teil 1 § 5 A.
456 So im Allgemeinen bereits *Bork*, Sanierungsrecht, Rn. 9.41 und 22.6.

bessert es auch sicherlich nicht deren Kontrolle durch das Gericht, was aus ihrer Sicht nicht stören mag, vor allem aus Gründen des Gläubigerschutzes allerdings ebenfalls kritikwürdig erscheint. Dem englischen Gerichtsorganisations- und Zuständigkeitsrecht ist somit ein gewisser Vorbildcharakter zu attestieren. Es ist daher kein Grund ersichtlich, weshalb den erwähnten Forderungen aus der Praxis nach weiterer Professionalisierung durch eine verstärkte Zuständigkeitskonzentration, die jüngst auch die ESUG-Evaluation unterstrichen hat,[457] im Ergebnis nicht beizupflichten wäre.

Die weitere Eigenheit des englischen Rechts, dass die Amtsperson durch die Fachverbände der *IPs* neben der gerichtlichen auch zwingend unter einer berufsrechtlichen Aufsicht »mit scharfen Schwertern« steht, die dazu auch noch nicht nur durch bestimmte Verfahrensakteure eingeschaltet werden kann, ist aus Gläubigersicht demgegenüber zu begrüßen. Wie die Pre-Pack-Praxis verdeutlicht, führt dieses »Mehr« an Kontrolle auch nicht zu Effizienznachteilen des *administration*-Verfahrens gegenüber dem Insolvenzverfahren. Das dürfte vor allem darauf zurückzuführen sein, dass sie zwar auch die Amtsausübung in einem konkreten Verfahren zum Gegenstand hat, aber – ihrem Charakter entsprechend – außerhalb dessen stattfindet, also insoweit keine Eingriffe vorsieht.

Dass das *administration*-Verfahren – anders als das Insolvenzverfahren – eine Möglichkeit bereithält, die Beteiligung des Gerichts bei der Verfahrenseinleitung auf eine administrative Rolle zu beschränken, ist für sich genommen sogar mit ganz erheblichen Effizienzvorteilen verbunden, da damit – kurz gefasst – ein besser planbarer, schnellerer und stillerer Weg ins Verfahren angeboten wird. Dass er in der Praxis auch in aller Regel gewählt wird, ist bezeichnend.[458] Diese Vorteile bestehen nicht nur, aber auch dann, wenn im Rahmen des *administration*-Verfahrens ein Unternehmensverkauf erfolgen soll. Der Preis dafür ist freilich ein gewisser Kontrollverlust gegenüber einer sachlichen Einbindung, der wiederum der Akzeptanz von Pre-Packs, die auf diesem Weg umgesetzt wurden, durch die übrigen Verfahrensakteure nicht zuträglich sein dürfte.

Die Sonderstellung, die der dem englischen Recht eigenen Gruppe der Inhaber einer *qualifying floating charge* insbesondere im Rahmen der Verfahrenseinleitung zukommt, ist zumindest für sie selbst freilich nicht zuletzt aus Gründen der Planbarkeit nützlich, und zwar gerade dann, wenn auf ihr Geheiß ein Pre-Pack erfolgen soll. Sie kann zum Verständnis der Praxis in England auch nicht oft genug betont werden, entzieht sich aber naturgemäß ohnehin einer Übertragung ins deutsche Recht ohne eine grundlegende Reform des Kreditsicherungsrechts. Ob die hervorgehobene Stellung dieser Gläubigergruppe insgesamt positiv zu bewerten ist, gilt es hier schon deshalb nicht zu beantworten. Dass – wie *Franz*[459] meint – auch dann, wenn diese Gläubiger übersichert sind, die Interessen der übrigen Gläubiger stets über den *administrator* als »gatekeeper« und dessen Pflichtenbindung gewahrt sind, mag man aber bezweifeln. Nicht zuletzt erscheint die Abschreckungswirkung der Haftung ob ihrer praktischen Durchsetzungshürden dafür nicht hoch genug.

Schließlich lässt sich festhalten, dass die im Vergleich zur Rechtslage in Deutschland etwas weniger strengen Publizitätsvorgaben in England dort einerseits den Raum

---

457   Vgl. *Jacoby/Madaus/Sack/Schmidt/Thole*, ESUG-Evaluation, S. 239 f.
458   S. dazu Teil 1 § 5 B. I.
459   *Kranz*, S. 218 f.

für einen stillen Verkauf innerhalb der ersten Tage nach der Verfahrenseinleitung lassen, der in der Praxis auch dazu wahrgenommen wird[460]. Andererseits verhindern sie eben nicht, dass sich die (ungesicherten) Gläubiger in England häufig »überrumpelt« fühlen.

B. Pre-Packs im Besonderen

In dem letzteren Punkt, der Sonderstellung der Inhaber einer *qualifying floating charge* im Rahmen der Verfahrenseinleitung sowie der *out-of-court route* liegen Eigenheiten des englischen Rechts, welche jeweils aus den genannten Gründen die Durchführung eines Pre-Packs deutlich erleichtern. Für dessen Gelingen sind diese Rahmenbedingungen aber nicht zwingend notwendig. Nicht zuletzt lassen sich Pre-Packs – wie die englische Praxis zeigt[461] – auch über die *in-court route* vollziehen. Die folgenden beiden Unterschiede zwischen dem englischen und dem deutschen Recht erscheinen demgegenüber so erheblich, dass sie bereits für sich genommen einer Übertragung der englischen Pre-Packs in die deutsche Praxis entgegenstehen, wie im Kern, aber nicht in dieser Schärfe bereits *Steffek*[462] festgestellt hat:

Dass die Auswahl der Amtsperson in Deutschland nicht – wie in England – weitgehend in den Händen des Einleitenden liegt, sondern in denen des Gerichts, ist unter dem Aspekt der Planbarkeit ein erheblicher Nachteil.[463] Der Einfluss, welcher der Gläubigerseite insoweit durch § 56a InsO zugebilligt wird, ist in vielerlei Hinsicht beschränkt.[464] Darüber ist folglich auch nicht mittelbar in annähernd vergleichbarem Maße sichergestellt, dass die Wahl auf die von den treibenden Akteuren gewünschte Person fällt. Die Gefahr, dass das Gericht insoweit interveniert, erscheint in Deutschland deutlich realer als in England. *De lege lata* kann man hier eben keineswegs – wie es *Madaus/Geiwitz*[465] treffend fassen – einem »unwilligen Insolvenzgericht einen bestimmten Insolvenzverwalter aufzwingen«.

Und dass die Auswahl der Amtsperson in Deutschland – anders als in England – darüber hinaus noch insoweit begrenzt ist, als die intensive Vorbefassung einer Person ein Ausschlusskriterium bei dieser Wahl darstellt, ist mit der Planung des Unternehmensverkaufs noch vor der Verfahrenseinleitung unter Beteiligung des späteren »Verkäufers«, die ein englisches Pre-Pack unter anderem bekanntlich gerade ausmacht, freilich unvereinbar.[466] Damit das Gericht wenigstens dem Bestellungsvorschlag folgt, raten *Madaus/Geiwitz*[467] sogar dazu, jegliche Vorbefassung zu vermeiden. Diese Grenze aus § 56 InsO führt dazu, dass sich der Insolvenzverwalter erst während des laufenden Verfahrens einarbeiten kann, was freilich auch zu Lasten der Schnelligkeit des gesamten Prozesses geht.

---

460 Vgl. *Baird/Khokhar* in: Olivares-Caminal, Rn. 9.22.
461 S. dazu Teil 1 § 5 B und vor allem die unter Teil 3 § 1 A. I. 1 erläuterten Entscheidungen.
462 Vgl. *Steffek* in: Allmendinger/Dorn/Lang/Lumpp/Steffek, S. 302, 325 f.
463 So im Allgemeinen bereits *Bork*, Sanierungsrecht, Rn. 23.20.
464 Vgl. im Ergebnis ebenso *Kranz*, S. 220 f.
465 *Madaus/Geiwitz* in: Paulus/Knecht, § 2 Rn. 242.
466 Vgl. im Ergebnis ebenso *Kranz*, S. 221.
467 Vgl. *Madaus/Geiwitz* in: Paulus/Knecht, § 2 Rn. 242.

Dass das *administration*-Verfahren für eine Betriebsfortführung weitaus weniger geeignet ist als das Insolvenzverfahren, lässt sich aus Sicht eines Sanierers im Gesamtvergleich der beiden Rechtsordnungen nur als Nachteil klassifizieren.[468] Dieser Unterschied ist aber freilich praktisch irrelevant, soweit es um die Umsetzung eines Pre-Packs geht, bei dem der Betrieb eben gar nicht erst über längere Zeit während des Verfahrens fortgeführt werden soll. Für das Verständnis dieses praktischen Phänomens erscheint diese Information jedoch unentbehrlich. Denn aus diesem Grund dürfte in England deutlich häufiger die Notwendigkeit bestehen, das schuldnerische Unternehmen nach der Verfahrenseinleitung möglichst schnell zu verkaufen, als es in Deutschland der Fall ist. Anders gewendet: Ein Unternehmensverkauf nach langwieriger Betriebsfortführung im Verfahren, wie er hier nicht unüblich ist, ist dort wohl oftmals schlicht kein gangbarer Weg.[469]

Als Quintessenz der Untersuchung der Rahmenbedingungen für einen *pre-packaged* Unternehmensverkauf in der Insolvenz in England und Deutschland lässt sich somit festhalten: Das englische Recht weist gegenüber dem deutschen Recht insoweit einen deutlich höheren Bedarf auf, der auch mit einer entsprechenden Eignung einhergeht und *vice versa*. Insbesondere gestattet es die *Vorplanung* eines Unternehmensverkaufs nicht erst ab der Verfahrenseinleitung. Mit Blick auf das geltende Recht verbleibt damit für den weiteren Verlauf im Wesentlichen die Frage, ob die *administration* und das Insolvenzverfahren zumindest vergleichbare Möglichkeiten für einen *vorzeitigen* Verkauf bieten.

C. Reformdiskussion

Vor diesem Hintergrund drängt sich freilich die Frage auf, ob in Deutschland die Vorbefassung des Insolvenzverwalters ebenfalls grundsätzlich gestattet und/oder dessen Auswahl aus der Hand des Gerichts genommen werden sollte. Für Letzteres hat jüngst *Siemens*[470] sehr deutlich plädiert: Unter diesem Aspekt sei das deutsche Konzept »antiquiert«, die Lösung in England »dynamischer und interessengerechter«, da gläubiger- und sanierungsorientiert. Auch *Paulus*[471] hatte insoweit nach einem vergleichenden Blick auf das englische Recht im deutschen erheblichen Reformbedarf ausgemacht und sich aus ähnlichen Gründen klar dafür ausgesprochen, hier »die Möglichkeit der Bestellung eines vorbefassten Restrukturierungsexperten« gesetzlich zu verankern. Dagegen hat sich *Bork*[472] positioniert, und zwar ebenso deutlich: Die Unabhängigkeit des Insolvenzverwalters sei ein »hohes Gut«, das es zu schützen gelte. Sie sei auch nicht sanierungsfeindlich und entgegen dem Interesse der Gläubiger, da der nicht vorbefasste Insolvenzverwalter einen Sanierungsvorschlag, der »wirklich im wohlverstandenen Gläubigerinteresse liegt«, übernehmen würde und mit seiner Befassung (erst) im Verfahren keine gravierenden Effizienznachteile einhergingen. Anschließend

---

468 So bereits *Bork*, Sanierungsrecht, Rn. 23.21.
469 Vgl. für die Fortführungsfinanzierung im Besonderen *Graham Report*, S. 26.
470 *Siemens*, ZInsO 2019, 2451, 2055 f.
471 *Paulus*, ZIP 2005, 2301, 2302.
472 *Bork*, ZIP 2006, 58, 59.

stellten *Vallender/Zipperer*[473] vergleichbare Erwägungen an und kamen sogar zu dem Schluss, dass die Unabhängigkeit des Insolvenzverwalters ein »unverzichtbares Element deutscher Rechtskultur« sei und nicht einmal »mit Blick auf ausländische Rechtsmentalitäten auf den Prüfstand gestellt werden« dürfe. Die eingangs angerissenen Überlegungen entpuppen sich somit schon bei kursorischer Betrachtung der bisherigen Reformdiskussion als Glaubensfragen. Nicht zuletzt deshalb ist die primäre Aufgabe dieser Arbeit an dieser Stelle, die Rezeption der englischen Regelungen und deren Kontext zu beleuchten, um ihren Vorbildcharakter »richtig« bemessen zu können, auch wenn im Grunde schon damit dem Appell von *Vallender/Zipperer* nicht gefolgt wird.

Dieser Blick nach England ist sehr aufschlussreich. Denn ein ganz wesentlicher Grund für die Kritik, der sich die englischen Pre-Packs ausgesetzt sehen, liegt darin, dass die Objektivität der daran beteiligten *administrators* bezweifelt wird. Exemplarisch dafür ist das berühmte Zitat eines Gläubigers nach einem Pre-Pack:

»Does [a pre-pack] raise a potential conflict of interest for […] administrators? Only one the size of France.«[474]

Die Zweifel haben aber auch in der wissenschaftlichen Diskussion Widerhall gefunden, wie die folgende Nachzeichnung ihrer Kernpunkte zeigen soll. So hat etwa *Finch*[475] bemerkt, dass der *administrator* bei einem Pre-Pack eine natürliche Tendenz habe dieses umzusetzen, da die theoretischen Alternativen im Vorfeld der Insolvenz von den treibenden Akteuren nicht vergleichbar beleuchtet würden und daher dann, wenn er von ihnen damit betraut wird, praktisch keine mehr seien. *Armour*[476] sah – wie auch einige andere – dieselbe Gefahr, allerdings aus einem anderen Grund, nämlich wegen entsprechender monetärer Anreize: Der *administrator* werde allein schon im Hinblick auf seine zukünftige Geschäftsentwicklung stets bemüht sein, die Wünsche der gesicherten Gläubiger zu befolgen, die seine Auswahl und Bestellung in diesen Fällen eben in aller Regel in der Hand halten und typischerweise auch an einer Vielzahl von Verfahren beteiligt seien. Er warf darüber hinaus die Frage auf, ob sich die *administrators* die Umsetzung eines Pre-Packs (auf Kosten der einfachen Gläubiger) besonders bezahlen lassen, indem sie dafür schlicht höhere Vergütungen erhalten.[477] *Walton*[478] sah sogar nur eine »geringe Chance« dafür, dass ein Pre-Pack einmal einer »echten« Kontrolle durch einen unabhängigen *administrator* unterzogen wird. Andere befürchteten zumindest unlauteres Verhalten von einigen »professional bad apples«.[479] Die Sorge ging dabei nicht nur dahin, dass – wie hier bereits in der Einleitung dargelegt – Pre-Packs *zu günstig*, sondern gewissermaßen auch *zu schnell* erfolgen. So sei zweifelhaft, dass in diesen Fällen hinreichend geprüft wird, ob statt des Verkaufs die ihm nach dem Gesetz prinzipiell vorrangige Sanierung des Unternehmensträgers erreicht werden könnte und vor allem ob das jeweilige Unternehmen überhaupt sanie-

---

473 *Vallender/Zipperer*, ZIP 2013, 149, 153.
474 Vgl. *Guthrie*, Financial Times, 21.01.2009.
475 *Finch*, JCLS 2011, 1, 19.
476 *Armour* in: Austin/Aoun, S. 43, 50 f. m. w. N.
477 *Armour* in: Austin/Aoun, S. 43, 63 f.
478 *Walton*, IIR 2009, 85, 108 (eigene Übersetzung).
479 S. dazu die Nachweise bei *Finch/Milman*, S. 378.

rungswürdig und -fähig ist.[480] Letztere Befürchtung bekräftigt der empirische Beleg des *Graham Report*, dass Pre-Packs (an Insider) relativ häufig früher oder später in eine Folgeinsolvenz führen.[481]

Dieser Gesamtbefund dürfte einen die Frage nach dem Reformbedarf in Deutschland skeptischer betrachten lassen. Auch wenn man davon ausgeht, dass der Vergleich noch um andere Eigenheiten des englischen bzw. deutschen Rechts zu bereinigen ist, ist nicht nur wegen der Schärfe der Reformdiskussion in Deutschland jedenfalls damit zu rechnen, dass eine an den englischen Regelungen orientierte Reform der entsprechenden deutschen Vorgaben zu einem »Import« ihrer erheblichen Akzeptanzprobleme führen würde. So haben hier teilweise schon die relativ geringfügige Lockerung des Vorbefassungsverbots und die Stärkung des Gläubigereinflusses auf die Auswahl der Insolvenzverwalter im Zuge der ESUG-Reform zu der Sorge geführt, dass sie nicht immer die gewünschte Unabhängigkeit aufweisen.[482] Auch *Kebekus/Zenker*[483] sehen insofern »Gefahren«, halten die geltenden Regelungen aber noch für sachgerecht. Ein (weiterer) Akzeptanzverlust ist indes für einen Rechtsstaat stets ein hoher Preis.[484] Er dürfte momentan zu hoch sein, wenn man berücksichtigt, dass das englische Recht aktuell sogar noch eine Eigenheit aufweist, die sich im vorliegenden Kontext *per se* erheblich akzeptanzsteigernd auswirken dürfte, nämlich die berufsrechtliche Aufsicht über den *administrator*. Anders gewendet: Obwohl in England die Aufsicht über die Amtsperson noch strenger ist als in Deutschland, bestehen dort die geschilderten Probleme. Daher ist eine erneute, eher vorsichtige Reform (nur) dann in Betracht zu ziehen, wenn hier die Plädoyers für eine Berufsordnung und -aufsicht für Insolvenzverwalter[485] im Gesetz Niederschlag finden.[486] Dabei sollten dann zunächst einheitliche Kriterien dafür entwickelt werden, welche Art einer Vorbefassung (unter welchen Umständen) noch zulässig sein soll. Denn die (bessere) Planbarkeit des Insolvenzverfahrens ist für sich genommen im Interesse aller Beteiligten.[487] Und auch wegen der möglichen Verkürzung des förmlichen Verfahrens ist wohl doch davon auszugehen, dass das Konzept prinzipiell auch dem Verfahrenszweck nach § 1 S. 1 InsO dienlich sein kann, da es ein gewisses Effizienzpotenzial bietet. Schließlich dürfte die positive Resonanz,[488] die Pre-Packs in England und in anderen Ländern eben *auch* erfahren haben, nicht ganz unbegründet sein.

---

480   Vgl. nur *Xie*, S. 77 ff.
481   Vgl. *Graham Report*, S. 34 f. (25,5 % nach 36 Monaten).
482   S. dazu *Jacoby/Madaus/Sack/Schmidt/Thole*, ESUG-Evaluation, S. 201 ff.
483   *Kebekus/Zenker* in: FS Beck, S. 285, 296 und 304.
484   Vgl. nur *Bork*, Principles, Rn. 4.56 (»Protection of trust is an important pillar of every legal order and a basic tenet to be enforced under the rule of law«).
485   So jüngst etwa *Vallender*, NZI 2017, 641, 641 ff. m. w. N.
486   Den Zusammenhang der »Verkammerung« mit dem Unabhängigkeitsgebot betonen auch *Jacoby/Madaus/Sack/Schmidt/Thole*, ESUG-Evaluation, S. 220.
487   So jüngst auch *Bork*, Principles, Rn. 3.30.
488   S. dazu die Einleitung § 4.

Teil 2 Die Regulierung von Unternehmensverkäufen im Eröffnungsverfahren

Ob und gegebenenfalls inwieweit sich die soeben festgestellte Tatsache auswirkt, dass im Insolvenzverfahren – anders als im Rahmen der *administration* – mit dem Eröffnungsverfahrens vor der »eigentlichen« Eröffnung des Verfahrens noch ein eigenständiger Verfahrensabschnitt vorgesehen ist, bleibt zu prüfen. Entscheidend dafür ist, ob und gegebenenfalls unter welchen Voraussetzungen noch während dieser Verfahrensphase ein Unternehmensverkauf stattfinden kann und darf. Das ist indes – wie bereits in der Einleitung angekündigt – weiterhin eine äußerst umstrittene Frage. Sie soll im folgenden Teil dieser Arbeit eingehend untersucht werden, auch wenn das manchen für einen methodisch korrekten Rechtsvergleich überobligatorisch erscheinen mag[489]. Zum einen ist dies der Genauigkeit des Vergleichs freilich zuträglich, solange (eigene) Ansichten nicht als »das Recht« dargestellt werden. Zum anderen soll die vorliegende Arbeit nicht zuletzt mit diesem Teil eben auch einen selbstständigen Beitrag zum Verständnis des deutschen Rechts leisten. Dies umso mehr, da die Tatsache, dass der Unternehmensverkauf im Eröffnungsverfahren in der Praxis kaum Bedeutung hat,[490] sich wohl zu einem Gutteil auch darauf zurückführen lässt, dass dort schlicht Unsicherheit über dessen Zulässigkeits- und Wirksamkeitskriterien besteht[491]. Gleichwohl soll hier nicht verschwiegen werden, dass bei einem solchen Verkauf aus Erwerbersicht auch besondere (Haftungs-)Risiken bestehen, die – je nach Einzelfall – dessen *Zweckmäßigkeit* beeinträchtigen können.[492] Die hier aufgeworfene Frage gilt es aber in jedem Fall, mithin stets unabhängig davon zu beantworten und ist im Übrigen auch für das Vergleichsprogramm dieser Arbeit die einzig relevante.

§ 1 Besonderheiten des Eröffnungsverfahrens

Unternimmt man den Versuch, in diesem Kontext einen gewinnbringenden Beitrag mit praktikablen, also vor allem in der Praxis subsumtionsfähigen, Lösungen zu leisten, bedarf es der Betrachtung der maßgeblichen Grundlagen, gerade weil es dazu jüngere Vorarbeiten gibt, deren Ergebnisse es zu überprüfen gilt.[493] Zunächst sind daher einige Eigenheiten des Eröffnungsverfahrens zu beleuchten.

---

489 S. dazu *Kischel*, § 3 Rn. 261.
490 Vgl. nur *Bieg* in: Bork/Hölzle, Kapitel 14 Rn. 95 f. und die Einleitung hier.
491 Vgl. nur *Blech* in: Meyer-Sparenberg/Jäckle, § 61 Rn. 98 ff.
492 S. zu § 613a BGB, § 25 HGB und § 75 AO und anderen Risikoträgern *Kriegs*, S. 87 ff.
493 *Kriegs*, S. 36 ff.

A. Spezielle Verfahrensakteure

Zunächst hat das Eröffnungsverfahren insofern eigene Verfahrensakteure, als die aus den Rahmenbedingungen bekannten Protagonisten des Insolvenzverfahrens währenddessen teilweise besonderen Regelungen unterworfen sind.

I. Vorläufiger Insolvenzverwalter

So kann das Gericht in dieser Verfahrensphase nach § 21 Abs. 2 S. 1 Nr. 1 InsO bereits einen *vorläufigen* Insolvenzverwalter bestellen. Dies gilt als die praktisch bedeutsamste vorläufige Sicherungsmaßnahme des § 21 InsO.[494] Dabei können die Befugnisse der Amtsperson auf verschiedene Weise ausgestaltet werden. So kann das Gericht einen sog. starken vorläufigen Insolvenzverwalter bestellen, dessen Befugnisse weitgehend denen des »endgültigen« entsprechen,[495] indem es dem Schuldner ein allgemeines Verfügungsverbot auferlegt und damit die Verwaltungs- und Verfügungsbefugnis über dessen Vermögen in entsprechendem Umfang auf die Amtsperson überträgt (§§ 21 Abs. 2 S. 1 Nr. 2 Fall 1, 22 Abs. 1 S. 1 InsO). Von einem solchen vorläufigen Insolvenzverwalter eingegangene Verpflichtungen wirken gegenüber dem verwalteten Vermögen[496] und gelten bei Verfahrenseröffnung als Masseverbindlichkeiten (§ 55 Abs. 2 InsO). All jene ohne diese Befugnisse gelten im Ausgangspunkt als »schwach«. In dieser Konstellation kann der vorläufige Insolvenzverwalter aber zu einem sog. mitbestimmenden werden, und zwar dann, wenn zu seinen Gunsten ein allgemeiner[497] Zustimmungsvorbehalt nach § 21 Abs. 2 S. 1 Nr. 2 Fall 2 InsO gerichtlich angeordnet wird.[498] Diese Einschränkung kann indes, wie auch ein Verfügungsverbot nach dieser Vorschrift, ebenso mit begrenztem sachlichem Geltungsbereich erfolgen (sog. besondere Verfügungsbeschränkungen).[499] Des Weiteren sieht § 22 Abs. 2 S. 1 InsO eine

---

494   Vgl. etwa *Bork*, Insolvenzrecht, Rn. 125.
495   Vgl. etwa *Bork*, Insolvenzrecht, Rn. 126.
496   Wohl allgemeine Ansicht, vgl. nur *Gerhardt* in: Jaeger, § 22 Rn. 177. – Nicht abschließend geklärt ist indes die »Verpflichtungsmacht« des Schuldners in diesem Fall, s. dazu Teil 2 § 1 A. III.
497   Es war unklar, ob die Anordnung eines allgemeinen Zustimmungsvorbehalts anstelle eines besonderen zulässig ist, s. dazu (befürwortend) *Bork*, ZIP 1999, 781, 783 ff. Die Möglichkeit ist mittlerweile aber wohl allgemein anerkannt, vgl. bereits BGH NZI 2002, 543, 546 (= BGHZ 151, 353) sowie jüngst etwa BGH NZI 2014, 156 Rn. 5 ff.; ferner schon *Gerhardt* in: Jaeger, § 21 Rn. 24; nunmehr auch *Beth/Blersch* in: Berliner Kommentar, § 21 Rn. 31.
498   Vgl. nur BGH NZI 2016, 779 Rn. 18 (= BGHZ 210, 372) (»starker« und »schwacher«), BGH NZI 2015, 273 Rn. 17 f. (= BGHZ 204, 74) (»mitbestimmender«). – Ferner besteht die Möglichkeit einer isolierten Bestellung eines vorläufigen Insolvenzverwalters ohne jede Verfügungs- oder Mitbestimmungsbefugnis, vgl. BGH NZI 2011, 602 Rn. 48 (= BGHZ 189, 299); *Haarmeyer/Schildt* in: MüKo, § 22 Rn. 30; auch *Blankenburg* in: Kübler/Prütting/Bork, § 22 Rn. 7. Dieses Szenario soll jedoch aufgrund fehlender Praxisrelevanz im Folgenden außer Betracht bleiben.
499   Vgl. statt aller *Haarmeyer/Schildt* in: MüKo, § 21 Rn. 59 ff und 65 ff. – Streitig sind allerdings die Rechtsgrundlage des besonderen Verfügungsverbots sowie die Wirkungen der beiden besonderen Verfügungsbeschränkungen, s. dazu Teil 2 § 1 A. III.

Generalklausel zur Bestimmung der Pflichten (und der dafür erforderlichen Befugnisse[500]) des schwachen vorläufigen Insolvenzverwalters vor. Auf dieser Grundlage kann das Gericht noch weitere, atypische Einzelanordnungen treffen, insbesondere ihn (nur) in Bezug auf bestimmte, abgrenzbare Maßnahmen oder Vermögensgegenstände zur Begründung von Masseverbindlichkeiten ermächtigen und seine Verfügungsbefugnis entsprechend ausweiten.[501]

Ein erheblicher Unterschied zum »endgültigen« Insolvenzverwalter besteht jedoch auf kompetenzrechtlicher Ebene, und zwar hinsichtlich der Befugnis zur (lastenfreien) Veräußerung von Sicherungsgut. Denn im Eröffnungsverfahren werden die Rechte der Sicherungsnehmer noch nicht gewissermaßen durch eine gesetzliche Verwertungsbefugnis überlagert: In dieser Verfahrensphase ist § 166 Abs. 1 InsO nicht (analog) anwendbar.[502] Auch das Gericht kann insoweit nicht weiterhelfen. Insbesondere befugt eine gerichtliche Anordnung nach § 21 Abs. 2 S. 1 Nr. 5 InsO lediglich zum »Einsatz« von Sicherungsgut im Rahmen der Fortführung des Unternehmens des Schuldners, was nach überwiegender Ansicht im Schrifttum, die auch noch von der Rechtsprechung geteilt wird,[503] nicht eine Ermächtigung zum Verbrauch oder gar zur (lastenfreien) Veräußerung beweglicher Sachen aus dem mit Sicherungsrechten belasteten Vermögen des Schuldners umfasst.[504] Verwertet werden dürfen auf dieser Grundlage lediglich Forderungen. Dies beruht darauf, dass der Gesetzgeber insoweit betont hat, dass zur (lastenfreien) Veräußerung von Sicherungsgut im Eröffnungsverfahren grundsätzlich das Einvernehmen mit dem im Einzelfall betroffenen Sicherungsnehmer erforderlich sein soll.[505] Dieser Grundsatz sollte folglich jedenfalls aus praktischer Sicht den Ausgangspunkt bilden.

In der Praxis sind Eröffnungsverfahren mit starker vorläufiger Insolvenzverwaltung die Ausnahme.[506] Als praktischer Regelfall gilt die Bestellung eines mitbestimmenden

---

500 Vgl. nur BGH NZI 2007, 231 Rn. 22; BGH NZI 2005, 627; BGH NZI 2002, 543, 546 (= BGHZ 151, 353).

501 Vgl. grundlegend BGH NZI 2002, 543, 546 (= BGHZ 151, 353); ferner etwa BGH NZI 2011, 602 Rn. 48 (= BGHZ 189, 299); BGH NZI 2003, 259, 260 (= BGHZ 154, 72). – S. dazu *Flören* in: Bork/Hölzle, Kapitel 5 Rn. 60 ff. und 80 ff.

502 Wohl allgemeine Ansicht, vgl. nur *Eckardt* in: Jaeger, § 166 Rn. 62; *Flöther* in: Kübler/ Prütting/Bork, § 166 Rn. 26; *Vallender* in: Uhlenbruck, § 22 Rn. 50. – *Sinz* in: K. Schmidt, § 22 Rn. 12, nimmt zwar eine analoge Anwendbarkeit der Vorschrift an, aber nur bei gerichtlicher Ermächtigung in »Notfällen«, mithin insbesondere nicht *ipso iure*.

503 Vgl. eindeutig nun BGH NZI 2019, 274 Rn. 34 f.; zuvor bereits BGH NZI 2016, 946 Rn. 8; BGH NZI 2012, 369 Rn. 21 f.; ferner auch BGH NZI 2012, 841 Rn. 22 (= BGHZ 194, 1).

504 Vgl. *Andres/Hees*, NZI 2011, 881, 883; *Brinkmann* in: Uhlenbruck, § 166 Rn. 20; *Eckardt* in: Jaeger, § 166 Rn. 63; *Kuder*, ZIP 2007, 1690, 1694; *Schröder* in: Hamburger Kommentar, § 21 Rn. 82; *Voß/Lienau* in: Graf-Schlicker, § 21 Rn. 27; *Windau* in: BeckOK, § 21 Rn. 118; wohl auch *Vallender* in: Uhlenbruck, § 21 Rn. 38j. – A. A. *Blankenburg* in: Kübler/Prütting/Bork, § 21 Rn. 223; *Ganter*, NZI 2007, 549, 552; *Mitlehner*, NZI 2016, 947, 948; mit Einschränkungen auch *Haarmeyer/Schildt* in: MüKo, § 21 Rn. 99; *Hölzle* in: K. Schmidt, § 21 Rn. 75.

505 RegE-InsVerfVereinfG, BT-Drucks. 16/3227, S. 16.

506 *Leithaus* in: Andres/Leithaus, § 22 Rn. 8; *Haarmeyer/Schildt* in: MüKo, § 21 Rn. 54; *Vallender* in: Uhlenbruck, § 21 Rn. 17a.

vorläufigen Insolvenzverwalters.[507] Der Grund dafür liegt – neben dem bei der Anordnung vorläufiger Maßnahmen nach § 21 InsO vom Gericht zu beachtenden Verhältnismäßigkeitsgrundsatz[508] – häufig darin, dass die nur mit jener Art der vorläufigen Insolvenzverwaltung nach § 55 Abs. 2 InsO einhergehende Folge vermieden werden soll, dass *stets* Masseverbindlichkeiten begründet werden, sofern dabei Verpflichtungen eingegangen werden. Dadurch droht zum einen ihr eine schnelle Aufzehrung und zum anderen dem Insolvenzverwalter bei Nichterfüllung die Haftung (§§ 21 Abs. 2 Nr. 1 i. V. m. 61 InsO).[509]

II.   Vorläufiger Gläubigerausschuss

Wie im ersten Teil bereits kurz erwähnt, kann das Gericht nach § 21 Abs. 2 S. 1 Nr. 1a InsO bereits im Eröffnungsverfahren einen *vorläufigen* Gläubigerausschuss einsetzen. Die Darstellung der besonderen Regelungen betreffend dieses Gläubigerorgan in dieser Phase des Verfahrens soll nun folgen.

Zunächst *muss* ein vorläufiger Gläubigerausschusses eingesetzt werden, falls im Hinblick auf das schuldnerische Unternehmen bestimmte Bilanzkenn- und Arbeitnehmerzahlen überschritten werden (§ 22a Abs. 1 InsO), da diese Maßnahme dem Gesetzgeber bei derart großen Unternehmen stets sowohl gerechtfertigt als auch sinnvoll erschien[510]. Ferner *soll* das Gericht nach § 22a Abs. 2 InsO bei einem Antrag des Schuldners, des vorläufigen Insolvenzverwalters oder eines Gläubigers, in dem auch schon potenzielle, insbesondere damit einverstandene, Ausschussmitglieder benannt werden, einen vorläufigen Gläubigerausschuss einsetzen, was wohl allgemein als »grundsätzlich muss« interpretiert wird[511]. Hinsichtlich der Entscheidung über die *Besetzung* gilt allerdings nach der ganz überwiegenden Ansicht, dass sie wiederum – wie im Allgemeinen[512] – im pflichtgemäßen Ermessen des Gerichts steht, also insbesondere keine Bindung an die Vorschläge besteht.[513] Eine (weitere) Besonderheit gilt schließlich in Bezug auf den Kreis der möglichen Mitglieder: § 21 Abs. 2 S. 1 Nr. 1a InsO legt zwar in seinem zweiten Halbsatz fest, dass dazu auch solche Personen zählen, die erst mit der Verfahrenseröffnung Gläubiger werden. Sie verweist aber nicht auf § 67 Abs. 3 InsO, weshalb der vorläufige Gläubigerausschuss nach der überwiegenden

---

507   BGH NZI 2011, 602 Rn. 48 (= BGHZ 189, 299); *Haarmeyer/Schildt* in: MüKo, § 22 Rn. 32; *Schmerbach* in: Frankfurter Kommentar, § 22 Rn. 3.
508   S. dazu BGH NZI 2002, 543, 545 (= BGHZ 151, 353); *Haarmeyer/Schildt* in: MüKo, § 21 Rn. 23 ff. jeweils m. w. N.
509   Vgl. nur *Flören* in: Bork/Hölzle, Kapitel 5 Rn. 19.
510   Vgl. RegE-ESUG, BT-Drucks. 17/5712, S. 24 f.
511   Vgl. etwa *Haarmeyer/Schildt* in: MüKo, § 22a Rn. 102; *Rüntz/Laroche* in: Heidelberger Kommentar, § 22a Rn. 8; *Vallender* in: Uhlenbruck, § 22a Rn. 20.
512   S. dazu Teil 1 § 3 B. II.
513   Vgl. LG Kleve NZI 2013, 599, 600; *Blankenburg* in: Kübler/Prütting/Bork, § 22a Rn. 58; *de Bruyn*, Rn. 351 ff.; *Frind* in: Hamburger Kommentar, § 22a Rn. 21; *Hölzle* in: K. Schmidt, § 22a Rn. 10 und 42; *Rüntz/Laroche* in: Heidelberger Kommentar, § 22a Rn. 10; *Schmerbach* in: Frankfurter Kommentar, § 22a Rn. 52; *Vallender* in: Uhlenbruck, § 22a Rn. 53. – A. A. *Haarmeyer/Schildt* in: MüKo, § 22a Rn. 40 ff.

Ansicht nicht mit Externen (Nichtgläubigern) besetzt werden kann.[514] Die Praxis behilft sich insofern allerdings mit der für die unterschiedlichen (zukünftigen) Gläubiger generell bestehenden Möglichkeit,[515] an ihrer Stelle Stellvertreter in die Ausschusssitzungen zu entsenden.[516]

Die ureigene Kompetenz des vorläufigen Gläubigerausschusses in Form der Mitwirkung bei der Auswahl des (vorläufigen) Insolvenzverwalters nach § 56a InsO (i. V. m. § 21 Abs. 2 S. 1 Nr. 1 InsO) wurde an der entsprechenden Stelle bereits erläutert. Darüber hinaus gewähren ihm Teile der Literatur im Eröffnungsverfahren gewisse Vetorechte in Anlehnung an § 160 InsO.[517] Ob konkret auch die Zulässigkeit eines Unternehmensverkaufs in dieser Verfahrensphase von seiner Beteiligung abhängt, soll im Folgenden erläutert werden. Jedenfalls raten Praktiker dazu, ihn bei der Vorbereitung von Unternehmensverkäufen möglichst zumindest einzubinden, mithin notwendigenfalls zunächst beim Gericht einen Antrag auf dessen Einsetzung zu stellen.[518]

III. Schuldner (mit Restbefugnissen)

Zu beleuchten bleibt die Rechtsstellung des Schuldners im Eröffnungsverfahren. Diese richtet sich freilich nach der im Einzelfall durch das Gericht angeordneten Art der vorläufigen Insolvenzverwaltung.

Insofern soll zunächst die »Verpflichtungsmacht«[519] behandelt werden, mithin die – umstrittene – Frage, ob der Schuldner in den unterschiedlichen Konstellationen weiterhin Verbindlichkeiten mit Wirkung gegen die künftige Masse begründen kann. Nach der überzeugenden vorherrschenden Ansicht fehlt dem Schuldner diese Befugnis bei der starken vorläufigen Insolvenzverwaltung aufgrund des *Übergangs* der sie eben anerkanntermaßen umfassenden Verwaltungsbefugnis auf den Verwalter nach § 22 Abs. 1 S. 1 InsO, da die gesetzliche Konzeption insoweit ersichtlich nicht in einem gleichberechtigten Nebeneinander der beiden Verfahrensakteure liegt.[520] Dasselbe muss unter diesem Aspekt gelten, sofern und soweit das Gericht bei der schwachen vorläufigen Insolvenzverwaltung in – wie soeben gezeigt – zulässiger Weise eine besondere Einzelanordnung in Bezug auf die Verwaltungsbefugnis oder sogar konkret

---

514 Vgl. etwa *Haarmeyer/Schildt* in: MüKo, § 22a Rn. 51 ff.; *Hölzle* in: K. Schmidt, § 22a Rn. 44; *Vallender* in: Uhlenbruck, § 22a Rn. 16c. – A. A. (im Hinblick auf Gewerkschaften und deren Vertreter) etwa *Kolbe*, NZI 2015, 400, 403 f.

515 S. dazu *Knof* in: Uhlenbruck, § 67 Rn. 19.

516 S. dazu *Schmid-Burgk* in: MüKo, § 67 Rn. 21a.

517 S. dazu *de Bruyn*, Rn. 115; vgl. bereits *Ampferl* in: Kübler, § 9 Rn. 208 f.; zustimmend *Vallender* in: Uhlenbruck, § 22a Rn. 65.

518 Vgl. nur *Ampferl* in: Kübler, § 9 Rn. 208; *Hölzle* in: K. Schmidt, § 22a Rn. 14; *Vallender* in: Uhlenbruck, § 22a Rn. 65.

519 S. zum Begriff *Engelhardt*, S. 91 mit Fn. 87.

520 Vgl. *Ampferl*, Rn. 278 ff.; *Gerhardt* in: Jaeger, § 22 Rn. 177; *Engelhardt*, S. 90 ff.; *Häsemeyer*, Rn. 7.42 f.; im Ergebnis *Rüntz/Laroche* in: Heidelberger Kommentar, § 21 Rn. 18; *Vallender* in: Uhlenbruck, § 24 Rn. 9. – A. A. *Pohlmann*, Rn. 272 ff.; *Haarmeyer/Schildt* in: MüKo, § 21 Rn. 54 und § 24 Rn. 13. – Dem hier befürworteten Ansatz steht § 38 InsO richtigerweise nicht entgegen, da, wie noch zu zeigen ist, der Schuldner (nur) in anderen Konstellationen während des Eröffnungsverfahrens noch Verbindlichkeiten gegen die werdende Masse begründen kann.

75

die »Verpflichtungsmacht« getroffen hat.[521] Demgegenüber behält der Schuldner bei mitbestimmender vorläufiger Insolvenzverwaltung richtigerweise die uneingeschränkte »Verpflichtungsmacht«, nicht zuletzt da sich aus den *Verfügungsbeschränkungen* insoweit keine Einschränkungen herleiten lassen.[522] Auf der hier behandelten Ebene hat – wie *Engelhardt*[523] bereits zutreffend betont hat – folglich auch ein besonderes Verfügungsverbot keine Auswirkungen.

Etwas klarer ist die Lage bezüglich der Verfügungsbefugnis des Schuldners: Ohne entsprechende Beschränkungen steht die Wirksamkeit von schuldnerischen Transaktionen dieser Art außer Frage. Demgegenüber sind Verfügungen des Schuldners, die gegen ein *allgemeines* Verfügungsverbot oder einen *allgemeinen* Zustimmungsvorbehalt gemäß § 21 Abs. 2 S. 1 Nr. 2 InsO verstoßen, nach §§ 24 Abs. 1 i. V. m. 81, 82 InsO *absolut* unwirksam.[524] Nur bei den *besonderen* Verfügungsbeschränkungen ist im Schrifttum umstritten, ob sie ebenfalls von diesen Regelungen erfasst sind. Die dies verneinende Ansicht sieht darin vielmehr *relative* Verfügungsbeschränkungen i. S. d. §§ 135, 136 BGB.[525] Der Streit wirkt sich letztlich nur darauf aus, ob bei beweglichen Sachen die Möglichkeit zum gutgläubigen Erwerb besteht (§ 135 Abs. 2 BGB) oder nicht (§ 81 Abs. 1 S. 2 InsO). Darauf wird bei der Planung eines Unternehmensverkaufs in der Praxis aber wohl kaum vertraut werden, weshalb hier eine Entscheidung ausbleiben soll.

IV. Fazit: Potenzielle »Verkäufer«

Das Vorstehende zeigt vor allem, dass im Eröffnungsverfahren – je nach Ausgestaltung durch das Gericht – prinzipiell unterschiedliche Verfahrensakteure das Unternehmen des Schuldners wirksam »verkaufen« *können*, mithin grundsätzlich die notwendige Rechtsmacht aufweisen, um den entsprechenden Kaufvertrag mit Wirkung für und gegen dessen Vermögen schließen und vor allem die damit einhergehenden Verfügungen treffen zu können. Ob sie dies jeweils auch *dürfen*[526] und, falls nicht, der

---

521 Vgl. *Rüntz/Laroche* in: Heidelberger Kommentar, § 21 Rn. 18 f. und § 24 Rn. 11; *Vallender* in: Uhlenbruck, § 24 Rn. 9. – So hat auch der *Bundesgerichtshof* festgehalten, dass ein schwacher vorläufiger Insolvenzverwalter (nur) bei ergänzenden Einzelanordnungen rechtlich in der Lage sei, den Abschluss rechtswirksamer Verpflichtungsgeschäfte des Schuldners zu verhindern, vgl. BGH NZI 2002, 543, 545 (= BGHZ 151, 353).

522 Vgl. BGH NZI 2010, 138 Rn. 26; BGH NZI 2008, 27 Rn. 24 (= BGHZ 174, 84); BGH NZI 2002, 543, 545 (= BGHZ 151, 353); *Blankenburg* in: Kübler/Prütting/Bork, § 24 Rn. 7; *Engelhardt*, S. 121 und 148 f.; *Rüntz/Laroche* in: Heidelberger Kommentar, § 24 Rn. 11; *Schmerbach* in: Frankfurter Kommentar, § 24 Rn. 5. – A. A. *Gerhardt* in: Jaeger, § 22 Rn. 177; *Vallender* in: Uhlenbruck, § 24 Rn. 9; *Hölzle* in: K. Schmidt, § 24 Rn. 26.

523 *Engelhardt*, S. 140.

524 Vgl. statt aller *Blankenburg* in: Kübler/Prütting/Bork, § 21 Rn. 115 und 123.

525 So insbesondere *Gerhardt* (zuletzt) in: Jaeger, § 21 Rn. 9 und 14; ferner etwa *Böhm* in: Braun, § 24 Rn. 13; *Bork*, Insolvenzrecht, Rn. 132; *Hölzle* in: K. Schmidt, § 24 Rn. 4; *Rüntz/Laroche* in: Heidelberger Kommentar, § 24 Rn. 3; *Vallender* in: Uhlenbruck, § 24 Rn. 9. – A. A. *Engelhardt*, S. 126 ff., 137 f. und 148; *Blankenburg* in: Kübler/Prütting/Bork, § 24 Rn. 4 f.; *Haarmeyer/Schildt* in: MüKo, § 21 Rn. 59 ff.; *Pohlmann*, Rn. 259 ff.; *Unterbusch*, S. 126 ff.; *Uhlenbruck* in: Kölner Schrift³, Kapitel 6 Rn. 11 und 15.

526 S. dazu Teil 2 § 2.

Pflichtverstoß ausnahmsweise auch auf das Außenverhältnis durchschlägt,[527] sind davon getrennt zu behandelnde Fragen. Zunächst ist in dieser Verfahrensphase theoretisch – praktisch freilich weniger – sogar noch ein Verkauf durch den Schuldner selbst denkbar, insbesondere im Einvernehmen mit einem mitbestimmenden vorläufigen Insolvenzverwalter.[528] Potenzieller »Verkäufer« ist selbstverständlich zuvorderst der starke vorläufige Insolvenzverwalter, da er eben bereits »umfassend« für den Schuldner handeln kann[529]. Schließlich kann aber auch ein – im Grunde schwacher – vorläufiger Insolvenzverwalter das schuldnerische Unternehmen verkaufen, der dazu im Wege einer atypischen Einzelanordnung vom Gericht ermächtigt wurde.[530]

Dass eine solche »Verkaufs«-Ermächtigung ihrerseits grundsätzlich wirksam ist, bedarf – auch wenn dies im Schrifttum nicht in Zweifel gezogen wird[531] – einer gewissen Erläuterung. Denn zum einen gibt § 22 Abs. 2 S. 2 InsO als Grenze für die gerichtlichen Einzelanordnungen vor, dass die dadurch auferlegten Pflichten (und die damit übertragenen Befugnisse[532]) nicht über die des starken vorläufigen Insolvenzverwalters hinausgehen dürfen; zum anderen steht die Zulässigkeit eines Unternehmensverkaufs im Eröffnungsverfahren für sich genommen keinesfalls außer Frage. Eine insolvenzgerichtliche Anordnung ist allerdings erst dann schlechthin unwirksam, wenn sie jeder gesetzlichen Grundlage entbehrt[533] oder ihr zumindest ein besonders schwerer Fehler anhaftet, der bei verständiger Würdigung aller Umstände offenkundig ist[534]. So verhält es sich im vorliegenden Kontext gegenwärtig jedoch eben gerade nicht, denn die Frage ist bisweilen – wie noch zu zeigen ist – weder gesetzlich noch höchstrichterlich eindeutig geklärt. Auch die Grenze des § 22 Abs. 2 S. 2 InsO erscheint dabei gewahrt, da die Rechtsstellung des schwachen vorläufigen Insolvenzverwalters damit nicht über die des starken *hinausgeht*, sondern ihr allenfalls angeglichen wird, was heute im Allgemeinen für zulässig erachtet wird[535].[536] So hat auch der *Bundesgerichtshof* mit Be-

---

527 S. dazu Teil 2 § 3.

528 Vgl. (auch zu den praktischen Problemen) etwa *Blech* in: Meyer-Sparenberg/Jäckle, § 61 Rn. 98 ff.; *Buchta* in: Hölters, Rn. 16.110; *Schluck-Amend* in: K. Schmidt/Uhlenbruck, Rn. 5.575.

529 So bereits BGH NZI 2002, 543, 545 (= BGHZ 151, 353); ferner BGH NZI 2007, 231 Rn. 17.

530 Vgl. etwa *Arends/Hofert-von Weiss*, BB 2009, 1538, 1539; *Blech* in: Meyer-Sparenberg/ Jäckle, § 61 Rn. 100; *Dimassi*, S. 42 f.; *Koblitz*, S. 39; *Kriegs*, S. 76 ff.; *Schluck-Amend* in: K. Schmidt/Uhlenbruck, Rn. 5.575; *Spieker*, S. 58 f.; *Vallender*, GmbHR 2004, 543, 546; wohl auch *Buchta* in: Hölters, Rn. 16.111.

531 Vgl. sämtliche Nachweise in der vorstehenden Fn.

532 Vgl. BGH NZI 2007, 231 Rn. 22; BGH NZI 2005, 627; BGH NZI 2002, 543, 546 (= BGHZ 151, 353).

533 BGH NZI 2012, 365 Rn. 13; BGH NZI 2010, 99 Rn. 13 f.

534 BGH NZI 2003, 322; BGH NZI 2003, 197, 197 f.; BGH NZI 2002, 543, 546 (= BGHZ 151, 353); BGH NJW 2001, 2147, 2150 (= BGHZ 114, 315).

535 Vgl. etwa *Gerhardt* in: Jaeger, § 22 Rn. 89 (»Regelungsmöglichkeit umfasst also auch eine Deckung der Befugnisse«); *Haarmeyer/Schildt* in: MüKo, § 22 Rn. 28; *Vallender* in: Uhlenbruck, § 22 Rn. 269; ähnlich bereits *Feuerborn*, KTS 1997, 171, 185. – Kritisch demgegenüber etwa noch *Pape*, ZIP 2002, 2277, 2278.

536 Vgl. im Ergebnis ebenso (in Bezug auf einen Unternehmensteil) AG Duisburg NZI 2002, 614.

schluss vom 12. Januar 2006 festgehalten, dass ein schwacher vorläufiger Insolvenzverwalter die Befugnis zum Verkauf des Unternehmens eines Insolvenzschuldners »allenfalls durch eine besondere [Einzelanordnung] des Insolvenzgerichts erhalten« könne,[537] was freilich impliziert, dass dies zumindest nicht schon nach dem – seitdem unveränderten – § 22 Abs. 2 S. 2 InsO generell unzulässig ist. Schließlich hat der *Bundesgerichtshof* in seinem Beschluss vom 11. Januar 2007 die hier in Rede stehende Grenze erst dort verortet, wo eine Befugnis sogar einem »endgültigen« Verwalter unbekannt ist.[538] Die fragliche Maßnahme ist indes dem Insolvenzverfahren keineswegs fremd, wie schon § 158 InsO zeigt. Im Anwendungsfall sind freilich die Vorgaben der Rechtsprechung betreffend Einzelanordnungen im Allgemeinen zu berücksichtigen. Insbesondere müsste der dahingehende Beschluss hinreichend bestimmt sein.[539] Denn eine pauschale gerichtliche Ermächtigung wird bekanntlich für unzulässig erachtet,[540] wäre bei heutiger Anordnung daher sogar unwirksam[541].[542]

B. Spezielle Verfahrensmaximen

Die entscheidenden Weichenstellungen für die Frage der Zulässigkeit und Wirksamkeit eines Unternehmensverkaufs im Eröffnungsverfahren ergeben sich aus den Verfahrensmaximen, die speziell für diesen Verfahrensabschnitt gelten.

I. Kürze und Vorläufigkeit der Verfahrensphase

Nach den Vorstellungen des InsO-Gesetzgebers soll das Eröffnungsverfahren zum einen »so kurz wie möglich gehalten werden«,[543] zum anderen soll es grundsätzlich keinen vorentscheidenden Charakter haben: Der vorläufige Insolvenzverwalter soll sich »nicht schon mit Fragen befassen, die nur im Falle einer Verfahrenseröffnung von Interesse sind«, was konkret das »Ob« und »Wie« einer Sanierung umfasse.[544] Diesen gesetzgeberischen Vorstellungen steht die Wirklichkeit allerdings oftmals diametral gegenüber, und zwar nicht nur – wie bereits erläutert[545] – in zeitlicher Hinsicht, sondern auch unter qualitativen Aspekten. Denn in der Praxis werden die wesentlichen Vorentscheidungen betreffend den Verfahrensausgang zumeist bereits im Eröffnungs-

---

537 BGH NZI 2006, 235 Rn. 13.
538 Vgl. BGH NZI 2007, 231 Rn. 22.
539 S. dazu *Laroche*, NZI 2010, 965, 965 ff.
540 Vgl. grundlegend BGH NZI 2002, 543, 546 (= BGHZ 151, 353).
541 Vgl. etwa BGH NZI 2010, 95 Rn. 18 ff. (= BGHZ 183, 269); *Rüntz/Laroche* in: Heidelberger Kommentar, § 22 Rn. 47; *Schmerbach* in: Frankfurter Kommentar, § 22 Rn. 99.
542 Vieles spricht dafür, dass die vom AG Duisburg (NZI 2002, 614) ausgesprochene »Verkaufs«Ermächtigung den heutigen Anforderungen genügt, vgl. *H.-P. Kirchhof*, ZInsO 2004, 57, 60 f.; *Louven/Böckmann*, NZI 2004, 128, 129 f.; *Vallender*, GmbHR 2004, 543, 546. – A. A. noch *Pape*, ZIP 2002, 2277, 2278 mit Fn. 16 (»beispielhaft« für eine rechtswidrige Anordnung).
543 RegE-InsO, BT-Drucks. 12/2443, S. 117.
544 RegE-InsO, BT-Drucks. 12/2443, S. 117.
545 S. dazu Teil 1 § 5 B. II.

verfahren gefällt,[546] was – wie schon in der Einleitung erwähnt – häufig auch die über einen Unternehmensverkauf umfasst. Nach einer Ansicht wird tatsächlich sogar über »Erfolg und Misserfolg« des gesamten Verfahrens im Grunde schon in dessen ersten zwei bis drei Wochen entschieden.[547] Korrespondierend dazu wird die Befassung der Gläubigergremien im eröffneten Verfahren teilweise als »reine Formalie« betrachtet, da zu diesem Zeitpunkt häufig keine Alternative mehr bestehe.[548] Der Gesetzgeber hat indes im vollen Bewusstsein dieser Realitäten sein ursprüngliches Konzept von einem kurzen und rein vorläufigen Eröffnungsverfahren später nochmals bestätigt.[549] Auch die ESUG-Reform ist insoweit nicht als Abweichung zu verstehen, sollte insbesondere die durch sie erfolgte Stärkung der Gläubigerautonomie im Eröffnungsverfahren doch eher die Vorbereitung von Sanierungen verbessern als deren Umsetzung in diese Verfahrensphase verlagern.[550] Nicht zuletzt deshalb sind »Kürze und Vorläufigkeit« eben auch heute noch als spezielle Maximen des Eröffnungsverfahrens einzustufen.

II. Sicherung des schuldnerischen Vermögens

Vor allem der vorläufige Charakter des Eröffnungsverfahrens bedingt, dass der rechtliche Rahmen dieser Verfahrensphase durch den sog. Sicherungszweck[551] geprägt ist, da dieser Zweck das Gericht im Rahmen seiner Tätigkeit und den vorläufige Insolvenzverwalter bei seiner Amtsausübung bindet. Ihm kommt – wie bereits *Pohlmann*[552] überzeugend herausgearbeitet hat – eine »doppelte Schutzrichtung« zu: Zum einen stellt er gegenüber allen Beteiligten des Insolvenzverfahrens den Erhalt des Vermögens des Schuldners in seinem Wert sicher (sog. Werterhaltungsinteresse). Zum anderen wahrt er das Interesse des Insolvenzschuldners am Zusammenhalt seines Vermögens in dessen konkretem Bestand, bevor über die Eröffnung eines Insolvenzverfahrens endgültig entschieden ist (sog. Bestandserhaltungsinteresse). So legt § 21 Abs. 1 S. 1 InsO explizit fest, dass das Gericht die vorläufigen Maßnahmen im Sinne dieser Vorschrift (nur) insoweit anzuordnen hat, als es erforderlich erscheint, um eine nachteilige Veränderung in der Vermögenslage des Schuldners zu verhüten. Auch die Anordnung atypischer vorläufiger Maßnahmen ist ausschließlich »im Rahmen des Sicherungszwecks zulässig«, wie die Gesetzesbegründung hervorhebt.[553] Der vorläufige Insolvenzverwalter ist seinerseits durch § 22 Abs. 1 S. 2 Nr. 1 InsO verpflichtet, das Vermögen des Insolvenzschuldners zu sichern und zu erhalten. Er *darf* seine Befugnisse »nur insoweit ausüben, als es der Zweck der Vermögenssicherung bis zur Entschei-

---

546 Vgl. nur *Ehricke*, ZIP 2004, 2262, 2266.
547 So *Haarmeyer/Schildt* in: MüKo, § 22a Rn. 12.
548 *Ampferl* in: Kübler, § 9 Rn. 208.
549 Vgl. RegE-InsVerfVereinfG, BT-Drucks. 16/3227, S. 10 f.
550 Vgl. RegE-ESUG, BT-Drucks. 17/5712, S. 24 (Weichenstellung).
551 So bereits RegE-InsO, BT-Drucks. 12/2443, S. 116.
552 *Pohlmann*, Rn. 94 ff.; vgl. im Anschluss etwa *Haarmeyer/Schildt* in: MüKo, § 21 Rn. 13; *Meyer*, S. 28 ff.; *Unterbusch*, S. 64 ff.; vgl. in der Sache ebenso etwa *Hölzle* in: K. Schmidt, § 21 Rn. 5 f.
553 RegE-InsO, BT-Drucks. 12/2443, S. 116; vgl. im Allgemeinen etwa BGH NZI 2002, 543, 545 (= BGHZ 151, 353); *Gerhardt* in: Jaeger, § 21 Rn. 5; *Haarmeyer/Schildt* in: MüKo, § 21 Rn. 19; *Rüntz/Laroche* in: Heidelberger Kommentar, § 21 Rn. 6 ff.

dung über die Verfahrenseröffnung erfordert«, wie wiederum bereits der Gesetzgeber betont hat.[554] Dies betrifft zwar primär den starken vorläufigen Insolvenzverwalter. Nach Einschätzung des *Bundesgerichtshofs* sind dazu aber alle vorläufigen Insolvenzverwalter originär verpflichtet, also unabhängig von ihrer »Art« und vor allem auch ohne besondere gerichtliche Anordnungen.[555] Dies folge bereits aus dem Zweck ihrer allgemein anerkannten »Kernaufgabe«, der Überwachung des Insolvenzschuldners.[556] Im Ergebnis sieht es so heute auch der weit überwiegende Teil des Schrifttums.[557] Der konkrete Inhalt dieser Pflicht richtet sich aber danach, welche Befugnisse dem vorläufigen Insolvenzverwalter im Einzelfall zuteilwerden.[558] Bei einem schwachen vorläufigen Insolvenzverwalter kann er sich deswegen darin erschöpfen, dass dieser dem Gericht massegefährdende Handlungen des Schuldners anzeigen muss.[559]

III. Fortführung des schuldnerischen Unternehmens

Schließlich gilt im Eröffnungsverfahren in Bezug auf ein Unternehmen des Schuldners mit laufendem Geschäftsbetrieb grundsätzlich das Gebot der Fortführung (§ 22 Abs. 1 S. 2 Nr. 2 InsO). Diese Vorgabe lässt sich einerseits als besondere Ausprägung der soeben dargelegten Maxime der Sicherung des schuldnerischen Vermögens im Allgemeinen ansehen. Andererseits soll auch dadurch gewährleistet werden, dass der prinzipiell rein vorläufige Charakter des Eröffnungsverfahrens Beachtung findet, indem die im Grundsatz erst für das eröffneten Verfahren vorgesehene Entscheidung über die Stilllegung (§ 157 S. 1 InsO) nicht vorweggenommen wird.[560] Auch in Bezug auf das Fortführungsgebot gilt, dass es sich nach der ganz herrschenden Ansicht in der Literatur auch ohne besondere Anordnung des Gerichts letztlich an sämtliche vorläufigen Insolvenzverwalter richtet, obgleich das Gesetz insoweit primär den starken anspricht.[561] Der

---

554 RegE-InsO, BT-Drucks. 12/2443, S. 117.
555 Grundlegend BGH NZI 2011, 602 Rn. 49 (= BGHZ 189, 299); vgl. ferner BGH NZI 2016, 796 Rn. 47 (BGHZ 211, 225); BGH NZI 2014, 757 Rn. 18; im Ansatz bereits BGH NZI 2005, 99, 101 (= BGHZ 161, 49).
556 BGH NZI 2011, 602 Rn. 49 (= BGHZ 189, 299).
557 So bereits *Vallender*, DZWIR 1999, 265, 268; vgl. ferner etwa *Haarmeyer/Schildt* in: MüKo, § 22 Rn. 29; *Hölzle* in: K. Schmidt, § 22 Rn. 4; *Meyer*, S. 195 f.; *Blankenburg* in: Kübler/Prütting/Bork, § 22 Rn. 124; *Rüntz/Laroche* in: Heidelberger Kommentar, § 22 Rn. 48; *Sander* in: Ahrens/Gehrlein/Ringstmeier, § 22 Rn. 103; *Vuia* in: Gottwald, § 14 Rn. 76; nunmehr auch *Schröder* in: Hamburger Kommentar, § 22 Rn. 114.; in Bezug auf den mitbestimmenden vorläufigen Insolvenzverwalter *Böhm* in: Braun, § 22 Rn. 13; *Schmerbach* in: Frankfurter Kommentar, § 22 Rn. 28. – A. A. wohl weiterhin etwa *Flören* in: Bork/Hölzle, Kapitel 5 Rn. 62; *Leithaus* in: Andres/Leithaus, § 22 Rn. 10; *Voß/Lienau* in: Graf-Schlicker, § 22 Rn. 15.
558 Vgl. nur *Sander* in: Ahrens/Gehrlein/Ringstmeier, § 22 Rn. 103 ff.
559 BGH NZI 2011, 602 Rn. 54 (= BGHZ 189, 299).
560 Vgl. RegE-InsO, BT-Drucks. 12/2443, S. 116.
561 Vgl. insbesondere *Hölzle*, ZIP 2011, 1889, 1891 (»weitgehende Einigkeit«); ferner *Böhm* in: Braun, § 22 Rn. 27; *Haarmeyer/Schildt* in: MüKo, § 22 Rn. 88; *Meyer*, S. 199; *Sander* in: Ahrens/Gehrlein/Ringstmeier, § 22 Rn. 103; *Schröder* in: Hamburger Kommentar, § 22 Rn. 123 f.; *Vallender* in: Uhlenbruck, § 22 Rn. 13; wohl auch *Schmerbach* in: Frankfurter Kommentar, § 22 Rn. 52; *Vuia* in: Gottwald, § 14 Rn. 83. – A. A. *Flören* in: Bork/Hölzle, Kapitel 5 Rn. 62; *Rüntz/Laroche* in: Heidelberger Kommentar, § 22 Rn. 49; wieder anders *Voß/Lienau* in: Graf-Schlicker, § 22 Rn. 18 (nicht zwingend, aber in der Regel).

konkrete Inhalt dieser Vorgabe richtet sich wiederum nach den Befugnissen, die der vorläufige Insolvenzverwalter im Einzelfall innehat.[562] Bei mitbestimmender vorläufiger Verwaltung wird sie beispielsweise regelmäßig darin liegen, dass der Verwalter die Fortführung des Unternehmens durch den in einem solchen Fall, wie soeben dargelegt, weiterhin federführenden Insolvenzschuldner überwachen und unterstützen muss. So hat auch der *Bundesgerichtshof* nicht nur explizit festgehalten, dass sich auch der mitbestimmende vorläufige Insolvenzverwalter ebenfalls an dem Ziel der Unternehmensfortführung zu orientieren habe,[563] sondern eine derartige mittelbare Unternehmensfortführung bereits wiederholt für vergütungsfähig erklärt[564]. Im Übrigen entspricht es offenbar der üblichen gerichtlichen Praxis, in den einschlägigen Fällen dem Verwalter auf der Grundlage von § 22 Abs. 2 InsO einen expliziten Fortführungsauftrag zu erteilen.[565] Das Gericht ist von dieser Maxime schließlich auch selbst betroffen, und zwar insoweit, als es einer Stilllegung nur unter den Voraussetzungen des § 22 Abs. 1 S. 2 Nr. 2 InsO zustimmen darf.

C. Grundprinzipien betreffend Verwertungsmaßnahmen

Vor allem aus den vorstehend erläuterten speziellen Verfahrensmaximen ergeben sich einige Grundprinzipien, die im Eröffnungsverfahren in Bezug auf die Zulässigkeit von Verwertungsmaßnahmen gelten. In einem weiteren, untechnischen Sinne umfasst der Begriff »Verwertungsmaßnahme« insbesondere sämtliche Veräußerungen einzelner Bestandteile seines Vermögens. Der Verkauf des schuldnerischen Unternehmens im Ganzen ist freilich der extremste Fall einer solchen Verwertung. Insoweit gilt – wie sogleich in den Einzelheiten dargelegt werden soll – namentlich, dass im Eröffnungsverfahren Maßnahmen der Verwertung in einem engeren Sinne grundsätzlich unzulässig sind (Verwertungsverbot[566]), davon jedoch sog. Verwaltungsmaßnahmen nicht erfasst und damit im Grundsatz erlaubt sind, und lediglich sog. Notverwertungsmaßnahmen ausnahmsweise zulässig sind. Entscheidend ist damit die definitorische Abgrenzung der unterschiedlichen Arten der Verwertung (i. w. S.) oder – anders gewendet – der Geltungsbereich der beiden Grundsätze und die Voraussetzungen der Ausnahme.

Diese Grundregeln gelten im Übrigen gleichermaßen in Bezug auf die Verwertung (i. w. S.) von Sicherungsgut.[567] Sie bestimmen jedoch lediglich die Zulässigkeit einer solchen Maßnahme gemäß den allgemeinen Verwalterpflichten. Die Berechtigung zur

---

562 Vgl. ähnlich *Sander* in: Ahrens/Gehrlein/Ringstmeier, § 22 Rn. 103; *Schröder* in: Hamburger Kommentar, § 22 Rn. 123; auch *Uhlenbruck* in: Kölner Schrift³, Kapitel 6 Rn. 53.
563 BGH NZI 2005, 99, 101 (= BGHZ 161, 49).
564 Vgl. BGH NZI 2016, 963 Rn. 54; BGH NZI 2016, 796 Rn. 47 (BGHZ 211, 225); BGH ZInsO 2008, 1265 Rn. 3 und 2. Ls.; BGH NZI 2007, 461 Rn. 12 f. und 2. Ls.; BGH NZI 2006, 401 Rn. 7; BGH NZI 2005, 627, 627 f.; BGH NZI 2004, 626, 627.
565 So *Laroche*, NZI 2010, 965, 966; vgl. exemplarisch etwa BGH NZI 2005, 627, 627.
566 Begrifflich ebenso etwa *Vuia* in: Gottwald, § 14 Rn. 71.
567 Vgl. instruktiv (auch zum Folgenden) *Eckardt* in: Jaeger, § 166 Rn. 62 ff.; insofern auch noch *Gerhardt* in: Jaeger, § 22 Rn. 113 mit Fn. 212.

(lastenfreien) Veräußerung gegenüber dem jeweiligen Sicherungsnehmer, derer – wie eingangs dargelegt – ein vorläufiger Insolvenzverwalter insbesondere deshalb im Einzelfall bedarf, weil er damit – anders als ein »endgültiger« – nicht weitgehend *ipso iure* ausgestattet ist, ist davon getrennt zu betrachten. Denn dafür bestehen teilweise besondere Maßgaben. Insbesondere ist ein Eingriff in die Rechte der Sicherungsnehmer nicht allein dadurch gerechtfertigt, dass sich die jeweilige Verwertung (i. w. S.) als Verwaltungsmaßnahme darstellt.[568] So hat auch der Gesetzgeber gerade im Hinblick auf Maßnahmen letzterer Art betont, dass sofern ein vorläufiger Insolvenzverwalter Sicherungsgut veräußern will, er grundsätzlich der Zustimmung der Betroffenen bedarf.[569] Stellt sich eine solche Maßnahme indes als Notverwertung dar, soll sie nicht nur allgemein zulässig, sondern auch der damit einhergehende Eingriff in die Rechte der Sicherungsnehmer regelmäßig berechtigt sein.[570]

Schließlich sind kurz die Adressaten dieser Grundprinzipien festzuhalten, mithin *wer* ihnen (wobei) Folge zu leisten hat. Dass das grundsätzliche Verwertungsverbot für vorläufige Insolvenzverwalter jeglicher Art gilt, dürfte allgemein anerkannt sein.[571] Dasselbe muss indes einerseits auch für die übrigen, dazu komplementären Prinzipien gelten. Andererseits hat auch das Gericht all diese Grundregeln zu beachten, und zwar namentlich dann, wenn es um die *Ermächtigung* eines schwachen vorläufigen Insolvenzverwalters zu einer Verwertung geht.[572] Schließlich fußen sie allesamt vorwiegend auf den speziellen Verfahrensmaximen des Eröffnungsverfahrens, die ihrerseits – wie an den entsprechenden Stelle soeben dargelegt – für all diese Verfahrensakteure entsprechend gelten. Adressaten aus dem Kreis der vorläufigen Verwalter sind demnach der *starke* und der kraft atypischer Einzelermächtigung entsprechend *gestärkte* bei eigener Verwertung (i. w. S.) sowie der *mitbestimmende* hinsichtlich der Zustimmung[573] zu einer solchen Maßnahme durch den Schuldner.

I.   Verbot von Verwertungsmaßnahmen

Die Darlegung der Grundprinzipien betreffend Verwertungsmaßnahmen im Eröffnungsverfahren hat mit dem grundsätzlichen Verbot zu beginnen. Der *Bundesgerichtshof* hält in ständiger Rechtsprechung im Ausgangspunkt fest, dass ein vorläufiger Insolvenzverwalter – unabhängig von seiner konkreten Art[574] – zu Maßnahmen der »Verwertung«

---

568   Vgl. BGH NZI 2003, 259, 261 (= BGHZ 154, 72); *Eckardt* in: Jaeger, § 166 Rn. 63 und 72; *Ganter*, NZI 2007, 549, 550; *Vallender* in: Uhlenbruck, § 22 Rn. 50; *Rüntz/Laroche* in: Heidelberger Kommentar, § 22 Rn. 15. – A. A. *Klasmeyer/Elsner/Ringstmeier* in: Kölner Schrift², S. 1083, 1096.

569   RegE-InsVerfVereinfG, BT-Drucks. 16/3227, S. 16.

570   Vgl. *Eckardt* in: Jaeger, § 166 Rn. 73; *H.-P. Kirchhof*, ZInsO 1999, 436, 437; *Sinz* in: K. Schmidt, § 166 Rn. 13; wohl auch BGH NZI 2003, 259, 261 (= BGHZ 154, 72); *Vallender* in: Uhlenbruck, § 22 Rn. 50.

571   S. dazu sogleich Teil 2 § 1 C. I.

572   Vgl. in der Sache ebenso *Wegener* in: Frankfurter Kommentar, § 159 Rn. 3.

573   Vgl. in der Sache ebenso *Hölzle* in: K. Schmidt, § 22 Rn. 33; *Rüntz/Laroche* in: Heidelberger Kommentar, § 22 Rn. 60; *Vallender* in: Uhlenbruck, § 22 Rn. 46.

574   Vgl. insbesondere BGH NZI 2001, 191, 192 (= BGHZ 146, 165).

im Grundsatz nicht befugt ist.[575] Zum einen gebiete dies das Bestandserhaltungsinteresse des Schuldners, das vor dem Abschluss des Eröffnungsverfahrens und der Feststellung der materiellen Insolvenz mit der endgültigen Entscheidung über die Eröffnung des Insolvenzverfahrens schützenswert sei. Damit findet freilich ein Aspekt des in den §§ 21, 22 InsO verankerten Sicherungszwecks des Eröffnungsverfahrens Berücksichtigung. Zum anderen dürfe der institutionalisierten Gläubigerbeteiligung bei der Entscheidung über die Verwertung des Vermögens des Schuldners im eröffneten Verfahren (§§ 157 ff. InsO) nicht durch faktisch endgültige Maßnahmen vorgegriffen werden.[576] Das Beteiligungsinteresse der Gläubiger wird somit – eingekleidet in ein systematisches Argument – ebenfalls geschützt. In Bezug auf Bestandteile des Vermögens des Schuldners, die ein Unternehmen bilden, ließe sich darüber hinaus noch das soeben erläuterte Fortführungs*gebot* anführen. Auch das spricht prinzipiell für ein Verwertungs*verbot* im Eröffnungsverfahren.[577] Denn das Zusammenspiel der §§ 22 Abs. 1 S. 2 Nr. 2, 157 S. 1, 158 f. InsO dürfte hinreichend deutlich zeigen, dass mit »Unternehmensfortführung« diejenige mit dem Schuldner und nicht etwa – nach Veräußerung – einem Dritten als Unternehmensträger gemeint ist. Jedenfalls besteht über das grundsätzliche Verwertungsverbot auch im Schrifttum seit jeher weitgehend Einigkeit.[578]

II. Befugnis zu Verwaltungsmaßnahmen

Zwischen Rechtsprechung und Literatur besteht indes insoweit gleichermaßen Einigkeit, als von dem Verbot nicht sämtliche Verwertungsmaßnahmen (i. w. S.) erfasst sind. Vielmehr gilt es nur für Maßnahmen der Verwertung im engeren, nämlich – nach der wohl von *H.-P. Kirchhof*[579] inspirierten Diktion des *Bundesgerichtshofs* – »technischen« oder »funktionalen« Sinne der §§ 157 ff. InsO (im Folgenden auch: Verwertungsmaßnahmen i. e. S.); davon zu unterscheiden und dementsprechend generell »erlaubt« oder im Einzelfall sogar »geboten« sind solche Tätigkeiten, die sich als

---

575 Vgl. grundlegend BGH NZI 2001, 191, 192 und 1. Ls. (= BGHZ 146, 165); ferner BGH NZI 2012, 365 Rn. 11; BGH NZI 2011, 602 Rn. 51 (= BGHZ 189, 299); BGH NZI 2007, 338 Rn. 12; BGH NZI 2006, 587 Rn. 10; BGH NZI 2006, 515 Rn. 22 (= BGHZ 168, 321); BGH NZI 2006, 284 Rn. 10 (= BGHZ 165, 266); BGH NZI 2004, 381, 382; BGH NZI 2003, 259, 260 (= BGHZ 154, 72); insoweit auch noch BGH NZI 2006, 235 Rn. 15.

576 BGH NZI 2001, 191, 192 (= BGHZ 146, 165); vgl. auch BGH NZI 2011, 602 Rn. 51 (= BGHZ 189, 299).

577 Vgl. ähnlich RegE-InsVerfVereinfG, BT-Drucks. 16/3227, S. 10. – A. A. *Spieker*, S. 51.

578 Vgl. bereits *H.-P. Kirchhof*, ZInsO 1999, 436, 436; *Pohlmann*, Rn. 388 ff.; *Vallender*, DZWIR 1999, 265, 270; ferner *Bork*, Insolvenzrecht, Rn. 126; *Gerhardt* in: Jaeger, § 22 Rn. 37 ff.; *Haarmeyer/Schildt* in: MüKo, § 22 Rn. 73; *Häsemeyer*, Rn. 7.43b; *Hölzle* in: K. Schmidt, § 22 Rn. 33; *Meyer*, S. 27; *Blankenburg* in: Kübler/Prütting/Bork, § 22 Rn. 73; *Rüntz/Laroche* in: Heidelberger Kommentar, § 22 Rn. 14; *Uhlenbruck* in: Kölner Schrift³, Kapitel 6 Rn. 27; *Vallender* in: Uhlenbruck, § 22 Rn. 43. – A. A. wohl allein *Hess* in: Kölner Kommentar, § 22 Rn. 331, der offenbar umgekehrt von einer grundsätzlichen Verwertungsbefugnis ausgeht, der nur ausnahmsweise der Sicherungszweck entgegenstehe.

579 *H.-P. Kirchhof*, ZInsO 1999, 436, 436 ff.

Maßnahmen der »Verwaltung« des schuldnerischen Vermögens darstellen.[580] Diese originäre Befugnis des vorläufigen Insolvenzverwalters zur Vornahme von Verwaltungsmaßnahmen beruht ebenfalls auf dem Sicherungszweck des Eröffnungsverfahrens, in Bezug auf solche der Verwertung (i. w. S.) regelmäßig in seiner besonderen Ausprägung als Fortführungsgebot. Denn wenn das Gesetz ihm als Aufgabe vorgibt, das Vermögen des Insolvenzschuldners zu sichern und zu erhalten, insbesondere ein Unternehmen grundsätzlich fortzuführen (§§ 22 Abs. 1 S. 2 Nr. 1 bzw. Nr. 2 InsO), müssen dem vorläufigen Insolvenzverwalter auch die entsprechenden Befugnisse zuteilwerden.[581] Vor allem die Befugnis zur Vornahme von Verwaltungsmaßnahmen ermöglicht ihm überhaupt erst die Erfüllung dieser Aufgaben.[582] Auf der anderen Seite geben diese beiden speziellen Verfahrensmaximen des Eröffnungsverfahrens zugleich auch die Schranken dieser Befugnis vor. Insbesondere ermächtigt die Unternehmensfortführung für sich genommen eben nicht zu »echten« Verwertungsmaßnahmen.[583]

Verwaltungsmaßnahmen sind zunächst diejenigen Tätigkeiten, welche auch ein ordentlicher Geschäftsleiter vornehmen würde, um das Unternehmen des Insolvenzschuldners »annähernd im bisherigen Umfang und Zuschnitt« fortzuführen.[584] Als solche sind etwa der Einzug von Forderungen[585] im Rahmen des laufenden Geschäftsbetriebs oder die Veräußerung der sich daraus ergebenden Unternehmenserzeugnisse[586] anerkannt. Ferner können auch derartige Tätigkeiten, die zwar außerhalb des üblichen Geschäftsgangs liegen, aber die Fortführung des Unternehmens während des Eröffnungsverfahrens überhaupt erst ermöglichen, etwa durch Beschaffung der erforderlichen Liquidität, Verwaltungsmaßnahmen darstellen. Zu diesem Zweck kann etwa auch die Veräußerung von Teilen des »Betriebsvermögens«,[587] mithin nicht nur von Umlauf-, sondern prinzipiell auch von Anlagevermögen, als Verwaltungsmaßnahme zu-

---

580   Vgl. BGH NZI 2011, 602 Rn. 51 f. (= BGHZ 189, 299); BGH NZI 2003, 259, 261 (= BGHZ 154, 72); BGH NZI 2001, 191, 192 f. (= BGHZ 146, 165); ebenso etwa *Gerhardt* in: Jaeger, § 22 Rn. 37; *Haarmeyer/Schildt* in: MüKo, § 22 Rn. 76; *Rüntz/Laroche* in: Heidelberger Kommentar, § 22 Rn. 10 ff.; *Uhlenbruck* in: Kölner Schrift³, Kapitel 6 Rn. 27; in der Sache auch *Hölzle* in: K. Schmidt, § 22 Rn. 34.
581   Vgl. statt vieler *Haarmeyer/Schildt* in: MüKo, § 22 Rn. 76.
582   Vgl. BGH NZI 2003, 259, 261 (= BGHZ 154, 72).
583   BGH NZI 2003, 259, 261 (= BGHZ 154, 72); vgl. auch BGH NZI 2006, 235 Rn. 15.
584   *H.-P. Kirchhof*, ZInsO 1999, 436, 436; vgl. fortführend *Rüntz/Laroche* in: Heidelberger Kommentar, § 22 Rn. 13; ferner etwa *Schröder* in: Hamburger Kommentar, § 22 Rn. 42; *Vallender* in: Uhlenbruck, § 22 Rn. 45; vgl. ähnlich *Haarmeyer/Schildt* in: MüKo, § 22 Rn. 76.
585   Vgl. BGH NZI 2012, 365 Rn. 11; NZI 2004, 381, 382; BGH NZI 2003, 259, 261 (= BGHZ 154, 72); BGH NZI 2001, 191, 193 (= BGHZ 146, 165); instruktiv *Gerhardt* in: Jaeger, § 22 Rn. 95; ferner *Hölzle* in: K. Schmidt, § 22 Rn. 34; *Rüntz/Laroche* in: Heidelberger Kommentar, § 22 Rn. 13; *Vallender* in: Uhlenbruck, § 22 Rn. 45.
586   Vgl. BGH NZI 2003, 259, 261 (= BGHZ 154, 72); BGH NZI 2001, 191, 193 (= BGHZ 146, 165); *Pohlmann*, Rn. 404; *Vallender* in: Uhlenbruck, § 22 Rn. 45.
587   BGH NZI 2011, 602 Rn. 51 (= BGHZ 189, 299).

lässig sein.[588] Folglich fallen unter die hier in Rede stehende Befugnis – kurz gefasst – (nur) diejenigen Tätigkeiten, welche im Rahmen des laufenden Geschäftsbetriebs regulär anfallen oder zur Unternehmensfortführung notwendig sind.

III. Ausnahmebefugnis zu Notverwertungsmaßnahmen

Schließlich ist – wie sogar der Gesetzgeber konstatiert hat[589] – im Ausgangspunkt anerkannt, dass dem vorläufigen Insolvenzverwalter außerdem »Notverwertungen« gestattet sind. Insofern sei betont, dass von dieser besonderen Befugnis *auch* Verwertungsmaßnahmen i. e. S erfasst sind,[590] auch wenn – oder im Hinblick auf den vorstehend erläuterten Sprachgebrauch vielleicht eher: gerade weil – der *Bundesgerichtshof* insoweit stets von nicht näher konkretisierter »Verwertung« spricht[591]. So hält er in ständiger Rechtsprechung und von Anbeginn an im Einklang mit der überwiegenden Ansicht in der Literatur fest, dass solche Maßnahmen zulässig[592] sind, sofern ein Aufschub der Verwertung bis nach der Eröffnung des Verfahrens die werdende Insolvenzmasse schädigen[593] würde, insofern Gefahr im Verzug[594] vorliegt oder ihre Vornahme schlicht notwendig[595] ist.[596]

---

588 Vgl. prägnant *Schröder* in: Hamburger Kommentar, § 22 Rn. 43; ferner *Ampferl*, Rn. 509; *Haarmeyer/Schildt* in: MüKo, § 22 Rn. 76 f.; *Rüntz/Laroche* in: Heidelberger Kommentar, § 22 Rn. 13; *Vallender* in: Uhlenbruck, § 22 Rn. 45 f.; zur weitgehend vergleichbaren Rechtslage im eröffneten Verfahren vor dem Berichtstermin *Eckardt* in: Jaeger, § 159 Rn. 41. – A. A. insofern noch *Breutigam* in: Berliner Kommentar, § 159 Rn. 46; zum Eröffnungsverfahren wohl weiterhin etwa *Hölzle* in: K. Schmidt, § 22 Rn. 34; *Vuia* in: Gottwald, § 14 Rn. 72.

589 Vgl. RegE-InsVerfVereinfG, BT-Drucks. 16/3227, S. 10.

590 Vgl. grundlegend *H.-P. Kirchhof*, ZInsO 1999, 436, 437; ferner etwa *Ampferl*, Rn. 510 f.; *Rüntz/Laroche* in: Heidelberger Kommentar, § 22 Rn. 14; *Vallender* in: Uhlenbruck, § 22 Rn. 47.

591 BGH NZI 2012, 365 Rn. 11; BGH NZI 2006, 284 Rn. 10 (= BGHZ 165, 266); BGH NZI 2006, 235 Rn. 15; BGH NZI 2003, 259, 261 (= BGHZ 154, 72); ähnlich BGH NZI 2004, 381, 382: BGH NZI 2001, 191, 192 (= BGHZ 146, 16).

592 Strenggenommen spricht der *Bundesgerichtshof* davon, dass unter den jeweiligen Umständen eine Verwertung in Betracht käme (BGH NZI 2006, 284 Rn. 10 [= BGHZ 165, 266]; BGH NZI 2001, 191, 192 [= BGHZ 146, 165]), gerechtfertigt sei (BGH NZI 2011, 602 Rn. 51 [= BGHZ 189, 299]), statthaft und geboten sei (BGH NZI 2003, 259, 261 [= BGHZ 154, 72]), vorgenommen werden dürfe (BGH NZI 2012, 365 Rn. 11; BGH NZI 2004, 381, 382) bzw. insofern zumindest ein Vergütungszuschlag in Betracht käme (BGH NZI 2006, 235 Rn. 15).

593 BGH NZI 2011, 602 Rn. 51 f. (= BGHZ 189, 299); BGH NZI 2001, 191, 192 (= BGHZ 146, 165); vgl. so bereits *Pohlmann*, Rn. 400; *Gerhardt* in: Jaeger, § 22 Rn. 39; vgl. nun etwa *Haarmeyer/Schildt* in: MüKo, § 22 Rn. 76; *Vuia* in: Gottwald, § 14 Rn. 72.

594 BGH NZI 2003, 259, 261 (= BGHZ 154, 72); vgl. so bereits *H.-P. Kirchhof*, ZInsO 1999, 436, 437; zustimmend *Ampferl*, Rn. 510; nun etwa *Vallender* in: Uhlenbruck, § 22 Rn. 47.

595 Vgl. grundlegend BGH NZI 2004, 381, 382; ferner BGH NZI 2006, 235 Rn. 15; BGH, Beschluss v. 12.01.2006, Az. IX ZB 101/04, Rn. 8 (juris); BGH, Beschluss v. 21.12.2006, Az. IX ZB 36/06, Rn. 3 (juris).

596 Vgl. zum Ganzen ferner BGH NZI 2012, 365 Rn. 11; BGH NZI 2006, 284 Rn. 10 (= BGHZ 165, 266); BGH NZI 2004, 381, 382.

Diese Befugnis stellt sich somit als Ausnahme zu dem grundsätzlichen Verwertungsverbot dar,[597] nicht als Unterfall der generell zulässigen Verwaltungsmaßnahmen[598]. Gemeinsamer Rechtfertigungskern der eher abstrakt umschriebenen »Notfälle«[599] und damit Grundlage der Ausnahmebefugnis ist freilich, auch wenn dies selten gesondert benannt wird, wiederum der Sicherungszweck des Eröffnungsverfahrens, indes – anders als in Bezug auf die Verwaltungsmaßnahmen – nicht seiner besonderen Ausprägung als Fortführungsgebot. Besteht doch Gefahr in Verzug bezüglich der werdenden Insolvenzmasse und die daraus folgende Notwendigkeit einer Verwertung (i. w. S.) zu deren Sicherung und Erhalt gemäß § 22 Abs. 1 S. 2 Nr. 1 InsO bereits im Eröffnungsverfahren eben dann, wenn ihr anderenfalls eine Schädigung droht.[600] So werden die hier behandelten Fälle teilweise auch schlicht als ausnahmsweise zulässige »Sicherungsmaßnahmen« deklariert.[601] Die Voraussetzung dieser Befugnis ließe sich folglich auch dahingehend verallgemeinern, dass die Vornahme der jeweiligen Verwertung (i. w. S.) schon während des Eröffnungsverfahrens zur Wahrung des Sicherungszwecks unvermeidlich sein muss.[602]

1. Gefahr in Verzug

Demnach ist zunächst die Verwertung (i. w. S.) solcher Gegenstände des schuldnerischen Vermögens zulässig, denen im rechtlichen oder tatsächlichen Sinne der Untergang droht und deshalb gewissermaßen Gefahr in Verzug besteht. Dies ist – anknüpfend an *Pohlmann*[603] – dann der Fall, wenn der dem jeweiligen Gut innewohnende »Funktionswert« zeitlich derart begrenzt ist, dass mit dessen Verwertung nicht bis zur Verfahrenseröffnung gewartet werden kann, da er aller Voraussicht nach dann nicht mehr nutz- und/oder verwertbar wäre. Dann ist es zur Wahrung des Werterhaltungsinteresses erforderlich, den Wert des betroffenen Gegenstands, welcher ihm nur noch für absehbare Zeit innewohnt, umgehend zu realisieren.[604] Auf der anderen Seite ist dann freilich kein schützenswertes Bestandserhaltungsinteresse erkennbar, das dem entgegenstehen könnte. So ist konkret etwa der Verkauf verderblicher Waren, das Paradebeispiel[605] des Gesetzgebers,[606] als zulässige Notverwertungsmaßnahme anerkannt.[607] Der Substanzverfall eines körperlichen Gegenstands ist indes nur *ein* Beispiel. Nach hiesigem Verständnis »untergehen« können auch unkörperliche Güter oder Rechte, Forderungen etwa bei Verjährung oder Uneinbringlichkeit. Auch im Hinblick auf der-

---

597 So explizit etwa BGH NZI 2001, 191, 192 (= BGHZ 146, 165).
598 So aber etwa *Eckardt* in: Jaeger, § 159 Rn. 41.
599 So treffend *Bork*, Insolvenzrecht, Rn. 126.
600 Vgl. ähnlich *Gerhardt* in: Jaeger, § 22 Rn. 39.
601 Statt vieler *Uhlenbruck* in: Kölner Schrift³, Kapitel 6 Rn. 27.
602 Vgl. ähnlich *Rüntz/Laroche* in: Heidelberger Kommentar, § 22 Rn. 14.
603 *Pohlmann*, Rn. 400.
604 *Pohlmann*, Rn. 400; vgl. ähnlich bereits zum alten Recht *Kleiner*, S. 28.
605 Vgl. ebenso etwa *Pohlmann*, Rn. 400.
606 Vgl. RegE-InsO, BT-Drucks. 12/2443, S. 117.
607 Vgl. BGH NZI 2006, 284 Rn. 10 (= BGHZ 165, 266); BGH NZI 2003, 259, 261 (= BGHZ 154, 72); BGH NZI 2001, 191, 192 (= BGHZ 146, 165); für die Literatur statt aller *Bork*, Insolvenzrecht, Rn. 126.

artige Fälle ist (weitgehend) anerkannt, dass der vorläufige Insolvenzverwalter ausnahmsweise zur Verwertung (i. w. S.) befugt ist.[608] So verhält es sich richtigerweise auch dann, wenn der jeweilige Gegenstand zwar erhalten werden könnte, die Erhaltung aber eine unverhältnismäßig hohe Kostenbelastung mit sich bringen würde.[609] Denn das Bestandserhaltungsinteresse des Schuldners ist nur insoweit durch aktiven Vermögenseinsatz zu wahren, als dies nicht zugleich das Werterhaltungsinteresse aller Beteiligten über Gebühr beeinträchtigt.[610]

2. Günstige Gelegenheit

Fraglich ist aber, ob die Ausnahmebefugnis zu Notverwertungsmaßnahmen auch dann besteht, wenn *allein* der Preis des betroffenen Vermögensgegenstands zu verfallen droht oder – (lediglich) anders gewendet – im Eröffnungsverfahren noch eine besonders günstige Gelegenheit zu seiner Verwertung (i. w. S.) besteht. Gemeint sind damit die Fälle, in denen sich eine Veräußerung allein aufgrund von aktuell besonders guten oder eben zukünftig aller Voraussicht nach verschlechternden Marktbedingungen bereits im Eröffnungsverfahren anbietet, ohne dass dies unmittelbar auf einem Untergang des jeweiligen Vermögensgegenstands im zuvor erläuterten Sinne beruht.

Eine Ansicht im Schrifttum bejaht die Befugnis in solchen Fällen,[611] und zwar unter Berufung auf das Urteil des *Bundesgerichtshofs* vom 5. Mai 2011[612]. Dazu kann diese Entscheidung nach hiesigem Verständnis allerdings nicht dienen: Sie verhält sich nicht zur Befugnis des vorläufigen Insolvenzverwalters zu eigenen (Not-)Verwertungsmaßnahmen, sondern dazu, ob und gegebenenfalls wann eine Pflicht besteht, »etwaige Hindernisse« zur Verwertung von Sicherungsgut durch den Sicherungsnehmer außerhalb des Verfahrens »aus dem Weg zu räumen«.[613] Konkret ging es darin um die gemäß § 1246 Abs. 1 BGB erforderliche Zustimmung[614] zu einer vom gesetzlichen Regelfall abweichenden Art der Verwertung eines Absonderungsguts (kaufmännisches Zurückbehaltungsrecht, § 51 Nr. 3 InsO i. V. m. § 369 HGB), die – nach zivilrechtlichen Maßstäben – deshalb zu erteilen war, weil die abweichende Verwertungsform

---

608 Vgl. BGH NZI 2012, 365 Rn. 11; BGH NZI 2004, 381, 382; BGH NZI 2003, 259, 261 (= BGHZ 154, 72); für die Literatur etwa *Hölzle* in: K. Schmidt, § 22 Rn. 33; *Gerhardt* in: Jaeger, § 22 Rn. 99; *Rüntz/Laroche* in: Heidelberger Kommentar, § 22 Rn. 14.

609 Vgl. *Haarmeyer/Schildt* in: MüKo, § 22 Rn. 81; *Pohlmann*, Rn. 400; *Rüntz/Laroche* in: Heidelberger Kommentar, § 22 Rn. 14; wohl auch *Vallender* in: Uhlenbruck, § 22 Rn. 47.

610 Vgl. ähnlich *Pohlmann*, Rn. 400.

611 Vgl. *Haarmeyer/Schildt* in: MüKo, § 22 Rn. 76; *Rüntz/Laroche* in: Heidelberger Kommentar, § 22 Rn. 14; wohl auch *Sander* in: Ahrens/Gehrlein/Ringstmeier, § 22 Rn. 63; wohl lediglich referierend *Schröder* in: Hamburger Kommentar, § 22 Rn. 44; *Nachmann/Fuhst*, GWR 2011, 390, 390. – S. dazu in Bezug auf einen Unternehmensverkauf im Besonderen Teil 2 § 2 C. II.

612 BGH NZI 2011, 602 (= BGHZ 189, 299). – S. dazu allgemein ablehnend *Hackenberg*, EWiR 2011, 603, 603; zustimmend *Servatius*, WM 2011, 1420 WuB VI. A. § 60 InsO 1.11; auch *Nachmann/Fuhst*, GWR 2011, 390; ferner kurz *Ganter*, NZI 2012, 201, 206.

613 BGH NZI 2011, 602 Rn. 53 (= BGHZ 189, 299).

614 Bestellt war ein mitbestimmender vorläufiger Insolvenzverwalter. Deshalb bedurfte es wegen § 21 Abs. 2 S. 1 Nr. 2 Fall 2 InsO insofern *auch* dessen Zustimmung, s. dazu *Servatius*, WM 2011, 1420 WuB VI. A. § 60 InsO 1.11.

einen höheren Erlös versprach.[615] Die vielfach isoliert zitierten Ausführungen zur »günstige[n] Verwertungschance« fielen dort, mithin in einem anderen Zusammenhang. Ferner entschied der *Senat*, dass insoweit (nur) dann auch eine insolvenzrechtliche Zustimmungspflicht besteht, wenn aller Voraussicht nach im eröffneten Verfahren eine »auch nur annähernd vergleichbar lukrative Veräußerungsmöglichkeit« nicht mehr zu erwarten ist *und* es sich nicht um eine – wie er nochmals betonte: grundsätzlich unzulässige – Verwertung i. e. S. handelt *sowie* keine schützenswerten Belange des Schuldners entgegenstehen, insbesondere ausschließlich entbehrliche Gegenstände aus dem schuldnerischen Vermögen betroffen sind.[616] Daher ist dem Urteil allenfalls in entgegengesetzter Richtung zu entnehmen, dass *allein* eine einmalig günstige Gelegenheit den vorläufigen Insolvenzverwalter zu Verwertungsmaßnahmen auch ausnahmsweise weder berechtigt noch verpflichtet. Nicht zuletzt fehlt es an den anderen Voraussetzungen, die der *Bundesgerichtshof* in dem entschiedenen Fall lediglich deshalb bejahte, weil an dem betroffenen Gegenstand eben ein Sicherungsrecht bestand, das zudem bereits durch einen rechtskräftigen Titel festgestellt worden war; außerdem befand sich das Sicherungsgut im unmittelbaren Besitz des Sicherungsnehmers, so dass es offensichtlich nicht betriebsnotwendig war und der werdenden Masse auch kein Verwertungskostenbeitrag entging. Diese Konstellation dürfte allerdings, wie schon *Seagon*[617] zu Recht betont hat, einen »eng begrenzten Sonderfall« darstellen.

Jener Ansicht in der Literatur kann auch im Ergebnis nicht gefolgt werden. Insofern gilt es daran zu erinnern, dass die Reichweite der Befugnisse des vorläufigen Insolvenzverwalters durch den Sicherungszweck begrenzt ist,[618] der – wie es schon *Häsemeyer*[619] fasste – den Erhalt des Status quo im Eröffnungsverfahren zum Gegenstand hat. Als eine damit konforme Sicherungs- und Erhaltungsmaßnahme lässt sich die Wahrnehmung günstiger Verwertungsgelegenheiten indes nicht mehr charakterisieren. Ohne die Gefahr eines Untergangs des jeweiligen Gegenstands überwiegen dabei proaktive, massemehrende Elemente. Eine solche Maßnahme stellt sich daher eher als vorgreifliche *Realisierung* des Verfahrenszwecks des § 1 S. 1 InsO dar, die eben noch nicht zu den Aufgaben des vorläufigen Insolvenzverwalters zählt[620]. Auch nach der Rechtsprechung des *Bundesgerichtshofs* liegt dann keine Notverwertungsmaßnahme mehr vor, wenn die jeweilige Tätigkeit allein der Masseanreicherung dient.[621] Schließlich genügt die Absicht der Liquiditätsbeschaffung allein nicht, um noch vor Eröffnung des Insolvenzverfahrens einen Eingriff in den Bestand des schuldnerischen Vermögens zu rechtfertigen.[622] Denn dieser ist in der Verfahrensphase noch uneingeschränkt schutzwürdig, falls ihm nicht der Untergang droht. Daher verdient *im Ergebnis* die

---

615 Vgl. (auch zum Folgenden) BGH NZI 2011, 602 Rn. 28 ff. und 52 ff. (= BGHZ 189, 299).

616 BGH NZI 2011, 602 Rn. 52 (= BGHZ 189, 299).

617 Se*agon*, LMK 2012, 327757; vgl. auch *Ellers*, BB 2011, 2003, 2004.

618 S. dazu Teil 2 § 1 B. II.

619 Vgl. *Häsemeyer*, Rn. 7.43b.

620 Vgl. *Häsemeyer*, Rn. 7.43b.

621 Vgl. grundlegend BGH NZI 2004, 381, 382; ferner BGH NZI 2012, 365 Rn. 11; BGH NZI 2006, 235 Rn. 15; ferner BGH, Beschluss v. 21.12.2006, Az. IX ZB 36/06, Rn. 3 (juris), BGH, Beschluss v. 12.01.2006, Az. IX ZB 101/04, Rn. 8 (juris).

622 So bereits *H.-P. Kirchhof*, ZInsO 1999, 436, 437; vgl. im Anschluss *Gerhardt* in: Jaeger, § 22 Rn. 38; insoweit auch noch *Rüntz/Laroche* in: Heidelberger Kommentar, § 22 Rn. 14.

andere Ansicht Zustimmung, nach der ein drohender Preisverfall im Hinblick auf einen Gegenstand aus dem schuldnerischen Vermögen im eingangs erläuterten Sinne für sich genommen kein Recht zu vermeintlichen Notverwertungen begründet.[623] *Hölzle* führt dazu prägnant aus, dass eine solche Befugnis nicht schon damit zu rechtfertigen sei, dass sich verschlechternde Marktbedingungen oder verfallende Preise drohen.[624] In diese Richtung ist auch die wiederum von *H.-P. Kirchhof*[625] geprägte und vielfach aufgegriffene Aussage zu verstehen, dass sich die »Gefahr« für die werdende Masse aus dem Vermögensgut selbst ergeben müsse.[626] Tendenziell sprechen dafür ebenfalls die Stellungnahmen, die in diesem Kontext nicht auf eine drohende Minderung des *Preises*, sondern des *Wertes* von einzelnen Massegegenständen abstellen,[627] und deutlich diejenigen, welche die »Gefahr« mit dem »Untergang« eines Vermögensgegenstands konkretisieren[628].

§ 2 Zulässigkeit eines Unternehmensverkaufs im Eröffnungsverfahren

Nachdem bereits dargelegt worden ist, dass im Eröffnungsverfahren – je nach Ausgestaltung – unterschiedliche Akteure im Ausgangspunkt die erforderliche Rechtsmacht aufweisen, um ein Unternehmen währenddessen wirksam zu verkaufen,[629] soll im folgenden Hauptteil nun die Ausgangsfrage der *Zulässigkeit* eines Unternehmensverkaufs in dieser Verfahrensphase geklärt werden. Das Gesetz beantwortet sie (in den §§ 21, 22 InsO) nicht ausdrücklich. Und der *Bundesgerichtshof* hat die konkrete Frage (auf der Grundlage des geltenden Rechts) – wie im Folgenden zu zeigen ist – auch noch nicht entschieden. Die Pflichtgemäßheit der entsprechenden Maßnahmen hat aus Sicht des vorläufigen Insolvenzverwalters vor allem für dessen Haftungsrisiko und etwaige Aufsichtsmaßnahmen des Gerichts gemäß §§ 60 bzw. 58 f. InsO i. V. m. § 21 Abs. 2 S. 1 Nr. 1 InsO Bedeutung.

Die nachstehenden Ausführungen betreffen – so wie die meisten der dabei behandelten Beiträge des Schrifttums – primär den Verkauf eines Unternehmens im Eröffnungsverfahren durch einen *starken* vorläufigen Insolvenzverwalter. Sie gelten jedoch sinngemäß auch für die Zustimmung[630] eines *mitbestimmenden* vorläufigen Insolvenzverwalters zu dem Verkauf durch den Insolvenzschuldner sowie für den Verkauf eines

---

623 Vgl. *Hölzle* in: K. Schmidt, § 22 Rn. 34; wohl auch *Ampferl*, Rn. 510 f. und 524 ff.; *Vallender* in: Uhlenbruck, § 22 Rn. 47 im Allgemeinen auch *Pohlmann*, Rn. 401 ff. – Anders aber – bemerkenswerterweise – in Bezug auf Unternehmensverkäufe im Besonderen vgl. ebd., Rn. 421 ff.

624 *Hölzle* in: K. Schmidt, § 22 Rn. 34.

625 *H.-P. Kirchhof*, ZInsO 1999, 436, 437.

626 Vgl. etwa *Ampferl*, Rn. 511; *Gerhardt* in: Jaeger, § 22 Rn. 38; insoweit auch noch *Rüntz/Laroche* in: Heidelberger Kommentar, § 22 Rn. 14.

627 So etwa RegE-InsVerfVereinfG, BT-Drucks. 16/3227, S. 10; *Voß/Lienau* in: Graf-Schlicker, § 22 Rn. 10; *Windau* in: BeckOK, § 22 Rn. 29.

628 So etwa *Mönning* in: Nerlich/Römermann, § 22 Rn. 39.

629 S. dazu Teil 2 § 1 A. IV.

630 Vgl. in der Sache ebenso etwa *Marotzke*, Rn. 117; *Spieker*, S. 59.

kraft dahingehender Einzelanordnung *gestärkten* vorläufigen Insolvenzverwalters.[631] Des Weiteren sind sie auf die Frage der Zulässigkeit einer entsprechenden – grundsätzlich in Betracht kommenden[632] – *gerichtlichen Ermächtigung* übertragbar. Schließlich gelten – wie bereits gezeigt[633] – sowohl die speziellen Verfahrensmaximen als auch die weitgehend daraus folgenden Grundprinzipien, denen dabei entscheidende Bedeutung zukommen wird, für all diese Verfahrensakteure entsprechend.

Der nachfolgenden Untersuchung sei vorausgeschickt, dass ein weiter Teil des Schrifttums einen Unternehmensverkauf im Eröffnungsverfahren für generell unzulässig hält oder aber insofern eine »grundsätzliche« bzw. »regelmäßige« Unzulässigkeit annimmt, ohne irgendwelche Ausnahmen, also weder Rechtfertigungsgründe noch Legitimationsmöglichkeiten, explizit zu benennen.[634] Nicht zuletzt da – wie im Folgenden gezeigt werden soll – jedoch ein ähnlich großer Teil der Literatur gegenläufige Ansichten vertritt, gilt es nun jene Meinung zu hinterfragen und vor allem zu prüfen, ob und gegebenenfalls unter welchen Voraussetzungen ein Unternehmensverkauf im Eröffnungsverfahren (doch ausnahmsweise) zulässig ist. Dabei soll ferner nicht nur der Verkauf eines Unternehmens im Ganzen, sondern auch in Teilen betrachtet werden. Denn aus der Praxis wird eindringlich berichtet, dass im Eröffnungsverfahren gerade an einer Teilverkaufsbefugnis ein Bedarf besteht.[635]

A.   Vorbemerkungen

Zur Beantwortung der Frage nach der Zulässigkeit eines Unternehmensverkaufs im Eröffnungsverfahren seien vorab einige Aspekte erläutert, auf die es im Rahmen der dazugehörigen Argumentation maßgeblich ankommen wird.

I.   Gesetz zur Vereinfachung des Insolvenzverfahrens

In diesem Kontext kommt vor allem dem »Gesetz zur Vereinfachung des Insolvenzverfahrens« vom 13. April 2007 (im Folgenden: InsVerfVereinfG)[636] und dessen Gesetzgebungsverfahren große Bedeutung zu.

---

631   Vgl. in der Sache ebenso vor allem *Kriegs*, S. 43 ff., 74 ff. und 76 ff.
632   S. dazu Teil 2 § 1 A. IV.
633   S. dazu Teil 2 § 1 B bzw. Teil 2 § 1 C.
634   Vgl. *Arends/Hofert-von Weiss*, BB 2009, 1538, 1540; *Beisel* in: Beisel/Klumpp, § 3 Rn. 56; *Bieg* in: Bork/Hölzle, Kapitel 14 Rn. 23 f.; *Blankenburg* in: Kübler/Prütting/Bork, § 22 Rn. 114; *Bitter/Rauhut*, KSI 2007, 258, 260; *Blech* in: Meyer-Sparenberg/Jäckle, § 61 Rn. 98; *Demisch* in: Ettinger/Jaques, Kapitel F Rn. 57; *Heckschen* in: Reul/Heckschen/Wienberg, § 4 Rn. 1408 f.; *Kebekus/Georg* in: Meyer-Sparenberg/Jäckle, § 63 Rn. 58; *Madaus/Geiwitz* in: Paulus/Knecht, § 2 Rn. 06; *Ott*, S. 99 f.; *Schmerbach* in: Frankfurter Kommentar, § 22 Rn. 72; *Schmerbach/Staufenbiel*, ZInsO 2009, 458, 460; *Schröder* in: Hamburger Kommentar, § 22 Rn. 44; *Soudry/Schwenkel*, GWR 2010, 366, 367; wohl auch *Classen*, BB 2010, 2898, 2900; *Decker/Schäfer*, BB 2015, 198, 200; *Morshäuser/Falkner*, NZG 2010, 881, 882; *Uhlenbruck* in: Kölner Schrift³, Kapitel 6 Rn. 28; wohl offenlassend indes *Perzborn*, S. 173 ff.
635   Exemplarisch *Gravenbrucher Kreis*, ZIP 2003, 1220, 1222.
636   BGBl. 2007, Teil I, S. 509.

1. Nichtreform des § 22 Abs. 1 S. 2 Nr. 2 InsO

Zum einen sah der dazugehörige Diskussionsentwurf aus dem Jahr 2003 noch vor, die Regelung des § 22 Abs. 1 S. 2 Nr. 2 InsO – alternativ zur Stilllegung – auf die Veräußerung eines Unternehmens des Insolvenzschuldners auszweiten.[637] Dadurch wäre der Unternehmensverkauf, unter der Voraussetzung der Zustimmung des Gerichts zur Vermeidung einer erheblichen Verminderung des Vermögens des Schuldners, bereits im Eröffnungsverfahren explizit für zulässig erklärt worden. Mit diesem Vorschlag war einer entsprechenden Forderung aus der Praxis, primär von Seiten der Insolvenzverwalter, nachgekommen worden.[638] Allerdings stieß er auf erheblichen Widerstand, vor allem aus der Richterschaft. Diese befürchtete ein zusätzliches Haftungsrisiko.[639] Kritik kam jedoch auch von Seiten der Verwalter, wenngleich diese eher die regelungstechnische Umsetzung des Reformvorhabens im Visier hatte.[640] Tatsächlich hatte sich noch vor dem Diskussionsentwurf sogar die Bund-Länder-Arbeitsgruppe »Insolvenzrecht« dagegen ausgesprochen.[641] Die Kritik zeigte offenbar letztendlich auch Wirkung. So wurde das fragliche Reformvorhaben bereits mit dem Referentenentwurf[642] aus dem Jahr 2004 nicht weiterverfolgt. Es fand dementsprechend auch keinen Einzug in die verabschiedete Fassung des Reformgesetzes. Zur Begründung verwies der Reformgesetzgeber in den Materialien vornehmlich auf das Bestandserhaltungsinteresse des Insolvenzschuldners: Vor Feststellung seiner Insolvenz bestehe keine Rechtfertigung für einen derart schwerwiegenden Eingriff in sein Eigentum durch einen aufgezwungenen Verkauf seines Unternehmens.[643] Auf diesem Aspekt beruhte auch die Skepsis der Bund-Länder-Arbeitsgruppe »Insolvenzrecht«.[644]

2. Reform des § 158 InsO

Zum anderen wurde durch die InsVerfVereinfG-Reform aber eine funktional vergleichbare Regelung tatsächlich eingeführt, allerdings erst für eine spätere Verfahrensphase. So wurde der § 158 InsO dahingehend geändert, dass er nun alternativ zur *Stilllegung* auch die *Veräußerung* eines Unternehmens des Insolvenzschuldners umfasst. Demnach darf eine solche Transaktion unter Umständen bereits vorzeitig stattfinden, nämlich vor dem Berichtstermin. Damit soll die Wahrnehmung günstiger Veräußerungsmöglichkeiten einer früheren Phase des Verfahrens ermöglicht werden.[645] Angemerkt sei, dass damit nachträglich ein Vorhaben umgesetzt worden ist, welches so ursprünglich bereits bei Einführung der Insolvenzordnung geplant war (lediglich mit anderer Regelungstechnik). So sah § 177 RegE-InsO, auf den der heutige § 158 InsO

---

637 BMJ, DiskE-InsVerfVereinfG, S. 13 f. und 24 f. – Abgedruckt u. a. in NZI 2003, 311, 311 ff.
638 Vgl. *Stephan*, NZI 2004, 521, 524.
639 Vgl. etwa *Vallender/Fuchs*, NZI 2003, 292, 293 f.
640 Vgl. *Gravenbrucher Kreis*, ZIP 2003, 1220, 1222.
641 So berichtet etwa *Graf-Schlicker*, ZIP 2002, 1166, 1173.
642 BMJ, RefE-InsVerfVereinfG, S. 3 f. – Abgedruckt u. a. in ZInsO 2004, 1016, 1016 ff.
643 RegE-InsVerfVereinfG, BT-Drucks. 16/3227, S. 11.
644 Vgl. *Gravenbrucher Kreis*, ZIP 2003, 1220, 1222.
645 RegE-InsVerfVereinfG, BT-Drucks. 16/3227, S. 20.

zurückgeht, in einem dritten Absatz vor, dass die Norm für den Fall der Veräußerung eines Unternehmens des Insolvenzschuldners entsprechend gelten soll.[646] Dieses Vorhaben ist jedoch im weiteren Gesetzgebungsverfahren aufgegeben worden. Dazu stellte der Rechtsausschuss damals klar, dass für den Unternehmensverkauf, als wesentliche Handlung, keine Sonderregelung vor dem Berichtstermin gelten solle; seine Zulässigkeit sei stets von der Zustimmung der Gläubiger im Berichtstermin nach § 179 Abs. 2 Nr. 1 RegE-InsO (§ 160 Abs. 2 Nr. 1 InsO) abhängig.[647]

3. Bewertung

Es bleibt zu prüfen, inwiefern die InsVerfVereinfG-Reform nunmehr bei der Anwendung des Gesetzes zu berücksichtigen ist. Die Frage stellt sich freilich nicht hinsichtlich der dadurch veränderten Normtexte, sondern in Bezug auf den damit, insbesondere in der dabei unterbliebenen Änderung des § 22 Abs. 1 S. 2 Nr. 2 InsO, zum Ausdruck gekommenen gesetzgeberischen Willen. Denn in einigen Beiträgen im Schrifttum betreffend die Zulässigkeit eines Unternehmensverkaufs im Eröffnungsverfahren aus der Zeit nach der Reform offenbaren sich insofern grundverschiedene Annahmen. Teilweise wird anscheinend davon ausgegangen, dass der Sachverhalt auch in Anbetracht der insoweit fruchtlosen InsVerfVereinfG-Reform unverändert nicht geregelt und jene Vorschrift weiterhin uneingeschränkt analogie- bzw. auslegungsfähig sei.[648] Weniger weit gehend nimmt *Kriegs*[649] an, dass der Reformgesetzgeber jedenfalls offengelassen habe, ob ein Unternehmensverkauf im Eröffnungsverfahren über vom konkreten Änderungsvorschlag abweichende Konzepte legitimierbar ist. Am anderen Ende des Meinungsspektrums wird ohne Einschränkungen ausgeführt, seitdem stehe fest, dass ein Unternehmensverkauf im Eröffnungsverfahren unzulässig ist.[650] Wohl überwiegend wird offenkundig angenommen, dass die InsVerfVereinfG-Reform zumindest spürbaren Einfluss auf die fragliche Rechtslage hatte, wenngleich die aus dieser Annahme gezogenen Schlussfolgerungen teilweise abweichen.[651]

a) Methodologische Grundlagen

Aufgrund des sehr konträren Meinungsspektrums und der erheblichen Relevanz dieser Streitfrage sollen vorab – in komprimierter Form – die Rollen des gesetzgeberischen Willens bei der Rechtsfindung dargestellt werden.

---

646 Vgl. RegE-InsO, BT-Drucks. 12/2443, S. 37.

647 Rechtsausschuss zum RegE-InsO, BT-Drucks. 12/7302, S. 175.

648 Vgl. *Hirte* in: Uhlenbruck, § 11 Rn. 19; *Marotzke*, KTS 2014, 113, 152; ferner auch *Ehricke*, ZIP 2004, 2262, 2266; *Fritsche*, DZWIR 2005, 265, 269 mit Fn. 65.

649 *Kriegs*, S. 55 ff. mit Fn. 180 und S. 73.

650 Vgl. etwa *Soudry/Schwenkel*, GWR 2010, 366, 367; ähnlich *Arends/Hofert-von Weiss*, BB 2009, 1538, 1539 f.; *Heckschen* in: Reul/Heckschen/Wienberg, § 4 Rn. 1408 f.; *Ott*, S. 99 f.; nunmehr auch *Blankenburg* in: Kübler/Prütting/Bork, § 22 Rn. 113 f.

651 Vgl. etwa *Bieg* in: Bork/Hölzle, § 14 Rn. 24; *Bitter/Rauhut*, KSI 2007, 258, 259; *Schmerbach* in: Frankfurter Kommentar, § 22 Rn. 72; *Schmerbach/Staufenbiel*, ZInsO 2009, 458, 460; *Schröder* in: Hamburger Kommentar, § 22 Rn. 44.

aa) Gesetzgeberischer Wille als Beitrag zur Rechtsfindung

Zunächst gilt es insoweit die Grundlinien zu betonen, die heute allgemein anerkannt sind:[652] Der Wille des Gesetzgebers ist grundsätzlich als *ein* Kriterium zur Auslegung von Gesetzen zu berücksichtigen (sog. historische Auslegung). Zu dessen Ermittlung ist *auch* die Entstehungsgeschichte der fraglichen Norm zu beleuchten (auch: sog. genetische Auslegung), die sich aus den Materialien des jeweiligen Gesetzgebungsverfahrens (heutzutage: Gesetzesentwurf mitsamt Begründung[653]) ergibt.[654] Der Wille des Gesetzgebers spielt auch bei den allgemein anerkannten Formen der gesetzesimmanenten Rechtsfortbildung eine gewichtige Rolle. So setzt etwa eine Analogie eine (planwidrige) Regelungslücke voraus,[655] wofür eben der »Plan« des Gesetzes und dafür wiederum *auch* der Wille des Gesetzgebers maßgeblich ist.[656] Tatsächlich gelten die Gesetzesmaterialien als das in der Praxis der gerichtlichen Rechtsfindung faktisch wichtigste Mittel zur Rechtsfindung.[657] Kontroversen bestehen in Unterfragen, die für die Methodenlehre eben häufig grundlegender Natur sind, wie etwa über ihren »Dauerbrenner«[658], der »Ewigkeitsfrage«[659] nach dem Ziel der Auslegung: Bleibt stets der historische Wille des Gesetzgebers maßgeblich (so im Kern die sog. subjektive Theorie) oder ist vielmehr, insbesondere bei einem »Wandel der Normsituation«[660] zwischen den Zeitpunkten der Entstehung und der fraglichen Geltung eines Gesetzes, nach dem davon losgelösten und über die Zeit wandelbaren Willen des Gesetzes zu fragen (so im Kern die sog. objektive Theorie)?[661] Allerdings wird der aktuellen Methodendiskussion attestiert, dass – bei Lichte betrachtet – keiner der beiden Ansätze noch in seinen älteren, strengen Ausprägungen vertreten wird.[662] Tatsächlich sind heute vermittelnde Konzepte vorherrschend, freilich teils mit »objektiverem«, teils mit »subjektiverem« Einschlag. Entscheidend ist an dieser Stelle, dass nunmehr wohl auch

---

652 Vgl. ebenso in weiten Teilen *T. Möllers*, § 4 Rn. 147 und 157; *Schenke*, S. 51 f. – S. dazu umfassend *Frieling*, S. 10 ff.

653 Vgl. *Frieling*, S. 205; *Wischmeyer*, JZ 2015, 957, 965.

654 Vgl. etwa *Bork*, BGB AT, § 3 Rn. 130 ff.; *Bydlinski*, S. 449 ff.; *Larenz/Canaris*, S. 149 f. (der Wille des Gesetzgebers als »verbindliche Richtschnur« für Rechtsfindung); *Rüthers/ Fischer/Birk*, Rn. 778 ff.; *Säcker* in: MüKo-BGB, Einleitung BGB Rn. 139; *Wolf/Neuner*, § 4 Rn. 38.

655 Vgl. nur BGH NJW-RR 2017, 1416 Rn. 22; *Würdinger*, AcP 2006, 946, 950 f.

656 Vgl. etwa, freilich mit begrifflichen Abweichungen vor dem Hintergrund des jeweiligen Verständnisses vom Konzept »Regelungslücke« aber in der Sache, *Bork*, BGB AT, § 3 Rn. 144; *Bydlinski*, S. 472 ff.; *Larenz/Canaris*, S. 191 ff.; *Rüthers/Fischer/Birk*, Rn. 832 ff. und 888 ff.; *Säcker* in: MüKo-BGB, Einleitung BGB Rn. 150 ff.

657 So *Frieling*, S. 209 m. w. N. – Für Anwendungsbeispiele aus der jüngeren Rechtsprechung die *Bundesgerichtshofs* s. BGH NJW 2012, 1800 Rn. 55 ff. (= BGHZ 192, 90) – *IKB*; BGH NJW 2007, 992 Rn. 15 ff. (= BGHZ 170, 187); für weitere aus den Entscheidungen der BGHZ-Bände 51-70 s. *T. Honsell*, S. 130 ff.

658 *Frieling*, S. 85.

659 *Fleischer*, AcP 2011, 317, 321.

660 *Larenz/Canaris*, S. 170 ff.

661 S. dazu *Fleischer*, AcP 2011, 317, 321 ff.; *T. Möllers*, § 6 Rn. 60 ff.; noch zu Hochphasen der Diskussion *T. Honsell*, S. 54 ff.

662 Vgl. (auch zum Folgenden) *Fleischer*, AcP 2011, 317, 326; *Frieling*, S. 83; *T. Möllers*, § 6 Rn. 79.

kein »Objektivist« einen aus den Materialien des Gesetzes erkennbaren Willen des Gesetzgebers gänzlich außer Betracht lässt.[663]

bb) Bedeutung abweichender Praxis

Im Übrigen lässt sich – anders als es offenbar *Kriegs*[664] sieht – damit, dass der Gesetzgeber seine Ziele in Bezug auf die Ausgestaltung des Eröffnungsverfahrens bisweilen verfehlt hat,[665] kein Wandel der Normsituation begründen. Dass die Praxis diesen Verfahrensabschnitt (von Anfang an) in zeitlicher und qualitativer Hinsicht anders handhabt, als es dem gesetzgeberischen Willen entspricht, stellt für sich genommen eben keine Änderung derjenigen rechtlichen und tatsächlichen Rahmenbedingungen dar, welche zum Zeitpunkt der einschlägigen Regelungsentscheidungen bestanden. Dieser Umstand berechtigt daher keineswegs dazu, die Intention des Gesetzgebers gänzlicher außer Acht zu lassen. Ein Wandel der Normsituation ist auch im Übrigen nicht ersichtlich. Nicht zuletzt hat der Gesetzgeber sein ursprüngliches Konzept gegenüber der »widerspenstigen« Praxis bekanntlich nachträglich noch einmal deutlich bekräftigt.[666] Dass gerade jüngeren Stellungnahmen des Gesetzgebers ein hoher Wert beigemessen wird, ist üblich[667] und erklärt sich nicht zuletzt daraus, dass sie sich der Skepsis der Objektivisten oft naturgemäß entziehen. Die geschilderte Diskrepanz sollte daher vielmehr Anlass dazu geben, die Zulässigkeit der vermeintlich anerkannten Praxis zu hinterfragen und ihre Grenzen zu untersuchen, wie es kürzlich *Richter*[668] beispielhaft tat.

cc) Gesetzgeberischer Wille als Grenze der Rechtsfindung

Die Grenze zulässiger Rechtsfindung im Rahmen des Gesetzes wird nämlich dann überschritten, wenn im Ergebnis eindeutigen, grundlegenden und weiterhin tragenden Wertungen des gesetzgeberischen Willens widersprochen würde.[669] So betont auch das

---

663   Vgl. ebenso *Wischmeyer*, JZ 2015, 957, 959; exemplarisch *Grüneberg* in: Palandt, Einleitung BGB Rn. 40 f. und 45, der sich zunächst explizit der objektiven Theorie anschließt und festhält, es komme auf den subjektiven Willen des historischen Gesetzgebers nicht an, dann aber die Entstehungsgeschichte für die Ermittlung des »Gesetzeszwecks« heranzieht und insofern weiter ausführt, eine etwaige ausdrückliche Stellungnahme in den Materialien sei (auch bei Abweichung vom Wortsinn) in der Regel zu befolgen.
664   Vgl. *Kriegs*, S. 57.
665   S. dazu Teil 2 § 1 B. I.
666   S. dazu wiederum Teil 2 § 1 B. I.
667   Vgl. *Fleischer*, AcP 2011, 317, 326; exemplarisch *T. Möllers*, § 13 Rn. 37.
668   Vgl. *Richter*, S. 173 ff.
669   Insofern wohl wieder allgemeine Ansicht, vgl. insbesondere *Neuner*, S. 132 und 148 ff.; ferner *Bork*, BGB AT, § 3 Rn. 148; *Bruns*, JZ 2014, 162, 164; *Bydlinski*, S. 475, 500 und 566 ff.; *Grüneberg* in: Palandt, Einleitung BGB Rn. 57; *Würdinger*, AcP 2006, 946, 950 f.; ähnlich *Canaris* in: FS Bydlinski, S. 47, 91 ff. (Wortlaut und Zweck einer Norm, der im Wege der (historischen) Auslegung festzustellen sei, als »lex-lata-Grenze« zulässiger Rechtsfindung); *Engisch*, S. 172 f. (Dann, wenn im Wege der genetischen Auslegung feststellbar ist, dass der historische Gesetzgeber etwas »klar […] gewollt« hat, sei dies als Regelung hinzunehmen). – S. dazu *Frieling*, S. 12.

Bundesverfassungsgericht immer wieder deutlich, dass eindeutige Grundentscheidungen des Gesetzgebers zu respektieren sind.[670] Aus dieser Perspektive stellen sich auch nicht die übrigen methodologischen Grundfragen nach der Bindungswirkung des gesetzgeberischen Willens und seinem Rang gegenüber den anderen Auslegungskriterien.[671] Wie jüngst *Frieling*[672] überzeugend herausgearbeitet hat, sind dabei gerade auch konkrete Vorstellungen des Gesetzgebers von dem Inhalt einzelner Normen zu berücksichtigen. Im Kontext einer vermeintlichen Regelungslücke – wie in der vorliegenden Konstellation – setzt dies voraus, dass von ihm eine »Nichtregelungsentscheidung«[673] (geläufiger: ein »beredtes Schweigen«[674]) vorliegt, mithin dass er den konkreten Sachverhalt bewusst nicht gesetzlich geregelt hat.[675] Ist dies der Fall, kann der Rechtsanwender ihn weder im Wege der Auslegung noch im Wege der Analogie gleichwohl unter die im Einzelfall fragliche Norm subsumieren.[676] Für eine Analogie fehlt es in einem solchen Fall jedenfalls an der erforderlichen *Planwidrigkeit* der Regelungslücke.[677] Ebenso lässt sich annehmen, dass dann ein Umkehrschluss im Rahmen der Auslegung bereits die Annahme einer sog. offenen oder echten *Regelungslücke* und damit zugleich eine gegenläufige Subsumtion verbietet.[678] Auf diese Differenzierung, die vom Lückenbegriff der Methodenlehren abhängt,[679] kommt es hier nicht an. Denn nach alledem gilt: Jedes Hinwegsetzen über eine bewusste Nichtregelungsentscheidung des Gesetzgebers wäre dem Vorwurf ausgesetzt, dass es sich dabei um Rechtsfindung *contra legem* handelt.[680]

---

670 Vgl. BVerfG NJW 2011, 836 Rn. 51 ff. (= BVerfGE 128, 193); BVerfG NJW 1998, 519 Rn. 54 (= BVerfGE 96, 375); BVerfG NJW 1990, 1593, 1594 (= BVerfGE 82, 6); ferner für die Annahme eines Verfassungsverstoßes wegen Missachtung des Willens des Gesetzgebers, allerdings im strafrechtlichen Kontext, das Sondervotum von *Di Fabio, Osterloh* und *Voßkuhle* in BVerfG NJW 2009, 1469 Rn. 106 ff. (= BVerfGE 122, 248); dort auch BVerfG NJW 2013, 1058 Rn. 66 (= BVerfGE 133, 168); BVerfG NJW 2007, 2977 Rn. 91 (= BVerfGE 118, 212); »objektiver« aber noch BVerfG NJW 1960, 1563, 1564 (= BVerfGE 11, 126) – S. dazu *Frieling*, S. 85 ff.
671 S. dazu *Frieling*, S. 50 ff., 72 ff. und 213 f.
672 Vgl. *Frieling*, S. 63 f., 153 ff. und 211 f.
673 *Bork*, BGB AT, § 3 Rn. 144.
674 S. zum Begriff *Frieling*, S. 121.
675 Vgl. nur *Rüthers/Fischer/Birk*, Rn. 838 und 899 f.
676 *Bork*, § 3 Rn. 132. – Etwaige Kritiker einer Nichtregelungsentscheidung wären darauf zu verweisen, dass auch wenn es sich dabei um einen rechtspolitischen Fehler handeln würde, die Judikative nicht zur Rechtsfortbildung befugt ist; die Korrektur obliegt dann allein der Legislative selbst, vgl. nur *Larenz/Canaris*, S. 194 f., *Roth*, JZ 2007, 530, 531; sowie *Würdinger*, AcP 2006, 946, 951, der dann von »Lücken *de lege ferenda*«, mithin aus der Perspektive eines zukünftigen, besseren Rechts spricht.
677 So etwa *T. Möllers*, § 6 Rn. 140 ff.
678 So etwa *Rüthers/Fischer/Birk*, Rn. 838 und 899 ff.
679 S. dazu *T. Möllers*, § 6 Rn. 97 ff.
680 Vgl. *Bork*, BGB AT, § 3 Rn. 148 f.; *Rüthers/Fischer/Birk*, Rn. 838; auch Teil 2 § 2 D. II.

b) Nichtregelungsentscheidung des Gesetzgebers

Entscheidend ist demnach, ob in Bezug auf die Zulässigkeit eines Unternehmensverkaufs im Eröffnungsverfahren eine Nichtregelungsentscheidung des Gesetzgebers vorliegt. Davon geht die überwiegende Ansicht anscheinend zumindest in der Tendenz aus, da sie ihr – wie bereits dargelegt – wenigstens einen gewissen Zäsurcharakter beimisst.[681] Anders sieht es offensichtlich etwa *Ehricke*[682], wenn er ausführt, das Unterlassen der Änderung des § 22 Abs. 1 S. 2 Nr. 2 InsO drücke lediglich eine »Unsicherheit des Gesetzgebers« aus und dieser habe insofern keine explizite, endgültige Entscheidung getroffen.

aa) Maßstab

Eine Nichtregelungsentscheidung liegt konkret dann vor, wenn der Gesetzgeber sich mit einer bestimmten Konstellation befasst und dann entschieden hat, dass die fragliche Norm nicht auf diesen Fall angewandt werden soll.[683] Er muss folglich ein Regelungsproblem erkannt und es trotzdem oder gerade deshalb nicht den Rechtsfolgen der jeweiligen Norm unterstellt haben. Davon abzugrenzen ist eine sog. bewusste Regelungslücke, bei welcher der Gesetzgeber die Antwort auf eine Rechtsfrage bewusst Wissenschaft und Rechtsprechung überlassen hat.[684] Folglich bedarf die Feststellung einer Nichtregelungsentscheidung der Interpretation des gesetzgeberischen Willens.[685] Dafür lässt sich vornehmlich die Entstehungsgeschichte der Norm heranziehen.[686] Die einschlägigen Gesetzesmaterialien sind dann ihrerseits gleichsam auszulegen.[687] Wie wiederum *Frieling* darlegt, kann darin eine Nichtregelungsentscheidung ablesbar sein, und zwar dann, wenn das entsprechende Problembewusstsein, die Erwägung und das Unterlassen der Reform bzw. Regelung, dort explizit festgehalten worden ist;[688] ein derartiger gesetzgeberischer Willen kann sich aber auch in weniger eindeutigen Fällen hinreichend manifestiert haben. So etwa schon durch das Scheitern einer Gesetzesinitiative als solches.[689] Der *Bundesge-*

---

681   S. dazu Teil 2 § 2 A. I. 3.
682   *Ehricke*, ZIP 2004, 2262, 2266; zustimmend *Fritsche*, DZWIR 2005, 265, 269 mit Fn. 65.
683   *Bork*, BGB AT, § 3 Rn. 144; vgl. *Brodführer*, S. 42 f.; *Frieling*, S. 121; *Larenz/Canaris*, S. 191.
684   Vgl. *Bork*, § 3 Rn. 144; beispielhaft BGH NJW 2003, 1588, 1592 (= BGHZ 154, 205). – S. dazu *Brodführer*, passim.
685   Vgl. *Frieling*, S. 121 ff.
686   Vgl. *Bork*, BGB AT, § 3 Rn. 144; *Brodführer*, S. 42; *Frieling*, S. 121 f.
687   Die Gesetzesmaterialien sind der Auslegung zugänglich, vgl. nur *Larenz/Canaris*, S. 150 f.
688   Vgl. exemplarisch etwa BGH NJW 2007, 992 Rn. 15 ff. (= BGHZ 170, 187); BGH NJW 2003, 1588, 1592 (= BGHZ 154, 205); BGH NJW 2000, 1557, 1559 f. – S. dazu *Frieling*, S. 121 ff.
689   S. dazu *Frieling*, S. 125 f. – So verhält es sich zumindest dann, wenn eine Initiative innerhalb des förmlichen Gesetzgebungsverfahrens scheitert, vgl. BVerfG NJW 1973, 1221, 1226 (= BVerfGE 34, 269); BAG (GS) ZIP 1985, 1214, 1228 (= BAGE 48, 122).

richtshof hat sogar wiederholt allein von gesetzgeberischer Untätigkeit auf eine Nichtregelungsentscheidung geschlossen.[690]

bb) Subsumtion

Im Angesicht dieser Maßstäbe erscheint eindeutig, dass der Gesetzgeber mit der InsVerfVereinfG-Reform eine Nichtregelungsentscheidung über die Zulässigkeit eines Unternehmensverkaufs im Eröffnungsverfahren getroffen hat. So hat er sogar in den Gesetzesmaterialien explizit festgehalten, dass er die Einführung einer gesetzlichen Regelung erwogen habe, dass er aber – aus den bereits dargelegten Gründen[691] – letztlich doch davon *absehe*, »dem vorläufigen Insolvenzverwalter eine solche Verwertungsoption zu eröffnen«.[692] Eine Unsicherheit oder bewusste Lücke lässt sich dem schwerlich entnehmen. Denn die Entscheidung des Gesetzgebers war elaboriert und er hat dabei weder betont, dass sein Abstandnehmen von der Reform lediglich vorübergehender Natur sei, noch, dass er der Rechtspraxis insoweit noch Raum zur Interpretation lassen wolle.[693] Schließlich schuf der Gesetzgeber gerade für die hinter diesem konkreten Reformvorhaben stehende Ratio, zur optimalen Masseverwertung ausnahmsweise die vorzeitige Wahrnehmung besonders günstiger Veräußerungsmöglichkeiten zu ermöglichen,[694] durch die bereits dargestellte Änderung des § 158 InsO tatsächlich eine anderweitige gesetzliche Lösung.[695]

Diese Wertung dürfte auch der hergebrachten Lesart entsprechen, wie ein vergleichbarer Beispielfall noch einmal verdeutlichen soll. So verneinte der *Bundesgerichtshof* mit Urteil vom 14. Dezember 2006[696] die Analogiefähigkeit einer Norm mit der Begründung, dass dem eine Nichtregelungsentscheidung des Gesetzgebers entgegenstehe. Diese Willensäußerung nahm das Gericht deshalb an, weil der Gesetzgeber – wie hier – einen konkreten Reformvorschlag nicht umgesetzt und den entsprechenden Entschluss in den Gesetzesmaterialien explizit kundgetan hatte.[697] Diese Entscheidung hat insoweit auch im Schrifttum ganz überwiegend Zustimmung erfahren.[698] Dabei hatte

---

690 Konkret bei Untätigkeit des Gesetzgebers über einen längeren Zeitraum trotz Änderungsvorschlägen und -gelegenheiten aufgrund anderweitiger Reformen des jeweiligen Gesetzes, vgl. BGH NJW 2011, 1586 Rn. 39 f. (= BGHZ 188, 96); BGH NJW 1971, 32, 33 (= BGHZ 54, 332); ferner BGH NJW 2000, 1557, 1559 f.; BGH NJW 1971, 607, 608 (= BGHZ 55, 229). – Grundsätzlich kann allein einem »Schweigen« des Gesetzgebers indes keine Aussage entnommen werden, vgl. *Frieling*, S. 122; ferner Sondervotum von *Di Fabio, Osterloh* und *Voßkuhle* in BVerfG NJW 2009, 1469 Rn. 101 (= BVerfGE 122, 248).
691 S. dazu oben Teil 2 § 2 A. I. 1.
692 RegE-InsVerfVereinfG, BT-Drucks. 16/3227, S. 10 f.
693 Vgl. RegE-InsVerfVereinfG, BT-Drucks. 16/3227, S. 10 f.
694 Vgl. RegE-InsVerfVereinfG, BT-Drucks. 16/3227, S. 10.
695 S. dazu Teil 2 § 2 A. I. 2.
696 BGH NJW 2007, 992 (= BGHZ 170, 187). – In dem entschiedenen Fall ging es um die analoge Anwendbarkeit der §§ 1362 BGB, 739 ZPO auf nichteheliche Lebensgemeinschaften nach der sog. 2. Zwangsvollstreckungsnovelle (BGBl. 1997, Teil I, S. 3039).
697 BGH NJW 2007, 992 Rn. 14 ff. (= BGHZ 170, 187).
698 Vgl. etwa *Lackmann* in: Musielak/Voit, § 739 Rn. 4; *Roth*, JZ 2007, 530, 531; *Weber/Monecke* in: MüKo-BGB, § 1362 Rn. 10. – A. A vor allem *Löhnig/Würdinger*, FamRZ 2007, 1856, 1856 f.

der Gesetzgeber dort sogar – anders als hier – noch ausdrücklich offengelassen, ob die Reform zu einem späteren Zeitpunkt noch erfolgen soll,[699] was in der vorliegenden Konstellation eine Nichtregelungsentscheidung *erst recht* bejahen lässt.

cc) Konturierung

Es bleibt festzustellen, in welchem Umfang eine Nichtregelungsentscheidung vorliegt. Dies richtet sich nach dem Gegenstand der in Betracht ge-, aber letztlich nicht vollzogenen InsVerfVereinfG-Reform bezüglich § 22 Abs. 1 S. 2 Nr. 2 InsO. Falls – wie hier – das bewusste Absehen von einer Reform eine derartige Manifestation des gesetzgeberischen Willens begründen soll, ist davon eben (nur) das erfasst, was Inhalt des fruchtlosen Reformvorhabens war.[700] Vorliegend war ausweislich der amtlichen Begründung überlegt worden, »die Veräußerung von wesentlichen Teilen des Anlagevermögens oder des gesamten schuldnerischen Betriebes« im Eröffnungsverfahren über eine entsprechende Ausweitung der Vorschrift unter gerichtlichen Erlaubnisvorbehalt zu stellen.[701] Außerdem wurde noch das Legitimationskonzept erwogen, zusätzlich dazu die Zustimmung des Schuldners vorauszusetzen.[702] Somit liegt auch insoweit ein beredtes Schweigen des Gesetzgebers vor.[703] Auf der anderen Seite ist demnach in Bezug auf *unwesentliche* Unternehmensteile keine Nichtregelungsentscheidung anzunehmen. Dasselbe muss hinsichtlich der originären (Ausnahme-)Befugnis zu Verwaltungs- bzw. Notverwertungsmaßnahmen gelten, auch wenn der InsVerfVereinfG-Reformgeber sich an der zitierten Stelle zu ihrem vermeintlichen Umfang im Rahmen seiner Begründung verhält.[704] Denn sie waren als solche schlicht nie selbst Gegenstand des Reformvorhabens. Der Gesetzgeber kann dem Rechtsanwender im Rahmen eines förmlichen Gesetzgebungsverfahrens zwar den Normtext und weitere Kriterien zu dessen Interpretation an die Hand geben, nicht aber durch bloße Mitteilung seiner Rechtsauffassung zu außerhalb des Verfahrens liegenden Regelungen ein bestimmtes Interpretationsergebnis vorschreiben.[705]

c) Ergebnis

In Bezug auf die Legitimation eines Unternehmensverkaufs im Ganzen oder in wesentlichen Teilen kraft Zustimmung des Gerichts (und des Insolvenzschuldners) im Eröffnungsverfahren auf der Grundlage von § 22 Abs. 1 S. 2 Nr. 2 InsO liegt eine Nichtregelungsentscheidung des Gesetzgebers vor, die es im Rahmen der gesetzlichen Rechtsfindung entsprechend zu beachten gilt.

---

699 Vgl. BT-Drucks. 13/341, S. 12.
700 Vgl. *Löhnig/Würdinger*, FamRZ 2007, 1856, 1856 f.
701 RegE-InsVerfVereinfG, BT-Drucks. 16/3227, S. 10.
702 Vgl. RegE-InsVerfVereinfG, BT-Drucks. 16/3227, S. 11.
703 Vgl. *Bieg* in: Bork/Hölzle, Kapitel 14 Rn. 24.
704 Vgl. RegE-InsVerfVereinfG, BT-Drucks. 16/3227, S. 10.
705 Vgl. *Frieling*, S. 214 f.; auch *Bydlinski*, S. 433.

II. Rechtslage unter Geltung der Konkursordnung

Wie im Folgenden offengelegt werden wird, berufen sich zur Frage der Zulässigkeit eines Unternehmensverkaufs im Eröffnungsverfahren einige Stimmen im Schrifttum auf Rechtsprechung und Literatur aus der Zeit der Konkursordnung (KO). Diese Quellen können jedoch – wie nun gezeigt werden soll – nicht unbesehen übernommen werden. Das gilt ganz besonders für ein nach wie vor vielfach zitiertes Urteil des *OLG Düsseldorf* vom 13. Dezember 1991[706].

Zuvorderst fehlt es schlicht an der Übertragbarkeit der alten Quellen auf die heutige Rechtslage. Die gesetzlichen Rahmenbedingungen sind nicht vergleichbar: Im Konkurseröffnungsverfahren konnte durch das Konkursgericht auf Grundlage der Generalermächtigung zur Anordnung von Sicherungsmaßnahmen nach § 106 KO ein Sequester bestellt werden. Die Rechtsstellung, Aufgaben und Befugnisse eines Sequesters waren jedoch gesetzlich nicht weiter geregelt, insbesondere gab es keine Vorschriften betreffend die Fortführung, Stilllegung oder Veräußerung eines Unternehmens des Gemeinschuldners im Konkurseröffnungsverfahren.[707] Demgegenüber weisen die §§ 21 ff. InsO in Bezug auf die vorläufigen Maßnahmen im Eröffnungsverfahren im Allgemeinen eine deutliche höhere Regelungsdichte auf. Vor allem die Rechtsstellung des vorläufigen Insolvenzverwalters ist dort klarer und detaillierter geregelt, insbesondere was das Schicksal des schuldnerischen Unternehmens im Eröffnungsverfahren betrifft (§ 22 Abs. 1 S. 2 Nr. 2 InsO). Das gilt umso mehr, wenn man die InsVerfVereinfG-Reform – wie gezeigt – angemessen berücksichtigt.

Die Funktion des Sequesters beschränkte sich anerkanntermaßen im Ausgangspunkt auf die Sicherung und Erhaltung des Vermögens des Gemeinschuldners. Nach der Rechtsprechung und weiten Teilen des Schrifttums war er zur Veräußerung von dessen Realvermögen zur Umwandlung in Geldvermögen zum Zwecke der Gläubigerbefriedigung in der Regel weder berechtigt noch verpflichtet.[708] Darauf aufbauend hat der *Bundesgerichtshof*[709] mit Urteil vom 11. April 1988 die Möglichkeit des Unternehmensverkaufs im Konkurseröffnungsverfahren auch im Grundsatz verneint. Ob eine Ausnahme gerechtfertigt sei, falls der Sicherungszweck des Konkurseröffnungsverfahren im Hinblick auf eine im Einzelfall unmittelbar bevorstehende Eröffnung des Konkursverfahrens dafür spreche, ließ das Gericht aber offen. Dieses Einfallstor nutzte dann das *OLG Düsseldorf*[710] und entschied am 13. Dezember 1991, dass sofern durch einen Unternehmensverkauf im Konkurseröffnungsverfahren ein fünfmal höherer Erlös als im eröffneten Verfahren erzielt werden kann, vieles für die Annahme eines solchen Ausnahmefalls spreche. Diese Entscheidung wird nun – wie noch zu zeigen ist[711] – weiterhin als Beleg dafür angeführt, dass *allein* eine besonders günstige Verwer-

---

706 OLG Düsseldorf ZIP 1992, 344.
707 S. dazu *Kleiner*, S. 23 ff.
708 S. dazu BGH ZIP 1988, 727, 728 (= BGHZ 104, 151); *Kleiner*, S. 28 ff. und 92 ff.; ferner BGH ZIP 1993, 48, 49; BGH ZIP 1992, 1005, 1007 (= BGHZ 118, 374); *Gerhardt*, ZIP 1982, 1, 6 f.; vgl. auch OLG Düsseldorf ZIP 1992, 344, 346 – A. A. wohl nur *Castendieck*, KTS 1978, 9, 14.
709 BGH ZIP 1988, 727, 728 f. (= BGHZ 104, 151).
710 OLG Düsseldorf ZIP 1992, 344, 346 (auch zum Folgenden).
711 S. dazu Teil 2 § 2 C. II.

tungsmöglichkeit eine originäre Verwertungsbefugnis des Sequesters bzw. vorläufigen Insolvenzverwalters rechtfertigen könne. Es ist schon zweifelhaft, inwieweit sich ihr diese Aussage überhaupt entnehmen lässt. Jedenfalls gilt es den Gesamtkontext des Urteils des *OLG Düsseldorf* zu berücksichtigen. Zunächst betraf diese Entscheidung insofern einen Sonderfall, als das Unternehmen bereits zuvor durch den Gemeinschuldner eingestellt worden war. Des Weiteren ließ das Gericht danach sogar ausdrücklich offen, ob der Sequester durch den Unternehmensverkauf eine Pflichtverletzung begangen habe. Außerdem wurden andere Urteile, die eine vergleichbare Ausnahmebefugnis (jeweils aber nur bei Zustimmung des Gemeinschuldners) angenommen hatten,[712] später allesamt vom *Bundesgerichtshof*[713] zumindest in der Sache aufgehoben, wobei die Frage, ob die streitige Befugnis besteht, stets offengelassen werden konnte und wurde. Schließlich hatte sich beispielsweise das *OLG Köln*[714] mit ausführlicher Begründung noch dagegen ausgesprochen. Daher ist nicht nur die Aussage, sondern auch die Aussagekraft des Urteils des *OLG Düsseldorf* zweifelhaft.

B. Unternehmensverkauf als Verwaltungsmaßnahme

Mit dem Wissen aus diesen Vorbemerkungen lässt sich nun der Prüfung der Zulässigkeit eines Unternehmensverkaufs im Eröffnungsverfahren zuwenden. Insofern stellt sich zunächst die Frage, ob und gegebenenfalls unter welchen Voraussetzungen sowie in welchen Grenzen sich ein solcher Unternehmensverkauf als Verwaltungsmaßnahme im oben unter Teil 2 § 1 C. II beschriebenen Sinne darstellen kann. Denn wie ebendort erläutert, sind solche Tätigkeiten im Eröffnungsverfahren anerkanntermaßen grundsätzlich zulässig. Hier kommt es freilich nun ganz entscheidend auf die Abgrenzung dieser Kategorie von Maßnahmen zu denen der Verwertung i. e. S. an. Dafür ist im Ausgangspunkt der Zweck der jeweiligen Verwertungsmaßnahme (i. w. S.) maßgeblich. Als Verwaltungsmaßnahme lässt sich nur charakterisieren, was der Wahrung des Sicherungszwecks des Eröffnungsverfahrens dient, insbesondere der Wahrnehmung dessen Fortführungsgebots. Darin liegt gewissermaßen die Grundvoraussetzung, die vor allem bei denjenigen Tätigkeiten erfüllt ist, welche im Rahmen des laufenden Geschäftsbetriebs regulär anfallen oder zur Unternehmensfortführung erforderlich sind.[715] Als Verwertungsmaßnahme i. e. S. stellt sich demgegenüber dar, was im Kern der endgültigen Umwandlung von schuldnerischem Realvermögen in Geldvermögen dient, mithin bereits das Ziel der Gläubigerbefriedigung nach § 1 S. 1 InsO verfolgt.[716] Nach alledem dürfte kaum überraschen, dass an dieser Stelle danach zu differenzieren ist, ob es um den Verkauf des gesamten Unternehmens oder einzelner Unternehmensteile geht.

---

712   Vgl. OLG Hamm ZIP 1995, 50, 52; LG Bonn ZIP 1991, 671, 672 f.
713   Vgl. BGH ZIP 1998, 684, 686 sowie BGH (GZS) ZIP 1997, 633, 634 (im Anschluss an das *OLG Hamm*); BGH ZIP 1993, 48, 49 (im Anschluss an das *LG Bonn*).
714   Vgl. OLG Köln ZIP 1992, 566, 568 ff.
715   S. dazu Teil 2 § 1 C. II.
716   Vgl. BGH NZI 2003, 259, 261 (= BGHZ 154, 72); *Haarmeyer/Schildt* in: MüKo, § 22 Rn. 76; *Janssen* in: MüKo, § 159 Rn. 4; *Webel* in: Kübler/Prütting/Bork, § 159 Rn. 4.

I. Gesamtverkauf

Denn schon vor diesem Hintergrund lässt sich festhalten, dass der Verkauf des gesamten Unternehmens keinesfalls eine Verwaltungsmaßnahme sein kann. Schließlich kann in einem solchen Fall schon die Grundvoraussetzung dafür naturgemäß nicht erfüllt sein. Dem Schuldner, dessen Perspektive (und nicht die des neuen Trägers) insoweit nun einmal maßgeblich ist,[717] verbleibt nach einem Gesamtverkauf zwar der Verkaufserlös, aber kein fortführungsfähiges Unternehmen, weshalb die Qualifizierung als Geschäft im Rahmen oder zur Ermöglichung der Unternehmensfortführung von vornherein ausscheidet.[718] Der Gesamtverkauf ist damit letztlich stets auf die Realisierung von Geldvermögen im Hinblick auf die Gläubigerbefriedigung gemäß § 1 S. 1 InsO gerichtet. Er stellt sogar *die* Verwertungsmaßnahme i. e. S. dar. Diese Einschätzung wird im Schrifttum, soweit ersichtlich, ausnahmslos geteilt.[719] Und der *Bundesgerichtshof* hat bereits mit Urteil vom 20. Februar 2003 im Rahmen von grundlegenden Feststellungen zu den Grenzen der erlaubten Verwaltungsmaßnahmen eine »einheitliche übertragende Sanierung« als Paradebeispiel für eine davon nicht mehr umfasste, mithin grundsätzlich unzulässige Verwertung i. e. S angeführt.[720]

II. Teilverkauf

In Bezug auf den Verkauf einzelner Unternehmensteile stellt sich die Frage hingegen tatsächlich. Zunächst können Verwaltungsmaßnahmen – wie gezeigt[721] – Bestandteile sowohl des Umlauf- als auch des Anlagevermögens, also die notwendigen Vermögensgegenstände, erfassen. Diese lassen sich freilich nicht nur einzeln, sondern auch als Sach- oder Rechtsgesamtheit, mithin als abgeschlossener Unternehmensteil veräußern. Ferner ist prinzipiell möglich, dass ein Teilverkauf im Einzelfall auch den »richtigen« Zweck und damit die Grundvoraussetzung erfüllt: Zwar wird insoweit regelmäßig kein Geschäft im Rahmen des regulären Geschäftsbetriebs vorliegen. Das mag allenfalls in Sonderfällen, etwa bei der Insolvenz eines Großunternehmens, einer Holding- oder Beteiligungsgesellschaft, der Fall sein. Durchaus relevant erscheint aber eine Qualifizierung als Verwaltungsmaßnahme unter dem Aspekt der Erforderlichkeit: Der Verkauf eines Unternehmensteils kann oftmals während des Eröffnungsverfahrens erforderlich sein, um die Fortführung des restlichen Unternehmens zu ermöglichen, etwa durch Beschaffung der dafür notwendigen Liquidität. Dem gleichzustellen ist nach den allgemeinen Grundsätzen die Verhinderung von fortführungskritischem Liquiditätsabfluss, die sich beispielsweise durch das Abstoßen unrentabler Unterneh-

---

717 S. dazu Teil 2 § 1 C. I.
718 Vgl. ähnlich *Kriegs*, S. 49 f.
719 Vgl. etwa *Bitter/Rauhut*, KSI 2007, 258, 259; *Decker/Schäfer*, BB 2015, 198, 200; *Gerhardt* in: Jaeger, § 22 Rn. 89 f.; *Kriegs*, S. 49 f.; *Sander* in: Ahrens/Gehrlein/Ringstmeier, § 22 Rn. 77; ferner *Zipperer* in: Uhlenbruck, § 159 Rn. 22 und 47 f.; auch *Menke*, NZI 2003, 522, 525, der die Differenzierung zwar hinterfragt, sich ihr aber letztendlich auch anschließt.
720 BGH NZI 2003, 259, 261 (= BGHZ 154, 72); vgl. auch BAG NZI 2003, 222, 226; OLG Rostock NZI 2011, 488; insoweit eindeutig auch noch BGH NZI 2006, 235 Rn. 13 ff.
721 S. dazu Teil 2 § 1 C. II.

mensteile erreichen lässt. Dementsprechend vertritt ein nicht unerheblicher Teil des Schrifttums, dass ein vorläufiger Insolvenzverwalter unter diesen oder vergleichbaren Voraussetzungen bereits im Eröffnungsverfahren zu dem Verkauf von einzelnen Unternehmensteilen[722] grundsätzlich befugt ist.[723]

Damit wäre aber richtigerweise eben nur die Grundvoraussetzung gewahrt. Die Berufung auf den verwaltenden Charakter einer Verwertungsmaßnahme (i. w. S.) unterliegt gewissen Grenzen. Dazu hat der *Bundesgerichtshof* – wiederum im Anschluss an *H.-P. Kirchhof*[724] – im Urteil vom 5. Mai 2011 festgehalten:

> »Die Grenze zu einer unzulässigen Verwertung ist erst überschritten, wenn mehr Massebestandteile abgegeben werden, als es der Erhalt des Schuldnervermögens als Ganzes erfordert, oder wenn Massebestandteile veräußert werden, die für die spätere Fortführung des Schuldnerunternehmens von wesentlicher Bedeutung sind.«[725]

Diese Grenzziehung des *Bundesgerichtshofs* hat im Schrifttum breite Zustimmung erfahren.[726] Ihr ist auch hier (im Prinzip) beizupflichten. Schließlich bestätigt das Gericht damit zunächst das hier als Grundvoraussetzung bezeichnete, eingehend bereits erläuterte Kriterium der Erforderlichkeit. Opportunität scheidet zur Begründung einer Verwaltungsmaßnahme eben von vornherein aus. Darüber hinaus führt der *Bundesgerichtshof* aber noch ein Wesentlichkeitskriterium neu ein. Wie im Folgenden gezeigt werden soll, überzeugt diese Grenze prinzipiell; das Kriterium bedarf jedoch gerade in Bezug auf die Veräußerung eines Unternehmensteils noch einiger Konkretisierung und vor allem Ergänzung.

1. Grenze: Fortführungserhebliche Gegenstände

Der *Bundesgerichtshof* stellt in seiner Grenzziehung auf Wesentlichkeit im Sinne von Fortführungserheblichkeit ab: Vermögen des Schuldners, das »für die spätere Fortführung des Schuldnerunternehmens« wesentlich ist, darf nicht im Zuge einer vermeintlichen Verwaltungsmaßnahme veräußert werden.[727] Dem ist für sich genommen nichts

---

722 Die einschlägigen Stellungnahmen verwenden dabei die Begriffe »Unternehmensteil«, (ganzer) »Betrieb(-steil)« und sogar den steuerrechtlichen des »Teilbetriebs«. Dabei werden den Termini jedoch offenkundig teilweise unterschiedliche Bedeutungen beigemessen. Im Folgenden wird daher zunächst nur zwischen »Unternehmen« und »Unternehmensteil«, als kleinerer Einheit, differenziert und anschließend zu den Begrifflichkeiten Stellung genommen. – S. dazu Teil 2 § 2 B. II. 3.

723 Vgl. etwa *Buchta* in: Hölters, Rn. 16.109; *Dimassi*, S. 36 ff.; *Flören* in: Bork/Hölzle, Kapitel 5 Rn. 78; *Sander* in: Ahrens/Gehrlein/Ringstmeier, § 22 Rn. 64; wohl auch *Schmerbach* in: Frankfurter Kommentar, § 22 Rn. 73; ferner *Haarmeyer/Schildt* in: MüKo, § 22 Rn. 76 aber 81; *Pohlmann*, Rn. 405 f. aber 424 ff.; instruktiv bereits *Kleiner*, S. 95 f. (zum alten Recht). – A. A. nun aber explizit *Blankenburg* in: Kübler/Prütting/Bork, § 22 Rn. 115.

724 *H.-P. Kirchhof*, ZInsO 1999, 436, 436.

725 BGH NZI 2011, 602 Rn. 51 (= BGHZ 189, 299).

726 So etwa *Bieg* in: Bork/Hölzle, Kapitel 14 Rn. 23; *Schmerbach* in: Frankfurter Kommentar, § 22 Rn. 63; *Schröder* in: Hamburger Kommentar, § 22 Rn. 43; *Vallender* in: Uhlenbruck, § 22 Rn. 46; vgl. auch *Beth* in: Berliner Kommentar, § 22 Rn. 16.

727 BGH NZI 2011, 602 Rn. 51 (= BGHZ 189, 299).

entgegenzusetzen. Alles andere wäre nicht zuletzt mit dem Fortführungsgebot des Eröffnungsverfahrens schwerlich vereinbar.[728] Dafür streitet auch noch ein historisch-systematisches Argument: Nach § 177 Abs. 3 RegE-InsO sollte die Veräußerung eines einzelnen Vermögensgegenstands, »der zur Fortführung des Unternehmens erforderlich ist«, im eröffneten Verfahren vor dem Berichtstermin ausnahmsweise zulässig sein. Da die Regelung im weiteren Gesetzgebungsverfahren gestrichen worden ist und *insoweit* auch nicht im Rahmen der InsVerfVereinfG-Reform (des § 158 InsO) nachträglich wieder eingeführt wurde, drängt sich (im Umkehrschluss) auf, dass die Veräußerung eines jeden fortführungserheblichen Gegenstands *im Eröffnungsverfahren* keineswegs *grundsätzlich* zulässig sein kann.[729] Soweit es speziell um Unternehmensteile geht, hat dieses Wesentlichkeitskriterium noch eine weitere Stütze, wie in diesem Abschnitt gleich noch detailliert dargelegt werden soll.

2. Grenze: Prägende Kernbestandteile

Zunächst ist jedoch ein weiterer Grund für das grundsätzliche Verwertungsverbot im Eröffnungsverfahren in Erinnerung zu rufen, nämlich das schuldnerische Bestandserhaltungsinteresse.[730] Da dieses Interesse durch die Veräußerung eines Unternehmensteils – abstrakt betrachtet – freilich beeinträchtigt würde und – anders als in den oben dargelegten Notfällen[731] – uneingeschränkt schutzwürdig ist, muss es im vorliegenden Kontext Berücksichtigung finden. Dabei ist jedoch zu beachten, dass ein Teilverkauf, der im vorstehend erläuterten Sinne »erforderlich« ist, grundsätzlich im wohlverstandenen Interesse des Schuldners liegen dürfte. Dem Gläubigerinteresse entspricht er unter dem Aspekt der Werterhaltung in diesem Fall freilich ohnehin. Daher erscheint es sachgerecht, den Schutz des Bestandserhaltungsinteresses auf dessen Kernbereich, mithin die prägenden Kernbestandteile des schuldnerischen Vermögens zu beschränken. Umgekehrt wäre es unter diesen Umständen nicht überzeugend, gewissermaßen das gesamte Unternehmen des Schuldners für unantastbar zu erklären, sofern das Fortführungsgebot und das Werterhaltungsinteresse für einen Teilverkauf streiten. Im Schrifttum wird insoweit etwa treffend festgehalten, das Unternehmen als Ganzes dürfe nur »quantitativ, nicht aber qualitativ«[732] bzw. nicht »in seinem Wesen«[733] oder in seiner »Zweckrichtung«[734] verändert werden. Schließlich ist die weitgehend anerkannte Leitlinie für Verwaltungsmaßnahmen im Allgemeinen, dass sie dazu dienen müssen, das Unternehmen eines Insolvenzschuldners »annähernd im bisherigen Umfang und Zuschnitt« fortzuführen.[735] Um eine derartige Komponente ist das Wesentlichkeitskriterium des *Bundesgerichtshofs* folglich zu ergänzen. Schließlich ist keineswegs

---

728 S. dazu Teil 2 § 1 B. III.
729 Vgl. für das eröffnete Verfahren *Eckardt* in: Jaeger, § 159 Rn. 38.
730 S. dazu Teil 1 § 1 C. I.
731 S. dazu Teil 2 § 1 C. III. 1.
732 *Pohlmann*, Rn. 405; vgl. zustimmend *Dimassi*, S. 37; ebenso *Rüntz/Laroche* in: Heidelberger Kommentar, § 22 Rn. 28, indes primär in Bezug auf die *Stilllegung* von Unternehmensteilen.
733 *Kleiner*, S. 96 (zum alten Recht).
734 *Dimassi*, S. 37.
735 S. dazu die Nachweise in Fn. 584 und den begleitenden Text.

gesagt, dass ein nicht fortführungserheblicher Gegenstand des schuldnerischen Vermögens nicht trotzdem zu dessen prägenden Kernbestandteilen gehören kann.

3. Grenze: »Unternehmensteile« i. S. d. §§ 22, 158 InsO

Schließlich sind unter systematischen Gesichtspunkten die §§ 22 Abs. 1 S. 2 Nr. 2, 158 InsO zu betrachten, stellen diese beiden Vorschriften doch jeweils bestimmte (vor-)vorzeitige Maßnahmen in Bezug auf das schuldnerische *Unternehmen* explizit unter besondere Zulässigkeitsvoraussetzungen. Diese gesetzlichen Vorgaben dürfen nicht außer Acht gelassen werden, wenn es darum geht, die Reichweite der originären Befugnis zu Verwaltungsmaßnahmen zu bestimmen, die zwar anerkannt, aber letztlich doch ungeschrieben ist. So erschiene es nicht systemgerecht, falls ein konkreter Unternehmensteil unter Berufung auf diese Befugnis ohne Weiteres veräußert werden darf, derselbe Teil aber nicht ohne gerichtliche Zustimmung nach § 22 Abs. 1 S. 2 Nr. 2 InsO stillgelegt werden dürfte. Denn aus dieser Vorschrift folgt – wie gezeigt[736] – nicht zuletzt das Fortführungsgebot des Eröffnungsverfahrens, mit dem eben auch der Verkauf eines »Unternehmens« in ihrem Sinne für sich genommen nicht im Einklang steht[737]. Die funktionale Fortsetzung des § 22 Abs. 1 S. 2 Nr. 2 InsO im eröffneten Verfahren ist § 158 InsO,[738] nicht § 160 InsO mit seinen Nachfolgern.[739] Sowohl § 22 Abs. 1 S. 2 Nr. 2 InsO[740] als auch § 158 InsO[741] sollen letztlich sicherstellen, dass die Entscheidung der Gläubiger über den Fortgang des Verfahrens nach § 157 InsO in der Regel nicht bereits im Eröffnungsverfahren bzw. noch vor dem Berichtstermin präjudiziert wird. § 158 InsO erfasst mit der »Veräußerung« des Unternehmens des Schuldners eine Verwertungsmaßnahme (i. w. S.) und stellt deren Zulässigkeit aus-

---

736 S. dazu Teil 2 § 1 B. III.

737 S. dazu Teil 2 § 1 C. I.

738 *Webel* in: Kübler/Prütting/Bork, § 158 Rn. 3. – A. A. *Frege* in: Kölner Kommentar, § 158 Rn. 3.

739 Nicht zuletzt deshalb können die §§ 160 bis 163 InsO hier außer Betracht bleiben. Im Übrigen würde deren Berücksichtigung wohl nicht zu einem maßgeblich abweichenden Ergebnis führen. Denn auch wenn die Interpretationskriterien insoweit inhaltlich andere sind als die zu den §§ 22, 158 InsO, stimmt das Ergebnis im Hinblick auf die Frage, ob und gegebenenfalls unter welchen Voraussetzungen auch Maßnahmen in Bezug auf einzelne Teile eines Unternehmens von jenen Vorschriften erfasst werden, letztendlich richtigerweise mit hiesigem weitgehend überein. Insbesondere erfasst § 160 Abs. 2 Nr. 1 InsO nach der zutreffenden herrschenden Ansicht nicht jeglichen »Betrieb«, sondern im Hinblick auf den Normzweck ebenfalls nur *wesentliche* Unternehmensteile, vgl. instruktiv jüngst *Eckardt* in: Jaeger, § 160 Rn. 52 ff.; zuvor bereits *Wegener* in: Frankfurter Kommentar, § 160 Rn. 7; ferner etwa *Bünning/Beyer* in: Braun, § 160 Rn. 11; *Lind* in: Ahrens/Gehrlein/Ringstmeier, § 160 Rn. 4; *Ries* in: Heidelberger Kommentar, § 160 Rn. 5; ähnlich *Balthasar* in: Nerlich/Römermann, § 158 Rn. 9 (eigenständiger Fortführungswert); *Decker* in: Hamburger Kommentar, § 160 Rn. 7 (substanzielle Bedeutung für die Fortführbarkeit des Schuldners); *Jungmann* in: K. Schmidt, § 161 Rn. 21 (Erheblichkeit). – A. A. wohl *Zipperer* in: Uhlenbruck, § 160 Rn. 20 (Verwertbarkeit für die Gläubiger); ohne erkennbare Einschränkung dieser Art etwa *Smid* in: Rattunde/Smid/Zeuner, § 160 Rn. 7.

740 Vgl. RegE-InsO, BT-Drucks. 12/2443, S. 116.

741 Vgl. RegE-InsO, BT-Drucks. 12/2443, S. 173

drücklich unter besondere Voraussetzungen. Der Verkauf eines »Unternehmens« in Sinne dieser Vorschrift stellt damit gewissermaßen kraft Gesetzes eine Verwertungsmaßnahme i. e. S. dar. § 158 InsO gibt daher – wie jüngst auch *Eckardt*[742] betont hat – die Grenze dafür vor, inwieweit Teilverkäufe im eröffneten Verfahren vor dem Berichtstermin noch als (grundsätzlich zulässige) Verwaltungsmaßnahmen eingestuft werden können. Diese Grenze muss im Eröffnungsverfahren im Hinblick auf dessen besonderen Sicherungszweck *erst recht* gelten.[743] Anders gewendet: Ein vorläufiger Insolvenzverwalter kann unter systematischen Gesichtspunkten nicht zu etwas grundsätzlich originär befugt sein, das nicht einmal einem »endgültigen« Verwalter ohne Weiteres gestattet wäre.

Folglich kommt die Zulässigkeit eines Teilverkaufs als Verwaltungsmaßnahme nur in Betracht, sofern und soweit die betroffenen Gegenstände in ihrer Gesamtheit *nicht* bereits das Tatbestandsmerkmal »Unternehmen« im Sinne des §§ 22 Abs. 1 S. 2 Nr. 2, 158 InsO erfüllen. Dass sich weder erstere[744] noch letztere[745] Vorschrift in ihrem Anwendungsbereich auf Maßnahmen in Bezug auf ein Unternehmen im Ganzen beschränken, dürfte unstreitig sein. Weitgehend ungeklärt erscheint jedoch die im vorliegenden Kontext entscheidende Frage, welche Arten von Unternehmensteilen – hier verstanden in einem weiten Sinne, der alle weiteren geläufigen Untergliederungen, wie etwa Betrieb und Betriebsteil, umfasst – unter welchen Voraussetzungen davon noch erfasst werden.

a) Begriffsdefinitionen

In Bezug auf § 22 Abs. 1 S. 2 Nr. 2 InsO dominiert insoweit eine weitgehend begriffliche Abgrenzung: Nach der wohl überwiegenden Ansicht in der Literatur greift die Vorschrift bei Unternehmens-, nicht aber bei Betriebsteilen.[746] Andere Stimmen erachten § 22 Abs. 1 S. 2 Nr. 2 InsO demgegenüber bereits in Bezug auf Betriebsteile für anwendbar.[747] Ebenso ist ganz konkret umstritten, ob ein vorläufiger Insolvenzverwalter ohne gerichtliche Zustimmung nach dieser Vorschrift »Filialen« des schuldnerischen Unternehmens stilllegen darf.[748] Andere halten eine solche Zustimmung zumin-

---

742 Vgl. *Eckardt* in: Jaeger, § 159 Rn. 41.
743 Vgl. ähnlich InsO *Wegener* in: Frankfurter Kommentar, § 159 Rn. 3.
744 Vgl. etwa *Ampferl*, Rn. 812 ff.; *Gerhardt* in: Jaeger, § 22 Rn. 86; *Haarmeyer/Schildt* in: MüKo, § 22 Rn. 111; *Pohlmann*, Rn. 142, 409 und 424; *Rüntz/Laroche* in: Heidelberger Kommentar, § 22 Rn. 28; *Schmerbach* in: Frankfurter Kommentar, § 22 Rn. 67.
745 Vgl. etwa *Decker* in: Hamburger Kommentar, § 158 Rn. 2; *Eckardt* in: Jaeger, § 158 Rn. 32; *Janssen* in: MüKo, § 158 Rn. 7; *Ries* in: Heidelberger Kommentar, § 158 Rn. 1; *Webel* in: Kübler/Prütting/Bork, § 158 Rn. 4b; *Zipperer* in: Uhlenbruck, § 158 Rn. 3.
746 Vgl. *H.-P. Kirchhof*, ZInsO 1999, 436, 437; im Anschluss ebenso *Ampferl*, Rn. 816 ff.; *Berscheid*, NZI 2000, 1, 4; *Vallender* in: Uhlenbruck, § 22 Rn. 38.
747 Vgl. *Beth* in: Berliner Kommentar, § 22 Rn. 30; *Mönning* in: Nerlich/Römermann, § 22 Rn. 167; im Ergebnis wohl auch *Schröder* in: Hamburger Kommentar, § 22 Rn. 70 (»Teilstillegung von Unternehmensteilen«).
748 Dafür *Beth* in: Berliner Kommentar, § 22 Rn. 30; *Schröder* in: Hamburger Kommentar, § 22 Rn. 70; *Thiemann* in: Rattunde/Smid/Zeuner, § 22 Rn. 123. – Dagegen *Rüntz/Laroche* in: Heidelberger Kommentar, § 22 Rn. 28; wohl auch *Schmerbach* in: Frankfurter Kommentar, § 22 Rn. 67.

dest bei der Einstellung einzelner »geschäftlicher Bemühungen«, »abgrenzbarer Projekte« bzw. »Geschäftszweige« nicht für erforderlich.[749] Ein ganz ähnliches Bild zeigt sich bei der Frage, um die es hier eigentlich geht, nämlich wo die Grenze zwischen einer Verwaltungsmaßnahme zu einer Verwertungsmaßnahme i. e. S. im Eröffnungsverfahren liegen soll: Insofern wird – in der Regel ohne nähere Begründung – oftmals die Veräußerung eines Unternehmensteils genannt;[750] teilweise wird jedoch auch auf die eines Teilbetriebs[751] oder Betriebsteils[752] abgestellt. Die entsprechende Frage im eröffneten Verfahren vor dem Berichtstermin beantwortet *Eckardt*[753] beispielsweise mit »Betriebsteil«. Schließlich sieht die ganz überwiegende Ansicht in der Literatur den Anwendungsbereich des § 158 InsO tatsächlich bereits bei der Stilllegung oder Veräußerung eines Betriebsteils eröffnet.[754] In diesem Kontext wird die begriffliche Abgrenzung meistens, wenn auch keineswegs immer,[755] um normative Kriterien ergänzt, die sich ebenfalls mit »Wesentlichkeit« zusammenfassen lassen. So betont *Janssen*[756], bloß untergeordnete, also für die Entscheidung über den Fortgang des Verfahrens nach § 157 InsO nicht relevante Unternehmensteile unterlägen nicht den Regelungen des § 158 InsO. Umgekehrt lassen andere ausschließlich *erhebliche* Unternehmensteile in den Anwendungsbereich dieser Norm fallen.[757] *Wegener*[758] und im Anschluss auch *Jungmann*[759] halten ausschließlich diejenigen Betriebsteile erfasst, welche »wesentlich« im Sinne des § 111 Nr. 1 BetrVG sind. In eine ähnliche Richtung geht die Ansicht von *Smid*[760], nach der für den Begriff »Betriebsteil« im vorliegenden Kontext dessen Verständnis im Rahmen des § 613a BGB maßgeblich sein soll. Größtenteils wird insofern auf die Bedeutung des betroffenen Unternehmensteils für das jeweilige Gesamtunternehmen abgestellt: Voraussetzung sei ein gewisser Einfluss auf

---

749 Vgl. *Ampferl*, Rn. 816 ff.; *Rüntz/Laroche* in: Heidelberger Kommentar, § 22 Rn. 28 (Beispiel: unrentable Bauvorhaben); *Schmerbach* in: Frankfurter Kommentar, § 22 Rn. 67 (Beispiel: Fortführung des Verkaufes und Einstellung des Reparaturbetriebs).

750 So etwa *Denkhaus/Ziegenhagen*, Rn. 92; vgl. auch *Ampferl*, Rn. 515 ff.; *Dimassi*, S. 36 ff.; *Pohlmann*, Rn. 405 f. und 424 ff.; ferner *Flören* in: Bork/Hölzle, Kapitel 5 Rn. 78.

751 So etwa *Sander* in: Ahrens/Gehrlein/Ringstmeier, § 22 Rn. 64.

752 So etwa *Wegener* in: Frankfurter Kommentar, § 159 Rn. 3.

753 *Eckardt* in: Jaeger, § 159 Rn. 41; vgl. auch *Wegener* in: Frankfurter Kommentar, § 159 Rn. 2 f.

754 Vgl. etwa *Decker* in: Hamburger Kommentar, § 158 Rn. 2; *Eckardt* in: Jaeger, § 158 Rn. 32; *Janssen* in: MüKo, § 158 Rn. 7; *Lind* in: Ahrens/Gehrlein/Ringstmeier, § 158 Rn. 2; *Wegener* in: Frankfurter Kommentar, § 158 Rn. 2; *Zipperer* in: Uhlenbruck, § 158 Rn. 2. – A. A. etwa *Webel* in: Kübler/Prütting/Bork, § 158 Rn. 4b (»Unternehmensteil«).

755 Vgl. ohne erkennbare Einschränkung dieser Art etwa *Andres* in: Andres/Leithaus, § 158 Rn. 5; *Ries* in: Heidelberger Kommentar, § 158 Rn. 1; *Zipperer* in: Uhlenbruck, § 158 Rn. 2; wohl auch *Smid* in: Rattunde/Smid/Zeuner, § 158 Rn. 3.

756 *Janssen* in: MüKo, § 158 Rn. 7.

757 Vgl. *Decker* in: Hamburger Kommentar, § 158 Rn. 2; *Lind* in: Ahrens/Gehrlein/Ringstmeier, § 158 Rn. 2.

758 *Wegener* in: Frankfurter Kommentar, § 158 Rn. 2.

759 *Jungmann* in: K. Schmidt, § 158 Rn. 4.

760 *Smid* in: Rattunde/Smid/Zeuner, § 158 Rn. 3.

dessen Struktur und Zweckverfolgung,[761] mithin ein eigenständiger, abgrenzbarer Zweck des Unternehmensteils innerhalb des Gesamtunternehmens[762]. Letztlich müsse der Teil aus Sicht des Schuldners einen »selbstständigen Fortführungswert« verkörpern.[763] Andere knüpfen insoweit eher daran an, ob der jeweilige Unternehmensteil für sich genommen eine gewisse Bedeutung hat: Dieser Teil selbst müsse selbstständig fortführbar und als lebendes Wirtschaftsgebilde veräußerlich sein.[764]

b) Stellungnahme

Auszugehen ist diesbezüglich vom Wortlaut des Gesetzes, mithin vom Unternehmensbegriff der §§ 22 Abs. 1 S. 2 Nr. 2, 158 InsO. In der Gesamtrechtsordnung existiert davon keine allgemeingültige Definition. Vielmehr ist der Begriff »Unternehmen« stets nach Maßgabe des Sinn und Zwecks der ihn nutzenden Normen auszulegen.[765] Im Insolvenzrecht ist im Ausgangspunkt anerkanntermaßen ein wirtschaftliches Verständnis anzusetzen, das jegliche wirtschaftliche Tätigkeit erfasst, also insbesondere unabhängig von ihrem Inhalt sowie ihrer rechtlichen Kategorisierung und Organisationsform ist.[766] Der darauf aufbauende Grundkonsens im Schrifttum scheint darin zu liegen, dass eine abgrenzbare wirtschaftlich-organisatorische Einheit vorliegen muss.[767] Die Charakterisierung als Unternehmen scheidet bei einer bloßen Mehrheit von einzelnen Vermögensgegenständen ohne innere Zweckverbindung tatsächlich von vornherein aus. Nicht zuletzt ist eine »Stilllegung« im Sinne der beiden Vorschriften in Bezug auf einen solchen losen Verbund schwerlich denkbar. Grundvoraussetzung für ihre Anwendbarkeit ist folglich – kurz gefasst –, dass der jeweilige Teil des schuldnerischen Unternehmens einen derartigen »Unternehmenscharakter« aufweist. Zur weiteren Konkretisierung lässt sich – mit *Smid*[768] – auf die im Kontext des § 613a BGB bereits entwickelten Betriebsteilkriterien zurückgreifen, allerdings nur im Ausgangs-

---

761   Vgl. *Decker* in: Hamburger Kommentar, § 158 Rn. 2; im Anschluss *Eckardt* in: Jaeger, § 157 Rn. 15; wohl auch *Webel* in: Kübler/Prütting/Bork, § 158 Rn. 4a f.

762   Vgl. *Dimassi*, S. 36.

763   *Janssen* in: MüKo, § 158 Rn. 7.

764   Vgl. etwa *Balthasar* in: Nerlich/Römermann, § 158 Rn. 9; insoweit auch noch *Eckardt* in: Jaeger, § 157 Rn. 14; in der Sache ferner ebenso *Beth* in: Berliner Kommentar, § 22 Rn. 30.

765   Vgl. *Zipperer* in: Uhlenbruck, § 158 Rn. 3; im Allgemeinen BGH GRUR 1960, 304, 305 – *Glasglühkörper* (= BGHZ 31, 105); *K. Schmidt*, Handelsrecht, § 3 I, S. 73.

766   Vgl. statt aller *Eckardt* in: Jaeger, § 157 Rn. 14.

767   Vgl. etwa *Decker* in: Hamburger Kommentar, § 158 Rn. 2; *Eckardt* in: Jaeger, § 157 Rn. 14; ähnlich bereits *Gerhardt* in: Jaeger, § 22 Rn. 86; *Haarmeyer/Schildt* in: MüKo, § 22 Rn. 111; *Rüntz/Laroche* in: Heidelberger Kommentar, § 22 Rn. 28 (»organisatorisch abgrenzbare Unternehmensteile«); ferner *Beth* in: Berliner Kommentar, § 22 Rn. 30 (»organisatorisch eigenständige Einheiten«); *Zipperer* in: Uhlenbruck, § 158 Rn. 3 (»organisatorisches Gebilde«). – Schließlich hat auch der Gesetzgeber insofern synonym den wirtschaftswissenschaftlichen Begriff der »Wirtschaftseinheiten« genutzt, vgl. RegE-InsO, BT-Drucks. 12/2443, S. 75.

768   *Smid* in: Rattunde/Smid/Zeuner, § 158 Rn. 3.

punkt. Die arbeitsrechtlichen Wertungen sind nicht vollständig übertragbar.[769] Es gilt dabei die insolvenzrechtlichen Besonderheiten zu berücksichtigen.[770]

Vom Anwendungsbereich der §§ 22 Abs. 1 S. 2 Nr. 2, 158 InsO sind – wie es im Kontext des § 158 InsO im Ansatz auch bereits der überwiegenden Ansicht entspricht – vor allem solche wirtschaftlich-organisatorische Einheiten auszunehmen, die unwesentlich sind. Die Wesentlichkeit ist aber – entgegen der letztgenannten Strömung im Schrifttum – ausschließlich aus der Perspektive des übrigen Gesamtunternehmens zu bestimmen. Insofern ist insbesondere unerheblich, ob die jeweilige Einheit auch außerhalb dessen selbstständig fortführbar ist, da es im Gesetzeswortlaut nicht angelegt ist und den Normzweck nicht berührt. Im Hinblick auf den gemeinsamen Telos der beiden Vorschriften ist deren Anwendbarkeit tatsächlich (nur) insoweit geboten, als eine Präjudizierung der Entscheidung nach § 157 InsO, mithin der über das endgültige »Schicksal« des übrigen schuldnerischen Unternehmens droht. Würden ihre Kontrollmechanismen auch bei nicht derart wesentlichen Unternehmensteilen greifen, würde ohne Not die ohnehin risikobehaftete Unternehmensfortführung des vorläufigen Verwalters weiter eingeschränkt[771] und würden insbesondere auch die Insolvenzgerichte weiter belastet. Ausgenommen sind daher konkret solche Unternehmensteile, die insofern unwesentlich sind, als sie ohne maßgebliche Auswirkung auf die Fortführung des übrigen Gesamtunternehmens veräußert bzw. stillgelegt werden können. Positiv gewendet: Voraussetzung ist – aufbauend auf *Decker*[772] – eine nicht unerhebliche Bedeutung für dessen Struktur und Zweckverfolgung.

Die im vorliegenden Kontext bisher vorwiegend geübte begriffliche Abgrenzung durch das Abstellen auf unterschiedliche Arten von Unternehmensteilen überzeugt im Ansatz, nicht aber in der Umsetzung. Auch diese Differenzierung dürfte dazu dienen, (nur) solche Unternehmensteile den Regelungen der §§ 22 Abs. 1 S. 2 Nr. 2, 158 InsO zu unterstellen, die im Verhältnis zum übrigen Gesamtunternehmen eine gewisse Relevanz innehaben, wobei indes offenbar primär die relative Größe maßgeblich sein soll. Dass insofern ein gewisses Mindestmaß erreicht werden muss, um die Anknüpfung an das gemeinsame Tatbestandsmerkmal »Unternehmen« nicht zu verlieren, leuchtet ein, wird allerdings in der Regel bereits über die Grundvoraussetzung (wirtschaftlich-organisatorische Einheit) gewährleistet sein. Soweit damit vertreten wird, dass *allein* die relative Größe eines Unternehmensteils über die Anwendbarkeit der beiden Vorschriften entscheiden soll, ist dem nicht zu folgen. Entscheidend ist aus den vorgenannten Gründen richtigerweise letztlich vielmehr dessen Wesentlichkeit (im Sinne von: Fortführungserheblichkeit) für das übrige schuldnerische Unternehmen. Es bedarf dieses offenen, normativen Kriteriums, um den Telos der Vorschriften abzubilden und im Einzelfall sachgerechte Ergebnisse zu gewährleisten. So werden auch die

---

769 Nicht übertragbar sind die arbeitsrechtlichen Wertungen – wie im Folgenden zu zeigen ist – vor allem insoweit, als im Rahmen des § 613a BGB unerheblich ist, ob ein bloß untergeordneter Unternehmensteil betroffen ist, s. dazu *Preis* in: Erfurter Kommentar, § 613a BGB Rn. 8.

770 *Zipperer* in: Uhlenbruck, § 158 Rn. 4 ist vor diesem Hintergrund sogar generell gegen die Übertragung arbeitsrechtlicher Begriffsverständnisse.

771 Vgl. *Wegener* in: Frankfurter Kommentar, § 158 Rn. 2.

772 *Decker* in: Hamburger Kommentar, § 158 Rn. 2.

Kriterien »relative Größe« und »Fortführungserheblichkeit« in der Praxis indes wohl oftmals, aber keineswegs immer, dasselbe Schicksal teilen.

Die begriffliche Abgrenzung taugt indes zur Umsetzung keiner der beiden Kriterien. Sie führt zu nicht sachgerechten Ergebnissen, da ihr ein Bezugspunkt zum übrigen Gesamtunternehmen des Schuldners fehlt. Beispielsweise ist es nicht überzeugend, sowohl bei einem Großunternehmen mit mehreren Geschäftsfeldern als auch bei einem Kleinunternehmen mit nur wenigen Filialen, die Zulässigkeit eines Teilverkaufs (allein) danach zu richten, was für eine – wie auch immer zu definierende – Art von Unternehmensteil betroffen ist. Ferner sind beispielsweise im produzierenden Gewerbe regelmäßig andere Vermögenswerte erheblich für die Fortführung, als etwa im Handels- oder Dienstleistungsgewerbe,[773] was von ausschließlich auf das Veräußerungsobjekt bezogenen begrifflichen Kriterien nicht abgebildet wird. Daher kann aber auch der Vorschlag, auf die Wesentlichkeit eines Betriebsteils gemäß § 111 Nr. 1 BetrVG abzustellen, letztlich nicht überzeugen, auch wenn ihm der Charme schärferer Abgrenzung zukommt, da er weniger mit unbestimmten Rechtsbegriffen arbeitet. Denn dafür sind vornehmlich die Schwellenwerte des § 17 Abs. 1 KSchG maßgeblich,[774] ist also letztlich der Anteil der betroffenen Belegschaft ausschlaggebend[775]. Die Schwäche der rein begrifflichen Abgrenzung zeigt sich schließlich darin, dass – setzt man die jeweils herrschende Ansicht an – § 22 Abs. 1 S. 2 Nr. 2 InsO im Eröffnungsverfahren erst bei Unternehmensteilen anwendbar sein soll, während § 158 InsO im eröffneten Verfahren vor dem Berichtstermin bereits bei Betriebsteilen greifen soll, was schwerlich systemgerecht sein kann.

c)   Ergebnis

Die §§ 22 Abs. 1 S. 2 Nr. 2, 158 InsO ergeben insofern die gesetzlichen Grenzen für die Reichweite der Befugnis zur Vornahme von Verwaltungsmaßnahmen, als dass der Verkauf eines Unternehmensteils im Sinne dieser Vorschriften davon jedenfalls nicht mehr umfasst ist. Darunter fallen wirtschaftlich-organisatorische Einheiten – unabhängig von ihrer Einordnung in die geläufigen Kategorien von Unternehmensteilen – mit selbstständigem Zweck innerhalb der schuldnerischen Organisation, die insofern wesentlich sind, als sie nennenswerten Einfluss auf deren Struktur und Zweckverfolgung haben.

4.   Gesamtschau

Ein vorläufiger Insolvenzverwalter überschreitet mit vermeintlichen Verwaltungsmaßnahmen jedenfalls dann die Grenze zu einer unzulässigen Verwertung i. e. S., wenn Gegenstände betroffen sind, die insofern wesentlich sind, als sie fortführungserheblich oder die prägenden Kernbestandteile des schuldnerischen Vermögens sind. Außerdem dürfen sich die Maßnahmen bei einer Gesamtbetrachtung nicht als Veräußerung eines wesentlichen Unternehmensteils gemäß §§ 22 Abs. 1 S. 2 Nr. 2, 158 InsO darstellen.

---

773   Vgl. *Preis* in: Erfurter Kommentar, § 613a BGB Rn. 12.
774   S. dazu *Kania* in: Erfurter Kommentar, § 111 BetrVG Rn. 10.
775   S. dazu *Kiel* in: Erfurter Kommentar, § 17 KSchG Rn. 9.

Nicht zuletzt aus diesem Grund besteht insoweit auch kein Konflikt mit der Nichtregelungsentscheidung des InsVerfVereinfG-Reformgebers, die sich eben nur auf solche Unternehmensteile beschränkt.[776] Nach alledem kommt ein Teilverkauf im Rahmen der Verwaltungstätigkeit in der Praxis wohl eher bei größeren Unternehmen mit mehreren, voneinander unabhängigen Unternehmensteilen in Betracht; bei der Insolvenz eines Großunternehmens mit einer Vielzahl von Geschäftsfeldern kann dann aber auch die Veräußerung einer einzelnen Sparte prinzipiell als Verwaltungsmaßnahme zulässig sein.

III. Ergebnis

Zu dem Verkauf von Unternehmensteilen, die *nicht* im vorstehend dargelegten Sinn wesentlich sind, *kann* ein vorläufiger Insolvenzverwalter im Rahmen seiner Verwaltungstätigkeit bereits befugt sein. Der Verkauf des gesamten schuldnerischen Unternehmens lässt sich demgegenüber unter keinen Umständen noch als Verwaltungsmaßnahme qualifizieren. Um zulässig zu sein, muss sich der Teilverkauf im Einzelfall aber eben tatsächlich auch als notwendige Sicherungs- bzw. Fortführungsmaßnahme darstellen. Dies ist insbesondere dann der Fall, wenn der Teilverkauf der Beschaffung der zur Fortführung erforderlichen Liquidität oder der Verhinderung eines fortführungskritischen Liquiditätsabflusses dient.

C. Unternehmensverkauf als Notverwertungsmaßnahme

Zu prüfen bleibt, ob und gegebenenfalls unter welchen Voraussetzungen sich ein Unternehmensverkauf als eine Notverwertungsmaßnahme im oben unter Teil 2 § 1 C. III erläuterten Sinne darstellen kann. Nicht zuletzt wird aus der Praxis berichtet, dass solche Transaktionen vereinzelt bewusst als »Notverkauf« deklariert wurden, um die Beschränkungen des Eröffnungsverfahrens zu umgehen.[777]

Die Betrachtung des *Meinungsstands* offenbart indes auch insofern Uneinigkeit: Ein Teil des Schrifttums vertritt tatsächlich, dass ein vorläufiger Insolvenzverwalter unter besonderen, dies rechtfertigenden Umständen ausnahmsweise[778] sogar zu einem Unternehmensverkauf befugt sei, und zwar offenbar ohne dass es dafür zwingend der Zustimmung irgendwelcher Beteiligter bedarf. Nach dieser Ansicht soll seine originäre Befugnis zu Notverwertungen folglich auch eine solche Maßnahme umfassen können. So hat *Pohlmann*[779] früh und besonders umfassend vorgetragen, ein Unternehmensverkauf sei bei einer »exorbitant günstigen Verwertungsmöglichkeit« bereits im Eröffnungsverfahren zulässig. In einem solchen Fall ließe sich ein »mutmaßliches Einverständnis« der späteren Gläubigerorgane annehmen, was zur Wahrung ihrer Beteiligungsrechte genüge. Dieser Beitrag stammt zwar noch aus der Zeit vor dem InsVerfVereinfG-Reformvorhaben. Aber in den danach erschienenen Beiträgen wird viel-

---

776   S. dazu Teil 2 § 2 A. I. 3. b) cc).
777   Vgl. *Hagebusch/Oberle*, NZI 2006, 618, 621.
778   A. A. *Hess* in: Kölner Kommentar, § 22 Rn. 58 und 331 (grundsätzlich).
779   *Pohlmann*, Rn. 421 ff. m. w. N.

fach im Wesentlichen dieselbe Ansicht vertreten.[780] Andere gehen – in der Sache vergleichbar – davon aus, dass im Eröffnungsverfahren eine derartige originäre Befugnis zu einem Unternehmensverkauf bei »Gefahr in Verzug« [781] oder schlicht in – nicht näher bestimmten – »Ausnahmefällen« besteht[782]. Dem steht allerdings der wohl überwiegende Teil des Schrifttums entgegen.[783] Das *Bundesarbeitsgericht*[784] hat sich in der Entscheidung vom 20. Juni 2002 eines Streitentscheids ausdrücklich verwehrt. Durch die Betonung, dass die Durchführung eines vorweggenommenen Insolvenzverfahrens sicherlich nicht gewollt sei, hat es aber eine gewisse Skepsis offenbart.

Für die *Stellungnahme* ist – auch unter Berücksichtigung des bereits zuvor zu Notverwertungsmaßnahmen im Allgemeinen Ausgeführten – danach zu differenzieren, ob Gefahr in Verzug oder eine günstige Gelegenheit als Grundlage der Rechtfertigung der Ausnahmebefugnis dienen soll.

I. Gefahr in Verzug

Im Allgemeinen berechtigt Gefahr in Verzug in der Form eines drohenden Untergangs, also tatsächlichen, aber auch rechtlichen Verfalls, eines Gegenstands des schuldnerischen Vermögens den vorläufigen Insolvenzverwalter ausnahmsweise zu einer Notverwertungsmaßnahme.[785] Dass eine solche Gefahr auch in Bezug auf ein Unternehmen – als Gesamtheit von Sachen, Rechten und sonstigen Vermögenswerten – im Besonderen bestehen kann, ist richtigerweise grundsätzlich denkbar.[786] Sofern die einschlägigen Stimmen im Schrifttum »Gefahr in Verzug« auch derart eng verstehen, ist ihnen dementsprechend beizupflichten. Allerdings kommen insofern tatsächlich eher nur wenige, besonders gelagerte Anwendungsfälle in Betracht, wenngleich erfahrene Praktiker hierzu sicherlich mehr beitragen können. Zu denken ist etwa an den Fall, dass nur durch einen umgehenden Unternehmensverkauf der Verlust verwertbarer (nicht rechtsträgerspezifischer[787]) öffentlich-rechtlicher Genehmigungen oder anderweitiger Berechtigungen zum Betrieb des Unternehmens oder solcher Tätigkeiten, die dessen Wert maßgeblich ausmachen, verhindert werden kann. Dasselbe

---

780 So etwa *Beth* in: Berliner Kommentar, § 22 Rn. 18; *Hess* in: Kölner Kommentar, § 22 Rn. 58 und 333; vgl. ferner *Fritsche*, DZWIR 2005, 265, 269 (Zustimmung des Insolvenzgerichts und des -schuldners daneben als »Soll«); *Zipperer* in: Uhlenbruck, § 157 Rn. 8 (weiterer Vorbehalt, dass das Verfahren nicht rechtzeitig eröffnet werden kann).

781 Vgl. etwa *Buchta* in: Hölters, Rn. 14.109 f.; *Cavaillès*, S. 84 f. und 92; ferner *Schluck-Amend* in: K. Schmidt/Uhlenbruck, Rn. 5.570 ff. (bei »Einbindung« des Insolvenzschuldners).

782 *Beck/Wimmer* in: Beck/Depré, § 5 Rn. 96.

783 So explizit etwa *Ampferl*, Rn. 524 ff.; *Dimassi*, S. 36; *Koblitz*, S. 32 f.; *Kriegs*, S. 51. – Auch einige der Stimmen, welche unter derartigen Umständen im Allgemeinen eine Ausnahmebefugnis annehmen, vertreten dies im Hinblick auf einen Unternehmensverkauf im Besonderen offenbar nicht mehr, vgl. *Haarmeyer/Schildt* in: MüKo, § 22 Rn. 76 und 81; *Rüntz/Laroche* in: Heidelberger Kommentar, § 22 Rn. 14 und 27 f.; *Sander* in: Ahrens/Gehrlein/Ringstmeier, § 22 Rn. 64 und 77.

784 BAG NZI 2003, 222, 226.

785 S. dazu Teil 2 § 1 C. III. 1.

786 Vgl. *Dimassi*, 6, S. 36. – A. A. *Kriegs*, S. 51.

787 S. dazu *Bitter/Laspeyres*, ZIP 2010, 1157, 1158.

gilt im Hinblick auf einen drohenden Untergang der qualitativ und quantitativ absolut maßgeblichen Vermögenswerte eines Unternehmens, etwa durch einen Verderb des weit überwiegenden Warenbestands oder einen Verfall des Großteils der entscheidenden Betriebsmittel, der sich entsprechend auf den Wert der Gesamtheit auswirken würde.

In diesem Kontext ist keine besondere Einschränkung der allgemeinen Grundsätze geboten. Die vom InsVerfVereinfG-Reformgeber am Rande getroffene Feststellung, die »Verwaltungsbefugnis« decke »die Veräußerung von wesentlichen Teilen des Anlagevermögens oder des gesamten schuldnerischen Betriebes« nicht als »Notverwertungen« ab,[788] ist aufgrund ihres Bezugs auf beide Arten von Verwertungsmaßnahmen i. w. S. schon von fragwürdigem Inhalt und im Übrigen – wie gezeigt[789] – für die Auslegung des Gesetzes nicht vorentscheidend, da sie schon gar kein Teil seiner Nichtregelungsentscheidung werden konnte. Ferner stellt § 22 Abs. 1 S. 2 Nr. 2 InsO nicht – wie *Kriegs*[790] meint – eine abschließende Sonderregelung betreffend das »Schicksal« des Unternehmens bei einem »drohenden wertmäßigen Verfall« dar. Die Ausnahmebefugnis zu Notverwertungsmaßnahmen steht vielmehr schon ausweislich ihrer Anknüpfung an die Aufgabe des Verwalters zu »Sicherung und Erhalt« des schuldnerischen Vermögens nach der ersten Nummer dieser Vorschrift[791] grundsätzlich *daneben*. Eine Überschneidung mit § 22 Abs. 1 S. 2 Nr. 2 InsO besteht zwar freilich insoweit, als jeweils eine Verminderung des schuldnerischen Vermögens drohen muss. Aber die Notverwertungsbefugnis hat – mit dem drohenden Untergang von dessen Gegenständen[792] – einen anderen, selbstständigen Rechtfertigungskern. § 22 Abs. 1 S. 2 Nr. 2 InsO erfasst zudem unmittelbar nur den Fall, dass die Aufzehrung des Vermögens gerade aus der Fortführung des Unternehmens herrührt, da (nur) dem durch dessen Stilllegung begegnet werden kann. Schließlich greift die Notverwertungsbefugnis gewissermaßen auch erst später. So ist die Voraussetzung für ihr Eingreifen in Übertragung der allgemeinen Grundsätze, dass der Funktionswert des jeweiligen Unternehmens oder Unternehmensteils in seiner Gesamtheit derart beschränkt ist, dass es bzw. er voraussichtlich nur noch für die Dauer des Eröffnungsverfahrens verwertbar ist. Auch wenn man insofern keine drohende Wertlosigkeit im engsten Wortsinn fordern können wird, genügt folglich die Erwartung einer »bloß« erheblichen Wertminderung, wie bei § 22 Abs. 1 S. 2 Nr. 2 InsO, im vorliegenden Kontext gerade noch nicht. Das Verständnis dieses Tatbestandsmerkmals dieser Vorschrift kann mit Blick auf die Gesetzessystematik vielmehr dazu dienen, die materielle Eingriffsvoraussetzung der Notverwertungsbefugnis »nach unten hin« abzugrenzen: Das Ausmaß des Wertverlustes, das berechtigterweise erwartet werden können muss, um Gefahr in Verzug und damit die Ausnahmebefugnis des Verwalters zu begründen, muss die Schwelle der Erheblichkeit nach § 22 Abs. 1 S. 2 Nr. 2 InsO klar übersteigen. Angemerkt sei noch, dass diese Notverwertungsbefugnis auch wesentliche Unternehmensteile i. S. d. §§ 22, 158 InsO erfassen kann. Nicht zuletzt stellt sie eine Ausnahme vom grundsätzlichen Verwertungsverbot im Eröffnungsverfahren dar, deren strenge Voraussetzung und Reich-

---

788 RegE-InsVerfVereinfG, BT-Drucks. 16/3227, S. 10.
789 S. dazu Teil 2 § 2 A. I. 3. b) cc).
790 *Kriegs*, S. 51.
791 S. dazu Teil 2 § 1 C. III.
792 S. dazu Teil 2 § 1 C. III. 1.

weite unmittelbar an die Beschaffenheit des schuldnerischen Vermögens anknüpfen, weshalb insoweit auch eine weitergehende gegenständliche Beschränkung nicht geboten erscheint.

II. Günstige Gelegenheit

Demgegenüber scheidet ein Verfall des Preises bereits in Bezug auf einzelne Gegenstände des schuldnerischen Vermögens für sich genommen, also insbesondere ohne dass er unmittelbar auf einem Untergang des jeweiligen Gegenstands beruht, richtigerweise als Rechtfertigungsgrundlage für eine Notverwertungsmaßnahme aus. Ob es sich dabei, um eine vermeintlich *exorbitant* günstige Gelegenheit handelt, ist unerheblich.[793] Dies muss – *a minori ad maius* – erst recht in Bezug auf das schuldnerische Unternehmen gelten, und zwar sowohl für einen Teil- als auch für einen Gesamtverkauf. Schon deshalb ist der insbesondere von *Pohlmann* vorgetragenen gegenläufigen Ansicht im Schrifttum nicht zu folgen. Seit der InsVerfVereinfG-Reform lassen sich dieser Ansicht außerdem historisch-systematische Argumente entgegenhalten: Der Reformgeber hat dabei gerade für den Fall, dass eine »günstige Veräußerungsmöglichkeit« besteht, in § 158 InsO n. F. eine an weitere Voraussetzungen geknüpfte, gesetzliche Regelung geschaffen, allerdings bewusst erst im eröffneten Verfahren und nicht bereits im Eröffnungsverfahren. Da sich damit zugleich auch die ursprünglich für die angedachte Reform des § 22 Abs. 1 S. 2 Nr. 2 InsO ins Spiel gebrachte, aber letztlich verworfene Ratio und die Rechtfertigung der Gegenansicht im Kern vollständig überschneiden,[794] steht ihr auch die in Bezug auf diese Vorschrift getroffene Nichtregelungsentscheidung entgegen. Schließlich überzeugt die Berufung einiger Gegenstimmen[795] auf Beiträge aus dem Schrifttum und Entscheidungen, die noch unter Geltung der Konkursordnung ergangen sind, insbesondere die des *OLG Düsseldorf* vom 13. Dezember 1991[796] aus den bereits dargelegten Gründen nicht.[797] Wohl allein *Beth*[798] verweist insofern noch auf die Entscheidung des *Bundesgerichtshofs* vom 5. Mai 2011[799], die dafür – wie ebenso bereits gezeigt[800] – jedoch nicht zur Bekräftigung dienen kann.

III. Ergebnis

Somit scheidet allein eine (exorbitant) günstige Gelegenheit als Rechtfertigung einer Notverwertungsmaßnahme auch im Hinblick auf einen Unternehmensverkauf generell aus. Eine solche Ausnahmebefugnis kann demgegenüber theoretisch bestehen, und zwar sofern und soweit in Bezug auf das schuldnerische Unternehmen im Ganzen oder

---

793   S. dazu Teil 2 § 1 C. III. 2.
794   S. dazu Teil 2 § 2 A. I.
795   So etwa *Hess* in: Kölner Kommentar, 2016, § 22 Rn. 58 und 333.
796   OLG Düsseldorf ZIP 1992, 344.
797   S. dazu Teil 2 § 2 A. II.
798   *Beth* in: Berliner Kommentar, § 22 Rn. 18.
799   BGH NZI 2011, 602 (= BGHZ 189, 299).
800   S. dazu Teil 2 § 1 C. III. 2.

in Teilen Gefahr in Verzug in der Form eines drohenden Untergangs des betroffenen Vermögens besteht, was faktisch indes lediglich in Ausnahmefällen in Betracht kommt.

D. Legitimation eines Unternehmensverkaufs

Fraglich bleibt, inwieweit ein Unternehmensverkauf im Eröffnungsverfahren außerhalb der vorstehend geschilderten Grenzen der allgemeinen Verwaltungs- bzw. Notverwertungsbefugnis des vorläufigen Verwalters legitimierbar ist.

I. Konzepte

Diese Möglichkeit bejaht ein – in Summe – ganz erheblicher Teil des Schrifttums, wenngleich – das sei nochmals betont[801] – ein ebenso großes Lager einen Unternehmensverkauf im Eröffnungsverfahren offenbar unter keinen Umständen für zulässig hält. Unter den Befürwortern wird indes eine Vielzahl von Legitimationskonzepten vertreten, die sich nicht zuletzt in ihren jeweiligen Voraussetzungen erheblich unterscheiden. Gemeinsam haben die Konzepte, dass sie sich vorwiegend sogar auf den Verkauf eines Unternehmens im Ganzen oder in wesentlichen Teilen beziehen. Außerdem werden an die Legitimation eines solchen Verkaufs überwiegend sowohl materielle als auch formale Voraussetzungen gestellt, insbesondere unterschiedlich ausgestaltete Zustimmungserfordernisse. Für die Darstellung und Würdigung dieser Konzepte, die nun folgen soll, verspricht eine Differenzierung nach letzteren Kriterien noch die bestmögliche Übersichtlichkeit. Dabei gebietet sich im Hinblick auf die Bedeutung, die in dieser Arbeit der InsVerfVereinfG-Reform beigemessen wird, an dieser Stelle ganz besonders klarzustellen, inwieweit die jeweiligen Literaturbeiträge offenkundig noch in Unkenntnis dieser Reform erstellt worden sind.

1. Zustimmung des Gerichts

Ein Teil des Schrifttums knüpft die Zulässigkeit eines Unternehmensverkaufs im Eröffnungsverfahren in formeller Hinsicht allein an die Zustimmung des zuständigen Insolvenzgerichts.[802] Teilweise wird daneben noch die *Unterrichtung* des Schuldners für notwendig erachtet.[803] Vereinzelt wird zwar grundsätzlich auch dessen *Zustimmung* gefordert, dieses Erfordernis allerdings mit derart weiten Ausnahmen versehen, dass darin der praktische Regelfall zu sehen ist.[804] Als materielle Voraussetzungen für die Erteilung der gerichtlichen Zustimmung werden wiederum unterschiedliche Kriterien postuliert. Deren Spektrum ist zwar weit, sie lassen sich aber wohl noch mit »Wirt-

---

801 S. dazu Teil 2 § 2.
802 Vgl. instruktiv *Pohlmann*, Rn. 413 ff.; ferner *Flören* in: Bork/Hölzle, Kapitel 5 Rn. 79; *Gerhardt* in: Jaeger, § 22 Rn. 90; *Hirte* in: Uhlenbruck, § 11 Rn. 19; *Kammel*, NZI 2000, 102, 104; *Kautzsch*, S. 152 ff.; *Lohkemper*, ZIP 1999, 1251, 1252; *Menke*, BB 2003, 1133, 1136 ff.; *ders.*, NZI 2003, 522, 526 f.; wohl auch *Cavaillès*, S. 91 f.
803 Vgl. *He*, S. 215; *Strümpell*, S. 108 ff.
804 Vgl. *Spieker*, S. 50 ff.

schaftlichkeit« zusammenfassen: Einige Stimmen setzen voraus, dass der Unternehmensverkauf wirtschaftlich vernünftig ist, womit er im Interesse der Gläubiger geboten sei.[805] *Kammel*[806] hat gefordert, dass damit außerordentliche wirtschaftliche Vorteile realisiert werden können. Nach diesem Ansatz ließe sich die materielle Voraussetzung auch mit »(exorbitant) günstiger Gelegenheit« umschreiben. Andere stellen insoweit ausdrücklich auf die Vermeidung einer erheblichen Minderungs des Vermögens gemäß § 22 Abs. 1 S. 2 Nr. 2 InsO ab.[807] Wieder andere gehen mit ihrem Kriterium eher in die Richtung »Gefahr in Verzug«, indem sie fordern, der Unternehmensverkauf müsse zur Abwendung einer anderenfalls drohenden Betriebsstilllegung erforderlich sein.[808] Kern des letzteren Ansatzes ist – wie *Pohlmann*[809] dargelegt hat –, dass sich der Unternehmensverkauf im Eröffnungsverfahren als »Minusmaßnahme« zur Betriebsstilllegung darstelle. Wenn nach § 22 Abs. 1 S. 2 Nr. 2 InsO ein Unternehmen allein mit Zustimmung des Insolvenzgerichts stillgelegt werden darf, müsse dies ebenso für einen vergleichbaren, aber wirtschaftlicheren Unternehmensverkauf gelten.[810] *Flören*[811] fasst ihn treffend unter dem Schlagwort »stilllegungsvermeidende Veräußerung« zusammen. Dieses Legitimationskonzept stammt noch aus der Zeit vor der InsVerfVereinfG-Reform, wird jedoch auch seitdem von nicht wenigen weiterhin vertreten,[812] besonders prominent von *Hirte*[813], der dabei noch betont, dass diese Reform insofern keine Auswirkungen habe.

2. Zustimmung des Schuldners

Ein anderer Teil des Schrifttums vertritt, dass ein vorläufiger Verwalter für die Befugnis zu einem Unternehmensverkauf in formeller Hinsicht allein der Zustimmung des jeweiligen Schuldners bedarf.[814] Einige Vertreter dieser Ansicht halten dabei die schuldnerische Zustimmung durch die des Gerichts für ersetzbar.[815] Andere postulieren lediglich noch, dass das Gericht *unterrichtet* werden *sollte*.[816] Die Beteilgung der

---

805 So etwa *Gerhardt* in: Jaeger, § 22 Rn. 89; *Lohkemper*, ZIP 1999, 1251, 1252; vgl. ähnlich, aber wohl noch weiter *Spieker*, S. 50 ff.

806 *Kammel*, NZI 2000, 102, 104.

807 So etwa *Hirte* in: Uhlenbruck, § 11 Rn. 19; *Kautzsch*, S. 152 ff.; *Menke*, BB 2003, 1133, 1136 ff.; *ders.*, NZI 2003, 522, 526 f.; *Strümpell*, S. 108 ff.

808 So etwa bereits *Pohlmann*, Rn. 414 ff.; nunmehr *Flören* in: Bork/Hölzle, Kapitel 5 Rn. 79; vgl. ähnlich *Vuia* in: Gottwald, § 14 Rn. 71.

809 *Pohlmann*, Rn. 414.

810 Vgl. instruktiv *Gerhardt* in: Jaeger, § 22 Rn. 89.

811 *Flören* in: Bork/Hölzle, Kapitel 5 Rn. 79.

812 Vgl. *Flören* in: Bork/Hölzle, Kapitel 5 Rn. 79; *He*, S. 214 f.; *Hirte* in: Uhlenbruck, § 11 Rn. 19; *Strümpell*, S. 108; wohl auch *Cavaillès*, S. 91 f.

813 Vgl. *Hirte* in: Uhlenbruck, § 11 Rn. 19.

814 Vgl. *Kriegs*, S. 56 ff.; *Marotzke*, Rn. 46 ff. und 175 (bekräftigt in *ders.*, KTS 2014, 113, 152); *Undritz* in: Runkel/Schmidt, § 15 Rn. 141 ff., 158 f. und 206; *Vallender* in: Uhlenbruck, § 22 Rn. 41; eingehend bereits *ders.*, GmbHR 2004, 543, 545.

815 *Marotzke*, Rn. 50 und 175; *Undritz* in: Runkel/Schmidt, § 15 Rn. 141 ff., 154 und 206.

816 *Undritz* in: Runkel/Schmidt, § 15 Rn. 158; vgl. auch *Kriegs*, S. 71 f.

Gläubiger sei nicht zwingend erforderlich – wenn überhaupt,[817] sei in dem Fall, dass nach § 21 Abs. 2 S. 1 Nr. 1a InsO ein vorläufiger Gläubigerausschuss eingesetzt worden ist, zusätzlich dessen Zustimmung erforderlich.[818] Teilweise wird darüber hinaus offenbar davon ausgegangen, dass neben der Zustimmung des Schuldners auch keine besonderen materiellen Voraussetzungen bestehen würden.[819] Demgegenüber vertritt etwa *Kriegs*[820], der Unternehmensverkauf müsse zur Vermeidung einer erheblichen Vermögensminderung gemäß § 158 Abs. 2 InsO erforderlich sein. Dieses Legitimationskonzept wird genauso nach wie auch vor der InsVerfVereinfG-Reform vertreten, zuletzt eben durch ihn. Dazu führt er im Wesentlichen aus: Das Bestandserhaltungsinteresse des Schuldners stehe zu seiner Disposition und sei daher über seine Einwilligung gewahrt.[821] Auf der anderen Seite belaufe sich das schützenswerte Interesse der Gläubiger zunächst nur auf den Erhalt des Vermögens des Insolvenzschuldners in seinem Wert, was über die materielle Voraussetzung gewahrt werde. Aus § 158 InsO ergebe sich ferner, dass die Beteiligung der Gläubiger an einer Verwertungsentscheidung nicht in jedem Fall zwingend erforderlich sei, was im Eröffnungsverfahren gleichermaßen gelte.[822] Schließlich stehe seinem Ansatz auch die Reform nicht entgegen, da sich deren Materialien lediglich zur Frage der Zulässigkeit eines Unternehmensverkaufs *gegen* den Willen des Schuldners verhalten hätten.[823]

3. Zustimmung der Gläubiger

Dass allein der Konsens mit der Gläubigerseite genügen soll, um einen Unternehmensverkauf im Eröffnungsverfahren zu legitimieren, wird, soweit ersichtlich, nicht eindeutig formuliert. Allerdings sind nicht wenige Stimmen der Ansicht, dass die Vorschrift § 160 InsO, nach der bei »bedeutsamen Rechtshandlungen« in ihrem Sinne, zu denen eben auch der Unternehmensverkauf gehört (§ 160 Abs. 2 Nr. 1 InsO), ein Erfordernis zur Gläubigerbeteiligung besteht, das bei Einhaltung im Allgemeinen aber eben auch legitimierend wirkt, bereits vor der Verfahrenseröffnung ([zumindest eingeschränkt] analog) anwendbar sei.[824] Einige ziehen auf dieser Grundlage zumindest die Zulässigkeit einer Betriebsteilveräußerung explizit in Betracht.[825] Ferner hatte sich etwa *Rhein*[826] gefragt, inwiefern sich durch die ESUG-Reform mit ihrer gesetzlichen

---

817 Eine Gläubigerbeteiligung generell für entbehrlich hält *Marotzke*, Rn. 92 f.; *ders.*, KTS 2014, 113, 152; wohl auch *Vallender* in: Uhlenbruck, § 22 Rn. 41; *ders.*, GmbHR 2004, 543, 545.

818 *Kriegs*, S. 70 ff.; vgl. wohl auch *Undritz* in: Runkel/Schmidt, § 15 Rn. 159.

819 *Marotzke*, Rn. 46 ff. und 175; *ders.*, KTS 2014, 113, 152; *Undritz* in: Runkel/Schmidt, § 15 Rn. 141 ff., 158 f. und 206.

820 *Kriegs*, S. 68 ff.; vgl. in der Sache ähnlich *Vallender* in: Uhlenbruck, § 22 Rn. 41, strenger wohl noch in: *ders.*, GmbHR 2004, 543, 545.

821 *Kriegs*, S. 57 ff.

822 *Kriegs*, S. 62 ff.

823 *Kriegs*, S. 73.

824 S. dazu Teil 2 § 1 A. II.

825 *Decker* in: Hamburger Kommentar, § 160 Rn. 13; *Ries* in: Heidelberger Kommentar, § 160 Rn. 18. – Generell dagegen etwa *Jungmann* in: K. Schmidt, § 160 Rn. 1.

826 *Rhein* in: Eilers/Koffka/Mackensen, S. 248.

Verankerung des vorläufigen Gläubigerausschusses[827] neue Möglichkeiten für einen Unternehmensverkauf im Eröffnungsverfahren ergeben. Dieser Ansatz soll hier vor diesem Hintergrund auch behandelt werden, auch wenn der gesetzliche Anknüpfungspunkt dafür eher § 158 Abs. 1 InsO (analog) sein dürfte.

4. Stilllegung des Unternehmens

Dass einem vorläufigen Insolvenzverwalter ein Verkauf dann gestattet sein kann, wenn das jeweilige Unternehmen bereits zuvor (mit gerichtlicher Zustimmung gemäß § 22 Abs. 1 S. 2 Nr. 2 InsO) stillgelegt worden ist, wird demgegenüber ausdrücklich vertreten, und zwar heute genauso wie vor der InsVerfVereinfG-Reform, nämlich vereinzelt.[828] Das Hauptargument dafür ist, dass in einem solchen Fall das Bestandserhaltungsinteresse des Schuldners bereits beeinträchtigt sei und daher dem Verkauf schlicht nicht mehr entgegenstehe. Während *Rüntz/Laroche*[829] und *Haarmeyer/Schildt*[830] insofern augenscheinlich von einer originären Befugnis ausgehen, die Letztere aus einer antizipierten Zustimmung der Gläubiger herleiten, halten *Pohlmann*[831] und wohl auch *Undritz* dafür noch eine weitere Legitimation durch tatsächliche Zustimmung der Gläubiger für erforderlich.[832] Die Praxisrelevanz dieses Legitimationskonzepts erscheint indes fragwürdig. Zum einen dürfte sich das Erwerbsinteresse regelmäßig auf das Unternehmen im werbenden Zustand beschränken. Zum anderen darf das Gericht einer Stilllegung nach § 22 Abs. 1 S. 2 Nr. 2 InsO nur dann zustimmen, wenn keine Aussicht auf eine Unternehmenssanierung besteht,[833] die aber gerade auch durch einen Verkauf erfolgen könnte[834]. Diese Option dürfte sich also erst nachträglich aufgetan haben.

5. Zustimmung des Gerichts und des Schuldners

Ein wieder anderer, gewichtiger Teil des Schrifttums – nicht aber die Rechtsprechung,[835] auch wenn sie teilweise anders verstanden wird[836] – erachtet für die Zuläs-

---

827 S. dazu Teil 2 § 1 A. II .

828 Vgl. (auch zum Folgenden) *Pohlmann*, Rn. 418 f.; *Rüntz/Laroche* in: Heidelberger Kommentar, § 22 Rn. 27; wohl auch *Haarmeyer/Schildt* in: MüKo, § 22 Rn. 120, aber Rn. 81.

829 *Rüntz/Laroche* in: Heidelberger Kommentar, § 22 Rn. 27.

830 *Haarmeyer/Schildt* in: MüKo, § 22 Rn. 120.

831 *Pohlmann*, Rn. 418 f.

832 *Undritz* in: Runkel/Schmidt, § 15 Rn. 141 ff., 154 und 206.

833 Vgl. RegE-InsO, BT-Drucks. 12/2443, S. 117.

834 Vgl. insoweit selbst *Rüntz/Laroche* in: Heidelberger Kommentar, § 22 Rn. 22.

835 Insbesondere ist die Entscheidung BGH NZI 2006, 235 – noch ungeachtet der Tatsache, dass sie noch vor der InsVerfVereinfG-Reform erging – nicht präjudiziell für die Frage der *Zulässigkeit* eines Unternehmensverkaufs im Eröffnungsverfahren. Diese Frage erkennt das Gericht dort als ungeklärt und lässt sie offen, vgl. wie hier *Bitter/Rauhut*, KSI 2007, 258, 260. Der Beschluss verhält sich vielmehr zu der Frage der *Vergütungsfähigkeit* der Beteiligung eines mitbestimmenden vorläufigen Insolvenzverwalters an einem solchen Verkauf, wofür vielmehr schon die »formelle Legitimation« (durch das Einvernehmen mit dem Gericht und dem Schuldner) als ausreichend angesehen wird, vgl. BGH NZI 2006, 235 Rn. 13 ff.; ferner BGH NZI 2005, 627, 628.

836 Vgl. *Schröder* in: Hamburger Kommentar, § 22 Rn. 44; auch *Arends/Hofert-von Weiss*, BB 2009, 1538, 1539; *Kriegs*, S. 42, der der vorgenannten Entscheidung sogar entnimmt,

sigkeit eines Unternehmensverkaufs im Eröffnungsverfahrens in formeller Hinsicht *de lege lata* nicht nur die Zustimmung des Gerichts, sondern auch die des Schuldners für erforderlich, aber eben auch ausreichend.[837] Die Handhabung der materiellen Voraussetzung erscheint wie eine Mischung aus denjenigen Konzepten, welche die Zustimmung vom Gericht *oder* dem Schuldner fordern: Wenige Stimmen – zuletzt wohl *Eckardt*[838] – postulieren keine derartigen Anforderungen,[839] viele knüpfen die Zulässigkeit – wie jüngst etwa *Thiemann*[840] – zusätzlich an materielle Kriterien, die sich wiederum untereinander unterscheiden, aber gleichermaßen mit »Wirtschaftlichkeit« zusammenfassen lassen[841]. Wenn dieses Legitimationskonzept überhaupt einmal eingehender begründet wird, dann damit, dass unter diesen Voraussetzungen bei wertender Betrachtung die Interessen aller betroffenen Beteiligten ausreichend gewahrt würden und der schnelle Unternehmensverkauf unter wirtschaftlichen Gesichtspunkten zweckmäßig sei; in dogmatischer Hinsicht bestehe deshalb Raum für dieses Legitimationskonzept, weil das Gesetz, insbesondere § 22 Abs. 1 S. 2 Nr. 2 InsO, die Frage der Zulässigkeit eines Unternehmensverkaufs im Eröffnungsverfahren eben nicht explizit regele.[842]

6. Zustimmung aller Beteiligten

Schließlich hält ein ebenso gewichtiger Teil des Schrifttums eine Verwertungsmaßnahme i. e. S. im Allgemeinen[843] und einzelne Stimmen sogar konkret einen Unternehmensverkauf im Besonderen[844] aus heutiger Perspektive für zulässig, sofern sich »alle Beteiligten«, womit wohl das Gericht, der Schuldner *und* die Gläubiger ge-

---

dass der *Bundesgerichtshof* der Zulässigkeit eines Unternehmensverkaufs im Eröffnungsverfahren »nicht generell ablehnend gegenübersteht«.

837 Vgl. *Eckardt* in: Jaeger, § 158 Rn. 44; *Koblitz*, S. 31 ff.; *Theiselmann*, GmbH-StB 2012, 309, 310; *Thiemann* in: Rattunde/Smid/Zeuner, § 22 Rn. 127; ähnlich *Dimassi*, S. 20 ff., der lediglich in dem Fall, dass ein vorläufiger Gläubigerausschuss eingesetzt worden ist, daneben noch dessen Zustimmung für erforderlich hält; ferner im Ansatz auch *Hirte* in: Uhlenbruck, § 11 Rn. 19, der jedoch zusätzlich die Zustimmung der Gesellschafter des Schuldners für erforderlich hält.

838 *Eckardt* in: Jaeger, § 158 Rn. 44.

839 *Hirte* in: Uhlenbruck, § 11 Rn. 19; vgl. zuvor *Menke*, NZI 2003, 522, 525 ff.

840 *Thiemann* in: Rattunde/Smid/Zeuner, § 22 Rn. 127 (sofern »Minus zur Betriebsstilllegung«).

841 Vgl. *Dimassi*, S. 20 ff. (zur Vermeidung einer Betriebsstilllegung); *Koblitz*, S. 31 ff. (bei günstiger Gelegenheit); *Theiselmann*, GmbH-StB 2012, 309, 310 (zur Abwehr einer erheblichen Verminderung des Vermögens des Insolvenzschuldners).

842 So etwa *Dimassi*, S. 20 ff., und zwar offensichtlich (vgl. ebd., S. 28) in Kenntnis der seinerzeit bereits zu erwartenden InsVerfVereinfG-Reform; vgl. ähnlich auch *Koblitz*, S. 30 ff.

843 So bereits *H.-P. Kirchhof*, ZInsO 1999, 436, 437; *Gerhardt* in: Jaeger, § 22 Rn. 39; *Vallender* in: Uhlenbruck, § 22 Rn. 47; *Vuia* in: Gottwald, § 14 Rn. 72. – Diese Stellungnahmen weisen – anders als etwa *Ampferl*, Rn. 512 ff. und 524 ff. – zumindest nicht ausdrücklich darauf hin, dass dieses Legitimationskonzept für einen Unternehmensverkauf als besondere Verwertungsmaßnahme i. e. S. nicht gelten soll.

844 So *Gehlich* in: Reul/Heckschen/Wienberg, § 8 Rn. 20; *Flören* in: Bork/Hölzle, Kapitel 5 Rn. 79.

meint sind, damit einverstanden erklären. Teilweise wird dabei extra noch betont, dass es insofern nicht genüge, lediglich die Zustimmung der Großgläubiger einzuholen.[845] Vor diesem Hintergrund merken sogar die Vertreter dieses Legitimationskonzeptes an, dass es vor allem bei einer größeren Zahl von Gläubigern praktisch kaum möglich sei, das Einvernehmen mit allen herzustellen.[846] Allerdings gehen die letztgenannten Stimmen, die sich konkret zu einem Unternehmensverkauf verhalten, davon aus, dass ein nach § 21 Abs. 2 S. 1 Nr. 1a InsO eingesetzter vorläufiger Gläubigerausschuss[847] bzw. das Gericht[848] stellvertretend für die Gläubigergesamtheit zustimmen könne. Zur Begründung gilt hier Ähnliches wie beim zuvor erläuterten Ansatz: Offenbar wird schlicht angenommen, dass unter den genannten Voraussetzungen alle betroffenen Interessen gewahrt werden und das Gesetz dem auch nicht entgegenstehe.

II. Würdigung

Die Legitimationskonzepte haben – wie gezeigt – gemein, dass ihre Herleitungen kaum Gesetzesbezug aufweisen. Die Begründungen erschöpfen sich im Kern zumeist darin, dass über die jeweiligen Kontrollmechanismen alle betroffenen, noch schützenswerten Interessen gewahrt würden, während der Unternehmensverkauf aus den verschiedenen wirtschaftlichen Gesichtspunkten im Eröffnungsverfahren geboten sei. Anders verhält es sich nur bei dem erstgenannten Konzept (»Legitimation *qua* gerichtlicher Zustimmung«), das zumindest vor der InsVerfVereinfG-Reform explizit auf eine analoge Anwendung des § 22 Abs. 1 S. 2 Nr. 2 InsO auf den Verkauf als vermeintliche »Minusmaßnahme« zur Stilllegung gestützt wurde,[849] was im Übrigen bereits damals erhebliche Kritik hervorrief[850]. Bei dem zweiten und dritten Ansatz (»Legitimation kraft Zustimmung des Schuldners bzw. der Gläubiger«) ließe sich von der Regelungstechnik her allenfalls (sprich: mit weiteren Modifizierungen) noch an § 158 Abs. 1 bzw. Abs. 2 InsO (analog) denken. Den übrigen Vorschlägen fehlt demgegenüber jedes regelungstechnische Vorbild im Gesetz, mithin ein dortiger Anknüpfungspunkt.

Tatsächlich lassen sich sämtliche vorgeschlagenen Ergebnisse nicht mehr im Wege der Gesetzesauslegung herleiten. Insbesondere ist § 158 InsO nach wohl unbestrittener, jedenfalls zutreffender Ansicht im Eröffnungsverfahren nicht (analog) anwendbar.[851] Dafür spricht die systematische Stellung dieser Norm außerhalb der Vorschriften betreffend das Eröffnungsverfahren. Ferner adressiert § 158 InsO ausdrücklich »den Insolvenzverwalter«, nicht etwa den vorläufigen Insolvenzverwalter.

---

845 So etwa *Vallender* in: Uhlenbruck, § 22 Rn. 47.
846 So etwa *H.-P. Kirchhof*, ZInsO 1999, 436, 437.
847 *Flören* in: Bork/Hölzle, Kapitel 5 Rn. 79.
848 *Gehlich* in: Reul/Heckschen/Wienberg, § 8 Rn. 20.
849 So etwa *Gerhardt* in: Jaeger, § 22 Rn. 90; *Kammel*, NZI 2000, 102, 104; *Kautzsch*, S. 152 ff.
850 Vgl. nur *Marotzke*, Rn. 86 ff.; *Vallender*, GmbHR 2004, 543, 544; ferner *Kriegs*, S. 52 ff.
851 Vgl. (auch zum Folgenden) *Marotzke*, KTS 2014, 113, 123 und 151 f.; im Ergebnis *Jungmann* in: K. Schmidt, § 158 Rn. 1; *Webel* in: Kübler/Prütting/Bork, § 158 Rn. 5.

Entsprechendes gilt für den vorläufigen Gläubigerausschuss des Eröffnungsverfahrens. Dieses Organ wurde im Zuge der ESUG-Reform schließlich auch zu anderen Zwecken institutionalisiert.[852] Die Blankettvorschriften zu diesen Verfahrensakteuren, §§ 21 Abs. 2 S. 1 Nr. 1 bzw. Nr. 1a InsO, treffen umgekehrt auch keinen Verweis auf § 158 InsO. Im Übrigen wäre den Konzepten, die (auch) auf eine gerichtliche Beteiligung verweisen, der Rückgriff auf die Generalklausel des § 21 Abs. 1 S. 1 InsO verwehrt. Für deren Anwendung ist nach dem *lex-specialis*-Grundsatz im Hinblick auf die vorgenannten Vorschriften kein Raum. All jene Normen regeln Maßnahmen betreffend das schuldnerische Unternehmen im Besonderen, teils sogar konkret dessen Verkauf.

Die Legitimationskonzepte befinden sich somit allesamt auf der Ebene der Rechtsfortbildung. Das ist ihnen freilich nicht *per se* zum Vorwurf zu machen. Nicht zuletzt bewegen sich die ersten drei Ansätze mit etwaigen Analogieschlüssen aus dem jeweiligen gesetzlichen Anknüpfungspunkt methodologisch noch auf weitgehend bekanntem Terrain. Die dogmatische Qualifizierung soll aber verdeutlichen, an welchen Maßstäben sich die Konzepte messen lassen müssen.

So ist die teils weitgehende Loslösung vom Gesetz insoweit problematisch, als einige Konzepte einen Verkauf auch gegen den Willen des Schuldners zulassen wollen. Denn aus verfassungsrechtlicher Perspektive wäre damit ein Eingriff in das im Unternehmen verkörperte schuldnerische Eigentum (Art. 14 GG) verbunden, der einer Ermächtigungsgrundlage bedürfte.[853] Eine solche Grundlage setzt jedoch nach der Rechtsprechung des *Bundesverfassungsgerichts* wegen des Rechtsstaatsprinzips aus Art. 20 Abs. 3 GG ihrerseits zumindest eine »hinreichend deutlich[e] Grundlage im geschriebenen Recht« voraus.[854] Das nächste Problem bestünde darin, ob der Eingriff zu rechtfertigen ist, bevor das Vorliegen (drohender) materieller Insolvenz festgestellt worden ist. Das zog etwa der InsVerfVereinfG-Reformgeber in Zweifel,[855] kann aber hier sogar noch offenbleiben.

Denn die entscheidende Hürde folgt bereits aus dem einfachen Recht, nicht erst dem Verfassungsrecht, und zwar für sämtliche Konzepte: Rechtsfortbildung über den Gesetzeswortlaut hinaus ist zwar anerkanntermaßen nicht grundsätzlich unzulässig, bedarf aber stets einer Begründung.[856] Dabei steigen – zumindest faktisch – die Anforderungen an die Güte der Begründung, je weiter sich die propagierte Regelung vom Gesetz entfernt.[857] Ein Grund für Rechtsfortbildung besteht jedoch überhaupt nur dort, wo sich das geschriebene Recht als unzureichend erweist. Anders gewendet: Voraussetzung für jede Form der Rechtsfortbildung ist eine (planwidrige) Regelungslücke.[858] Insofern soll ausnahmsweise auch auf die Gesamtrechtsordnung mit ihren leitenden

---

852   S. dazu Teil 2 § 1 A. II; vgl. auch *Marotzke*, KTS 2014, 113, 123.
853   S. allgemein zu den verfassungsrechtlichen Vorgaben betreffend gerichtliche Anordnungen im Eröffnungsverfahren BGH NZI 2002, 543, 545 (= BGHZ 151, 353) m. w. N.
854   BVerfG NJW 2015, 1508 Rn. 35 (= BVerfGE 138, 377).
855   Vgl. RegE-InsVerfVereinfG, BT-Drucks. 16/3227, S. 11.
856   St. Rspr., vgl. nur BVerfG NJW 2015, 1508 Rn. 39 (= BVerfGE 138, 377) m. w. N.
857   *Koffka*, S. 166.
858   Wohl allgemeine Ansicht, vgl. nur *Bydlinski*, S. 472 f.; *Engisch*, S. 200; *Larenz/Canaris*, S. 191. – S. dazu ferner *Koffka*, S. 168 ff.

Prinzipien (»das Recht«) abgestellt werden können, mithin eine das Gesetz oder den gesetzgeberischen Willen übersteigende Rechtsfortbildung möglich sein. Es wird insoweit zwar auch von Rechtsfortbildung *extra legem, intra ius* gesprochen,[859] strenggenommen agiert man auf dieser Ebene aber eben bereits *contra legem*.[860] Der hohe Rechtfertigungsmaßstab, der dafür zu Recht angesetzt wird, erscheint hier indes deutlich außer Reichweite. Insbesondere sprechen weder unabweisbare Bedürfnisse des Rechtsverkehrs noch – nicht zuletzt bei Berücksichtigung der vorstehenden Ausführungen – verfassungsmäßige Vorgaben klar für die Legitimationsmöglichkeit. Daher bleibt *das Gesetz* mit seiner Teleologie der entscheidende Maßstab. Ihm müsste eine (planwidrige) Lücke zu entnehmen sein.

III. Stellungnahme

Genau daran fehlt es aber im hiesigen Kontext. Wie hier bereits dargelegt,[861] hat der Gesetzgeber in Bezug auf die Legitimation eines Verkaufs des schuldnerischen Unternehmens im Ganzen oder in wesentlichen Teilen kraft Zustimmung des Gerichts (und des Insolvenzschuldners) im Eröffnungsverfahren eine Nichtregelungsentscheidung getroffen. Dieses gesetzgeberische Votum mag man rechtspolitisch für falsch halten, gilt es aber – wie ebendort erläutert – auch heute noch zu achten. Außerdem steht es richtigerweise auch den Konzepten entgegen, die sich auf den ersten Blick – kurz gefasst – durch ein »Mehr« an Kontrolle und/oder ein »Weniger« an Verkauf unterscheiden (wollen), mithin insbesondere auch der Legitimation des Verkaufs vermeintlich unwesentlicher Unternehmensteile. Denn da der InsVerfVereinfG-Reformgeber sich intensiv mit der Frage der Zulässigkeit eines Unternehmensverkaufs im Eröffnungsverfahren befasst und dabei gleich mehrere eigene Konzepte ausdrücklich erwogen und abgelehnt hat, ist davon auszugehen, dass er sich auch noch mit weiteren Alternativen beschäftigt hat. Schließlich weichen die nunmehr propagierten Konzepte von den damals explizit verworfenen nicht so erheblich ab, dass man sie nicht doch als Umgehung des gesetzgeberischen Willens einordnen muss.

Auch wenn man dem nicht (in Gänze) folgt, wären die Legitimationskonzepte abzulehnen. Denn während sie – wie sogleich zu zeigen ist – zweifellos einer Vielzahl von grundlegenden Prinzipen und Maximen des Eröffnungsverfahrens widersprechen, erscheint ihre Rechtfertigungsgrundlage fragwürdig.

Der einzige gesetzlich verankerte Aspekt, der dafür sprechen könnte, einen Unternehmensverkauf im Eröffnungsverfahren unter Umständen zuzulassen, ist der Sicherungszweck dieses Verfahrensabschnitts in seiner Komponente der Werterhaltungsfunktion,[862] die ihrerseits wiederum den allgemeinen Verfahrenszweck des § 1 S. 1 InsO im Blick hat. Das spiegelt freilich auch das Leitmotiv »Wirtschaftlichkeit« der Befürworter wider. Hier soll keineswegs bestritten werden, dass in der Insolvenz ein schneller Unternehmensverkauf tendenziell diesem Zweck entspricht. Auch mögen sich dazu im Einzelfall bereits im Eröffnungsverfahren sinnvolle Möglichkeiten bieten. Fragwürdig erscheint indes die Prämisse, auf die sämtliche Legitimationskonzepte

---

859 So zunächst *Larenz/Canaris*, S. 187 ff. und 232; nun auch *Koffka*, S. 165 f.
860 S. dazu *Schenke*, S. 58 f. m. w. N.
861 S. dazu Teil 2 § 2 A. I. 3. b).
862 S. dazu Teil 2 § 1 B. II.

(stillschweigend) gestützt sind: Der Verkauf im Eröffnungsverfahren ist die einzige Option. So gehen etwa *Haarmeyer/Schildt*[863], *Kebekus/Georg*[864] und *Schröder*[865] auf der Grundlage ihrer erheblichen Erfahrung als Insolvenzrichter bzw. Insolvenzverwalter und Sanierungsberater offenkundig davon aus, dass der Verkauf im eröffneten Verfahren vielmehr *in der Regel* eine gangbare Alternative ist, insbesondere die Verfahrenseröffnung rechtzeitig herbeigeführt werden könnte.

Anders mag es in ganz außergewöhnlichen Situationen, also »echten« Notfällen, sein. In derartigen Konstellationen greift aber richtigerweise ohnehin die Befugnis zu Notverwertungsmaßnahmen.[866] Sofern einer umgehenden Verfahrenseröffnung zum Vollzug des Verkaufs tatsächlich einmal entgegensteht, dass die Prüfung der Eröffnungsvoraussetzungen noch andauert und ihr Vorliegen zweifelhaft ist, dürfte eine Legitimation – wie schon *Ehricke*[867] betont hat – rechtlich, vor allem aber faktisch ausgeschlossen sein. Außer böswilligen Gläubigern dürfte in einem solchen Fall niemand seine Zustimmung erteilen wollen. Der »eigentliche« Grund für die lange Dauer des Eröffnungsverfahrens liegt aber regelmäßig in der Ausschöpfung des sog. Insolvenzgeldzeitraums,[868] mithin der maximal dreimonatigen Phase *vor* der Verfahrenseröffnung, in der die währenddessen entstehenden Lohnforderungen der Arbeitnehmer nicht durch den Schuldner als Arbeitgeber getragen werden müssen, sondern – wirtschaftlich betrachtet – von der Bundesagentur für Arbeit übernommen werden können.[869] Damit lässt sich die Notwendigkeit eines Unternehmensverkaufs im Eröffnungsverfahren allerdings nicht begründen, auch wenn der damit bezweckte sog. Insolvenzgeldeffekt die Sanierungschancen erhöhen mag. Diesen wirtschaftlichen Vorteil hat der vorläufige Insolvenzverwalter – wie auch schon der *Bundesgerichtshof*[870] entschieden hat – vielmehr gegen die Nachteile abzuwägen, welche die Beschränkungen des Eröffnungsverfahrens nun einmal mit sich bringen. Der Insolvenzgeldeffekt rechtfertigt auch keine Ausnahme von diesen Restriktionen.

Dagegen und gegen die Möglichkeit der Legitimation eines Unternehmensverkaufs im Allgemeinen sprechen gewichtige Gründe, nämlich grundlegende Prinzipien und Maximen des Eröffnungsverfahrens: Soweit der Schuldner außen vor bleiben soll, steht dem grundsätzlich der Sicherungszweck des Eröffnungsverfahrens in seiner Ausprägung als Bestandserhaltungsfunktion entgegen.[871] Keines der Konzepte steht mit den übrigen Maximen im Einklang, die speziell für das Eröffnungsverfahren gelten: Ein Unternehmensverkauf missachtet zunächst einmal offenkundig dessen Fortführungsgebot.[872] Zugleich liegt darin grundsätzlich ein Verstoß gegen das währenddessen geltende, grundlegende Prinzip des Verbots von Verwertungsmaßnahmen i. e. S.[873]

---

863 *Haarmeyer/Schildt* in: MüKo, § 22 Rn. 81.
864 *Kebekus/Georg* in: Meyer-Sparenberg/Jäckle, § 63 Rn. 59.
865 *Schröder* in: Hamburger Kommentar, § 22 Rn. 44.
866 S. dazu Teil 2 § 2 C. I.
867 *Ehricke*, ZIP 2004, 2262, 2266.
868 *Richter*, S. 44 auf empirischer Grundlage.
869 S. dazu *Richter*, S. 45 ff.
870 BGH NZI 2003, 259, 260 (= BGHZ 154, 72).
871 S. dazu Teil 2 § 1 B. II.
872 S. dazu Teil 2 § 1 B. III.
873 S. dazu Teil 2 § 1 C. I.

Des Weiteren widersprechen die propagierten Konzepte dem des Gesetzgebers vom kurzen und rein vorläufigen Eröffnungsverfahren[874]. Darüber würde nicht nur die am Ende entscheidende Frage eines jeden Insolvenzverfahrens, nämlich die über das »Ob« und »Wie« einer Sanierung, in diesen Verfahrensabschnitt vorverlagert, sondern insbesondere auch diese Phase erheblich verzögert. Schließlich geht sowohl mit der Einholung der Zustimmung, aber vor allem auch mit der Vorbereitung des Verkaufs als solchen ein erheblicher Zeitbedarf einher. Schließlich sind die Prinzipien und Maximen des Eröffnungsverfahrens auch kein Selbstzweck. Wie an den entsprechenden Stellen bereits dargelegt, sollen sie zum einen gewährleisten, dass die maßgeblichen Weichenstellungen des Insolvenzverfahrens eben tatsächlich erst dann getroffen werden, wenn das Vorliegen der Eröffnungsvoraussetzungen festgestellt worden ist; ferner schützen sie das Interesse der *Gesamtheit* der Gläubiger, sich an diesen Entscheidungen beteiligen zu *können* und – über die weiteren Kontrollmechanismen der §§ 158, 160 ff. InsO – letztlich auch das an ihrer bestmöglichen Befriedigung gemäß § 1 S. 1 InsO. Dass die propagierten Kontrollmechanismen diese schützenswerten Positionen in gleicher Weise berücksichtigen, scheint in Bezug auf letzteren Aspekt bestenfalls zweifelhaft und im Hinblick auf die ersteren beiden ausgeschlossen.

Eine Abweichung von dem erkennbaren gesetzgeberischen Plan durch eines der Legitimationskonzepte erscheint folglich schon nicht geboten und daher auch von vornherein methodisch unzulässig.

IV. Ergebnis

Folglich ist zu konstatieren, dass – entgegen vielen verschiedenen Konzepten im Schrifttum – ein Unternehmensverkauf im Eröffnungsverfahren außerhalb der vorstehend geschilderten Rahmen der allgemeinen Verwaltungs- bzw. Notverwertungsbefugnis des vorläufigen Verwalters nicht legitimierbar ist. Er bleibt in diesem Bereich sogar dann *per se* unzulässig, wenn ihm vermeintlich alle Beteiligten zugestimmt haben, was aufsichtsrechtliche Maßnahmen und insolvenzrechtliche Haftung in Betracht kommen lässt. Eine andere, ihrerseits ebenso heftig umstrittene Frage ist aber, ob und gegebenenfalls inwieweit Zustimmungen der unterschiedlichen Beteiligten auf haftungsrechtlicher Ebene zumindest partiell entlastend wirken, was insbesondere in Bezug auf die Zustimmung der Gläubigerorgane des eröffneten Verfahrens diskutiert wird,[875] im vorliegenden Kontext somit möglicherweise noch weiterer Anpassungen bedürfte.

---

874 S. dazu Teil 2 § 1 B. I.
875 S. dazu *Becker*, S. 100 ff. m. w. N., der selbst für eine weitgehende Entlastungswirkung zumindest gegenüber den Insolvenzgläubigern plädiert; vgl. tendenziell so auch etwa *Kreft* in: FS K. Schmidt, S. 965, 978 f.; deutlich zurückhaltender etwa *Fischer*, NZI 2014, 241, 245. – Gerade »freiwilliger« Gläubigerbeteiligung, mithin Beschlüssen der Organe, die – wie hier – nicht gesetzlich vorgesehen sind, wird jedoch häufig ein haftungsbefreiender Effekt versagt, vgl. *Gerhardt* in: Jaeger, § 60 Rn. 145 und 148; *Lohmann* in: Heidelberger Kommentar, § 60 Rn. 38; *Thole*, ZIP 2014, 1653, 1657; wohl auch *Runkel* in: FS Görg, S. 393, 407 ff.

§ 3 Wirksamkeit eines Unternehmensverkaufs im Eröffnungsverfahren

Nachdem die Untersuchung der *Zulässigkeit* eines Unternehmensverkaufs im Eröffnungsverfahren hervorgetan hat, dass ihr äußerst enge Grenzen gesetzt sind, da insofern – kurz gefasst – ein grundsätzliches Verbot gilt, das als Ausnahmen (nur) den Verkauf unwesentlicher Unternehmensteile im Zuge der allgemeinen Verwaltungstätigkeit sowie »echte« Notfälle kennt, drängt sich die Folgefrage auf, wie es sich mit der *Wirksamkeit* eines unzulässigen Verkaufs verhält. Diese Frage wird überraschenderweise kaum gesondert behandelt und falls doch einmal, wird sie unterschiedlich beantwortet: Vereinzelt ist im Schrifttum überhaupt nur von der »Möglichkeit«[876] zu bzw. »Wirksamkeit«[877] von einem Unternehmensverkauf im Eröffnungsverfahren die Rede, was nahelegt, darin liege gar keine von der Zulässigkeit getrennt zu betrachtende Frage. Einige andere Stimmen nehmen sogar ausdrücklich an, ein solcher Verkauf, der nach ihrem jeweiligen Ansatz im Einzelfall unzulässig ist, sei allein deshalb auch unwirksam.[878] Demgegenüber betont ein anderer Teil des Schrifttums, die Wirksamkeit eines Unternehmensverkauf im Eröffnungsverfahren bleibe von etwaiger Unzulässigkeit grundsätzlich unberührt; Unwirksamkeit trete nur ausnahmsweise ein, und zwar nach den Grundsätzen der Insolvenzzweckwidrigkeit.[879] Letzterer Ansicht ist beizupflichten, und zwar aus den folgenden Gründen.

A. Geltung der Grundsätze der Insolvenzzweckwidrigkeit

Zunächst erscheint die Heranziehung des Urteils des *Bundesgerichtshofs* vom 11. April 1988,[880] der sich einige Vertreter der gegenläufigen Ansicht heute noch zu deren Bekräftigung bedienen,[881] nicht durchgreifend, auch wenn es sich zur *Wirksamkeit* eines Unternehmensverkaufs verhält. Denn darin liegt letztlich ein weiterer Verweis auf das alte Recht, dem es allgemein – mangels hinreichender Vergleichbarkeit – an Aussagekraft in Bezug auf die Lage *de lege lata* fehlt,[882] was umso mehr hinsichtlich der Wirksamkeit von Maßnahmen des Sequesters bzw. des vorläufigen Insolvenzverwalters gilt. Denn heute ist zu Recht ganz überwiegend anerkannt, dass – eben anders als im Hinblick auf Maßnahmen eines Sequesters im Konkurseröffnungsverfahren nach altem Recht[883] – das »externe Können« eines vorläufigen

---

876 So etwa *Denkhaus/Ziegenhagen*, Rn. 91 f.
877 So etwa *Morshäuser/Falkner*, NZG 2010, 881, 882; *Undritz* in: Runkel/Schmidt, § 15 Rn. 146.
878 So *Demisch* in: Ettinger/Jaques, Kapitel F Rn. 57; *He*, S. 215; *Spieker*, S. 231 f.; *Ott*, S. 99 f.
879 Vgl. jüngst *Kriegs*, S. 78; ferner *Berscheid*, NZI 2007, 1, 5; *Menke*, BB 2003, 1133, 1137 f.; *Marotzke*, Rn. 47 mit Fn. 122 und Rn. 178.
880 BGH ZIP 1988, 727, 729 (BGHZ 104, 151).
881 So etwa *Undritz* in: Runkel/Schmidt, § 15 Rn. 146.
882 S. dazu Teil 2 § 2 A. II.
883 Exemplarisch BGH ZIP 1992, 1005, 1006 f. (= BGHZ 118, 374).

Insolvenzverwalters im Allgemeinen vom »internen Dürfen« grundsätzlich unabhängig ist, mithin dessen Rechtshandlungen im Außenverhältnis sogar bei Unzulässigkeit grundsätzlich wirksam sind.[884] Anwendbar und für die Wirksamkeit maßgeblich sind insofern nunmehr die Grundsätze der Insolvenzzweckwidrigkeit.[885] Dafür, dass diese abgestuften Sanktionen nicht nur – wie *im Kern* schon seit jeher anerkannt[886] – im eröffneten Verfahren, sondern auch im Eröffnungsverfahren gelten, lassen sich mit *Pohlmann*[887] vor allem die ersten Gesetzesmaterialien anführen, da sie sich ausdrücklich dahingehend verhalten[888]. Dementsprechend wird im Schrifttum gerade auch eine unzulässige Verwertungsmaßnahme (i. e. S.) im Eröffnungsverfahren im Allgemeinen als (grundsätzlich) wirksam angesehen.[889] Der Unternehmensverkauf mag zwar ein besonders bedeutsamer Verwertungsfall sein, ist aber – anders als die Gegenansicht auch nahelegt[890] – gleichermaßen dem vorstehenden Regime zu unterwerfen. Dafür streitet das berechtigte Vertrauen des Rechtsverkehrs in die Befugnisse des vorläufigen Insolvenzverwalters. Ein Sonderregime für den Unternehmensverkauf lässt sich auch unter methodischen Aspekten schwerlich begründen.

---

884 Vgl. instruktiv *Gerhardt* in: Jaeger, § 22 Rn. 22 f.; ferner etwa *Haarmeyer/Schildt* in: MüKo, § 22 Rn. 23 ff.; *H.-P. Kirchhof*, ZInsO 1999, 436, 438; *Pohlmann*, Rn. 87 ff.; *Schröder* in: Hamburger Kommentar, § 22 Rn. 20; schließlich auch BAG NZI 2006, 310 Rn. 15 (= BAGE 116, 168). – A. A. noch *Feuerborn*, KTS 1997, 171, 184.

885 Vgl. OLG Karlsruhe NZI 2016, 685, 686 f.; *Ampferl*, Rn. 210; *Engelhardt*, S. 108; *Gerhardt* in: Jaeger, § 22 Rn. 22 ff.; *Haarmeyer/Schildt* in: MüKo, § 22 Rn. 23 ff.; *Pape*, ZInsO 2016, 2149, 2152 f.; *Pohlmann*, Rn. 100 ff.; *Rüntz/Laroche* in: Heidelberger Kommentar, § 22 Rn. 36; *Schmerbach* in: Frankfurter Kommentar, § 22 Rn. 87 f.; *Schröder* in: Hamburger Kommentar, § 22 Rn. 21; *Unterbusch*, S. 66 f.; ferner BAG NZI 2006, 310 Rn. 16 (= BAGE 116, 168); OLG Dresden ZIP 2015, 1937, 1941. – Zum mitbestimmenden vorläufigen Insolvenzverwalter im Besonderen vgl. OLG Hamm, Urteil v. 01.07.2004, Az. 27 U 55/04, Rn. 25 (juris) (offenlassend die Folgeinstanz BGH NZI 2006, 227 Rn. 22 [= BGHZ 165, 283]; so auch BGH NZI 2003, 315, 315 f. [= BGHZ 154, 190]); ferner etwa *Mönning/Zimmermann* in: Nerlich/Römermann, § 24 Rn. 22. – Für die Maßnahmen eines durch gerichtliche Anordnung gestärkten vorläufigen Insolvenzverwalters kann im Übrigen nach den allgemeinen Grundsätzen nichts anderes gelten, vgl. Teil 2 § 1 B.

886 Vgl. nur *Spickhoff*, KTS 2000, 15, 15. – S. Teil 2 § 3 B. I zu den streitigen Fragen.

887 *Pohlmann*, Rn. 100.

888 Vgl. BMJ, Erster Bericht InsO-Kommission, S. 106 (»Überschreitet der vorläufige Insolvenzverwalter seine Befugnisse, wird jedoch die Wirksamkeit seiner Handlungen im Verhältnis zu dritten Personen nicht berührt; unwirksam sind nach allgemeinen Grundsätzen nur solche Handlungen, die offenbar dem Insolvenzzweck zuwiderlaufen«).

889 Vgl. im Grundsatz insbesondere auch *Gerhardt* in: Jaeger, § 22 Rn. 41; ferner uneingeschränkt *H.-P. Kirchhof*, ZInsO 1999, 436, 438; *Rüntz/Laroche* in: Heidelberger Kommentar, § 22 Rn. 14; *Vallender* in: Uhlenbruck, § 22 Rn. 53.

890 So vor allem *Spieker*, S. 231 f.

B. Insolvenzzweckwidrigkeit bei einem unzulässigen Unternehmensverkauf

Ungeklärt – auch von der Rechtsprechung bisher nicht konkret behandelt[891] – ist indes weiterhin die Frage, *wann* ein Unternehmensverkauf im Eröffnungsverfahren nach den Grundsätzen der Insolvenzzweckwidrigkeit als unwirksam einzustufen ist, insbesondere *ob* dafür allein ein Verstoß gegen das hier erkannte grundsätzliche Verbot genügen kann.

I.   Hergebrachter Maßstab

Nach heute gefestigter Rechtsprechung und vorherrschender Ansicht im Schrifttum sind im eröffneten Verfahren solche Rechtshandlungen unwirksam, die dessen vornehmsten Zweck – der bestmöglichen und gleichmäßigen Befriedigung aller Insolvenzgläubiger aus der Insolvenzmasse nach § 1 S. 1 InsO – klar und eindeutig zuwiderlaufen; die Insolvenzzweckwidrigkeit muss bei objektiver Betrachtungsweise für einen verständigen Beobachter offensichtlich sein und die Umstände des Einzelfalls hätten auch in dem jeweiligen Geschäftspartner ohne Weiteres entsprechende Zweifel hervorgerufen haben müssen, ihm muss mithin insofern zumindest grobe Fahrlässigkeit vorzuwerfen sein.[892] Das letztere Merkmal ist darauf zurückführen, dass zur Herleitung und Konturierung der Grundsätze der Unwirksamkeit insolvenzzweckwidriger Rechtshandlungen heute vorwiegend die vom sog. Missbrauch der Vertretungsmacht herangezogen werden.[893] Dieses Evidenzkriterium wird damit begründet, dass das Vertrauen eines nicht grob fahrlässigen Geschäftspartners zu schützen sei.[894]

Nach diesem Ansatz kann – anders als bei »echter« bürgerlich-rechtlicher Stellvertretung[895] – ausschließlich die Missachtung einer ganz bestimmten gesetzlichen Grenze des »internen Dürfens«, namentlich des Gebots des § 1 S. 1 InsO, bei hinreichender Evidenz auf das Außenverhältnis durchschlagen. Denn nur insoweit ist nach dem hergebrachten Verständnis eine Begrenzung des »externen Könnens« geboten.[896] Eine

---

891   Der *Bundesgerichtshof* (ZInsO 2011, 1550 Rn. 4) konnte die Frage im Hinblick auf einen Unternehmensverkauf im eröffneten Verfahren jüngst offenlassen. – Der Entscheidung BGH NZI 2006, 235 Rn. 13 ff. lässt sich allenfalls entnehmen, dass das Gericht einen Unternehmensverkauf im Eröffnungsverfahren nicht *per se* für insolvenzzweckwidrig hält, da darin die Vergütungsfähigkeit der Mitwirkung eines mitbestimmenden vorläufigen Insolvenzverwalters an einem solchen Verkauf bejaht wurde, die der *Bundesgerichtshof* bei Insolvenzzweckwidrigkeit im Allgemeinen grundsätzlich verneint, vgl. etwa BGH NZI 2005, 627, 628.

892   Vgl. grundlegend BGH NZI 2002, 375, 376 f. (= BGHZ 150, 353); jüngst BGH NZI 2014, 450 Rn. 14; BGH NZI 2013, 641 Rn. 14; BGH NZI 2013, 347 Rn. 8 f.; *Mock* in: Uhlenbruck, § 80 Rn. 82 ff.; *Vuia* in: MüKo, § 80 Rn. 60 ff.; *Spickhoff*, KTS 2000, 15, 28 ff. – A. A. zur Evidenz etwa *Lüke* in: Kübler/Prütting/Bork, § 80 Rn. 30; generell *Adam*, DZWIR 2019, 1, 1 ff.

893   Vgl. nur BGH NZI 2002, 375, 376 f. (= BGHZ 150, 353); *Spickhoff*, KTS 2000, 15, 22 ff.; insofern kritisch heute vor allem noch *Windel* in: Jaeger, § 80 Rn. 254. – S. dazu mit einem in Teilen wieder neuen dogmatischen Ansatz jüngst *Klinck*, KTS 2019, 1, 1 ff.

894   Vgl. exemplarisch BGH NZI 2002, 375, 376 f. (= BGHZ 150, 353).

895   Vgl. *Schilken* in: Staudinger, § 167 Rn. 95.

896   Vgl. nur *Spickhoff*, KTS 2000, 15, 23 und 27 ff.

»einfache« Pflichtwidrigkeit des Verwalters, welche die Erreichung jenes überragenden Verfahrenszwecks nicht beeinträchtigt, soll folglich – so offensichtlich sie auch sein mag – für sich genommen keine Unwirksamkeit der jeweiligen Rechtshandlung begründen.[897] Grundlegende Voraussetzung der Insolvenzzweckwidrigkeit nach hergebrachtem Verständnis ist demnach ein – zumindest mittelbar[898] oder abstrakt[899] zu erwartender[900] – Nachteil für die Insolvenzmasse.[901] Die Interessenabwägung erfolgt insoweit ausschließlich zwischen dem Schutz des Rechtsverkehrs und der Insolvenzmasse im (wertmäßigen) Interesse der Gläubigergesamtheit.[902] Dementsprechend sind die typischen Fälle: Bevorzugung einzelner Gläubiger, beispielsweise durch grundlose Anerkennung unberechtigter Vermögenspositionen, oder anderweitige Schädigung der Masse, etwa durch unbegründete Aufgabe werthaltiger Rechtspositionen.[903]

II. Zwischenbefund und Würdigung

Vor diesem Hintergrund lässt sich ohne Weiteres festhalten, dass *allein* ein Verstoß gegen das hier propagierte grundsätzliche Verbot des Unternehmensverkaufs im Eröffnungsverfahren keinesfalls eine Unwirksamkeit nach den Grundsätzen der Insolvenzzweckwidrigkeit gemäß ihrem hergebrachten Verständnis begründen kann. Denn darin liegt zwar eine Pflichtwidrigkeit des vorläufigen Insolvenzverwalters, aber *per se* nicht zwingend ein Verstoß gegen das Gebot des § 1 S. 1 InsO. Die bloße Unzulässigkeit eines solchen Verkaufs nach den hier gestellten Maßstäben sagt für sich genommen noch nichts darüber aus, ob die entsprechenden Rechtshandlungen entgegen dieser Vorschrift für die spätere Insolvenzmasse nachteilig sind. Diesbezüglich sei nur

---

897 Vgl. nur *Preuß*, NZI 2003, 625, 628 ff. – So hält auch der *Bundesgerichtshof* in ständiger Rechtsprechung fest, dass »sogar unrichtig[e]« Rechtshandlungen des Verwalters *per se* wirksam sind, sofern sie nicht auch insolvenzzweckwidrig sind, vgl. BGH NZI 2014, 450 Rn. 14; BGH NZI 2013, 347 Rn. 9; BGH NZI 2008, 365 Rn. 4.

898 Vgl. OLG Dresden ZIP 2015, 1937, 1940 f. (Verstoß gegen das verwalterliche Neutralitätsgebot; das Ergebnis bestätigend BGH NZI 2016, 824 Rn. 26 ff.); ferner *BGH NZI 2016*, 963 Rn. 72 ff. – S. dazu *Vuia* in: MüKo, § 80 Rn. 62.

899 Vgl. OLG Celle ZIP 2006, 1364, 1364 f. (riskante Wertpapiergeschäfte). – S. dazu *Mock* in: Uhlenbruck, § 80 Rn. 85.

900 Vgl. *Spickhoff*, KTS 2000, 15, 28 (keine Insolvenzzweckwidrigkeit, »wenn die Masse durch die in Rede stehende Handlung nicht von vornherein nur geschädigt werden und ihr aus dem Geschäft kein denkbarer Vorteil erwachsen konnte«).

901 Vgl. nur BGH NZI 2014, 450 Rn. 22 (Beeinträchtigung der Insolvenzmasse als »wesentlicher Gesichtspunkt« der Insolvenzzweckwidrigkeit); *Preuß*, NZI 2003, 625, 629; *Spickhoff*, KTS 2000, 15, 23 und 30; exemplarisch auch die Grundsatzentscheidung BGH NZI 2002, 375, 377 f. (= BGHZ 150, 353): »Für ein finanzielles Zugeständnis dieser Größenordnung [an einen einzelnen Gläubiger] gab es keinen rechtfertigenden Grund, insbesondere keine Gegenleistung [des Gläubigers] oder einen anderen Vorteil für die Masse«.

902 Vgl. BGH NZI 2013, 347 Rn. 9; BGH NZI 2002, 375, 377 (= BGHZ 150, 353); OLG Dresden ZIP 2015, 1937, 1941. – Der *Bundesgerichtshof* betont dazu allerdings laufend, dass der Verkehrsschutz es nicht gebiete, *jede* für die Insolvenzmasse nachteilige Rechtshandlung mit der Unwirksamkeitssanktion zu belegen, vgl. BGH NZI 2013, 641 Rn. 14; BGH NZI 2013, 347 Rn. 9; ferner BGH NZI 2014, 450 Rn. 22.

903 *Pape*, ZInsO 2016, 2149, 2153.

daran erinnert, dass richtigerweise sogar eine günstige Gelegenheit als Rechtfertigungsgrundlage für einen Unternehmensverkauf im Eröffnungsverfahren nicht genügt.[904]

Der unzulässige Unternehmensverkauf im Eröffnungsverfahren ist unter diesem Aspekt vergleichbar mit dem Fall, dass ein Insolvenzverwalter im eröffneten Verfahren einen Unternehmensverkauf ohne die erforderliche Zustimmung des dazu nach §§ 160 Abs. 1, Abs. 2 Nr. 1 InsO berufenen Gläubigerorgans vornimmt. Dieser Vergleich bekräftigt auf den ersten Blick den hier getroffenen Zwischenbefund. Denn in Bezug auf die §§ 160 bis 163 InsO setzt die ganz überwiegende Ansicht für das Eingreifen der Grundsätze der Insolvenzzweckwidrigkeit eine inhaltliche Missbilligung hinaus, die über den bloßen Verstoß gegen diese Vorschriften hinausgeht; die Nichtbeachtung der internen Beteiligungserfordernisse kann für sich genommen nicht auf das Außenverhältnis durchschlagen.[905] So sah es im Übrigen schon die wohl einhellige Ansicht zum – insoweit ausnahmsweise vergleichbaren – alten Recht.[906]

In diesem Kontext lässt sich zur Begründung allerdings freilich auf § 164 InsO bzw. dessen nahezu identische Vorgängervorschrift, § 136 KO, verweisen, welche die Unbeachtlichkeit eines Verstoßes gegen die internen Beteiligungsvorgaben für das Außenverhältnis anordnen. Dieser Rückgriff erscheint in Bezug auf einen Unternehmensverkauf im Eröffnungsverfahren entgegen teilweise vertretener Ansicht[907] verwehrt. Eine analoge Anwendung des § 164 InsO im Eröffnungsverfahren kommt – wie *Eckardt*[908] zutreffend hervorhebt – nur in Betracht, sofern und soweit währenddessen die Zulässigkeit einer Maßnahme in entsprechender Anwendung der §§ 160 bis 163 InsO an die Beteiligung der Gläubigerorgane geknüpft ist. Die Zulässigkeit der hier in Rede stehenden Maßnahme ist hingegen richtigerweise unabhängig von ihrer Zustimmung grundsätzlich nicht gegeben.[909] Es bedürfte somit zumindest eines doppelten Analogieschlusses, der indes nicht geboten erscheint. Die grundsätzliche Wirksamkeit auch unzulässiger Maßnahmen eines (vorläufigen) Insolvenzverwalters ist – wie soeben dargelegt – ein allgemeines Prinzip, das sich auch auf den Unternehmensverkauf erstreckt. Dementsprechend wird § 164 InsO teilweise auch ohnehin lediglich klarstellende Funktion beigemessen.[910] Dass diese Vorschrift im vorliegenden Zusammenhang nicht (analog) anwendbar ist, stellt somit weder den Vergleich noch den hier gefundenen Zwischenbefund in Frage.

---

904   S. dazu Teil 2 § 2 C. II.
905   Vgl. etwa *Eckardt* in: Jaeger, § 164 Rn. 9 und 12 ff.; *Falk/Schäfer* ZIP 2004, 1337, 1340; *Janssen* in: MüKo, § 164 Rn. 6; *Preuß*, NZI 2003, 625, 629; *Webel* in: Kübler/Prütting/ Bork, § 164 Rn. 3; *Zipperer* in: Uhlenbruck, § 158 Rn. 3; ferner auch BAG NZI 2006, 310 Rn. 16 (= BAGE 116, 168). – A. A. wohl nur *Jacoby*, S. 346 ff.; *Spieker*, S. 227 ff. – S. zu letzteren Ansichten sogleich im Text.
906   Vgl. etwa KG OLGZ 35, 259 f.; *K. Schmidt* in: Kilger/K. Schmidt, § 136 Rn. 2 f.; *Uhlenbruck* in: Kuhn/Uhlenbruck, § 136; *Weber* in: Jaeger-KO, § 136 Rn. 1 und 3.
907   Vgl. etwa *Kriegs*, S. 83 f.; *Marotzke*, Rn. 47 mit Fn. 122; ferner *Rüntz/Laroche* in: Heidelberger Kommentar, § 22 Rn. 14 (im Allgemeinen bei Überschreitung der Grenzen der §§ 160-163 InsO im Eröffnungsverfahren durch Verwertungsmaßnahmen i. e. S.).
908   *Eckardt* in: Jaeger, § 160 Rn. 9 f.
909   S. dazu insbesondere Teil 2 § 2 D.
910   So etwa *Janssen* in: MüKo, § 164 Rn. 2; *Jungmann* in: K. Schmidt, § 164 Rn. 2; vgl. in Bezug auf § 15 GesO BGH ZIP 1995, 290, 290 f.

III. Abweichende Ansätze

Es lassen sich allerdings gleich zwei unterschiedliche Ansätze ausmachen, die speziell in Bezug auf einen Unternehmensverkauf im Eröffnungsverfahren für ein abweichendes Verständnis der Grundsätze der Insolvenzzweckwidrigkeit ins Feld geführt werden könnten und zu einem anderen Ergebnis führen würden.

1. Sicherungszweckwidrigkeit

Zunächst erscheint fragwürdig, ob das Gebot des § 1 S. 1 InsO für die Begrenzung der Rechtsmacht des *vorläufigen* Verwalters der alleinige Maßstab sein kann. Denn dessen Aufgaben und Befugnisse ergeben sich eben – anders als die des Verwalters im eröffneten Verfahren – noch nicht unmittelbar aus dem aus dieser Vorschrift folgenden »Insolvenzzweck«, sondern primär aus dem Sicherungszweck des Eröffnungsverfahrens, der – über § 1 S. 1 InsO hinaus – der Wert- *und* Bestandserhaltung zum Schutz von Gläubiger- *und* Schuldnerinteressen dient.[911] Die Zwecke der beiden Verfahrensphasen unterscheiden sich.[912] Insbesondere kann das schuldnerische Interesse an der Bestandserhaltung im eröffneten Verfahren außer Acht gelassen werden, im vorliegenden Kontext aber richtigerweise nicht. Im Eröffnungsverfahren steht der Bestand des schuldnerischen Vermögens eben im Ausgangspunkt noch genauso unter Schutz wie dessen Wert. Dass jener Belang des Schuldners keinen vergleichbar prominenten Niederschlag im Gesetz gefunden hat, verliert spätestens dann an Bedeutung, wenn man berücksichtigt, dass es sich dabei um eine verfassungsrechtlich geschützte Position handelt (Art. 14 GG). Dieser Aspekt hat in Rechtsprechung und Literatur zumindest teilweise[913] offenbar auch bereits Berücksichtigung gefunden. So hält das *Bundesarbeitsgericht*[914] in seinem Urteil vom 27. Oktober 2005 fest, dass ein Verstoß entweder »gegen den Insolvenzzweck des § 1 S. 1 InsO oder gegen den Zweck des Eröffnungsverfahrens« die Unwirksamkeit einer Rechtshandlung des vorläufigen Insolvenzverwalters zur Folge haben kann. Und das *OLG Karlsruhe*[915] hebt in seinem Urteil vom 14. Juni 2016 hervor, dass bei einer Anwendung des hier behandelten Instituts außerhalb des eröffneten Verfahrens die »jeweiligen insolvenzrechtlichen Besonderheiten und Verfahrensziele mit in den Blick zu nehmen sind«. Schließlich stellen einige Stimmen im Schrifttum im vorliegenden Kontext ausdrücklich (auch) auf die

---

911 Vgl. nur *Meyer*, S. 23 ff.; ferner (auch zum Folgenden) Teil 2 § 1 B. II.
912 *Jacoby*, S. 96.
913 Andernorts werden hinsichtlich der Bedeutung der hier in Rede stehenden Grundsätze im Eröffnungsverfahren indes ohne erkennbare Modifikationen das Gebot des § 1 S. 1 InsO und der daraus folgende Maßstab herangezogen, vgl. OLG Dresden ZIP 2015, 1937, 1940 f.; OLG Hamm, Urteil v. 01.07.2004, Az. 27 U 55/04, Rn. 25 (juris); *Pape*, ZInsO 2016, 2149, 2155; *Hölken*, DZWIR 2019, 51, 58 f.; auch *Haarmeyer/Schildt* in: MüKo, § 22 Rn. 26, die die Insolvenzzweckwidrigkeit sogar explizit gegenüber »einfachen« Verstößen gegen den Sicherungszweck abgrenzen. – Der *Bundesgerichtshof* hat diesbezüglich begrifflich mehrfach allein auf die »Insolvenzzweckwidrigkeit« abgestellt, allerdings stets lediglich *obiter*, vgl. BGH NZI 2006, 227 Rn. 22 (= BGHZ 165, 283); BGH NZI 2003, 315, 315 f. (= BGHZ 154, 190).
914 BAG NZI 2006, 310 Rn. 16 (= BAGE 116, 168).
915 OLG Karlsruhe NZI 2016, 685, 687.

»Sicherungszweckwidrigkeit« ab.[916] *Gerhardt*[917] wird insofern noch konkreter, indem er exemplarisch festhält, dass im Eröffnungsverfahren *allein* ein Verstoß gegen das aus dem Sicherungszweck folgende grundsätzliche Verwertungsverbot die Unwirksamkeit der jeweiligen Rechtshandlung nach den hier in Rede stehenden Grundsätzen zur Folge haben kann. Dem ist aus den vorgenannten Gründen beizupflichten. Der Schutzbereich dieser Grundsätze in dieser Verfahrensphase ist somit gewissermaßen um den Schuldner und dessen Bestandserhaltungsinteresse in persönlicher wie sachlicher Hinsicht zu erweitern. Die Eigenständigkeit dieser zusätzlichen Komponenten würde indes gerade nicht beachtet, wenn man – wie *Kriegs*[918] ausdrücklich – die Sanktionierung an einen kumulativen Verstoß (dagegen *und* gegen den Insolvenzzweck nach hergebrachtem Verständnis) knüpft. Folglich sollte auch allein eine Verletzung des schuldnerischen Bestandserhaltungsinteresses für die Anwendbarkeit der hier in Rede stehenden Grundsätze genügen, mithin bei hinreichender Evidenz die Unwirksamkeit der jeweiligen Rechtshandlung zur Folge haben. Insbesondere sollte dafür keine zwingende Voraussetzung sein, dass die Handlung entgegen § 1 S. 1 InsO nachteilig ist.

Folgt man dem, kann im Ausgangspunkt auch allein die Unzulässigkeit eines Unternehmensverkaufs im Eröffnungsverfahren nach den in dieser Arbeit gestellten Maßstäben dessen Unwirksamkeit begründen. Denn dadurch wird, nicht zuletzt weil das hier erkannte grundsätzliche Verbot des Verkaufs sich eben auch auf den Sicherungszweck des Eröffnungsverfahrens im Allgemeinen und das schuldnerische Bestandserhaltungsinteresse im Besonderen stützt,[919] eine Verletzung dieses Belangs regelmäßig indiziert.[920] Allerdings wird man einer Einwilligung des Schuldners zumindest auf dieser Ebene Bedeutung zumessen müssen, weshalb auch ein gestatteter Verkauf nicht sicherungszweckwidrig ist. Des Weiteren dürfte die Unwirksamkeitsfolge nach diesem Ansatz in Bezug auf einen Unternehmensverkauf im Eröffnungsverfahren bis auf Weiteres regelmäßig wegen fehlender Evidenz ausscheiden.[921] Denn generell gilt, falls die Feststellung der Insolvenzzweckwidrigkeit die Prüfung von Rechtsfragen erfordert, muss für die Sanktionierung »das Ergebnis dieser Prüfung für jeden verständigen Beobachter [...] ohne Weiteres auf der Hand liegen«.[922] Erforderlich wäre somit letztlich ein evident unzulässiger Verkauf. Bei der Zulässigkeit eines Unternehmensverkaufs im

---

916 Vgl. etwa *Gerhardt* in: Jaeger, § 22 Rn. 27; *Pohlmann*, Rn. 103; *Schröder* in: Hamburger Kommentar, § 22 Rn. 21; ferner *Rüntz/Laroche* in: Heidelberger Kommentar, § 22 Rn. 36; *Schmerbach* in: Frankfurter Kommentar, § 22 Rn. 87 f.; insofern auch noch *Kriegs*, S. 82 ff.

917 *Gerhardt* in: Jaeger, § 22 Rn. 27.

918 *Kriegs*, S. 82 ff.

919 S. dazu insbesondere Teil 2 § 2 D. III.

920 Auf der anderen Seite dürfte bei einem Unternehmensverkauf, der nach dem hier vertretenen Konzept zulässig ist, – kurz gefasst – entweder kein schützenswerter Bestand mehr vorliegen (Notverwertungsmaßnahme, Teil 2 § 2 C. I) oder der auf unwesentliche Teile begrenzte Eingriff zum Zwecke der Fortführung des übrigen Unternehmens nach einer Gesamtabwägung gerechtfertigt sein (Verwaltungsmaßnahme, Teil 2 § 2 B. II).

921 Vgl. im Ergebnis ebenso *Kriegs*, S. 84; bei unzulässigen Verwertungsmaßnahmen (i. e. S.) im Allgemeinen *Gerhardt* in: Jaeger, § 22 Rn. 27.

922 OLG Karlsruhe NZI 2016, 685, 687.

Eröffnungsverfahren handelt es sich jedoch – wie diese Arbeit gezeigt haben sollte – um eine umstrittene und bisher auch nicht höchstrichterlich geklärte Rechtsfrage.

2. Kompetenzwidrigkeit

Zu prüfen ist aber, ob sich auf das Erfordernis der Beeinträchtigung eines materiellen Belangs in Form der Nachteiligkeit entgegen § 1 S. 1 InsO (Insolvenzzweckwidrigkeit nach hergebrachtem Verständnis) oder der Verletzung des schuldnerischen Bestandserhaltungsinteresses (Sicherungszweckwidrigkeit) auch gänzlich verzichten lässt. Davon ging zuletzt *Jacoby*[923] aus, der allein bei evidenter »Kompetenzwidrigkeit«, insbesondere in der Form eines Verstoßes gegen die Gläubigerbeteiligungserfordernisse der §§ 160 bis 163 InsO, für eine teleologische Reduktion des § 164 InsO und damit für die Unwirksamkeit plädiert. Im Kern hatte sich dafür auch bereits *Spieker*[924] ausgesprochen, der für die Sanktionierung indes Evidenz nicht genügen lässt, sondern positive Kenntnis des jeweiligen Geschäftspartners voraussetzt. Mit diesem Ansatz ließe sich auch leicht die Unwirksamkeit eines nach den hier gestellten Maßstäben unzulässigen Unternehmensverkaufs begründen. Nicht zuletzt beruht gerade die Ablehnung von einigen der diesbezüglich gehandelten Legitimationskonzepte auch darauf, dass damit eine (mittelbare) Kompetenzwidrigkeit einherginge.[925] Der Ansatz ist jedoch mit *Eckardt*[926] abzulehnen: *Jacoby* stützt ihn auch auf die Behandlung vergleichbarer Konstellationen im Gesellschaftsrecht. Dort – wie auch im bürgerlichen Recht[927] – ist allerdings schon keineswegs unumstritten, dass das Eingreifen der Grundsätze über den Missbrauch der Vertretungsmacht nicht voraussetzt, dass dem jeweiligen Vertretenen ein Nachteil entstanden ist.[928] Entscheidend ist aber ein anderer Aspekt. So wird als Argument gegen das Nachteilserfordernis gemeinhin vorgebracht, nicht allein das Vermögen des Vertretenen, sondern auch dessen Selbstbestimmungsrecht sei zu schützen.[929] Im Insolvenzrecht lässt sich dieses Argument wohl kaum anführen. Vor allem gibt es dort keinen vergleichbar *selbstbestimmten* »Vertretenen«. Insbesondere »vertritt« – wie *Jacoby*[930] noch selbst betont – der Insolvenzverwalter weder allein die Gläubiger noch im Eröffnungsverfahren den Schuldner.[931] Ohne Beeinträchtigung

---

923   *Jacoby*, S. 346 ff.
924   *Spieker*, S. 227 ff.
925   S. dazu Teil 2 § 2 D. III.
926   Vgl. indes mit anderer Begründung *Eckardt* in: Jaeger, § 164 Rn. 13 f.
927   S. dazu *Schilken* in: Staudinger, § 167 Rn. 94 f.
928   S. dazu *Fleischer* in: Spindler/Stilz, § 82 Rn. 14.
929   Vgl. nur *Fleischer*, NZG 2005, 529, 534.
930   *Jacoby*, S. 346 f.
931   Auch im eröffneten Verfahren kommt »den Gläubigern« nicht etwa ein *uneingeschränktes* Weisungsrecht zu, wie § 78 InsO verdeutlicht. – S. dazu im Übrigen *Pape*, NZI 2006, 65, 65 ff. – Daher kann auch die von *Jacoby* (S. 346) auf Rechtsfolgenseite propagierte Möglichkeit der Genehmigung nach § 177 BGB analog nicht überzeugen. Im Insolvenzrecht werden die Grundsätze vom Missbrauch der Vertretungsmacht *insoweit* zu Recht nicht herangezogen, sondern gilt als Rechtsfolge evidenter Insolvenzzweckwidrigkeit nicht lediglich schwebende Unwirksamkeit bzw. Nichtigkeit, vgl. etwa BGH NZI 2002, 375, 377 (= BGHZ 150, 353); *Pape*, ZInsO 2016, 2149, 2150; *Spickhoff*, KTS 2000, 15, 16; bzw. BGH NZI 2013, 641 Rn. 14; BGH NZI 2013, 347 Rn. 9; BGH NZI 2014, 450 Rn. 22; *Preuß*, NZI 2003, 625, 626.

eines materiellen Belangs erscheint indes auch im Eröffnungsverfahren eine Einschränkung der verwalterlichen Rechtsmacht, auch im Hinblick auf das darauf aufbauende Vertrauen des übrigen, gutgläubigen Rechtsverkehrs, schlicht nicht geboten. Für die Sanktionierung bloßer Kompetenzwidrigkeiten dürften aufsichtsrechtliche Maßnahmen und haftungsrechtliche Folgen auch bei Evidenz für den Geschäftspartner genügen, wie der Gesetzgeber in Bezug auf die §§ 160 bis 163 InsO sogar ausdrücklich festhielt.[932]

Im Übrigen dürfte es auch nach diesem Ansatz – sofern man ihm doch folgen möchte – in Bezug auf einen Unternehmensverkauf im Eröffnungsverfahren für die Unwirksamkeitssanktion regelmäßig an der Evidenz fehlen, insbesondere da die »Kompetenzen« dazu eben noch nicht (höchstrichterlich) geklärt sind.

3. Gesamtschau

Auch nach den beiden abweichenden Ansätzen dürfte ein Unternehmensverkauf im Eröffnungsverfahren bis zu einer (höchstrichterlichen) Klärung seiner Zulässigkeit nicht allein wegen eines Verstoßes gegen das hier erkannte grundsätzliche Verbot unwirksam sein. Bei der Anwendung der Grundsätze der Insolvenzzweckwidrigkeit im Eröffnungsverfahren ist jedoch das Bestandserhaltungsinteresse des Schuldners (Sicherungszweckwidrigkeit) generell als zusätzlicher Belang zu berücksichtigen. Demgegenüber ist eine etwaige Kompetenzwidrigkeit insoweit unbeachtlich.

IV. Ergebnis

Es bleibt daher bis auf Weiteres beim Zwischenbefund: Ein Unternehmensverkauf im Eröffnungsverfahren, der nach hiesigem Konzept unzulässig ist, ist nicht allein deshalb auch unwirksam. Damit ist freilich nicht generell ausgeschlossen, dass ein solcher Verkauf (nach hergebrachtem Verständnis) evident insolvenzzweckwidrig und damit ausnahmsweise unwirksam sein kann.[933] Grundvoraussetzung dafür ist – in Anlehnung an die aus dem Kontext des § 164 InsO bekannte Diktion – eine inhaltliche Missbilligung, insbesondere im Hinblick auf § 1 S. 1 InsO, die über den Verstoß gegen das grundsätzliche Verbot hinausgeht. Insoweit dürften die Konditionen des jeweiligen Verkaufs freilich stets eine gewichtige Rolle spielen. Dabei kann aber, im Hinblick auf etwaiges Insiderwissen zur Erreichung von Sondervorteilen, auch der Person des Käufers Bedeutung zukommen.[934] Schließlich muss die Zweckwidrigkeit im Einzelfall für die Gegenseite evident gewesen sein.

Entgegen der Ansicht von *Spieker*[935] wird man jedoch wohl auch bei einem »eklatant niedrigen Preis (Verschleuderung)« nicht ohne Weiteres eine Insolvenzzweckwidrigkeit bejahen können. So hat der *Bundesgerichtshof* in seinem Versäumnisurteil vom 17. Februar 2011[936] instruktiv ausgeführt: »Eine Abtretung ohne Gegenleistung wird in der Regel insolvenzzweckwidrig und damit nichtig sein; eine »Verschleuderung« zu

---

932 Vgl. RegE-InsO, BT-Drucks. 12/2443, S. 175.
933 Insofern zumindest missverständlich *Kriegs*, S. 81 ff.
934 S. dazu *Falk/Schäfer*, ZIP 2004, 1337, 1340.
935 *Spieker*, S. 223 ff. und 226.
936 BGH NZI 2011, 486 Rn. 10.

einem in Anbetracht aller Umstände [...] unangemessen niedrigen Preis eröffnet den Anwendungsbereich des § 60 InsO«, was zumindest im Ausgangspunkt auf Austauschgeschäfte jeglicher Art übertragbar sein dürfte. Dementsprechend stand auch in dem Urteil des *OLG Rostock* vom 8. April 2011, das einen Unternehmensverkauf im eröffneten Verfahren zum Gegenstand hatte, bei dem der Insolvenzverwalter nicht nur *deutlich* gegen seine Pflicht zur bestmöglichen Verwertung verstoßen, sondern auch noch die Gläubigerbeteiligungserfordernisse bei einem Insidergeschäft missachtet hat, die Unwirksamkeit noch nicht einmal im Raum – es ging allein um seine Haftung.[937]

§ 4 Zusammenfassung

Die Regulierung von Unternehmensverkäufen im Eröffnungsverfahren lässt sich folgendermaßen zusammenfassen:

Zulässigkeit eines Unternehmensverkaufs im Eröffnungsverfahen: Mit einer in Literatur und Rechtsprechung sehr weit verbreiteten Ansicht ist zunächst festzuhalten, dass der Verkauf des Unternehmens eines Schuldners im Ganzen (Gesamtverkauf) im Eröffnungsverfahren grundsätzlich unzulässig ist. Das gilt nach hier vertretener, ansonsten zwar selten gesondert betonter, aber im Kern wohl ebenfalls vielfach geteilter Ansicht in der Sache auch für den Verkauf von einzelnen Unternehmensteilen (Teilverkauf) in dieser Verfahrensphase. Beides ist in der Regel verboten. Zu diesem Grundsatz gibt es indes richtigerweise (nur) die folgenden zwei Ausnahmen.

Unter den entsprechenden Umständen ist der *starke* vorläufige Insolvenzverwalter zumindest originär befugt; es bestehen keinerlei Beteiligungserfordernisse. Allerdings gelten sowohl der Grundsatz als auch die Ausnahmen nach hier vertretener Ansicht indes nicht nur, falls ein solcher Verwalter verkaufen will, sondern sinngemäß auch für die anderen potenziellen Verkaufskonstellationen, mithin für die Zustimmung eines *mitbestimmenden* vorläufigen Insolvenzverwalters zu einem Verkauf durch den Schuldner und für den Verkauf eines kraft dahingehender Einzelanordnung *gestärkten* vorläufigen Insolvenzverwalters. Dasselbe gilt – im Kern – für die Frage der Zulässigkeit einer entsprechenden gerichtlichen Ermächtigung.

Zunächst ist ein Teilverkauf im Eröffnungsverfahren zulässig, sofern er sich zum einen als – in der Diktion und nach den Maßstäben des *Bundesgerichtshofs* – generell erlaubte Verwaltungsmaßnahme darstellt und zum anderen lediglich unwesentliche Unternehmensteile betrifft. Die erstere Voraussetzung ist (nach hiesigem Verständnis) erfüllt, sofern und soweit die Maßnahme zur Fortführung des restlichen Unternehmens erforderlich ist, was insbesondere dann der Fall ist, wenn der Teilverkauf der Beschaffung der dafür notwendigen Liquidität oder der Verhinderung eines fortführungskritischen Liquiditätsabflusses dient. Die zweite Hürde setzt voraus, dass keine fortführungserheblichen Gegenstände oder prägenden Kernbestandteile des schuldnerischen Vermögens und keine Unternehmensteile verkauft werden, die für sich genommen in den Anwendungsbereich der §§ 22, 158 InsO fallen würden. Dies umfasst richtigerweise wirtschaftlich-organisatorische Einheiten mit selbstständigem Zweck innerhalb

937 Vgl. OLG Rostock NZI 2011, 488.

der schuldnerischen Organisation, die insofern wesentlich sind, als sie nennenswerten Einfluss auf deren Struktur und Zweckverfolgung haben; entgegen einer verbreiteten Ansicht im Schrifttum ist dafür aber insbesondere unerheblich, ob es sich um einen Betriebsteil (nach arbeitsrechtlichem Verständnis) handelt oder nicht. Die vorstehend erläuterte Ausnahme benennen im Kern zwar einige, aber vergleichsweise wenige Stimmen im Schrifttum. Die Grenzen, die ihr hier gezogen wurden, wurden dort zum Teil auch bereits ansatzweise vertreten (und von der Rechtsprechung in Bezug auf Verwertungsmaßnahmen i. w. S. im Allgemeinen übernommen), indes – soweit ersichtlich – nicht in ihrer vollen Bandbreite und ihrem kumulativen Charakter. Auf der anderen Seite dürfte die Reichweite der Ausnahme nach hiesigem über das hergebrachte Verständnis nicht unerheblich hinausgehen, da hier der Begriff »Unternehmensteil« i. S. d. §§ 22, 158 InsO weiter ausgelegt wird.

Des Weiteren ist mit einer im Schrifttum teilweise vertretenen Ansicht ein Unternehmensverkauf im Eröffnungsverfahren als ausnahmsweise zulässig einzustufen, sofern und soweit er sich als Notverwertungsmaßnahme darstellt. Ob davon wesentliche Unternehmensteile i. S. d. §§ 22, 158 InsO betroffen sind, ist unerheblich. Die Notverwertungsbefugnis kann grundsätzlich sowohl einen Teil- auch einen Gesamtverkauf umfassen. Sie setzt richtigerweise Gefahr in Verzug in der Form eines drohenden Untergangs, also tatsächlichen oder rechtlichen Verfalls, der jeweiligen Gegenstände des schuldnerischen Vermögens voraus. Der Funktionswert des betroffenen Unternehmens(-teils) muss mithin in seiner Gesamtheit derart beschränkt sein, dass es voraussichtlich nur noch während des Eröffnungsverfahrens verwertbar ist. Die Verwertbarkeit lässt sich allenfalls dann bezweifeln, wenn nicht »lediglich« eine erhebliche Vermögensminderung i. S. d. § 22 Abs. 1 S. 2 Nr. 2 InsO droht. Demgegenüber begründet – entgegen einer im Schrifttum verbreiteten Ansicht – *allein* eine günstige Gelegenheit oder – anders gewendet – ein drohender Verfall des Preises weder bei Verwertungsmaßnahmen (i. w. S.) im Allgemeinen noch bei einem Unternehmensverkauf im Besonderen eine derartige Ausnahmebefugnis zu einer Notverwertungsmaßnahme.

Der in der Literatur weit verbreiteten Ansicht, die den Verkauf des schuldnerischen Unternehmens in Teilen und/oder im Ganzen im Eröffnungsverfahren *ausnahmslos* für unzulässig hält, ist dementsprechend in dieser Strenge nicht zu folgen. Auf der anderen Seite scheiden – entgegen einer bei summarischer Betrachtung ebenfalls weiterhin weit verbreiteten Ansicht im Schrifttum – sämtliche Konzepte zur anderweitigen Legitimation eines Unternehmensverkaufs im Eröffnungsverfahren kraft Zustimmung einzelner, mehrerer oder aller Beteiligten (Gericht, Schuldner und/oder Gläubiger sowie auch nach einer Stilllegung des Unternehmens) aus. Dagegen spricht maßgeblich aber keineswegs allein, dass der Gesetzgeber im Zuge der InsVerfVereinfG-Reform in Bezug auf den Unternehmensverkauf im Eröffnungsverfahren richtigerweise zwar keine absolute, aber doch eine weitgehende Nichtregelungsentscheidung getroffen hat, die es zu respektieren gilt.

Wirksamkeit eines Unternehmensverkaufs im Eröffnungsverfahren: Nicht zu folgen ist schließlich den Stimmen aus dem Schrifttum, welche die Unzulässigkeit eines Unternehmensverkaufs im Eröffnungsverfahren mit dessen Unwirksamkeit gleichsetzen. Letztere Frage bestimmt sich allein nach den Grundsätzen der Insolvenzzweckwidrigkeit, auch wenn bei der hier in Rede stehenden Maßnahme – entgegen einer teilweise vertretenen Ansicht – nicht auf § 164 InsO (analog) verwiesen werden kann. Die hergebrachte Reichweite dieser Grundsätze ist zwar nicht – wie vereinzelt vertreten wird – generell um den Aspekt der Kompetenzwidrigkeit zu erweitern, im Eröffnungsverfahren aber – wie ebenso bereits angeklungen ist – um dessen Sicherungszweck, insbesondere das davon geschützte Bestandserhaltungsinteresse des Schuldners. Auch ein evidenter Verstoß dagegen kann die Unwirksamkeitsfolge begründen. Dennoch gilt bis zu einer (höchstrichterlichen) Klärung der Rechtslage: Ein Unternehmensverkauf im Eröffnungsverfahren, der nach hiesigem Konzept unzulässig ist, ist nicht allein deshalb auch (nach den Grundsätzen der Insolvenzzweckwidrigkeit) unwirksam.

§ 5 Auswertung

Nach alledem ist richtigerweise zu konstatieren, dass die Möglichkeiten, ein Unternehmen im Eröffnungsverfahren *in zulässiger Weise* zu verkaufen, erheblich eingeschränkt und auch nicht durch die Verfahrensakteure erweiterbar sind: Eine solche Gelegenheit besteht ausschließlich in erheblich eingeschränktem Umfang oder in »echten« Notfällen. Die von *Steffek*[938] getroffene Einschätzung, dass »die Restriktionen der übertragenden Sanierung im Eröffnungsverfahren« einer Übertragung der englischen Pre-Packs in die deutsche Praxis Grenzen setzen, lässt sich vor diesem Hintergrund unterstreichen. Darin – wie *Kranz*[939] – das *entscheidende* Hindernis zu sehen, dürfte nicht zuletzt unter Berücksichtigung der hier am Ende des ersten Kapitels getroffenen Einschätzungen demgegenüber wohl ein wenig zu weit gehen. Eine weitere wesentliche Hürde für Pre-Packs in Deutschland stellt das Eröffnungsverfahren, so wie es derzeit im Rechtsalltag gehandhabt wird, mitsamt seinen Einschränkungen von Maßnahmen der Verwertung (i. w. S.) des schuldnerischen Vermögens aber sicherlich dar: Für die in der Praxis bekanntlich regelmäßig nicht unerhebliche Dauer dieses Verfahrensabschnitts ist der planmäßige Verkauf des schuldnerischen Unternehmens im Ganzen oder in wesentlichen Teilen für den pflichtbewussten vorläufigen Insolvenzverwalter kein gangbarer Weg. Das gilt richtigerweise sogar dann, wenn die übrigen Verfahrensakteure damit einverstanden wären. Die Akteure, die einen solchen Verkauf befürworten, vor allem auch der damit nicht vorher befasste Verwalter,[940] können im Eröffnungsverfahren freilich mit den konkreten Planungen beginnen, müssen das Ende diese Verfahrensabschnitts jedoch abwarten. Eine Verzögerung des Prozesses geht damit folglich stets einher.

Summa summarum: Recht und Praxis des Eröffnungsverfahrens in Deutschland sind für den Vollzug eines *pre-packaged deal* nach englischem Vorbild ungeeignet, sofern er währenddessen erfolgen soll, und in jedem Fall hinderlich.

Nach der Ansicht von *Steffek*[941] ist vor diesem Hintergrund zu diskutieren, »ob die übertragende Sanierung im Eröffnungsverfahren in Deutschland nicht erleichtert werden sollte«. Diese Debatte ist im Pre-Pack-Kontext tatsächlich unumgänglich, sollte

938 *Steffek* in: Allmendinger/Dorn/Lang/Lumpp/Steffek, S. 302, 325.
939 *Kranz*, S. 222; vgl. ähnlich *Schlegel* in: MüKo, Länderbericht England und Wales, Rn. 50.
940 S. dazu die Auswertung des letzten Teils.
941 *Steffek* in: Allmendinger/Dorn/Lang/Lumpp/Steffek, S. 302, 327 f.

jedoch zu dem Ergebnis führen, dass *insoweit* im deutschen Insolvenzrecht *kein* Reformbedarf besteht. Dafür sprechen im Wesentlichen dieselben Gründe, die hier bereits gegen die (rechtsfortbildenden) Konzepte zur Legitimation eines Unternehmensverkaufs im Eröffnungsverfahren *de lege lata* vorgebracht wurden, indem das Vorliegen einer entsprechenden (planwidrigen) Regelungslücke verneint wurde.[942] Diese Aspekte sollen hier zur Vermeidung von Wiederholungen nur in aller Kürze wiedergegeben werden:

Auch *de lege ferenda* sollte der planmäßige Verkauf des Unternehmens eines Insolvenzschuldners im Ganzen oder in wesentlichen Teilen grundsätzlich dem eröffneten Verfahren vorbehalten sein, damit im Regelfall im Veräußerungszeitpunkt gerichtlich festgestellt worden ist, dass der Schuldner auch tatsächlich (drohend) materiell insolvent ist, und dabei die Kontrollmechanismen der §§ 158, 160 ff. InsO zum Greifen kommen. Ersteres dürfte tatsächlich grundsätzlich notwendig sein, um den damit verbundenen Eingriff in das im Unternehmen verkörperte schuldnerische Eigentum (Art. 14 GG) zu rechtfertigen.[943] Und Letzteres ist, sofern man nicht das gesamte Programm jener Vorschriften vorziehen will, der Wahrung der Interessen der Gesamtheit der Gläubiger nicht ab-, sondern eher zuträglich. Das gilt – zumindest nach dem hier angesetzten Verständnis (von der Rechtslage im Eröffnungsverfahren) – auch für ihr durch § 1 S. 1 InsO geschütztes Interesse an bestmöglicher Befriedigung. Denn demnach ist im Rahmen der Betriebsfortführung währenddessen schon der Verkauf unwesentlicher Unternehmensteile und in »echten« Notfällen sogar noch mehr erlaubt, mithin der in diesem Zeitraum richtigerweise ausschließlich gebotene *Erhalt* der Masse hinreichend gewährleistet.

Im Übrigen ist eben auch hier darauf zu verweisen, dass die zügige Herbeiführung der Verfahrenseröffnung für einen frühen, umfassenderen Verkauf regelmäßig nicht unmöglich ist; dass damit möglicherweise im Einzelfall der Insolvenzgeldeffekt in Teilen versäumt wird, steht dem nicht entgegen. Es kann dahinstehen, ob – wie *Richter*[944] meint – die »Verschleppung« des Eröffnungsverfahrens zu seiner Nutzung für sich genommen unzulässig ist. Jedenfalls kann in dieser Praxis ohne explizite Verankerung in der InsO nicht der »eigentliche« Grund dafür liegen, weshalb ein (weiteres) Abweichen von dem Konzept des Gesetzgebers durch eine (weitere) Vorverlagerung wichtiger Entscheidungen in der Unternehmensinsolvenz notwendig sein soll. Vielmehr ist der Insolvenzgeldeffekt doch gerade ein Grund dafür, weshalb die alternative Betriebsfortführung während des Eröffnungsverfahrens oft möglich ist.

---

942 S. dazu Teil 2 § 2 D. III.
943 So eben bereits RegE-InsVerfVereinfG, BT-Drucks. 16/3227, S. 11.
944 *Richter*, S. 268 ff.

Teil 3 Die Regulierung vorzeitiger Unternehmensverkäufe in der Insolvenz in England und Deutschland

Im folgenden Teil geht es nun wieder um Fragen, die sich in beiden Rechtsordnungen gleichermaßen stellen, nämlich wie Unternehmensverkäufe in der Zwischenphase reguliert sind. Denn einen solchen Abschnitt kennt – wie eingangs erläutert[945] – sowohl das *administration-* als auch das Insolvenzverfahren. Gemeint ist damit der sich in beiden Verfahren an die Eröffnung anschließende und auch ähnlich lange Zeitraum bis zu dem Termin, an dem jeweils die Gläubiger über einen »regulären« Verkauf entscheiden würden. Wie im Folgenden genauer erläutert werden soll, ist in beiden Verfahren währenddessen ausnahmsweise, also entgegen den gesetzgeberischen Regelkonzepten, auch ein vorzeitiger Unternehmensverkauf zulässig. Es gilt allerdings zu beachten, dass aufgrund der in aller Regel erheblich abweichenden Dauer der Einleitungsverfahren in den beiden Ländern[946] die entsprechenden Regelungen zu sehr unterschiedlichen Zeitpunkten eingreifen. Anders gewendet: Wegen der Besonderheit(en) des Eröffnungsverfahrens stellen sich die im Folgenden behandelten Rechtsfragen in Deutschland – grob gefasst – regelmäßig erst rund drei Monate später. Der funktionalen Vergleichbarkeit der Kontrollmechanismen, die das englische und das deutsche Recht jeweils unmittelbar für einen vorzeitigen Unternehmensverkauf vorsehen, tut das indes keinen Abbruch. Dieser Vergleich soll nun folgen.

Insofern wird zunächst eingehend beleuchtet, wie in den beiden Verfahren mit dem Regelungsproblem umgegangen wird, falls bei einem solchen Verkauf Insider als Erwerber auftreten. Die Frage stellt sich schon im Hinblick darauf, wie kritisch derartige Insidergeschäfte in England (vor den jüngsten Reformen) gesehen wurden.[947] Aber auch in Deutschland gilt insoweit gemeinhin besondere Skepsis als angebracht.[948] Dass in diesen Fällen ein spezielles Kontrollbedürfnis besteht, es mithin einer gewissen Insiderprophylaxe bedarf, dürfte außer Frage stehen. Nicht zuletzt könnten die Insider versucht sein, beim Kauf ihr Sonderwissen zu nutzen, um Preisvorteile zu generieren. Im Übrigen hat dies auch *Graham*[949] noch einmal unter dem Hinweis bekräftigt, dass die Gläubigerbefriedigung bei Pre-Packs an Insider in der Vergangenheit tatsächlich vergleichsweise schlecht ausfiel.

Nach diesem Abschnitt werden die Kontrollmechanismen behandelt, die jeweils in jeder Zwischenphase greifen, mithin generell zu beachten sind. Im Anschluss werden die Mechanismen beleuchtet, die jeweils (theoretisch) nur ausnahmsweise zur Geltung kommen, nämlich dann, wenn das Verfahren auf eine spezielle Art und Weise beschritten wird. Als »besondere Verfahrensart« gelten hier zu Veranschaulichungszwecken die *in-court route* und das Verfahren *mit Gläubigerausschuss*, also keine selbst-

---

945 S. dazu Teil 1 § 1.
946 S. dazu Teil 1 § 5 B. II.
947 S. dazu die Einleitung.
948 Vgl. nur *Bork*, Insolvenzrecht, Rn. 439.
949 *Graham Report*, S. 59.

ständigen Prozesse, sondern strenggenommen eher besondere Ausprägungen des *administration-* bzw. Insolvenzverfahrens.

Bei alldem dient die Rechtslage in England – da insoweit weitgehend unstreitig – gewissermaßen als Spiegel, der die entsprechenden Rechtsfragen in Deutschland aufzeigt und die Frage nach ihrer Beantwortung *de lege lata* aufwirft. Dabei werden sich die Antworten an einigen Stellen als streitig oder unklar herausstellen. Sofern es um vergleichsrelevante Punkte geht, soll dazu wie schon im letzten Teil Stellung bezogen werden.

§ 1 Grundlagen zu den Kontrollmechanismen

Zunächst sollen einige Grundlagen zu den Kontrollmechanismen dargelegt werden. Denn während sie sich in ihrer Wirkweise im Ergebnis entsprechen, bestehen erhebliche Unterschiede in der Natur ihrer Rechtsgrundlagen:

A. Rechtsgrundlagen

Die Befugnis des *administrator* zum vorzeitigen Verkauf des schuldnerischen Unternehmens ist – anders als die des Insolvenzverwalters – nicht explizit gesetzlich geregelt, sondern beruht auf ständiger Rechtsprechung des *High Court*, die durch berufsrechtliche Vorgaben flankiert wird.

I. England

Dass der *administrator* auch bereits in der Zwischenphase *ipso iure*, also vor der Abhaltung eines *creditors' meeting* und auch ohne eine dahingehende Anweisung (*direction*) des Gerichts, befugt ist, das schuldnerische Unternehmen zu verkaufen, ist heute durch ständige Rechtsprechung des *High Court* anerkannt.[950] Der *Supreme Court* hatte seit seiner Einführung im Jahr 2009 keine Gelegenheit zur Billigung eines derartigen Pre-Packs. Die überwiegende Ansicht in England hält es für »äußerst unwahrscheinlich«, dass er sich gegen die gefestigte Pre-Pack-Rechtsprechung des *High Court* stellen

---

950 Vgl. grundlegend zur heute maßgeblichen Rechtslage *Re Transbus International Ltd* [2004] EWHC 932 (Ch). In den folgenden Entscheidungen fielen häufig noch Erläuterungen und Hinweise zur Rechtsprechungsentwicklung, vgl. etwa *Re DKLL Solicitors v Revenue and Customs Commissioners* [2007] EWHC 2067 (Ch); *Re Kayley Vending* [2009] EWHC 904 (Ch). In jüngeren Entscheidungen wird das Bestehen der hier behandelten Befugnis meist ohne Weiteres festgestellt, vgl. etwa *Re Hellas Telecommunications (Luxembourg) II SCA* [2009] EWHC 3199 (Ch); *Re Halliwells LLP* [2010] EWHC 2036 (Ch); *Re Christopherus 3 Ltd* [2014] EWHC 1162 (Ch); *Capital for Enterprise Fund a LP v Bibby Financial Services Ltd* [2015] EWHC 2593 (Ch); *Richard Hunt Investments Ltd v Hunt* [2017] EWHC 988 (Ch); *Ve Vegas Investors IV LLC v Shinners* [2018] EWHC 186 (Ch); Ausnahme: *Re Hibernia (2005) Ltd* [2013] EWHC 2615 (Ch).

würde.[951] Vor diesem Hintergrund ist es wenig überraschend, dass im jüngeren Schrifttum keine Stimmen mehr ersichtlich sind, die Pre-Packs *de lege lata* für unzulässig halten. Dass diese Befugnis aber ursprünglich keineswegs immer unumstritten war, lässt sich einem Rückblick auf die Rechtsprechungsentwicklung entnehmen.

1. Pre-Pack-Rechtsprechung des *High Court*

Die ersten Entscheidungen in diesem Kontext sind noch zur alten Rechtslage vor der umfassenden Reform durch den Enterprise Act 2002 ergangen. Gesetzlicher Anknüpfungspunkt war damals s. 17 (2) (a) IA 1986 a. F. Diese Vorschrift betraf die Pflichten (*duties*) eines *administrator* vor der Entscheidung über seine *proposals* in der Gläubigerversammlung, mithin in der Zwischenphase im Besonderen. Seit der Reform ist es – über den neuen Gesamtverweis in s. 8 IA 1986 für die speziellen Regelungen der *administration* – para. 68 (1), (2) sch. B1 IA 1986. Diese Vorschrift regelt die Pflichten im Allgemeinen. Vom Wortlaut her sind die beiden Normen sich scheinbar sehr ähnlich. So lautete bzw. lautet

s. 17 (2) (a) IA 1986 a. F.: »The administrator shall manage the affairs, business and property of the company: [...] at any time before proposals have been approved [...], in accordance with any directions given by the court [...]«;

und para. 68 (1), (2) sch. B1 IA 1986: »[...] the administrator of a company shall manage its affairs, business and property in accordance with [...] any proposals approved [...]«; »If the court gives directions to the administrators of a company [...] the administrator shall comply with the directions«.

a) *Re Charnley Davies Ltd*

Die erste gerichtliche Entscheidung[952] zur Frage der Befugnis des *administrator* zum Unternehmensverkauf in der Zwischenphase erging auf der Grundlage der alten Vorschrift, betraf das Unternehmen *Charnley Davies Ltd*[953] und bejahte sie, sofern das Vorgehen im Einzelfall im Interesse des Schuldners und seiner Gläubiger ist. Das Vorliegen dieser Voraussetzung wurde im entschiedenen Fall aufgrund einer nicht näher bezeichneten »Dringlichkeit« des Unternehmensverkaufs angenommen.[954] Die Erfor-

---

951 So berichten *Baird/Khokhar* in: Olivares-Caminal, Rn. 9.36 mit Fn. 46 (eigene Übersetzung).

952 Das erste Mal, dass ein Gericht die Zulässigkeit eines *pre-packaged sale* im Rahmen des *administration*-Verfahrens bestätigt hat, war in einer unveröffentlichten *ex-parte*-Anhörung im Jahr 1987, die in dem hier erläuterten Entscheidung nacherzählt wird. Gegenstand dieses Urteils waren vermeintliche Schadensersatzansprüche der Gläubiger, die unter anderem dieses Vorgehen rügten, damit aber aus den im Text geschilderten Gründen letztlich nicht erfolgreich waren. – *Reynolds/Manning* (ICR 2016, 1, 1) und andere sehen den Ursprung der Pre-Packs in einem noch älteren, ähnlichen Vorgehen, für das noch das *administrative receivership*-Verfahren als Rahmen diente, das erstmalig in der Entscheidung *Re Centrebind Ltd* [1967] 1 WLR 377 gerichtliche Billigung fand und später auch unter dem Begriff »centre-binding« Bekanntheit erlangte.

953 *Re Charnley Davies Ltd* [1990] BCC 605, 610.

954 *Re Charnley Davies Ltd* [1990] BCC 605, 606 (eigene Übersetzung).

derlichkeit einer gerichtlichen Anweisung (zur Ermächtigung und[955]) zur Legitimation der entsprechenden Rechtshandlungen des *administrator* lehnte das befasste Gericht ohne viel Aufhebens mit einem Wortlautargument ab: Die alte Vorschrift sei dahingehend zu verstehen, dass nur *falls* das Gericht eine Anweisung gegeben hat, der *administrator* im Rahmen seiner Amtsausübung an diese gebunden ist. Ansonsten seien dessen Befugnisse in der Zwischenphase im Ausgangspunkt nicht noch besonders beschränkt.[956]

b)   *Re Consumer & Industrials Press Ltd*

Demgegenüber verneinte das Gericht in der Entscheidung *Re Consumer & Industrials Press Ltd*[957] die Frage der Zulässigkeit im Grundsatz. Es widerspreche dem Sinn und Zweck des Gesetzes, falls die Gläubigerversammlung nicht grundsätzlich über das Vorgehen entscheidet. Ein Unternehmensverkauf in der Zwischenphase sei nur ganz ausnahmsweise zulässig und vor allem ausschließlich mit gerichtlicher Erlaubnis. Implizit entschied das Gericht damit entgegen *Re Charnley Davies Ltd*, dass der *administrator* dazu vor Abhaltung einer Gläubigerversammlung niemals *ipso iure* befugt sein kann. Zu den Entscheidungsgründen in den instruktiven Worten des Gerichts:

»I am very unhappy indeed at the suggestion that the court should make an order such as will mean that there can be no useful meeting of creditors. It seems to me that the power that the court undoubtedly has [to make an order under the statutory provisions] should only be exercised in circumstances in which it can readily be seen that the disposals are really the only sensible course to be adopted and when unsecured creditors have had a chance to say what they think about the proposals of the administration. It seems to me that quite exceptional circumstances would be needed for the court to frustrate that part of the [Insolvency Ac]t which requires a meeting of creditors to consider proposals by the administrators.«[958]

Dass kein Ausnahmefall vorlag, begründete das Gericht schlicht mit dem Argument, seit der Verfahrenseinleitung sei tatsächlich ausreichend Zeit für eine Gläubigerversammlung gewesen.[959] Die Leitsätze dieser Entscheidung wurden im Anschluss noch in einigen weiteren Entscheidungen angewandt.[960]

---

955   Der Antragsteller in dem entschiedenen Fall war – wie damals auch noch einige andere – offenbar davon ausgegangen, dass die gerichtliche Anweisung sogar eine Wirksamkeits- und nicht bloß eine Zulässigkeitsvoraussetzung gewesen sei. Aus gerichtlicher Sicht ging es – ausweislich der Zusammenfassung der Rechtsprechungsentwicklung in *Re T&D Industries Plc* [2000] BCC 956, 959 – in diesem Kontext indes nie um das Bestehen, sondern um die vorzeitige »Ausübung« der allgemeinen »Verwaltungs- und Verfügungsbefugnisse« des *administrator* (s. dazu Teil 1 § 3 D. 1) und deren Rechtmäßigkeit gemessen am Kanon der Pflichten (*duties*) der maßgeblichen Vorschrift.

956   Konkret sei »any directions« in para. 17 (2) (a) IA 1986 a. F. als »the directions if any« zu lesen, vgl. *Re Charnley Davies Ltd* [1990] BCC 605, 611.

957   *Re Consumer & Industrial Press Ltd (No. 2)* [1988] 4 BCC 72. 73 f.

958   *Re Consumer & Industrial Press Ltd (No. 2)* [1988] 4 BCC 72, 73.

959   *Re Consumer & Industrial Press Ltd (No. 2)* [1988] 4 BCC 72, 74.

960   So etwa in *Re Osmosis Group Ltd* [2000] BCC 428; *Re Montin Ltd* [1999] 1 BCLC 663; *Re Dana Ltd* [1999] 2 BCLC 239; *Re P D Fuels Ltd* [1999] BCC 450.

c) Re T&D Industries Plc

Ein Meilenstein ist die nachfolgende Entscheidung *Re T&D Industries Plc*[961]. Darin hielt der *High Court* unter Berücksichtigung der vorherigen Rechtsprechung sowie nach ausführlicher Abwägung und Begründung wiederum fest, dass der *administrator* einen Unternehmensverkauf ausnahmsweise vor der Abhaltung der Gläubigerversammlung und vor allem auch ohne eine dahingehende Anweisung des Gerichts vornehmen darf.

Zunächst behandelte das Gericht die erstere Frage: Es erkannte an, dass der Telos der institutionalisierten Gläubigerbeteiligung grundsätzlich erfordere, dass im *creditors' meeting* über das durchzuführende Sanierungs- bzw. Verwertungsprogramm entschieden werden kann. Eine nachträgliche Beteiligung verfehle die bezweckte Wirkung. Dennoch gebe es Fälle, in denen eine schnelle Entscheidung wegen besonderer Dringlichkeit zwingend notwendig und daher die Abhaltung einer Gläubigerversammlung faktisch schlicht nicht möglich sei.[962] Die Entscheidungsgründe illustrieren den Abwägungsprozess des Gerichts deutlich:

»[…] my conclusion emphasizes the desirability, indeed the need, for administrators to put their proposals […] to the creditors, and to call a creditors' meeting […]. […] [A]dministrators should not be able to take unfair advantage of the fact that the creditors' rights are, as it were, limited [by the statutory provisions on creditor participation]. There will be many cases where an administrator will be called upon to make urgent and important decisions and where the urgency means that there is no possibility of a […] creditors' meeting being called to consider the decision prior to having it to be made. However, the importance of the decision and the time involved may well be such that the administrator should have what consultation he can with the creditors.«[963]

Im Anschluss wandte sich das Gericht der darüber hinausgehenden Frage zu, ob der *administrator* in einem solchen Fall eine gerichtliche Anweisung einzuholen hat. Dagegen wurde zunächst das im Kern bereits aus *Re Charnley Davies* bekannte Wortlautargument vorgebracht.[964] Darüber hinaus wurden systematische und teleologische Aspekte angeführt: Würde man das Erfordernis einer gerichtlichen Legitimation annehmen, müsste man dies nach der Gesetzessystematik auf die Ausübung sämtlicher Befugnisse des *administrator* vor Abhaltung einer Gläubigerversammlung zu übertragen, was nicht zweckmäßig wäre. So habe es doch dem gesetzgeberischen Willen entsprochen, mit der *administration* ein schnelles, flexibles und weniger gerichtslastiges Verfahren einzuführen.[965]

Des Weiteren sei eine gerichtliche Beteiligung nur dann zweckmäßig, wenn diese zugleich einer materiellen Billigung des jeweiligen Unternehmensverkaufs gleichkäme, die eine anderweitige *ex-post*-Einschätzung, etwa im Rahmen etwaiger Haftungsprozesse gegen den *administrator*, ausschließt. Das Gericht sei indes nicht in der Position, umgehend eine wohl informierte Entscheidung über einen Unternehmensverkauf

---

961 *Re T&D Industries Plc* [2000] BCC 956.
962 *Re T&D Industries Plc* [2000] BCC 956, 961 und 967.
963 *Re T&D Industries Plc* [2000] BCC 956, 966.
964 So sei »in accordance with any directions given by the court« in s. 17 (2) (a) IA 1986 a. F. als »in accordance with such directions, if any, as are given by the court« zu lesen, vgl. *Re T&D Industries Plc* [2000] BCC 956, 960.
965 *Re T&D Industries Plc* [2000] BCC 956, 960 ff.

zu treffen. Vielmehr läge eine solche wirtschaftliche Entscheidung in der Verantwortung des *administrator*, dessen Einhaltung seiner Pflichten nachträglich im Rechtsweg überprüft werden könne und sollte.[966] Darin sah das Gericht offenbar nicht nur einen ausreichenden, sondern auch den zweckmäßigsten Kontrollmechanismus, wie es deutlich zum Ausdruck brachte:

»[...] [the] decision tends to emphasise the fact that a person appointed to act as an administrator may be called upon to make important and urgent decisions. He has a responsible and potentially demanding role. Commercial and administrative decisions are for him, and the court is not there to act as a sort of bomb shelter for him.«[967]

d) *Re Transbus International Ltd*

Diese Grundsätze wurden für das durch den Enterprise Act 2002 reformierte Recht zuerst durch die Entscheidung *Re Transbus International Ltd*[968] ausdrücklich bestätigt, welche indes auf einen Antrag des *administrator* auf eine gerichtliche Erlaubnis hin erging. Die vorgelagerte Frage, ob die Gläubigerversammlung vor einem Unternehmensverkauf zwingend zu beteiligen ist, wurde darin schon gar nicht mehr ausdrücklich behandelt, jedoch freilich implizit verneint: Der Wortlaut der nunmehr maßgeblichen Vorschrift spreche noch deutlicher als die alte Regelung dafür, dass ein *administrator* in der Zwischenphase in der Ausübung seiner Befugnisse grundsätzlich unbeschränkt ist und keiner gerichtlichen Legitimationsanweisung bedarf. Denn para. 68 (2) sch. B1 IA 1986 besage über den »if«-Zusatz nun ausdrücklich, dass gerichtliche Anweisungen insofern eben nur maßgeblich sind, »*falls*« solche gegeben wurden.[969] Darüber hinaus sei die Argumentation mit dem Sinn und Zweck der *administration* aus *Re T&D Industries Plc* (weniger Gerichtslastigkeit und mehr Flexibilität) auf die neue Rechtslage uneingeschränkt übertragbar. Anderenfalls müsste man eben sogar in den Ausnahmefällen, in denen der *administrator* die Gläubigerversammlung schon kraft Gesetzes nicht einberufen muss,[970] vor jeglichem Tätigwerden des *administrator* stets eine gerichtliche Erlaubnis einholen.[971]

e) *Re DKLL Solicitors v Revenue and Customs Commissioners*

Teilweise wird die jüngere Entscheidung in Sachen *DKLL Solicitors v Revenue and Customs Commissioners*[972] als die »erste ausdrückliche gerichtliche Billigung« eines

---

966 *Re T&D Industries Plc* [2000] BCC 956, 961 f. und 966.
967 *Re T&D Industries Plc* [2000] BCC 956, 966.
968 *Re Transbus International Ltd* [2004] EWHC 932 (Ch).
969 *Re Transbus International Ltd* [2004] EWHC 932 (Ch), Rn. 13 (eigene Übersetzung).
970 S. dazu Teil 1 § 1.
971 *Re Transbus International Ltd* [2004] EWHC 932 (Ch), Rn. 9 ff. – Daraus ist nicht zu schließen, dass ein Pre-Pack nur dann in Betracht kommt, wenn nach dem Gesetz ausnahmsweise keine Gläubigerbeteiligung erforderlich ist. Die Befugnis besteht auch im Regelfall, wie schon die nächste Entscheidung verdeutlicht, vgl. im Übrigen etwa *Titchen* in: *Lightman/Moss*, Rn. 11-016.
972 *Re DKLL Solicitors v Revenue and Customs Commissioners* [2007] EWHC 2067 (Ch).

Pre-Packs angesehen.[973] Tatsächlich wurde damit die bisherige Rechtsprechung im Kern bestätigt und um einen Aspekt erweitert. So hat der *High Court* darin festgehalten, dass ein Pre-Pack potenziell sogar gegen den ausdrücklichen Willen des größten (ungesicherten) Gläubigers, der in einem späteren *creditors' meeting* aufgrund seiner Stellung die entsprechenden *proposals* des *administrator* alleine ablehnen könnte, umgesetzt werden darf. Zur Begründung führt das Gericht aus, dass es auch im Falle der Ablehnung auf Grundlage seiner weiten Ermächtigung in para. 55 sch. B1 IA 1986 eine – gewissermaßen überstimmende – Ersatzanordnung mit demselben Inhalt treffen könne. Der Gläubigerversammlung komme somit nach dem Gesetz in Bezug auf die Wahl eines bestimmten Sanierungsprogramms kein absolutes Vetorecht zu. Ferner sei ein Pre-Pack im entschiedenen Fall die beste Alternative für sämtliche Stakeholder, da nur darüber das Unternehmen als *going concern* mitsamt seinen Arbeitnehmern erhalten werden könne.[974]

f) Fortgeltung der Rechtsprechung im Lichte jüngerer Reformen

Ein wesentliches Argument der Rechtsprechung für die Zulässigkeit von Pre-Packs ist demnach, dass unter bestimmten Umständen das Abwarten eines *creditors' meeting* zweckwidrig wäre. Ruft man aber nun in Erinnerung, dass durch den SBEEA 2015 unter anderem diese Form der Gläubigerbeteiligung gewissermaßen zum Ausnahmefall degradiert wurde und im Übrigen das dazugehörige Verfahren vereinfacht und verkürzt wurde,[975] drängt sich die Frage auf, ob das Argument unter diesen geänderten gesetzlichen Rahmenbedingungen noch trägt. Bislang sind jedoch keine Änderungen der geschilderten Rechtsprechung erkennbar. Und auch wenn man sich dazu in der englischen Praxis umhört, wird allerseits davon ausgegangen, dass die Reformen keinen Einfluss auf das alte *Case Law* haben.[976]

2. Statement of Insolvency Practice (SIP) 16

Neben dem Richterrecht kommt im vorliegenden Kontext einer bestimmten berufsrechtlichen Regelung erhebliche Bedeutung zu, und zwar dem Statement of Insolvency Practice (SIP) 16. Das erste dieser Statements beschreibt deren Gegenstand und Rechtsnatur selbst wie folgt: Die SIP werden von einem gemeinsamen Ausschuss der *RPBs* und des staatlichen *Insolvency Service* festgesetzt und treffen zahlreiche Vorgaben für die Tätigkeit der *IPs*.[977] Die SIP haben zwar keine Gesetzesqualität und sind dementsprechend nicht in einem engeren Sinne verpflichtend. Bei Missachtung der Vorgaben kann der zuständige Fachverband aber die allgemeinen Disziplinarmaßnahmen

---

973 Vgl. *Haywood*, Insolv. Int. 2010, 17, 19.

974 *Re DKLL Solicitors v Revenue and Customs Commissioners* [2007] EWHC 2067 (Ch), Rn. 18 ff. (auch zum Folgenden); vgl. ähnlich bereits zur alten Rechtslage *Re Structures & Computers Ltd* [1998] BCC 348.

975 S. dazu Teil 1 § 4 C. II. 1. b).

976 Im Übrigen kann man sich insofern nur *Paterson* (OJLS 2015, 1, 27) anschließen, die da festhält: »writing in a fast moving and unpredictable area, a crystal ball would be a friend«.

977 S. zu den SIP ausführlich *Bork/Wiese*, Rn. 3.37.

erlassen,[978] womit ihm ein breiter Strauß an Sanktionsmöglichkeiten offensteht[979]. Um absolut unverbindliches *soft law* handelt es sich dabei somit keineswegs. Es existieren mittlerweile insgesamt 17 verschiedene SIP, die unterschiedliche Bereiche der Berufsausübung der *IPs* regeln. Das SIP 16 betrifft nach seinem Titel konkret »Pre-Packaged Sales in Administrations«. Das erste SIP 16 ist bereits im Jahr 2009 eingeführt worden. Es wurde seitdem zweimal überarbeitet und dessen jüngste, dritte Fassung ist am 1. November 2015 in Kraft getreten. Mit dieser Neufassung wurde ein konkreter Vorschlag des *Graham Report* umgesetzt.[980]

II. Deutschland

Die Zulässigkeit eines vorzeitigen Unternehmensverkaufs in Deutschland folgt aus § 158 InsO, seitdem diese Norm im Zuge der InsVerfVereinfG-Reform um den entsprechenden Regelungsgegenstand erweitert worden ist und eben nicht mehr ausschließlich die vorzeitige Stilllegung eines Unternehmens explizit regelt.[981] Fraglich ist hier allerdings das Verhältnis von § 158 InsO zu den §§ 160 bis 163 InsO, die nach ihrem jeweiligen Wortlaut auch Regelungen in Bezug auf einen Unternehmensverkauf treffen. Zwar gilt allein § 158 InsO ausdrücklich bereits »vor dem Berichtstermin«, mithin in der Zwischenphase. Aber trifft diese Vorschrift für diese Maßnahme in dieser Verfahrensphase auch eine *abschließende* Regelung? Dass die §§ 160 Abs. 1 S. 1, Abs. 2 Nr. 1 InsO mit ihren Erfordernissen der Gläubigerbeteiligung für einen vorzeitigen Unternehmensverkauf i. S. d. § 158 InsO *nicht* gelten, entspricht (seit der InsVerfVereinfG-Reform) zu Recht der wohl unbestrittenen Ansicht im Schrifttum.[982] Im Ergebnis dasselbe gilt hinsichtlich der aus § 161 S. 1 InsO folgenden Pflicht des Verwalters zur Unterrichtung des Schuldners über eine etwaige Veräußerungsabsicht sowie der in den §§ 161 S. 2, 163 Abs. 1 InsO vorgesehenen Rechte des Schuldners, eine vorläufige Untersagung des anvisierten Verkaufs bzw. eine Entscheidung der Gläubi-

---

978 SIP 1, Rn. 6 ff.
979 S. dazu Teil 1 § 4 C. III. 2.
980 Vgl. *Graham Report*, S. 63
981 S. dazu Teil 2 § 2 A. I. 2.
982 Vgl. etwa *Eckardt* in: Jaeger, § 158 Rn. 16; *Frege* in: Kölner Kommentar, § 160 Rn. 27; *Janssen* in: MüKo, § 160 Rn. 1 und 13; *Jungmann* in: K. Schmidt, § 160 Rn. 23; *Zipperer* in: Uhlenbruck, § 160 Rn. 21; ferner auch *Decker* in: Hamburger Kommentar, § 160 Rn. 1; *Webel* in: Kübler/Prütting/Bork, § 160 Rn. 9a. – Vor der InsVerfVereinfG-Reform sollte ein vorzeitiger Unternehmensverkauf nach einer im Schrifttum vielfach vertretenen Ansicht (ausnahmsweise) bei Beachtung des »volle[n] Gläubigerbeteiligungsprogramm[s] der §§ 160 ff. InsO« zulässig sein, so *Marotzke*, KTS 2014, 113, 150. Dementsprechend wurde damals eben häufig angenommen, dass die §§ 160 bis 163 InsO auch in Bezug auf den Beschlussgegenstand »Unternehmensverkauf« bereits vor dem Berichtstermin anwendbar sind, vgl. etwa *Marotzke*, Rn. 58 ff. und 173 f.; *Menke*, BB 2003, 1133, 1138 f. mit Fn. 63; *Vallender*, GmbHR 2004, 642, 643 f. – Das wird, soweit ersichtlich, nicht mehr vertreten, seitdem § 158 InsO mit der genannten Reform um diesen Gegenstand erweitert worden ist, vgl. *Janssen* in: MüKo, § 158 Rn. 10 f.; *Marotzke*, KTS 2014, 122, 150 f.; *Zipperer* in: Uhlenbruck, § 160 Rn. 21.

gerversammlung darüber zu beantragen.[983] Insoweit mag zur Begründung auf den *lex-specialis*-Charakter des § 158 Abs. 2 InsO verwiesen werden.[984] Fragwürdig und bei Weitem noch nicht geklärt erscheint hingegen, ob bei einem vorzeitigen Unternehmensverkauf i. S. d. § 158 InsO' auch die Gläubigerseite eine gerichtliche Intervention nach § 161 S. 2 InsO (analog) oder § 163 Abs. 1 InsO (analog) beantragen kann und vor allem ob die Kontrollmechanismen des § 162 InsO greifen, sofern ein solcher Verkauf sich als Insidergeschäft darstellt. Nicht zuletzt trifft § 158 InsO – kurz gefasst – *insoweit* nicht *explizit* vergleichbare Regelungen spezieller. Diesen Fragen wird hier an den entsprechenden Stellen nachgegangen.

B. Wirkweise

Die aus den vorgenannten Rechtsgrundlagen folgenden Kontrollmechanismen des englischen und des deutschen Rechts entsprechen sich in ihrem grundsätzlichen Regelungsansatz: Sie beschränken sich in ihrer Wirkung allesamt auf das Innenverhältnis, betreffen folglich (nur) die Pflichtgemäßheit des vorzeitigen Unternehmensverkaufs. Verstöße gegen diese Vorgaben werden somit nicht mit der Unwirksamkeit der betroffenen Rechtshandlungen sanktioniert, sondern unterliegen den allgemeinen Sanktionsmöglichkeiten, insbesondere der Haftung und/oder den gerichtlichen und/oder berufsrechtlichen Aufsichtsmaßnahmen.[985]

I. England

Für das englische Recht lässt sich insoweit im Grunde nur auf die allgemeinen Grundsätze verweisen.[986] Nach dem Gesetz gelten, soweit ersichtlich, in der Zwischenphase keine Besonderheiten hinsichtlich der Wirksamkeit von Rechtshandlungen des *administrator*. Dasselbe gilt für das SIP 16, das als berufsrechtliche Regelung ohne Gesetzesqualität allerdings wohl ohnehin der falsche Ort dafür wäre. Auch der *High Court* hat insoweit keine besonderen Grundsätze aufgestellt. Vielmehr hat er in seiner Entscheidung in *Re Brilliant Independent Media Specialists*[987] noch einmal klargestellt, dass der *administrator* seine »gesetzlichen Befugnisse (inklusive der zum Un-

---

983 Vgl. im Allgemeinen vor allem *Eckardt* in: Jaeger, § 158 Rn. 17, § 161 Rn. 10 und § 163 Rn. 9; ferner etwa *Jungmann* in: K. Schmidt, § 161 Rn. 2; *Ries* in: Heidelberger Kommentar, § 161 Rn. 1.

984 Vgl. nur *Eckardt* in: Jaeger, § 158 Rn. 17, § 161 Rn. 10 und § 163 Rn. 9. – S. dazu, dass sich zumindest § 162 InsO aber wohl kaum als *lex generalis* abtun lässt und sich im Übrigen bereits im Wege der Auslegung die Grundregel ergibt, dass die §§ 160 ff. InsO vor dem Berichtstermin unmittelbar anwendbar sind, mithin prinzipiell schon keine Konkurrenz zu § 158 InsO besteht, die durch diese oder andere Kollisionsregeln aufzulösen wäre, indes bei der Frage nach der (analogen) Anwendbarkeit letztlich stets streng nach den einzelnen Regelungsgegenständen der fraglichen Vorschriften zu differenzieren ist, Teil 3 § 2 B. II. 2 und Teil 3 § 3 A. II. 2. b) ff.

985 S. dazu Teil 1 § 4 C. III. 2 ff.

986 S. dazu Teil 1 § 4 C. III. 1.

987 *Re Brilliant Independent Media Specialists* [2014] EWHC B11 (Ch), Rn. 28 (eigene Übersetzung).

ternehmensverkauf) in jeder Phase« des *administration*-Verfahrens gleichermaßen ausüben »kann«. Und *Armour/Mokal*[988] betonen, dass bei einem Pre-Pack aus heutiger Sicht »die einzige Frage ist«, ob das Vorgehen auch im Einzelfall rechtmäßig war, insbesondere verfahrenszweckgemäß, oder die Gläubiger insoweit eine Pflichtverletzung geltend machen können – ein Szenario, das bekanntlich auch schon in der Entscheidung in *Re T&D Industries Plc*[989] explizit in Aussicht gestellt wurde. Eine Sanktion mit Außenwirkung scheint folglich in aller Regel nicht zu drohen. Dementsprechend stand auch in den Fällen *Clydesdale Financial Services Ltd. v Smailes*[990] sowie *Ve Vegas Investors IV LLC v Shinners*[991], in denen jeweils der *administrator* nach para. 88 sch. B1 IA 1986 wegen eines vermeintlichen Pflichtverstoßes bei einem Pre-Pack nachträglich aus seinem Amt entlassen wurde,[992] die Unwirksamkeit des Unternehmensverkaufs gar nicht im Raum.

II. Deutschland

In Deutschland ordnet § 164 InsO die Innenwirkung explizit an, und zwar richtigerweise auch für die Zwischenphase. Denn diese Vorschrift gilt nach der zutreffenden und heute auch weit überwiegenden Ansicht im Hinblick auf § 158 InsO entsprechend.[993] Warum § 164 InsO insofern keinen expliziten Verweis trifft, vermag wohl ein Blick auf die Historie des § 158 InsO erklären.[994] Die Fassung dieser Vorschrift seit der InsVerfVereinfG-Reform gleicht, wie bereits erwähnt,[995] im Wesentlichen ihrer ursprünglichen Entwurfsfassung. Letztere ordnete allerdings die Innenwirkung noch selbst an (§ 177 Abs. 3 S. 2 RegE-InsO). Daher bedurfte es insoweit schlicht keines weiteren Verweises in § 164 InsO (§ 183 RegE-InsO). So verhielt es sich dann auch, nachdem der maßgebliche Teil des Entwurfs im weiteren Gesetzgebungsverfahren gestrichen worden war. Denn in der verabschiedeten, aus heutiger Sicht aber alten Fassung betraf § 158 InsO nur noch die vorzeitige Unternehmensstilllegung und damit primär einen tatsächlichen Vorgang, für den sich die Frage der rechtlichen Wirksamkeit kaum stellt.[996] In Bezug auf § 158 InsO muss danach erst seit der InsVerfVereinfG-Reform gefragt werden, als die Regelung letztlich doch um den Gegenstand »Unternehmensverkauf« erweitert worden ist. Dass der Gesetzgeber dabei die Rechtsfolgen einer Zuwiderhandlung nicht ausdrücklich festgeschrieben oder einen entspre-

---

988 *Armour/Mokal*, LMCLQ 2005, 28, 40.
989 *Re T&D Industries Plc* [2000] BCC 956. – S. dazu Teil 3 § 1 A. I. 1. c).
990 Vgl. *Clydesdale Financial Services Ltd. v Smailes* [2009] EWHC 1745 (Ch).
991 Vgl. *Ve Vegas Investors IV LLC v Shinners* [2018] EWHC 186 (Ch).
992 S. dazu Teil 1 § 4 C. III. 3. a).
993 Vgl. *Decker* in: Hamburger Kommentar, § 158 Rn. 7; *Eckardt* in: Jaeger, § 158 Rn. 94 ff.; *Janssen* in: MüKo, § 158 Rn. 22; *Lind* in: Ahrens/Gehrlein/Ringstmeier, § 158 Rn. 9; *Webel* in: Kübler/Prütting/Bork, § 158 Rn. 4d; *Wegener* in: Frankfurter Kommentar, § 158 Rn. 7; *Zipperer* in: Uhlenbruck, § 158 Rn. 2. – A. A. *Schmid-Burgk* in: MüKo, § 69 Rn. 21; *Spieker*, S. 71 f.; *Zwanziger*, BB 2006, 1682, 1685; ferner auch noch *Paulus*, DZWIR 1999, 53, 57.
994 So auch *Eckardt* in: Jaeger, § 158 Rn. 95.
995 S. dazu Teil 2 § 2 A. I. 2.
996 Vgl. nur *Heidland* in: Kölner Schrift[2], S. 711, 732.

chenden Verweis in § 164 InsO aufgenommen hat, kann folglich als Redaktionsverse-hen eingestuft werden.[997] Möglicherweise sah er dafür aber auch schlicht keine Not-wendigkeit. Zum einen wird § 164 InsO mit guten Gründen teilweise ohnehin lediglich klarstellende Funktion beigemessen.[998] Zum anderen sind nunmehr insoweit die Ana-logievoraussetzungen eindeutig gegeben. Denn der von dieser Vorschrift bezweckte Schutz des Geschäftsverkehrs vor Rechtsunsicherheiten hinsichtlich der Verfahrensin-terna der Beteiligungsgebote der §§ 160 bis 163 InsO[999] ist heute gleichermaßen be-züglich der Vorgaben des § 158 InsO n. F. geboten.[1000]

§ 2 Insiderprophylaxe

Die Insiderprophylaxe ergibt sich nicht nur aus den entsprechenden Kontrollmecha-nismen, sondern gleichermaßen daraus, wie der Begriff »Insider« definiert wird. Beide Komponenten sind zu beleuchten, um ein zutreffendes Bild vom Wirkungsgrad der Insiderprophylaxe geben zu können. Schließlich richtet sich der Anwendungsbereich der Kontrollmechanismen gewissermaßen nach dem dafür maßgeblichen Insiderbe-griff. So wären doch auch die vermeintlich strengsten Kontrollmechanismen letztlich wirkungslos, sofern sie aufgrund eines zu engen Insiderbegriffs nicht die »kritischen«, praxisrelevanten Insidergeschäfte erfassen.

A. *Insiderbegriffe*

Zur Definition der Insider (*connected persons*) verweist in England das SIP 16[1001] (nur) im Ausgangspunkt[1002] auf den allgemeinen Insiderbegriff des Insolvency Act 1986, der sich wiederum aus einer Reihe von Legaldefinitionen ergibt und auch nach Ansicht des *High Court*[1003] seinerseits schon »einigermaßen verworren« ist: Aus-gangspunkt ist sec. 249 IA 1986, woraus folgt, welche Personen mit einer Gesellschaft »connected« sind. Dazu gehören unter anderem deren Direktoren und deren Schatten-direktoren ([*shadow*] *director*) und die ihr anderweitig Zugehörigen (*associates*). Die-se Termini sind dann allesamt ihrerseits wiederum gesetzlich definiert (sec. 251 bzw. 435 IA 1986). In Deutschland ergibt sich der hier maßgebliche Insiderbegriff aus der Bestimmung der »besonders Interessierten« i. S. d. § 162 InsO, die insoweit teilweise noch auf die Definition der »nahestehenden Personen« i. S. d. § 138 InsO, also den anfechtungsrechtlichen Insiderbegriff, verweist.

---

997 So *Eckardt* in: Jaeger, § 158 Rn. 95.
998 S. dazu Teil 2 § 2 D. II.
999 Vgl. RegE-InsO, BT-Drucks. 12/2443, S. 175.
1000 So auch *Eckardt* in: Jaeger, § 158 Rn. 94. – A. A. *Spieker*, S. 71 f.
1001 SIP 16, Appendix.
1002 S. zu der einen Ausnahme Teil 3 § 2 A. III.
1003 *Unidare Plc v Cohen* [2005] EWHC 1410 (Ch), Rn. 35 (eigene Übersetzung). – Der zu-ständige Richter führte ebenda sogar noch aus, dass er »glücklicherweise nicht versuchen muss« die Regelungen zu erklären (eigene Übersetzung).

Mit Blick auf das Anfechtungsrecht wurden die Insiderbegriffe des englischen und deutschen Rechts bereits mehrfach verglichen. So hat *Beissenhirtz*[1004] in überzeugender und weiterhin aktueller Analyse dargelegt, dass das englische Gesetz den Kreis der Insider in der Summe deutlich weiter zieht als § 138 InsO. Andere gewichtige Stimmen im Schrifttum kamen zu ähnlichen Schlüssen: Der englische Insiderbegriff sei »denkbar weit«,[1005] treffe die »verdächtigen« Geschäfte und biete daher sogar »Modellcharakter« für das deutsche Recht[1006]. Wie bereits angedeutet, lassen sich diese Erkenntnisse indes auf den hier maßgeblichen Insiderbegriff, ob seiner Besonderheiten, nicht vollumfänglich übertragen. Vor allem aber ist für die Insiderprophylaxe nicht der Gesamtvergleich entscheidend, sondern ob gerade solche Personen, die in aller Regel Insiderwissen über das schuldnerische Unternehmen haben und unter wirtschaftlichen Gesichtspunkten dafür als potenzielle Erwerber in Betracht kommen, auch *de iure* Insider sind. Daher sollen hier die praxisrelevanten Konstellationen der Beteiligung von *de-facto*-Insidern an einem Unternehmensverkauf im Fokus stehen. Zugleich gilt es, die Fälle zu berücksichtigen, die in der Praxis besonders kritisch gesehen werden.

Darunter fallen vor allem die auch als *phoenixing* in Verruf geratenen Fälle, mithin Pre-Packs an das Management des schuldnerischen Unternehmens oder an dessen Gesellschafter.[1007] Die erstere Konstellation wird bekanntlich auch als Management-Buy-out bezeichnet, die letztere soll hier zu Illustrationszwecken auch unter dem Schlagwort »Shareholder-Buy-out« laufen. Darüber hinaus gilt es, die Konstellation zu untersuchen, dass ein Gläubiger auf der Käuferseite auftritt. Denn auch solche Fälle, in denen dann häufig bei wirtschaftlicher Betrachtung ein Forderungsverzicht als Kaufpreisleistung eingesetzt wird (dort sog. *credit bids*), kommen bei Pre-Packs nach Angaben von Praktikern[1008] relativ häufig vor und sind auch deshalb kritisch, weil den QFC-Inhabern in England – wie schon im ersten Teil beleuchtet – bei der Verfahrenseinleitung sowie der Auswahl und Bestellung des *administrator* erheblicher Einfluss zukommt.

I. Management

An einem Management-Buy-out sind typischerweise die Mitglieder der obersten oder der oberen Ebenen des exekutiven Managements beteiligt.[1009] Zumindest in dieser praxisrelevanten Konstellation unterliegen derartige Transaktionen in beiden Rechtsordnungen den speziellen Kontrollmechanismen bei einem vorzeitigen Unternehmensverkauf an Insider.

So sind in England sogar sämtliche Arbeitnehmer der schuldnerischen Gesellschaft als deren *associates* Insider (sec. 249 (b) i. V. m. sec. 435 (4) IA 1986), wobei (ge-

---

1004 *Beissenhirtz*, S. 80 ff. und 90; vgl. zustimmend auch *Steffek*, KTS 2007, 451, 477.
1005 *Steffek*, KTS 2007, 451, 470.
1006 *Thole*, S. 240.
1007 Vgl. nur *Astle*, Insolv. Int. 2015, 72, 72 f.; *Beckwith/Jones*, JIBFL 2016, 168, 168; *Phillips/Cooke* in: Totty/Moss/Segal, Rn. C2-16.
1008 Vgl. *Baird/Khokhar* in: Olivares-Caminal, Rn. 9.10.
1009 Vgl. *Schluck-Amend* in: K. Schmidt/Uhlenbruck, Rn. 2.236.

schäftsführende und natürliche[1010]) Direktoren und andere Führungskräfte (*officer*[1011]) kraft Gesetz als angestellt gelten (sec. 435 (9) IA 1986). Daneben sind alle seine Direktoren und Schattendirektoren unmittelbar nach sec. 249 (a) IA 1986 mit ihm »connected« und damit Insider. Letztere Begriffe sind beide in sec. 251 IA 1986 definiert, und zwar äußerst weit.[1012] Sie umfassen letztlich auch solche Personen, die faktisch als Direktoren auftreten bzw. über ihren faktischen Einfluss auf einen Direktor mittelbar die Geschäfte des Unternehmens leiten.[1013] In Deutschland sind die Mitglieder des Vertretungsorgans eines schuldnerischen Unternehmens, also etwa die Geschäftsführer einer GmbH und die Vorstände einer AG, nach §§ 162 Abs. 1 (1. Fall) Nr. 1 i. V. m. 138 Abs. 2 Nr. 1 InsO Insider. Auf die Wirksamkeit ihrer Bestellungsakte soll es dabei nicht ankommen, so dass in Deutschland zumindest auch faktische Organe ebenfalls erfasst sind.[1014] Unterhalb dieser Managementebene kann die Insidereigenschaft indes nicht mehr pauschal beantwortet werden. So sind nach §§ 162 Abs. 1 (1. Fall) Nr. 1 i. V. m. 138 Abs. 2 Nr. 2 InsO nur noch solche Personen Insider, die aufgrund einer im Hinblick auf jene Personen vergleichbaren dienstvertraglichen Verbindung zum Schuldner die Möglichkeit haben, sich über dessen wirtschaftliche Verhältnisse zu unterrichten. Darunter fallen Prokuristen und leitende Angestellte,[1015] bei denen allerdings schon zu prüfen ist, ob sie im Einzelfall tatsächlich Zugang zu den relevanten Informationen haben.[1016]

II. Gesellschafter

Im Hinblick auf den *Buy-out* eines schuldnerischen Unternehmens durch dessen *Shareholder* aus der Masse offenbart sich ein ähnliches Bild. Denn auch hier erfüllen die

---

1010 Der Begriff »director« umfasst auch sog. *non-executive directors*, vgl. nur *van Zwieten* in: Goode, Rn. 14-09. Schließlich gilt in England – anders als in Deutschland – kein dualistisches Leitungssystem, sondern ist die gesamte Unternehmensführung in einem einzigen Organ konzentriert. Zum anderen umfasst der Begriff auch juristische Personen (sog. *corporate directors*), s. dazu instruktiv *Steffek*, S. 390. – Allerdings sind durch sec. 87 SBEEA 2015 die sec. 156A, 156B Companies Act 2006 eingeführt worden, die derzeit zwar noch nicht in Kraft sind, aber bei Inkrafttreten *corporate directorships* grundsätzlich verbieten würden.

1011 Legaldefiniert in sec. 251 IA 1986 als »director, manager or secretary«. – S. dazu *Pollard*, Insolv. Int. 2009, 33, 42.

1012 *Director* ist demnach – unabhängig von ihrer Bezeichnung – jede Person, die eine solche Position tatsächlich bekleidet (eigene Übersetzung). *Shadow director* sind demgemäß mit Ausnahme professioneller Berater solche Personen, nach deren Weisungen sich die Direktoren üblicherweise richten (eigene Übersetzung).

1013 Vgl. *van Zwieten* in: Goode, Rn. 14-05 ff.; *Steffek*, S. 390 ff.; ferner *Thole*, S. 240 ff.

1014 Im Ergebnis wohl allgemeine Ansicht, teilweise wird dafür lediglich auf § 138 Abs. 2 Nr. 2 InsO abgestellt, vgl. etwa *Kirchhof/Gehrlein* in: MüKo, § 138 Rn. 17; *Henckel* in: Jaeger, § 138 Rn. 22; *Hirte* in: Uhlenbruck, § 138 Rn. 14; auch *Bartels* in: Kübler/Prütting/Bork, § 138 Rn. 59.

1015 Vgl. nur *Kirchhof/Gehrlein* in: MüKo, § 138 Rn. 34; *Henckel* in: Jaeger, § 138 Rn. 31; *Hirte* in: Uhlenbruck, § 138 Rn. 47.

1016 Vgl. instruktiv *Thole*, S. 336 ff.

wichtigsten Fälle, also die unter Beteiligung maßgeblicher Gesellschafter, in beiden Rechtsordnungen die Definition eines Insidergeschäfts:

Das englische Recht adressiert Gesellschafter insofern zwar nicht unmittelbar als solche, aber über andere Tatbestände.[1017] Erfasst werden sie insbesondere[1018] als Inhaber von »control« i. S. d. sec. 435 (7) IA 1986, was sie wiederum als zur schuldnerischen Gesellschaft Zugehörige nach sec. 249 (b) zu Insidern macht. Eine solche Kontrolle liegt nach 435 (10) IA 1986 unter anderem[1019] dann vor, wenn die jeweilige Person bei einer Gesellschafterversammlung mehr als ein Drittel der Stimmmacht (*voting power*) innehat, was in der Regel der Fall ist, falls sie so viele Stimmrechte kontrolliert.[1020] Letzteres ist freilich vor allem bei einer entsprechenden Inhaberschaft stimmberechtigter Anteile gegeben.[1021] Die Insolvenzordnung knüpft sogar direkt an den Gesellschafterstatus und die Anteilshöhe an. So sind nach dem Wortlaut des Gesetzes, der von vielen Stimmen im Schrifttum zwar rechtspolitisch kritisiert,[1022] aber nicht »korrigiert« wird,[1023] nur diejenigen Gesellschafter des Schuldners Insider, welche eine Kapitalbeteiligung von über einem Viertel aufweisen (§ 162 Abs. 1 [1. Fall] Nr. 1 i. V. m. § 138 Abs. 2 Nr. 1 InsO). An die dazu »vergleichbare gesellschaftsrechtliche Verbindung« i. S. d. § 138 Abs. 2 Nr. 2 InsO knüpft die Rechtsprechung[1024] derart strenge Voraussetzungen vor allem über ein Abhängigkeitserfordernis, dass eine solche Verbindung faktisch meist nur dann vorliegt, wenn der Schwellenwert ohnehin erreicht ist.[1025] Zwar sehen Teile des Schrifttums auch Gesellschafter mit kleineren Anteilen als erfasst an, sofern sie im Einzelfall trotzdem einen qualifizierten Informationsvorsprung innehaben.[1026] Derartigen Bestrebungen, die darauf hinausliefen, § 138 Abs. 2 Nr. 2 InsO zu einem Auffangtatbestand zu machen, dürften jedoch durch den Wortlaut und die Historie der Norm enge Grenzen gesetzt sein.[1027] Immerhin sind in

---

1017 Vgl. insofern ebenso *Beissenhirtz*, S. 89, der aber andernorts missverständlich auf die »Nichterfassung von Gesellschaftern« im englischen Insiderbegriff hinweist, s. ebd., S. 90.

1018 Gesellschafter können auch faktische Direktoren oder Schattendirektoren i. S. d. sec. 251 IA 1986 und damit nach sec. 249 (a) IA 1986 Insider sein. – S. dazu *Steffek*, S. 393.

1019 Der andere Fall dieser Norm stellt wiederum darauf ab, ob eine Person faktischen Einfluss auf die Direktoren hat. Er ähnelt damit dem Begriff des Schattendirektors. – S. dazu *Pollard/Heath*, Insolv. Int. 2018, 33, 48 ff.

1020 S. dazu umfassend *Pollard/Heath*, Insolv. Int. 2018, 33, 40 ff. m. w. N.; zum Unterschied zwischen Stimmmacht und -recht *Unidare Plc v Cohen* [2005] EWHC 1410 (Ch).

1021 Vgl. sec. 284 Companies Act 2006.

1022 So etwa *Kirchhof/Gehrlein* in: MüKo, § 138 Rn. 34; *Henckel* in: Jaeger, § 138 Rn. 31; auch noch *Bartels* in: Kübler/Prütting/Bork, § 138 Rn. 70 ff.

1023 So aber *Hirte* in: Uhlenbruck, § 138 Rn. 23 ff.

1024 Grundlegend BGH NJW 1996, 461, 462 (= BGHZ 131, 189). – Die jüngere Entscheidung BGH NZI 2007, 650, 654 (= BGHZ 173, 129) betrifft einen Sonderfall, in dem zwar eine Insidereigenschaft nach § 138 Abs. 2 Nr. 2 InsO bei einer geringen Kapitalbeteiligung bejaht wurde, aber dazu eine geschäftliche Beziehung und besondere Informationsmöglichkeiten hinzukamen.

1025 Vgl. instruktiv *Thole*, S. 336.

1026 So vor allem *Bartels* in: Kübler/Prütting/Bork, § 138 Rn. 72; ferner etwa *Biehl*, S. 82 ff.; vgl. auch *Thole*, S. 341 ff.

1027 Vgl. *Henckel* in: Jaeger, § 138 Rn. 29; *Kirchhof/Gehrlein* in: MüKo, § 138 Rn. 26. – A. A. wiederum *Riggert* in: Braun, § 138 Rn. 19.

Bezug auf die Schwellenwerte zur Begründung einer Insiderstellung in beiden Rechtsordnungen auch die entsprechenden Rechtspositionen von verbundenen Personen zu berücksichtigen.[1028]

III. Gläubiger

Unterschiede zwischen englischem und deutschem Recht offenbaren sich hingegen bei der Frage, ob im Falle von *credit bids* die speziellen Kontrollmechanismen für vorzeitige Unternehmensverkäufe an Insider anwendbar sind. Das gilt sogar dann, wenn man insofern – zur Wahrung der Praxisrelevanz – nur starke (gesicherte) Gläubiger betrachtet.

So knüpft das englische Insolvenzrecht die Insidereigenschaft nicht allein an eine Gläubigerstellung, und zwar unabhängig von der Höhe der jeweiligen Forderung. Ein Gläubiger kann im Allgemeinen insbesondere[1029] dann ein Insider sein, wenn er mit Gesellschaftsanteilen des jeweiligen Schuldners gesichert ist und über seine Kreditsicherheit, also konkret die daraus folgenden innergesellschaftlichen Mitspracherechte, Kontrolle gemäß den soeben erläuterten Vorgaben der sec. 435 (7), (10) IA 1986 innehat.[1030] Allerdings verweist SIP 16 insofern gerade nicht auf den insolvenzrechtlichen Insiderbegriff, sondern trifft eine eigene Regelung. Demnach sind Pre-Packs an Gläubiger, die im Rahmen ihrer üblichen Geschäftstätigkeit mindestens ein Drittel der Anteile eines schuldnerischen Unternehmens als Sicherheit mit entsprechenden Stimmrechten[1031] halten, nicht erfasst; derart gesicherte Gläubiger sind bei der Prüfung der Kontrollinhaberschaft nach sec. 435 (7), (10) IA 1986 nicht zu berücksichtigen.[1032] Folglich sind solche Gläubiger kraft der berufsrechtlichen Regelung keine Insider im hier maßgeblichen Sinn. Diese Ausnahme beruht auf einem konkreten Vorschlag des *Graham Report*. Sie wurde dort damit begründet, dass die speziellen Kontrollmechanismen für Insider-Pre-Packs die Sanierung von größeren Unternehmen und Konzer-

---

1028 So genügt es in England etwa für die nach sec. 435 (7) IA 1986 erforderliche »Kontrolle« ausdrücklich, dass sie eine Person gemeinsam mit weiteren Personen innehat, die ihr gegenüber als *associate* i. S. d. sec. 435 IA 1986 verbunden sind. In Deutschland ist es im Ergebnis wohl herrschende Ansicht, dass zumindest die Anteile naher Angehöriger insofern zusammen zu betrachten sind. Streitig ist nur, ob dafür § 138 Nr. 1 oder Nr. 2 und 3 InsO den Rahmen bieten, vgl. etwa *Bartels* in: Kübler/Prütting/Bork, § 138 Rn. 20; *Kirchhof/Gehrlein* in: MüKo, § 138 Rn. 25; *Henckel* in: Jaeger, § 138 Rn. 25 jeweils m. w. N.

1029 Gläubiger können im Allgemeinen auch Schattendirektoren i. S. d. sec. 251 IA 1986 und damit nach sec. 249 (a) IA 1986 Insider sein, vgl. *Pollard*, Insolv. Int. 2009, 33, 43. – Dies wird insbesondere im Hinblick auf Banken diskutiert, scheidet aber nach hergebrachtem Verständnis dann aus, wenn die jeweilige Bank im Rahmen der üblichen Geschäftstätigkeit handelt, s. dazu *Noonan/Watson*, JBL 2006, 763, 779; *Steffek*, S. 406 f. sowie *Re PFTZM Ltd* [1995] BCC 280.

1030 Vgl. *Pollard*, Insolv. Int. 2009, 33, 42 f.

1031 S. zu den rechtlichen Gestaltungsmöglichkeiten *Pollard*, Insolv. Int. 2009, 33, 42 f.

1032 SIP 16, Appendix (eigene Übersetzung; »[...] in determining whether any person or company has control under [sec. 435 (10) IA 1986], sales to secured lenders who hold security for the granting of the loan (with related voting rights) as part of the secured lender's normal business activities, over one third or more of the shares in the insolvent company, are not included«).

nen, bei denen jene Konstellation in der Praxis häufig vorkäme, nicht erschweren sollen.[1033]

Demgegenüber sind vergleichbar starke Gläubiger in Deutschland vom hier maßgeblichen Insiderbegriff erfasst. Das gilt sogar unabhängig davon, ob ihre Forderungen gegen den Schuldner mit dessen Anteilen besichert worden sind und daraus für sie gesellschaftsinterne Mitspracherechte[1034] folgen. Ebenfalls nicht maßgeblich ist richtigerweise, ob die Gläubiger zusätzlich noch Gesellschafter des Schuldners sind.[1035] So gelten absonderungsberechtigte Gläubiger oder nicht nachrangige Insolvenzgläubiger, deren Absonderungsrechte und Forderungen zusammen ein Fünftel der Summe aller Absonderungsrechte und Forderungen betragen, nach § 162 Abs. 1 (1. Fall) Nr. 2 InsO als Insider. Dieser Schwellenwert kann sogar durch Addition der entsprechenden Rechtspositionen mehrerer Gläubiger erreicht werden, sofern sie gemeinsam als Erwerber auftreten.[1036]

IV. Mittelbare Insiderbeteiligung

In der Praxis wird es indes nicht immer so sein, dass die Insider in eigener Person als Erwerbsinteressenten auftreten. Gerade bei einem Management-Buy-out kommt es häufig vor, dass die Manager dass Unternehmen über eine eigens dafür gegründete Gesellschaft erwerben, und zwar aus rein wirtschaftlichen Gründen.[1037] Auf der anderen Seite könnten erwerbsinteressierte Insider auch versucht sein, über die Zwischenschaltung weiterer Personen die speziellen Kontrollmechanismen bei einem Unternehmensverkauf an Insider zu umgehen. Daher gilt es auch die Fälle zu untersuchen, in denen der »eigentliche« Insider lediglich mittelbar beteiligt ist.

1. England

Der *Graham Report* hatte noch angeregt, im Zuge der SIP-16-Neufassung eine eigene Definition des Begriffs »Insider« zu treffen. Diese hätte wohl sämtliche relevanten Konstellationen mittelbarer Insiderbeteiligung erfasst. Denn der Vorschlag ging dahin, die Insidereigenschaft anhand der Verbindungen einer Person zum Schuldner *und* zum

---

1033 *Graham Report*, S. 60 f.

1034 Zwar verbleiben bei den vergleichbaren Sicherheiten am Anteilsbestand in Deutschland, zumindest bei der praxisrelevanten Verpfändung von AG- und GmbH-Anteilen, die Stimmrechte nach ganz herrschender Ansicht ohnehin grundsätzlich beim verpfändenden Gesellschafter. Ausnahmsweise können aber einzelne Mitspracherechte bestehen oder vertraglich vereinbart werden, vgl. *Schneider*, ZIP 2018, 1113, 1114 f.

1035 A. A. *Zipperer* in: Uhlenbruck, § 162 Rn. 6, nach dem diese sog. Verfahrensinsider wegen »§ 162 Abs. 1 S. 1 InsO« mit einem Fünftel des Kapitals »am veräußerten Unternehmen« beteiligt sein müssten. – Mit den Worten »seinem Kapital« bezieht sich diese Vorschrift jedoch auf den Erwerber, wie auch die Gesetzesbegründung bestätigt, vgl. RegE-InsO, BT-Drucks. 12/2443, S. 175 (»eine am Erwerber maßgeblich beteiligte Person«); wie hier im Ergebnis etwa *Eckardt* in: Jaeger, § 162 Rn. 27; *Janssen* in: MüKo, § 162 Rn. 6; *Webel* in: Kübler/Prütting/Bork, § 162 Rn. 4.

1036 Wohl allgemeine Ansicht, vgl. etwa *Eckardt* in: Jaeger, § 162 Rn. 24; *Janssen* in: MüKo, § 162 Rn. 10; *Webel* in: Kübler/Prütting/Bork, § 162 Rn. 6.

1037 S. dazu *Beisel* in: Beisel/Klumpp, § 13 Rn. 4 ff.

Erwerbsinteressenten zu bestimmen, wobei sogar allein die Eigenschaft als *associate* i. S. d. 435 IA 1986 beider Parteien genügen sollte.[1038] Und eine derartige Stellung begründen ausweislich des Gesetzeswortlauts denkbar viele Beziehungen familiärer, wirtschaftlicher oder rechtlicher Natur. Genau dieser Reformvorschlag des *Graham Report* wurde jedoch (ohne Begründung) nicht umgesetzt.

SIP 16 setzt nun nach seinem Wortlaut für die Anwendbarkeit seiner speziellen Kontrollmechanismen voraus, dass der Erwerbsinteressent selbst ein Insider ist.[1039] Der Insiderbegriff des Insolvency Act, auf den insoweit eben verwiesen wird, stellt seinerseits wiederum ausschließlich auf das Verhältnis zwischen einer Person (hier: dem Erwerbsinteressenten) und dem Schuldner ab.[1040] Auf die Erfassung mittelbarer Beteiligung von *de-facto*-Insidern erscheint diese Definition – anders als der Reformvorschlag – nicht besonders ausgerichtet. Derartige Konstellationen, die im Schrifttum unter dem Stichwort »chain« behandelt werden,[1041] diskriminiert das Gesetz nur unter engen Voraussetzungen. Insbesondere genügt dafür im Gegensatz zu dem Reformvorschlag nicht, dass die beiden Parteien einen gemeinsamen *associate* i. S. d. 435 IA 1986 haben.[1042]

Das Gesetz erklärt vielmehr gewissermaßen nur zwei Arten einer *chain*-Verbindung zwischen zwei Parteien zu einer Insiderbeziehung.[1043] Zum einen gilt eine (juristische oder natürliche[1044]) Person nach sec. 249 (a) IA 1986 als Insider einer Gesellschaft (hier: der Schuldner), falls sie wiederum ein *associate* i. S. d. sec. 435 IA 1986 eines Direktors oder eines Schattendirektors dieser Gesellschaft ist. So verhält es sich insbesondere dann, wenn bei dieser und einer anderen Gesellschaft (hier: der Erwerbsinteressent) eine andere Person Direktor oder Schattendirektor ist (sog. *common directorship*).[1045] Denn die gemäß sec. 249 (a) IA 1986 notwendige *associate*-Eigenschaft des »vermittelnden« Direktors gegenüber der Person im Sinne dieser Vorschrift folgt dann aus sec. 435 (4), (9) IA 1986. Zum anderen gelten nach sec. 249 (b) i. V. m. sec. 435 (6) (a) IA 1986 zwei Gesellschaften einander gegenüber[1046] als Insider, sofern sie gemäß sec. 435 (10) IA 1986 unter der Kontrolle derselben Person oder von einer Person und ihr wiederum gemäß sec. 435 IA 1986 Zugehörigen stehen (sog. *common control*).[1047]

Wendet man diese Vorgaben auf die hier behandelten Fälle an, ergibt sich das folgende Bild. Management-Buy-outs werden bei mittelbarer Beteiligung nicht in allen typischen Konstellationen als Insidergeschäfte erfasst. So verhält es sich insbesondere

---

1038 S. dazu *Graham Report*, S. 60 und 75.
1039 SIP16, Appendix (»Where the sale has been undertaken to a connected party [...]«).
1040 S. dazu Teil 3 § 2 A.
1041 S. dazu *Pollard/Heath*, Insolv. Int. 2018, 33, 34 f.
1042 Vgl. *Unidare Plc v Cohen* [2005] EWHC 1410 (Ch), Rn. 35 (»[This section] does not contain any general provision enabling the aggregation of different associates. Thus if A is associated with B, and B is associated with C, it does not follow that A is also associated with C«).
1043 Vgl. *Pollard/Heath*, Insolv. Int. 2018, 33, 34 f.
1044 S. dazu *Pollard*, Insolv. Int. 2009, 33, 35.
1045 *Pollard*, Insolv. Int. 2009, 33, 35 f.
1046 Vgl. sec. 435 (1) IA 1986.
1047 Vgl. *Pollard*, Insolv. Int. 2009, 33, 35 f.

dann, wenn die übernehmenden Mitglieder des Managements entweder bei der als Erwerbsinteressent auftretenden Gesellschaft oder beim Schuldner keine Stellung als Direktor oder Schattendirektor (*common-directorship*-Regel) bzw. keine Kontrolle gemäß sec. 435 (10) IA 1986 (*common-control*-Regel) innehaben. Dass es ihnen an der erforderlichen Rechtsstellung beim Schuldner fehlt, sie dort etwa lediglich angestellt sind, ist durchaus denkbar. Zumindest nach der letzteren Regel wäre das Vorliegen eines Insidergeschäfts zu verneinen, falls die übernehmendem Mitglieder des Managements bei der Erwerbergesellschaft insgesamt[1048] weniger als ein Drittel der Stimmrechte und keine anderweitigen Kontrollmittel i. S. d. sec. 435 (10) IA 1986 innehaben. So dürfte es in der Praxis aber deshalb häufig liegen, weil sie einerseits oftmals den Kaufpreis in großen Teilen fremdfinanzieren und die Kapitalgeber in diesen Fällen meist ebenfalls an der Erwerbergesellschaft (wirtschaftlich) beteiligt sind.[1049] Andererseits stehen hinter solchen Buy-outs häufig Investoren, welche im Grunde das Management mit-übernehmen und dessen Mitgliedern lediglich eine Minderheitsbeteiligung an der Erwerbergesellschaft gewähren, um ihnen Anreize zu setzen.[1050] Die relevanten Shareholder-Buy-outs unterliegen hingegen aufgrund der *common-control*-Regel bei mittelbarer Insiderbeteiligung ebenfalls den speziellen Kontrollmechanismen bei einem vorzeitigen Unternehmensverkauf an Insider, sofern die jeweiligen Gesellschafter auch den Erwerbsinteressenten gemäß sec. 435 (10) IA 1986 kontrollieren, was – wie zuvor erläutert – in der Regel insbesondere dann der Fall ist, wenn sie insgesamt über mindestens ein Drittel der entsprechenden Stimmrechte verfügen. Für die *credit bids* stellt sich die Frage allerdings wiederum nicht, da sie schon bei unmittelbarer Beteiligung der Gläubiger nicht erfasst sind.

2. Deutschland

§ 162 InsO erklärt insgesamt vier Konstellationen,[1051] in denen der Insider im soeben dargelegten Sinn jeweils zwar nicht in eigener Person als Erwerbsinteressent auftritt, aber an dem vorzeitigen Unternehmensverkauf mittelbar beteiligt ist, explizit zu Insidergeschäften.

Das gilt – erstens – für den Fall, dass an dem Kapital des Erwerbsinteressenten ein solcher Insider mit über einem Fünftel beteiligt ist (§ 162 Abs. 1 2. Fall InsO).[1052] Auch dieser Schwellenwert kann bei einer Beteiligung von mehreren Insidern durch Addition ihrer Anteile erreicht werden.[1053] Entsprechendes gilt nach der Gesetzeshis-

---

1048 Vgl. 435 (6), 2. Fall IA 1986.

1049 Vgl. *Beisel* in: Beisel/Klumpp, § 13 Rn. 7 f.

1050 Vgl. *Schrock/Mallon* in: Mallon/Waisman/Schrock, Rn. 7.31 ff.

1051 So treffend *Eckardt* in: Jaeger, § 162 Rn. 26. – Überwiegend werden in diesem Kontext nur die drei Varianten des § 162 Abs. 2 InsO genannt und wird § 162 Abs. 1 2. Fall InsO gesondert behandelt, vgl. etwa *Janssen* in: MüKo, § 162 Rn. 6 und 11.

1052 S. dazu sehr kritisch *Biehl*, S. 190 (»willkürlich«).

1053 Wohl allgemeine Ansicht, vgl. etwa *Balthasar* in: Nerlich/Römermann, § 162 Rn. 18; *Eckardt* in: Jaeger, § 162 Rn. 27; *Theiselmann* in: BeckOK, § 162 Rn. 4; *Zipperer* in: Uhlenbruck, § 162 Rn. 6; wohl auch *Bünning/Beyer* in: Braun, § 162 Rn. 7; *Jungmann* in: K. Schmidt, § 162 Rn. 15.

torie[1054] richtigweise für die entsprechenden Rechtspositionen eines vom Insider abhängigen Unternehmens.[1055] Dieser Beteiligungsbegriff ist nach der Gesetzessystematik auch in den folgenden Varianten maßgeblich.[1056] § 162 Abs. 2 InsO geht sodann gewissermaßen noch eine Stufe weiter, indem die Norm auch solche Konstellationen als Insidergeschäfte deklariert, in denen zwischen Erwerbsinteressent und Insider noch eine andere Person zwischengeschaltet wird.[1057]

So liegt – zweitens – nach § 162 Abs. 2 1. Fall InsO auch dann ein Insidergeschäft vor, wenn ein vom Insider abhängiges Unternehmen am Erwerbsinteressenten beteiligt ist. Teilweise wird insofern eine »durchgehende Abhängigkeitskette« gefordert.[1058] Das ist jedenfalls missverständlich und dann nicht überzeugend, wenn es bedeuten soll, dass nicht nur die zwischengeschaltete Gesellschaft zum Insider, sondern auch der Erwerbsinteressent zu ihr in einem Abhängigkeitsverhältnis stehen muss. Denn auf letzterer Ebene ist nach dem Wortlaut und der Systematik des Gesetzes nur erforderlich, dass die zwischengeschaltete Gesellschaft am Erwerbsinteressenten *beteiligt* ist.[1059] Die Abhängigkeit bestimmt sich nach der genannten Gesetzeshistorie nach den Vorgaben der §§ 16 bis 18 AktG, womit der notwendige Einfluss des Insiders auf den Erwerbsinteressenten – wie *Eckardt*[1060] jüngst treffend zusammengefasst hat – aus »Mehrheitsbeteiligungen, der Ausübung von Verwaltungs- und Aufsichtskompetenzen oder auf der Grundlage eines Unternehmensvertrags« folgen bzw. beruhen kann.

Drittens gilt bei der Zwischenschaltung eines Treuhänders nach § 162 Abs. 2 2. Fall InsO im Ergebnis dasselbe. Schließlich kombiniert § 162 Abs. 2 3. Fall InsO die beiden letztgenannten Varianten und erweitert den Kreis der erfassten Geschäfte nochmals um eine weitere Stufe, indem die Vorschrift – viertens – die Beteiligung eines Treuhänders am Erwerbsinteressenten, der auf Weisung eines Unternehmens handelt, das wiederum von einem Insider – im soeben erläuterten Sinn[1061] – abhängig ist, als Insiderkonstellation diskriminiert.

Die Anwendung dieser Regelungen auf die hier in Rede stehenden Fälle führt zu den folgenden Ergebnissen. Die typischen Management-Buy-outs gelten auch bei mittelbarer Beteiligung als Insidergeschäfte, sofern die übernehmenden Mitglieder des Managements gemeinsam unmittelbar (Variante 1) oder zumindest mittelbar (Varianten 2, 3 und 4) mit einem Fünftel des Kapitals an dem jeweiligen Erwerbsinteressenten beteiligt sind. Sie müssen dort folglich maßgebliche (mittelbare) Gesellschafter sein. Eine Stellung des Insiders als leitender Angestellter oder als Organ beim Erwerbsinte-

---

1054 Zu § 138 Abs. 2 InsO (§ 154 RegE-InsO), auf welche die amtliche Begründung zu § 162 InsO (§ 181 RegE-InsO) verweist, vgl. RegE-InsO, BT-Drucks. 12/2443, S. 162 und 175.

1055 Vgl. im Ergebnis ebenso *Biehl*, S. 190; *Janssen* in: MüKo, § 162 Rn. 12; *Ries* in: Heidelberger Kommentar, § 162 Rn. 6.

1056 Vgl. nur *Jungmann* in: K. Schmidt, § 162 Rn. 15.

1057 Vgl. ähnlich *Balthasar* in: Nerlich/Römermann, § 162 Rn. 16 ff.

1058 So *Balthasar* in: Nerlich/Römermann, § 162 Rn. 16; nun auch *Eckardt* in: Jaeger, § 162 Rn. 28.

1059 A. A. wohl tatsächlich *Eckardt* in: Jaeger, § 162 Rn. 28 (»zudem«). – Im Ergebnis wie hier etwa *Bünning/Beyer* in: Braun, § 162 Rn. 6; wohl auch *Janssen* in: MüKo, § 162 Rn. 12; *Jungmann* in: K. Schmidt, § 162 Rn. 15.

1060 *Eckardt* in: Jaeger, § 162 Rn. 28.

1061 Vgl. nur *Janssen* in: MüKo, § 162 Rn. 12.

ressenten genügt demnach nicht.[1062] Zumindest Letzteres ist indes fragwürdig. So erscheint – vor allem mit *Eckardt*[1063] – eine analoge Anwendung des § 162 (Abs. 1 2. Fall InsO [Variante 1]) InsO im Hinblick auf die neuere Methodenlehre[1064] nicht allein ob der Kasuistik der Norm ausgeschlossen.[1065] Entgegen seiner Ansicht[1066] dürfte eine Analogie bei bloßer Organstellung auch dem gesetzgeberischen Plan[1067] entsprechen, ist doch der Einfluss der Organe, der sich gerade in Fragen der Geschäftsführung[1068] einsetzen lässt, um Insiderwissen auszunutzen, ebenfalls gesellschaftsrechtlich begründet.[1069]

Unter Berücksichtigung der bereits zum englischen Recht geschilderten Praxis dürfte es gleichwohl an der Gesellschafterstellung in der Regel nicht scheitern. Durchaus in Betracht zu ziehen ist allerdings auch mit Blick auf das deutsche Recht, dass die Stellung nicht maßgeblich genug ist, also die Insider insgesamt weniger als das erforderliche Fünftel am Kapital (mittelbar) halten. Das Vorstehende gilt aufgrund der insofern einheitlichen Regelungstechnik entsprechend für die mittelbare Beteiligung von maßgeblichen Gesellschaftern und Gläubigern des Schuldners an einem Unternehmensverkauf. Auch mittelbare Shareholder-Buy-outs und *credit bids* werden mithin in nahezu all ihren relevanten Ausgestaltungen als Insidergeschäfte eingestuft. In diesen Fällen dürfte es sogar kaum an einer Beteiligung am Erwerbsinteressenten gemäß § 162 InsO fehlen.

B. Spezielle Kontrollmechanismen

Ob und gegebenenfalls welche Kontrollmechanismen speziell bei einem Insidergeschäft im vorstehend erläuterten Sinne in der Zwischenphase in England und Deutschland greifen, soll im Folgenden dargelegt werden.

1062 Vgl. *Eckardt* in: Jaeger, § 162 Rn. 26.
1063 *Eckardt* in: Jaeger, § 162 Rn. 31; vgl. im Ergebnis ebenso etwa *Andres* in Andres/Leithaus, § 162 Rn. 8; *Balthasar* in: Nerlich/Römermann, § 162 Rn. 22; *Jungmann* in: K. Schmidt, § 162 Rn. 11; nunmehr auch *Zipperer* in: Uhlenbruck, § 162 Rn. 7; insofern offen auch *Biehl*, S. 191.
1064 S. dazu umfassend *Würdinger*, AcP 2006, 946, 950 ff.
1065 So aber dezidiert *Spieker*, S. 198; vgl. skeptisch *Frege* in: Kölner Kommentar, § 162 Rn. 2; *Janssen* in: MüKo, § 162 Rn. 12; im Ergebnis gegen eine analoge Anwendbarkeit *Webel* in: Kübler/Prütting/Bork, § 162 Rn. 5 (bei »andersartigen Beteiligungen«); bereits gegen eine »extensive Auslegung« *Undritz/Fiebig* in: Berliner Kommentar, § 162 Rn. 12.
1066 *Eckardt* in: Jaeger, § 162 Rn. 32.
1067 Vgl. auch RegE-InsO, BT-Drucks. 12/2443, S. 175 (»maßgebliche Beteiligung«).
1068 Die Organe sind sogar – anders als etwa GmbH-Gesellschafter oder Aktionäre (§§ 45 ff. GmbHG bzw. § 118 Abs. 1 S. 1 AktG) – nicht nach dem Gesetz grundsätzlich darauf beschränkt, den ihnen zustehenden Einfluss über die Gesellschafter- bzw. Hauptversammlung auszuüben.
1069 Soweit dies auf Organe beschränkt wird, die von der Registerpublizität erfasst sind, wie etwa die Vertretungsorgane einer Kapitalgesellschaft nach §§ 10 Abs. 1 S. 1, 39 Abs. 1 GmbHG und §§ 39 Abs. 1 S. 1, 81 Abs. 1. AktG, steht der Vergleichbarkeit der Interessenlage auch kein unüberschaubares Haftungsrisiko für den Insolvenzverwalter entgegen, so im Ausgangspunkt aber *Spieker*, S. 198; *Undritz/Fiebig* in: Berliner Kommentar, § 162 Rn. 12.

I. England

SIP 16 trifft auf berufsrechtlicher Ebene zwei konkrete Vorgaben, die explizit (nur) bei einem *vorzeitigen* Unternehmensverkauf *an Insider* gelten. Beide sind im Zuge der Neufassung des SIP 16 im Jahr 2015 neu eingefügt worden. Dadurch wurden die beiden – nach eigenen Angaben[1070] – zentralen Empfehlungen des *Graham Report* größtenteils umgesetzt. Sie verdienen schon deshalb besondere Beachtung. Generell ergibt sich aus SIP 16 für den *administrator* bei Vollzug eines Pre-Pack im Wesentlichen die Obliegenheit, die Gläubiger und den für ihn zuständigen Fachverband diesbezüglich nachträglich zu informieren, und zwar über das sog. SIP 16 *statement* (im Folgenden auch: das SIP-16-Statement). Diese Vorgabe dient ihrerseits gerade auch dem Zweck, die Kenntnis dieser beiden Parteien über die (Nicht-)Beachtung der beiden speziellen Kontrollmechanismen für Pre-Packs an Insider sicherzustellen. Denn letztere Regelungen haben gemein, dass sie sich unmittelbar an die erwerbsinteressierten Insider richten, gegenüber denen das SIP 16 – als berufsrechtliche Vorgabe für *IPs* – strenggenommen keinerlei Bindungswirkung entfaltet. Die Insider selbst haben keine rechtliche Sanktion für einen »Verstoß« gegen die Kontrollmechanismen zu erwarten.[1071] Deren Beachtung ist für sie somit in rechtlicher Hinsicht absolut freiwillig.[1072] SIP 16 ist allein für den *administrator* selbst – nach den allgemeinen Grundsätzen[1073] – quasiverbindlich. Im vorliegenden Kontext ist er allerdings zunächst nur angehalten, die Insider über die Möglichkeit der Wahrnehmung der beiden Kontrollmechanismen unter Hinweis auf die damit einhergehenden Vorteile für das Vertrauen aller Beteiligten in den Prozess zu informieren.[1074] Nach dem Konzept des *Graham Report*[1075] sollen sich für die Insider die Anreize zur freiwilligen Befolgung dieser speziellen Vorgaben zum einen aus dem entsprechenden Druck der Marktteilnehmer und zum anderen aus der Androhung einer erneuten, strengeren Reform der Regulierung von Pre-Packs an Insider ergeben, wofür auch bereits der Boden gelegt worden ist.

1. Ermächtigung zur gesetzlichen Regulierung (*sunset clause*)

So wurde auf ausdrückliche Anregung des *Graham Report*[1076] durch sec. 129 SBEEA 2015 bereits die Grundlage für eine weitergehende, gesetzliche Regulierung von Pre-Packs[1077] an Insider geschaffen, indem dadurch para 60 sch. B1IA 1986 geändert und para. 60A sch. B1 IA 1986 neu eingeführt wurden. Gemäß para. 60 (2) sch. B1 IA 1986 ist die Befugnis eines *administrator* zum Verkauf eines schuldnerischen Unter-

---

1070 Vgl. *Graham Report*, S. 10.
1071 Vgl. statt aller *Reynolds/Manning*, ICR 2016, 1, 2.
1072 Vgl. statt aller *Titchen* in: *Lightman/Moss*, Rn. 11-020.
1073 S. dazu Teil 3 § 1 A. I. 2.
1074 SIP 16, para. 9.
1075 Vgl. *Graham Report*, S. 63 und 67.
1076 Vgl, *Graham Report*, S. 67 f.
1077 Die Ermächtigung gilt über den Untersuchungsgegenstand des *Graham Report* hinaus mangels ausdrücklicher Beschränkung des Anwendungsbereichs sogar für die Regulierung sämtlicher Unternehmensverkäufe an Insider und nicht nur für solche im Rahmen von Pre-Packs, vgl. SBEEA 2015, Explanatory Notes, Rn. 70.

nehmens nunmehr von etwaigen Vorgaben auf Grundlage von para. 60A sch. B1 IA 1986 abhängig. Der zuständige Minister ist nämlich ermächtigt, mit Zustimmung der beiden Kammern des Parlaments Pre-Packs an Insider[1078] in bestimmten Fällen zu verbieten oder an Bedingungen zu knüpfen (para. 60A (1), (9) sch. B1 IA 1986). Die Befugnis umfasst insbesondere, solche Unternehmensverkäufe unter den Vorbehalt der Zustimmung der Gläubiger, des Gerichts oder Dritter zu stellen (para. 60A (2) sch. B1 IA 1986). Dies soll ermöglichen, sie stets der Überprüfung durch eine unabhängige Stelle auszusetzen.[1079] Etwaige Vorgaben auf dieser Grundlage wären im Wege der sog. *secondary legislation* als *statutory instrument* zu erlassen (para. 60A (1), (8) sch. B1 IA 1986), hätten aufgrund der Gesetzesqualität somit zwingenden Charakter. Allerdings erlischt die Ermächtigung gemäß para. 60A (10) sch. B1 IA 1986 bei Nichtnutzung mit Ablauf des 30. Juni 2021.[1080] Damit handelt es sich um eine sog. *sunset clause*. Vor dieser »Drohkulisse« sind die bereits derzeit geltenden Kontrollmechanismen bei einem Insider-Pre-Pack zu sehen, die nun erläutert werden sollen.

2.   Erklärung über die Sanierungsfähigkeit (*viability statement*)

Zunächst soll nach SIP 16[1081] der im Einzelfall erwerbsinteressierte Insider ein sog. *viability statement* erstellen. Dies soll eine »kurze Erläuterung« darüber enthalten, »wie das jeweilige Unternehmen unter der neuen Trägerschaft zumindest für die kommenden zwölf Monate nach dem Erwerb überleben wird«, wobei im Rahmen der Begründung insbesondere dargelegt werden soll, »was der Erwerber anders machen will, damit das Unternehmen nicht scheitert«.[1082] Dem *Graham Report* ist – als Anregung – eine generische Vorlage für eine solche Erklärung beigefügt. Demnach sollen für die Erklärung über die Sanierungsfähigkeit etwa 500 Wörter ausreichen und darin vor allem »triftige Gründe« dafür erläutert werden, »warum die Aussichten der Erwerbergesellschaft von denen des alten Rechtsträgers abweichen, und zwar abgesehen vom ›Abstreifen‹ seiner Schulden«.[1083] Sofern ein *viability statement* erstellt wurde, »soll« es dem *administrator* übergeben und dem SIP-16-Statement beigefügt werden.[1084]

1078 Für die Ermächtigung gilt ein eigener Insiderbegriff, der sich jedoch von dem vorstehend erläuterten nicht wesentlich unterscheidet. So sind »connected persons« i. S. d. para. 60A sch. B1 IA 1986 insbesondere das Management und andere leitende Angestellte, deren *associates* sowie die *associates* des schuldnerischen Unternehmens (para. 60A (3) (a), (4) (a) sch. B1 IA 1986); sowie Unternehmen, die über eine gemeinsame *connected person* verbunden sind (para. 60A (3) (b), (4) (b) sch. B1 IA 1986). Als einzige Abweichung zur allgemeinen Definition ist erkennbar, dass solche Personen ausgenommen sind, die nicht Mitglieder des Managements oder leitende Angestellte gemäß para. 60A (3) bis (6) sch. B1 IA 1986 sind, sondern nur eine anderweitige arbeitsrechtliche Beziehung zum Schuldner nach para. 60A (5) sch. B1 IA 1986 haben.

1079 SBEEA 2015, Explanatory Notes, Rn. 71.

1080 Ursprünglich sollte die Ermächtigung lediglich für Jahre nach Einführung der Vorschrift bestehen, mithin bei Nichtnutzung bereits am 25. Mai 2020 ablaufen, vgl. nur *Umfreville*, Insolv. Int. 2018, 58, 59.

1081 SIP 16, Appendix.

1082 SIP 16, Appendix (eigene Übersetzung).

1083 *Graham Report*, S. 95 (eigene Übersetzung).

1084 SIP 16, Appendix (eigene Übersetzung).

Allerdings steht es dem Insider letztlich offenbar auch frei, ob dies geschieht. Im SIP-16-Statement ist indes gesondert anzumerken, falls eine erstellte Erklärung über die Sanierungsfähigkeit vom Insider nicht freigegeben worden ist.[1085]

3. Beteiligung eines Expertengremiums (*pre-pack pool*)

Des Weiteren soll nach SIP 16[1086] bei einem Pre-Pack an Insider der sog. *pre-pack pool* (im Folgenden auch: der [Pre-Pack-]Pool) beteiligt werden. Auch die Beteiligung des Pre-Pack-Pools soll auf freiwillige Initiative der Insider erfolgen. Der Pool ist ein neuartiges, ständiges Expertengremium, das in einem solchen Fall im Vorhinein angehört werden und eine Stellungnahme zur Angemessenheit des jeweiligen Insider-Pre-Packs abgeben soll. Der Pool ist gewissermaßen eine Untereinheit der unterschiedlichen *IP*-Fachverbände und anderer betroffener Interessenverbände, die ihn gemeinsam betreiben und beaufsichtigen.[1087] Er hat seine Arbeit mit Inkrafttreten des neuen SIP 16 aufgenommen und soll nach eigenen Angaben mit rund 20 erfahrenen »Geschäftsleuten« besetzt sein, wobei praktizierende *IPs* in diesem Kreis zur Vermeidung von Interessenkonflikten nicht aufgenommen werden.[1088] Die Kriterien zur Entscheidung über die Angemessenheit des Insider-Pre-Packs sind vor allem, ob – erstens – überzeugende Gründe für die Notwendigkeit für das »pre-packaging« des Unternehmensverkaufs vorliegen, – zweitens – die Interessen der Gläubiger, insbesondere im Hinblick auf deren fehlende Beteiligung, beeinträchtigt werden und – drittens – das Pool-Mitglied im Allgemeinen überzeugt ist, dass das geplante Pre-Pack eine angemessene Methode zur Verwertung des schuldnerischen Unternehmens ist. Schließlich soll die Beteiligung des Pre-Pack-Pools letztlich ein »Gütesiegel« darstellen.[1089] Zur Rechtmäßigkeit der Amtsführung des jeweiligen *administrator* soll die Stellungnahme des Pools sich jedoch nicht verhalten.[1090]

Die Beteiligung des Pools erfolgt auf Antrag über ein eigens dafür eingerichtetes Onlineportal (www.prepackpool.co.uk). Dafür ist eine pauschale Gebühr in Höhe von netto 950 £ zu entrichten. Die Insider sollen ihrem Antrag alle entscheidungsrelevanten Informationen beifügen. Diese sind ebenfalls auf elektronischem Weg zu übermitteln. Als notwendige Informationsgrundlage jedenfalls erforderlich sind Details zu dem *administrator*, dem Unternehmen sowie dem alten und dem anvisierten Unternehmensträger, insbesondere ihrer *beneficial owners,* ihres Managements und der Insiderverbindung. Des Weiteren bedarf es Angaben zu etwaigen persönlichen Verlusten der Eigentümer oder des Managements und dem geplanten Transaktionsablauf. Schließlich werden insofern die jüngsten Finanzkennzahlen des schuldnerischen Unternehmens unter Ausweisung der Bewertung seiner Assets sowie die Details etwaiger Marketingbemühungen und konkreter Konkurrenzangebote erwartet.

1085 SIP 16, Appendix.
1086 SIP 16, Appendix. – SIP 16 trifft insofern kaum eigene Regelungen. Die im Folgenden dargestellten Vorgaben lassen sich – sofern nicht im Einzelfall noch anderweitig belegt – nur dem Internetauftritt des Pre-Pack-Pools entnehmen.
1087 *Grubb*, Recovery (Autumn) 2016, 32, 32. – *Duncan Grubb* war zum Veröffentlichungszeitpunkt Geschäftsführer des Pre-Pack-Pools.
1088 *Grubb*, Recovery (Autumn) 2016, 32, 33 (eigene Übersetzung).
1089 *Graham Report*, S. 92 (eigene Übersetzung).
1090 *Grubb*, Recovery (Autumn) 2016, 32, 33.

Das im Einzelfall turnusgemäß zuständige Pool-Mitglied hat sodann innerhalb von zwei Werktagen nach Antragstellung seine Stellungnahme abzugeben. Die Stellungnahmen werden nicht im Detail begründet. Sie beschränken sich inhaltlich vielmehr auf drei Varianten, die sich folgendermaßen zusammenfassen lassen:[1091]

- Das Pre-Pack ist nicht unangemessen (»not unreasonable«);

- Das Pre-Pack erscheint zwar nicht unangemessen, aber die Informationsgrundlage weist kleinere Lücken auf (»not unreasonable but there are minor limitations in the evidence provided«);

- Das Pre-Pack erscheint auf Grundlage der vorliegenden Informationen unangemessen (»the case for the pre-pack ist not made«).

Demnach kann gewissermaßen ein uneingeschränkt positiver, ein eingeschränkt positiver oder ein negativer Bescheid ergehen, die indes allesamt unverbindlich sind. Insbesondere ist der *administrator* auch bei einem negativen Bescheid nicht gehindert, das Pre-Pack dennoch umzusetzen. Er würde dann allerdings in eigener Verantwortung handeln und müsste seine Entscheidung gegenüber den Gläubigern im SIP-16-Statement rechtfertigen.[1092] Nach offiziellen Angaben des Pre-Pack-Pools kann allein ein solches Vorgehen nicht einmal eine Beschwerde über den jeweiligen *IP* bei dessen Fachverband begründen. Bezüglich der anschließenden Information des *administrator* und, über das SIP-16-Statement, der Gläubiger gilt das zum *viability statement* Gesagte entsprechend: Der Insider kann darüber frei entscheiden, der *administrator* soll den Gläubigern die Entscheidung mitteilen und gegebenenfalls die Stellungnahme des Pre-Pack-Pools weiterleiten.[1093]

4. Rechtstatsachen

Das Management des Pre-Pack-Pools hat in Jahresrückblicken dessen Nutzungszahlen veröffentlicht und teilweise auch ins Verhältnis zur Anzahl der Insider-Pre-Packs in den entsprechenden Zeiträumen gesetzt, welche die Fachverbände über die SIP-16-Statements ermittelt und veröffentlicht haben. In den ersten 14 Monaten nach seiner Einführung (November 2015 bis Dezember 2016) ist der Pre-Pack-Pool in lediglich 28 % aller Insider-Pre-Packs, also der Fälle, in denen er angehört werden *sollte*, tatsächlich beteiligt worden.[1094] Im Jahr 2017 ist die praktische Bedeutung des Pre-Pack-Pools sogar noch erheblich weiter gesunken: Seine Stellungnahme wurde nur noch in 11 % von allen Pre-Packs an Insider eingeholt.[1095] Im Jahr 2018 lag der Anteil sogar nur noch bei knapp über 10 %.[1096] Anders gewendet: Die Insider haben den Pool zuletzt in fast 90 % seiner potenziellen Anwendungsfälle nicht angerufen. Die wenigen

---

1091   Vgl. ähnlich etwa *Umfreville*, Insolv. Int. 2018, 58, 59. – Die Vorgaben sind in Gänze abgedruckt und kommentiert etwa bei *Titchen* in: *Lightman/Moss*, Rn. 11-024.
1092   Vgl. etwa *Reynolds/Manning*, ICR 2016, 1, 2; *Titchen* in: *Lightman/Moss*, Rn. 11-024; *Umfreville*, Insolv. Int. 2018, 58, 59.
1093   SIP 16, Appendix.
1094   *Pre-Pack-Pool*, Annual Review 2016, S. 6.
1095   *Pre-Pack-Pool*, Annual Review 2017, S. 4.
1096   Vgl. *Pre-Pack-Pool*, Annual Report 2018, S. 3 f. (eigene Berechnung).

Stellungnahmen, die dieses Gremium abgegeben hat, fielen in beiden Phasen zumindest inhaltlich ähnlich aus. So ist stets in den meisten Fällen ein uneingeschränkt positiver Bescheid (erster Erhebungszeitraum: 64 %; 2017: 48 %; 2018: 75 %), bei einigen Insider-Pre-Packs nur ein positives *statement* mit Einschränkungen (25 %; 35 % bzw. 12,5 %) und in den wenigsten Fällen ein negativer Bescheid (11 %; 17 % bzw. 12,5 %) ergangen.[1097] Zum *viability statement* liegen, wiederum über die SIP-16-Statements, nur für den ersten Erhebungszeitraum Daten vor, die kein wirklich besseres Bild abgeben können: Derartige Erklärungen wurden währenddessen lediglich in 19 % aller Insider-Pre-Packs abgegeben.[1098]

Interessant ist noch eine andere Entwicklung. So ist der Anteil von Insider-Pre-Packs an allen Pre-Packs zurückgegangen, und zwar – zumindest sofern man das über die SIP-16-Statements ermittelte Zahlenmaterial zugrunde legt – erheblich: Während er in den Jahren 2010[1099] und 2011[1100] noch 72 % bzw. 79 % betrug, lag er in den beiden Phasen seit der Neufassung des SIP 16 stets deutlich darunter (51 % im ersten Erhebungszeitraum; 57 % in 2017;[1101] 53 % in 2018[1102]). Das Management des Pre-Pack-Pools sieht darin freilich ein Indiz für die Wirksamkeit jener Reformen: Die Aussicht, die neuen Insider-Kontrollmechanismen durchlaufen zu »müssen«, führe wohl teilweise dazu, dass von einem solchen Geschäft schon im Ausgangspunkt abgesehen wird.[1103] Das erscheint nicht abwegig, lässt sich jedoch aus der Ferne nicht abschließend beurteilen. Angemerkt sei jedoch zum einen, dass andere Erhebungen für das Jahr 2010 lediglich eine Insiderquote von 63 % ermittelt haben,[1104] also der Rückgang möglicherweise schwächer ausgefallen ist. Zum anderen betrug sie nach einer Analyse von *Frisby*[1105] in dem Jahr vor der Enterprise-Act-2002-Reform und in den Jahren danach bis 2004 bereits 53 % bzw. 62 %. Somit handelt es sich eher um eine Rückkehr zu alten Verhältnissen.

II. Deutschland

Im Hinblick auf das deutsche Recht gilt es zunächst einmal zu klären, welchen Regelungen ein vorzeitiger Unternehmensverkauf an Insider unterworfen ist. So ist konkret fraglich, ob die speziellen Kontrollmechanismen betreffend Insiderverkäufe des § 162 InsO auch dann gelten, wenn es sich dabei um einen vorzeitigen Unternehmensverkauf i. S. d. § 158 InsO handelt. Davon hängt vor allem ab, ob in einem solchen Fall die Gläubigerversammlung (§ 162 InsO) oder allenfalls der vorläufige Gläubigerausschuss und gegebenenfalls sogar kein Gläubigerorgan (§ 158 InsO) zustimmen muss.

1097 Vgl. *Pre-Pack-Pool*, Annual Review 2016, S. 6; *Pre-Pack-Pool*, Annual Review 2017, S. 4; bzw. *Pre-Pack-Pool*, Annual Report 2018, S. 3 (teilweise eigene Berechnung).
1098 Vgl. *Insolvency Service*, 2016 IP Regulation Review, S. 7 (eigene Berechnung).
1099 *Insolvency Service*, 2010 SIP 16 Report, S. 12.
1100 *Insolvency Service*, 2011 SIP 16 Report, S. 11.
1101 *Pre-Pack-Pool*, Annual Review 2017, S. 6.
1102 Vgl. *Pre-Pack-Pool*, Annual Report 2018, S. 4 (eigene Berechnung).
1103 *Pre-Pack-Pool*, Annual Review 2016, S. 3.
1104 *Walton/Umfreville*, Pre-Pack Empirical Research, S. 19 (Probe von fast 500 Pre-Packs).
1105 *Frisby Report*, S. 44 f. (Probe von 34 bzw. 103 Pre-Packs).

1. Meinungsstand

Insofern herrschen im Schrifttum tatsächlich stark divergierende Annahmen vor, auch wenn dort die Frage erstaunlicherweise nicht als streitig behandelt wird, die vertretenen Ansichten folglich teilweise auch nur beiläufig festgehalten werden:

Eine Ansicht in der Literatur geht im vorliegenden Kontext offenbar von der uneingeschränkten Anwendbarkeit des § 158 InsO aus. Allerdings formulieren nur wenige dieser Stimmen dieses Verständnis ganz eindeutig. So hält allein *Eckardt* ausdrücklich fest, dass § 158 InsO den § 162 InsO insofern vollumfänglich verdränge.[1106] Dabei legt der Kontext der Aussage nahe, dass er diesen Vorrang durch einen *lex-specialis*-Charakter des § 162 InsO gegenüber § 158 InsO begründet sieht.[1107] *Marotzke* geht bereits einen Schritt weiter, indem er kritisiert, *dass* § 158 InsO in dem Zeitraum vor dem Berichtstermin auch bei einem Insidergeschäft uneingeschränkt anwendbar ist, ohne diese Annahme zu erläutern.[1108] Einige weisen umgekehrt darauf hin, die §§ 160, 162 InsO seien erst nach dem Berichtstermin zu berücksichtigen.[1109] Des Weiteren wird vereinzelt festgehalten, dass sich die Wirkung des § 162 InsO in einer beschränkten Sonderregelung zu §§ 160 Abs. 1 S. 1, Abs. 2 Nr. 1 InsO im Hinblick auf das zur Entscheidung berufene Gläubigerorgan erschöpfe; »alle übrigen Regeln« betreffend die Beteiligungserfordernisse bei einem Unternehmensverkauf blieben daneben anwendbar.[1110] Zumindest ein Indiz für diese Ansicht lässt sich den Beiträgen entnehmen, die allein im Rahmen der Erläuterung der Kontrollmechanismen bei einem regulären Unternehmensverkauf auf § 162 InsO hinweisen.[1111]

Ein zahlenmäßig vergleichbar starker Teil des Schrifttums vertritt offenbar eine gegenläufige Ansicht. So betonen einige Stimmen, dass bei jedem Unternehmensverkauf an Insider i. S. d. § 162 InsO während des eröffneten Verfahrens die Beteiligung der Gläubigerversammlung gemäß dieser Vorschrift zwingend erforderlich sei, wobei teilweise sogar noch klargestellt wird, dass damit das gesamte eröffnete Verfahren bzw. insbesondere auch der Zeitraum vor dem Berichtstermin gemeint ist.[1112] Schließ-

---

1106 *Eckardt* in: Jaeger, § 158 Rn. 16 und § 162 Rn. 6.

1107 *Eckardt* in: Jaeger, § 162 Rn. 16 (»Sonderregelung«).

1108 *Marotzke*, KTS 2014, 113, 150 f.

1109 *Janssen* in: MüKo, § 158 Rn. 11; *Undritz* in: Runkel/Schmidt, § 15 Rn. 207; vgl. korrespondierend für einen rein zeitlich determinierten Anwendungsbereich des § 158 InsO etwa *Lind* in: Ahrens/Gehrlein/Ringstmeier, § 158 Rn. 4; *Undritz/Fiebig* in: Berliner Kommentar, § 158 Rn. 1; *Webel* in: Kübler/Prütting/Bork, § 158 Rn. 5.

1110 *Ries* in: Heidelberger Kommentar, § 162 Rn. 9.

1111 So etwa *Arends/Hofert-von Weiss*, BB 2009, 1538, 1541; *Denkhaus/Ziegenhagen*, Rn. 125.

1112 Vgl. *Blech* in: Meyer-Sparenberg/Jäckle, § 62 Rn. 64; *Demisch* in: Ettinger/Jaques, Kapitel F Rn. 76; *Frege* in: Kölner Kommentar, § 162 Rn. 2; *Kebekus/Georg* in: Meyer-Sparenberg/Jäckle, § 63 Rn. 12; *Kranz*, S. 223 mit Fn. 1298. – Zwar hält auch *Häsemeyer* (Rn. 13.41) bei Insidergeschäften »stets« die Zustimmung der Gläubigerversammlung für erforderlich. Dabei hebt er aber nur die Besonderheit gegenüber § 160 Abs. 2 Nr. 1 InsO hervor. Das hier fragliche Verhältnis zu § 158 InsO dürfte er bei dieser Aussage wohl noch außer Betracht gelassen haben, da der Beitrag noch vor der InsVerfVereinfG-Reform abgeschlossen wurde. – Ähnliche Aussagen finden sich im Übrigen vielfach im Kontext von § 162 InsO, die sich dann aber regelmäßig wohl ebenso nur auf die Konkurrenz dieser Vorschrift zu den §§ 160 f. InsO und nicht auf das hier fragliche Verhältnis zu § 158 InsO beziehen dürften, vgl. etwa *Klopp/Kluth/Pechartscheck* in: Gottwald, § 20 Rn. 2.

lich wird vereinzelt darauf hingewiesen, § 162 InsO komme bei einem Unternehmensverkauf unmittelbar nach der Verfahrenseröffnung »faktisch« nicht zur Anwendung,[1113] was die rechtliche Anwendbarkeit dieser Vorschrift zu diesem Zeitpunkt freilich impliziert.

2. Stellungnahme

Die Antwort auf die streitige Frage ist zunächst im Wege der Auslegung der einschlägigen Normen zu suchen, wobei naturgemäß vor allem ihr systematisches Verhältnis zu prüfen ist. Auf die anerkannten Kollisionsregeln, insbesondere den *lex-specialis-*Grundsatz, ist erst zurückzugreifen, falls die Auslegung ergeben hat, dass sich die §§ 158, 162 InsO tatbestandlich im Ausgangspunkt teilweise überschneiden, nämlich in Bezug auf vorzeitige Unternehmensverkäufe an Insider. Nur falls insoweit tatsächlich eine Normkonkurrenz besteht, wäre anhand der Kollisionsregeln zu klären, welcher Norm Anwendungsvorrang zukommt.

a) § 158 InsO – Wortlaut, Historie und Telos

Zu beginnen ist mit der Frage, ob § 158 InsO überhaupt auch einen vorzeitigen Unternehmensverkauf *an Insider* erfasst. Dafür spricht zunächst der Wortlaut der Norm. Darunter lässt sich der fragliche Sonderfall begrifflich subsumieren, auch wenn man § 158 InsO als Ausnahmevorschrift restriktiv auslegen will. Denn die Norm regelt die »Veräußerung des Unternehmens« im Allgemeinen. Eine explizite Einschränkung im Hinblick auf Insider als Erwerber oder ein Verweis auf § 162 InsO wird nicht getroffen. Dies hätte jedoch nahegelegen, hätte der Gesetzgeber Insidergeschäfte im Besonderen von § 158 InsO ausnehmen oder unter spezielle Voraussetzungen stellen wollen. Die Gesetzesgeschichte stünde dieser weiten Auslegung zumindest nicht entgegen, da sich dem § 177 Abs. 3 RegE-InsO und sämtlichen Materialien weder positive noch negative Anknüpfungspunkte für die vorliegende Frage entnehmen lassen.[1114] Im Zentrum der letzten Reform des § 158 InsO stand das Interesse der Gläubiger an bestmöglicher Befriedigung,[1115] was auch nicht für eine teleologische Reduktion spricht. Denn auch wenn man Insidergeschäften kritisch gegenübersteht, lässt sich wohl nicht bezweifeln, dass sie im Einzelfall auch die günstigste Option sein können.[1116] Sprechen folglich der Wortlaut, die Historie und ein erster Blick auf den Telos der Norm somit insgesamt eher dafür, dass § 158 InsO auch Insidergeschäfte erfasst, muss es entscheidend auf das Verhältnis dieser Norm zu § 162 InsO ankommen.

1113 *Gundlach/Frenzel/Jahn*, ZInsO 2008, 360, 362; *Zipperer* in: Uhlenbruck, § 162 Rn. 2.

1114 Vgl. RegE-InsVerfVereinfG, BT-Drucks. 16/3227, S. 20. – Das gilt auch für die Begründung zu § 177 Abs. 3 RegE-InsO, vgl. RegE-InsO, BT-Drucks. 12/2443, S. 173 f.

1115 S. dazu Teil 2 § 2 A. I. 2.

1116 Vgl. ähnlich *Eckardt* in: Jaeger, § 158 Rn. 16.

b)   Auslegung des § 162 InsO

Letztere Vorschrift regelt bekanntlich explizit den Sonderfall der »Veräußerung des Unternehmens« an Insider (»besonders Interessierte«). Zu prüfen ist nun aber zunächst inzident, ob § 162 InsO überhaupt auch bei einem *vorzeitigen* Unternehmensverkauf, also auch in der Zwischenphase, anwendbar ist.

aa)   § 162 InsO – Wortlaut

Nach § 162 InsO ist ein solches Insidergeschäft »nur« mit Zustimmung der Gläubigerversammlung zulässig. Daraus ergibt sich freilich ein zwingender Charakter, der auf den ersten Blick auch eine generelle Geltung für sämtliche Unternehmensverkäufe zu allen Zeitpunkten im Rahmen eines Insolvenzverfahrens nahelegt. Allerdings setzt der Wortlaut den zeitlichen Anwendungsbereich nicht eindeutig fest. Insofern fehlt ein ausdrücklicher Bezug auf einen Verfahrenstermin. Man könnte indes umgekehrt auch argumentieren, dass die Vorschrift gerade deshalb generell gelte, weil sie eben keinen einschränkenden Bezugspunkt nennt. Auf der anderen Seite schreibt sie eben die Zustimmung »der Gläubigerversammlung« vor. Und nach der gesetzlichen Konzeption findet die erste Gläubigerversammlung im Berichtstermin (§ 29 Abs. 1 Nr. 1 InsO) statt. Dieser Termin könnte folglich durch die Wortwahl als Beginn des Anwendungszeitraums bestimmt sein. Daher ergibt der Wortlaut keinesfalls ohne Zweifel, dass § 162 InsO bereits vor dem Berichtstermin anwendbar ist. Er bietet ebenfalls Anknüpfungspunkte für das gegenläufige Verständnis. Daher ist der Wortlaut insofern letztlich als offen einzuordnen.

bb)   § 162 InsO – Systematik

Die Gesetzessystematik erscheint da deutlich ergiebiger. So regelt bekanntlich allein § 158 InsO die Beteiligungserfordernisse bei einem Unternehmensverkauf »vor dem Berichtstermin«, was im systematischen Vergleich dagegen spricht, § 162 InsO auch ohne einen entsprechenden Hinweis im Wortlaut in diesem Zeitraum anzuwenden. Ferner steht § 162 InsO hinter einer Vorschrift, die ausdrücklich nur »[n]ach dem Berichtstermin« anwendbar ist, nämlich § 159 InsO. Außerdem ist das Zusammenspiel jener Vorschrift mit den ihr ebenfalls vorstehenden §§ 160 f. InsO zu berücksichtigen. So wird § 162 InsO vorwiegend als Sonderregelung zu § 160 Abs. 1 S. 1, Abs. 2 Nr. 1 InsO verstanden,[1117] die ihrerseits aber in Bezug auf den Beschlussgegenstand »Unternehmensverkauf« im Zeitraum vor dem Berichtstermin nach heute wohl einhelliger Ansicht nicht anwendbar sind.[1118] Dieser systematische Aspekt spricht dafür, dass sich auch der Anwendungsbereich des § 162 InsO nach dieser Grundregel richtet, mithin ebenfalls erst nach der Zwischenphase eröffnet ist.

1117   Vgl. etwa *Bitter/Rauhut*, KSI 2007, 258, 259; *Frege* in: Kölner Kommentar, § 162 Rn. 3; *Janssen* in: MüKo, § 162 Rn. 2; *Ries* in: Heidelberger Kommentar, § 162 Rn. 9; *Webel* in: Kübler/Prütting/Bork, § 162 Rn. 2; *Zipperer* in: Uhlenbruck, § 162 Rn. 2.

1118   S. dazu Teil 3 § 1 A. II (Zwischenphase) und Teil 2 § 2 B. II. 3 (Eröffnungsverfahren).

cc) § 162 InsO – Historie

Die Gesetzeshistorie bestätigt diese Einschätzung eindringlich. So erläutern die Materialien zu § 162 InsO (§ 181 RegE-InsO), dass mit dieser Vorschrift eine Verschärfung der Beteiligungserfordernisse des § 160 InsO (§ 179 RegE-InsO) bezweckt sei. Auf den Entwurf des § 158 InsO, den § 177 Abs. 3 RegE-InsO, nimmt die Begründung hingegen keinen Bezug, obwohl – das sei an dieser Stelle nochmals betont – dessen heutige Fassung weitgehend dem Entwurf gleicht. Denn § 177 Abs. 3 RegE-InsO regelte ebenfalls allgemein die vorzeitige Veräußerung des »Unternehmens« und stellte sie (lediglich) unter die Voraussetzung der Zustimmung des vorläufigen Gläubigerausschusses. Vor diesem Hintergrund spricht auch die Partikel »nur« in § 162 InsO noch weniger dafür, dass diese Vorschrift eine generelle Sonderregelung trifft, sondern eher dafür, dass sie (nur) *lex specialis* zu § 160 Abs. 1 S. 1 InsO ist. Denn nach letzterer Vorschrift ist die Zustimmung der Gläubigerversammlung eben gerade nicht zwingend erforderlich. Es genügt vielmehr grundsätzlich die Zustimmung des Gläubigerausschusses.

dd) § 162 InsO – Telos

Es bleibt zu prüfen, ob Sinn und Zweck des § 162 InsO für die Anwendbarkeit dieser Norm vor dem Berichtstermin streiten. Im Hinblick auf die bisherigen Auslegungsergebnisse würde es dafür allerdings wohl einer Analogie bedürfen. Über §§ 74, 75 InsO bestünde zumindest theoretisch die Möglichkeit, bereits in der Zwischenphase eine außerordentliche Gläubigerversammlung einzuberufen, um über ein Insidergeschäft i. S. d. § 162 InsO abstimmen zu lassen. Auf den ersten Blick mag der Normzweck insoweit auch tatsächlich für die (analoge) Anwendbarkeit des § 162 InsO sprechen: Die Vorschrift dient dem Gläubigerschutz. Sie beruht auf der gesetzgeberischen Vermutung, dass bei einem Insidergeschäft oftmals nicht der Marktpreis erzielt werden kann.[1119] Dass in der Zwischenphase weniger großer Bedarf an besonderer Insiderprophylaxe besteht als nach dem Berichtstermin, lässt sich wohl kaum argumentieren. Allerdings darf die Tatsache, dass unter diesem Aspekt in beiden Verfahrensphasen dasselbe Regelungsproblem besteht, nicht dazu verleiten, unbesehen die Regelung des § 162 InsO (analog) als Lösung zu übernehmen. Denn vor dem Berichtstermin ist die Interessenlage aus verschiedenen Gründen letztlich nicht vergleichbar.

Zunächst ist bereits zweifelhaft, ob über eine *vorzeitige* Gläubigerversammlung dem Gläubigerschutz gedient wäre, auch wenn der Gesetzgeber dieses Gremium dafür grundsätzlich geeigneter ansieht als den Gläubigerausschuss.[1120] Dass dies tatsächlich der Fall ist, wird aber schon im Allgemeinen von vielen Stimmen im Schrifttum bezweifelt.[1121] Begründet wird diese Skepsis zum einen damit, dass die Teilnehmer dem Gläubigerinteresse nicht ausreichend, also vor allem nicht insolvenzrechtlich haftungs-

---

1119 Vgl. RegE-InsO, BT-Drucks. 12/2443, S. 174.

1120 Vgl. Rechtsausschuss zum RegE-InsO, BT-Drucks. 12/7302, S. 175 f.

1121 Vgl. insbesondere *Marotzke*, KTS 2014, 113, 150 f.; auch *Balthasar* in: Nerlich/Römermann, § 162 Rn. 6; *Biehl*, Rn. 305 ff.; *Gundlach/Frenzel/Jahn*, ZInsO 2008, 360, 361 ff.; *Jungmann* in: K. Schmidt, § 162 Rn. 4; ferner *Balz* in: Kölner Schrift[2], S. 3, 18; *Häsemeyer*, Rn. 13.41.

bewehrt, verpflichtet seien.[1122] Zum anderen könnten gerade Insider oft faktisch selbst über den Unternehmensverkauf entscheiden, da sie häufig über eine eigene Mehrheit in der Gläubigerversammlung verfügen oder darauf anderweitigen starken Einfluss haben würden.[1123] Auch wenn man diese Einwände im Allgemeinen nicht für durchgreifend hält, sind Zweifel an der Zweckmäßigkeit der Beteiligung dieses Organs zum Gläubigerschutz jedenfalls dann angebracht, wenn es – wie hier – um eine *vorzeitige* Gläubigerversammlung im Besonderen geht. So ist zu befürchten, dass in der Zwischenphase die bekannte Problematik der »gläubigerfreien« Versammlungen verschärft auftreten würde.[1124] Schließlich ist davon auszugehen, dass in diesem Zeitpunkt in vielen Fällen noch nicht einmal sämtliche Gläubiger informiert und deren Forderungen möglicherweise noch nicht hinreichend geprüft sind. Auf der anderen Seite muss davon ausgegangen werden, dass die erwerbsinteressierten Insider und etwaige ihnen gewogene Gläubiger in solchen Fällen bestens vorbereitet sein werden. In einer vorzeitigen Gläubigerversammlung sind daher eher zufällige und tendenziell insiderfreundliche Mehrheitsverhältnissen zu befürchten. Erschwerend kommt hinzu, dass die Kontrollfunktion ihrer Beteiligung im Einzelfall sogar völlig verfehlt werden könnte. Denn die Zustimmungsfiktion des § 160 Abs. 1 S. 3 InsO (analog) soll auch im Rahmen einer Gläubigerversammlung zur Abstimmung über ein Insidergeschäft i. S. d. § 162 InsO anwendbar sein.[1125] Insgesamt kann darin nur schwerlich die bestmögliche Insiderprophylaxe gesehen werden.

Entscheidend ist letztlich, dass eine (analoge) Anwendung des § 162 InsO vor dem Berichtstermin vorrangigen Zielen des Gesetzgebers zuwiderlaufen würde. Denn wie soeben betont kann ein Insidergeschäft im Einzelfall die bestmögliche Option sein, vielleicht sogar die einzig mögliche. Und der überragende Zweck eines jeden Insolvenzverfahrens ist nun einmal die bestmögliche Gläubigerbefriedigung,[1126] auch wenn der Gläubigerautonomie bekanntlich ein hoher Stellenwert beigemessen wird. Der Gesetzgeber hat im Zuge der InsVerfVereinfG-Reform hervorgehoben, dass der Insolvenzverwalter zu ersterem Zweck ausnahmsweise auch vorzeitige Unternehmensver-

---

1122   So *Gundlach/Frenzel/Jahn*, ZInsO 2008, 360, 361 ff.; *Marotzke*, KTS 2014, 113, 150 f.
1123   Vgl. insbesondere *Balthasar* in: Nerlich/Römermann, § 162 Rn. 6; *Jungmann* in: K. Schmidt, § 162 Rn. 4; *Marotzke*, KTS 2014, 113, 150 f. – Insofern sei angemerkt, dass nach der herrschenden Meinung in solchen Fällen weitgehend Stimmverbote greifen müssten, vgl. nur LG Hamburg, ZIP 2014, 1889; *Ehricke/Ahrens* in: MüKo, § 77 Rn. 36; *Knof* in: Uhlenbruck, § 77 Rn. 6; *Kübler* in: Kübler/Prütting/Bork, § 77 Rn. 23; zurückhaltender aber insofern auch *Jungmann* in: K. Schmidt, § 76 Rn. 15 ff.; insofern ausnahmsweise auch *Smid* in: Rattunde/Smid/Zeuner, § 76 Rn. 14 f.; generell dagegen jüngst *Grell/Klockenbrink*, DB 2014, 2514, 2516 f. Damit über Stimmverbote zur Insiderprophylaxe beigetragen werden kann, müssen sie in der Praxis allerdings freilich erst einmal erkannt und durchgesetzt werden. Im Übrigen greifen sie nicht, wenn die Insider anderweitigen Einfluss auf die Gläubigerversammlung haben.
1124   S. dazu im Allgemeinen *Knof* in: Uhlenbruck, § 76 Rn. 21 ff.
1125   So die wohl noch überwiegende Ansicht, vgl. etwa *Jungmann* in: K. Schmidt, § 162 Rn. 8; *Ries* in: Heidelberger Kommentar, § 162 Rn. 9; *Zipperer* in: Uhlenbruck, § 162 Rn. 2. – A. A. *Bitter/Rauhut*, KSI 2007, 258, 259; *Wegener* in: Frankfurter Kommentar, § 162 Rn. 8; jüngst auch *Eckardt* in: Jaeger, § 162 Rn. 6.
1126   S. dazu Teil 1 § 2 B.

käufe vornehmen können soll.[1127] Dieses Ziel wäre aber gefährdet, falls nach § 162 InsO (analog) bei einem solchen Verkauf an Insider zuvor noch eine vorzeitige Gläubigerversammlung einzuberufen wäre. Denn aufgrund des damit einhergehenden Zeitbedarfs und anderer praktischer Umsetzungsprobleme würden sich wohl viele besonders günstige Möglichkeiten für einen solchen Verkauf gar nicht erst anbieten oder zwischenzeitlich wieder zerschlagen. Zum einen gilt auch insoweit (nur) die allgemeine Einberufungsfrist nach § 75 Abs. 2 InsO von (maximal) drei Wochen.[1128] Zum anderen wäre gerade bei einer vorzeitigen Gläubigerversammlung eine vorherige Abstimmung mit den späteren Entscheidungsträgern schwer möglich, da dabei – wie erläutert – umso schwerer absehbar ist, welche Stimmberechtigten letztlich erscheinen. Auch diese Unwägbarkeit könnte potenzielle Erwerber abschrecken.

ee) Ergebnis

In einer Gesamtbetrachtung ist zu konstatieren, dass der Wortlaut des § 162 InsO einer (analoge) Anwendung der Vorschrift in dem Zeitraum vor dem Berichtstermin zwar nicht entgegensteht, alle übrigen Interpretationskriterien, insbesondere die Regelungsabsichten des Gesetzgebers, aber letztlich deutlich dagegen sprechen, weshalb sie bereits an dieser Stelle abzulehnen ist.

c)   § 158 InsO – Systematik

Das schließt keineswegs aus, § 162 InsO im Rahmen der systematischen Auslegung des § 158 InsO zu berücksichtigen. Unter diesem Aspekt ließe sich nun indes allenfalls argumentieren, dass allein § 162 InsO explizit den Sonderfall »Unternehmensverkauf an Insider« erfasst und ein *argumentum e contrario* daher ergebe, dass dies § 158 InsO, als die vom Wortlaut her allgemeinere Regelung, nicht tue, mithin ein *vorzeitiger* Unternehmensverkauf an *Insider* generell unzulässig ist. Allerdings könnte man auf dieser Ebene ebenso mit einem Erst-Recht-Schluss behaupten, diese Vorschrift erfasse aufgrund ihres weiten Wortlauts gerade auch Insidergeschäfte. Die beiden Schlüsse sind grundsätzlich logisch gleichberechtigt. Sie bleiben jedoch für sich genommen reine Formalargumente, die mit weiteren Kriterien zu begründen sind.[1129] Nach bisherigem Stand sprechen zwar mehr Gründe für letzteres *argumentum a fortiori*.[1130] Nicht zuletzt da dafür aber § 158 InsO unter teleologischen Gesichtspunkten nur vergleichsweise knapp betrachtet wurde, bedarf es insoweit eines zweiten Blicks.

d)   § 158 InsO – Telos II

Denn diese Vorschrift soll zwar – wie soeben gezeigt – vorzeitige Unternehmensverkäufe ermöglichen, aber freilich keineswegs um jeden Preis. Nicht zuletzt ergibt sich aus den Materialien deutlich, dass der Gesetzgeber auch bei einer nach § 158 InsO

1127 S. dazu Teil 2 § 2 A. I. 2.
1128 Vgl. *Wegener* in: Frankfurter Kommentar, § 162 Rn. 7.
1129 Vgl. *T. Möllers*, § 6 Rn. 124.
1130 S. dazu Teil 3 § 2 B. II. 2. a).

umgesetzten »übertragenden Sanierung die Interessen der Gläubigergesamtheit angemessen gewahrt« wissen will.[1131] Zu prüfen ist daher, ob über die Kontrollmechanismen des § 158 InsO auch bei einem Unternehmensverkauf *an Insider* ein hinreichender Gläubigerschutz gewährleistet ist. Als Untersuchungsgegenstand soll dabei zunächst das Verfahren *mit* Gläubigerausschuss dienen. In diesem Fall bedarf es seiner Zustimmung, sofern ein Unternehmen vorzeitig veräußert werden soll (§ 158 Abs. 1 InsO). Dass bei einem Insidergeschäft über diesen Kontrollmechanismus die Gläubigerinteressen regelmäßig nicht hinreichend geschützt sind, dürfte nicht der Fall sein. Insbesondere erscheint der Schutz gerade bei einem vorzeitigen Unternehmensverkauf an Insider nicht weniger stark als bei der alternativen Beteiligung der Gläubigerversammlung, etwa nach § 162 InsO (analog), wenn man die Unterschiede dieser beiden Kontrollmechanismen berücksichtigt:

Zunächst ist davon auszugehen, dass die Gerichte ihr Ermessen bei der Entscheidung über die Besetzung des Gläubigerausschusses nach § 67 Abs. 2 InsO *in der Regel* pflichtgemäß ausüben, also die gesetzlichen Besetzungsvorgaben berücksichtigen und sich insofern insbesondere nicht *contra legem*[1132] an etwaige Anregungen (von Insidern) gebunden fühlen, auch wenn dies in der Praxis in einzelnen Fällen anders erscheinen mag[1133]. Damit dürfte in diesem Gremium – anders als bei einer vorzeitigen Gläubigerversammlung[1134] – zumindest regelmäßig entsprechend der gesetzgeberischen Absicht[1135] eine gewisse Repräsentativität in Bezug auf die Interessenvielfalt der Gläubigergesamtheit gewährleistet sein. Des Weiteren sollte (nur) darüber weitestgehend sichergestellt sein, dass die maßgeblichen Beschlüsse des Gläubigerausschusses nicht von besonderen Partikularinteressen geleitet werden: Zum einen gelten Personen, deren Interessen naturgemäß mit dem der Gläubigergesamtheit konfligieren, anerkanntermaßen schon nicht als taugliche Ausschussmitglieder. So kann das Gremium etwa keinesfalls mit Mitgliedern des Managements des schuldnerischen Unternehmens besetzt werden.[1136] Zum anderen ist hinsichtlich der Mitglieder des Gläubigerausschusses auch allgemein anerkannt, dass sie einem Stimmverbot unterliegen, falls sie über ein Rechtsgeschäft zwischen sich selbst und der Insolvenzmasse zu befinden hätten.[1137] Darüber hinaus besteht (nur) bei diesem Gläubigerorgan nicht die Gefahr eines faktischen Kontrollvakuums wie bei einer teilnehmerfreien Gläubigerversammlung. Denn die Mitglieder jenes Organs sind gesetzlich verpflichtet, über einen vorzeitigen Unternehmensverkauf zu beraten und zu entscheiden (§§ 69 i. V. m. 158 InsO).[1138] Schließ-

---

1131 Vgl. RegE-InsVerfVereinfG, BT-Drucks. 16/3227, S. 20.
1132 Wohl allgemeine Ansicht, vgl. etwa *Kübler* in: Kübler/Prütting/Bork, § 67 Rn. 15; *Riedel* in: Heidelberger Kommentar, § 67 Rn. 8; *Schmid-Burgk* in: MüKo, § 67 Rn. 9 f.
1133 So berichtet *Meyer-Löwy*, ZInsO 2011, 613, 613 f.
1134 S. dazu Teil 3 § 2 B. II. 2. b) dd).
1135 Vgl. RegE-InsO, BT-Drucks. 12/2443, S. 100.
1136 Vgl. statt aller *Kübler* in: Kübler/Prütting/Bork, § 67 Rn. 23 m. w. N.
1137 Vgl. insofern insbesondere auch *Grell/Klockenbrink*, DB 2014, 2514, 2517 ff.; zumindest unkritisch *Smid* in: Rattunde/Smid/Zeuner, § 72 Rn. 4; ferner BGH ZIP 1985, 423, 425; *Knof* in: Uhlenbruck, § 72 Rn. 11 f.; *Kübler* in: Kübler/Prütting/Bork, § 72 Rn. 7 f.; *Schmid-Burgk* in: MüKo, § 72 Rn. 14 f. (»[im] Ergebnis völlig unstreitig«). – Bei der Gläubigersammlung ist das nicht nur umstritten, sondern auch praktisch schwerer durchsetzbar, s. dazu Fn. 1123.
1138 Außerdem greift auch keine Zustimmungsfiktion, s. dazu Teil 3 § 4 C.

lich haften sie gemäß § 71 InsO bei Verstoß gegen ihre insolvenzrechtlichen Pflichten, womit ein weiterer disziplinierender Effekt einhergehen sollte.

3. Ergebnis im Fall »Verfahren mit Gläubigerausschuss«

Nachdem weder die Gesetzessystematik noch der von § 158 InsO ebenfalls geforderte Gläubigerschutz dagegen spricht, sofern der Fall »Verfahren mit Gläubigerausschuss« in Rede steht, bleibt es insoweit bei dem bisherigen Auslegungsergebnis: § 158 InsO ist in diesem Fall auch dann uneingeschränkt anwendbar, wenn der Erwerber ein Insider i. S. d. § 162 InsO ist.

Der erstgenannten Ansicht im Schrifttum ist also zuzustimmen, ihrem prominenten Vertreter *Eckardt* indes nur im Ergebnis und nicht in der Begründung. Denn nach hier vertretener Ansicht kann § 162 InsO (analog) der Anwendung des § 158 InsO in Bezug auf Insidergeschäfte schon deshalb nicht als *lex specialis* entgegengehalten werden, weil die beiden Normen nicht konkurrieren. Sie haben vielmehr unterschiedliche Anwendungsbereiche, die zeitlich durch den Berichtstermin determiniert sind: Ab dann ist § 162 InsO anwendbar, davor nur § 158 InsO. Im Übrigen erscheint bei Weitem nicht eindeutig, welche dieser beiden Normen als *lex specialis* anzusehen wäre,[1139] weshalb sich ein Anwendungsvorrang des § 158 InsO seit der InsVerfVereinfG-Reform wohl allenfalls mit dem *lex-posterior*-Grundsatz begründen ließe, sofern man doch davon ausgehen will, dass § 162 InsO (analog) ebenfalls vor dem Berichtstermin anwendbar ist.

4. Problemfall »Verfahren ohne Gläubigerausschuss«

Es stellt sich jedoch die Frage, ob dieses Auslegungsergebnis in denjenigen Fällen zu korrigieren ist, in welchen ein vorzeitiger Unternehmensverkauf *an Insider* in einem Verfahren *ohne* vorläufigen Gläubigerausschuss erfolgen soll. So erscheint vor allem fragwürdig, ob auch in dieser Konstellation der von § 158 InsO geforderte Gläubigerschutz hinreichend gewährleistet ist. Zwar sollte diesem Aspekt bei einem vorzeitigen Unternehmensverkauf im Allgemeinen offenbar allein durch die *Möglichkeit* der Einsetzung eines vorläufigen Gläubigerausschusses nach § 67 InsO Genüge getan sein.[1140] Es bestehen aber keine Hinweise dafür, dass der Gesetzgeber auch den hier behandelten Sonderfall mit all seinen Folgen hinsichtlich der Kontrollmechanismen bedacht hat.

1139 Formal betrachtet weisen beide Tatbestände jeweils ein besonderes Merkmal auf. So könnte man argumentieren, § 158 InsO regele als Ausnahmevorschrift für *vorzeitige* Unternehmensverkäufe den Sachverhalt spezieller. Umgekehrt trifft aber allein § 162 InsO eine explizite Regelung für Unternehmensverkäufe an *Insider*. Auch unter inhaltlichen Aspekten lässt sich eine Spezialität kaum ausmachen: Da beide Normen Beteiligungserfordernisse bei einem Unternehmensverkauf regeln, trifft diejenige Vorschrift, welche die strengeren Vorgaben vorsieht, die besondere Wertung. Doch auch insofern erscheint das Erfordernis der Beteiligung der Gläubigerversammlung nach § 162 InsO nicht unbedingt spezieller, da § 158 Abs. 2 InsO neben der Beteiligung des Gläubigerausschusses unter vergleichsweise niedrigen Voraussetzungen auch noch eine gerichtliche Untersagung des Unternehmensverkaufs ermöglicht.

1140 Vgl. RegE-InsVerfVereinfG, BT-Drucks. 16/3227, S. 20.

a)   Spezielle Problematik

So sind in derartigen Fällen die Möglichkeiten der Gläubigermitsprache sehr beschränkt, wenn nicht sogar ausgeschlossen.[1141] Nicht zuletzt muss in einem Verfahren ohne Gläubigerausschuss dem vorzeitigen Unternehmensverkauf auch nicht etwa hilfsweise die Gläubigerversammlung zustimmen.[1142] Dies erscheint *Marotzke*[1143] schon im Allgemeinen »nur schwer [zu] rechtfertigen«. Auch *Eckardt*[1144] sieht darin eine »Problematik«, die bei einem Insidergeschäft im Besonderen noch umso mehr bestehe. Diese Skepsis ist begründet. Es ist zu berücksichtigen, dass die Interessen der Gläubigergesamtheit insoweit auch nicht über andere Kontrollmechanismen hinreichend gewahrt sein dürften. Zunächst ist nach der ganz überwiegenden Ansicht in der Literatur in einem Verfahren ohne Gläubigerausschuss ebenso wenig hilfsweise die Zustimmung des Gerichts erforderlich.[1145] Dafür fehlen tatsächlich sämtliche Anknüpfungspunkte. Die Entscheidung über den vorzeitigen Unternehmensverkauf liegt in solchen Fällen folglich grundsätzlich allein im pflichtgemäßen Ermessen des jeweiligen Insolvenzverwalters.[1146] Bei einem Insidergeschäft kommt noch erschwerend hinzu, dass das Untersagungsverfahren des § 158 Abs. 2 S. 2 InsO in der Regel ins Leere laufen wird. Denn mit einem entsprechenden Antrag des Schuldners ist wohl kaum zu rechnen, falls Insider als Erwerbsinteressenten auftreten, die dem Schuldner schließlich naturgemäß nahestehen. Im Falle eines Management-Buy-outs gilt dies freilich erst recht. Ohne ein derartiges Ersuchen kann das Gericht jedoch nicht zur Wahrung der Gläubigerinteressen in den Verkaufsprozess eingreifen.[1147]

Den Gläubigern bliebe demnach in einem solchen Fall letztlich allein das Vertrauen darauf, dass das Insolvenzgericht die Möglichkeit des § 67 InsO nutzt und einen vorläufigen Gläubigerausschuss einsetzt. Damit erscheinen ihre Interessen bei einem Insidergeschäft, im Hinblick auf die damit verbundene erhöhte Gefährdungslage, nicht hinreichend gewahrt. Das gilt auch dann, wenn man berücksichtigt, dass die Gerichte bei ihrer Entscheidung offenbar auch etwaige Anregungen der Gläubiger berücksichtigen,[1148] die Einsetzung eines vorläufigen Gläubigerausschusses auch im Sinne des § 67 InsO angezeigt ist, sofern ein vorzeitiger Unternehmensverkauf im Raum

---

1141 Letzteres gilt, wenn man – wie der überwiegende Teil des Schrifttums – der Ansicht ist, dass der Gläubigerseite bei einem vorzeitigen Unternehmensverkauf kein Recht zur Beantragung einer gerichtlichen Untersagung und kein Unterrichtungs- oder Informationsanspruch zukommen, s. dazu Teil 3 § 3 A. II. 2 bzw. Teil 3 § 3 B. II. 2.

1142 Wohl allgemeine Ansicht, vgl. nur *Decker* in: Hamburger Kommentar, § 158 Rn. 7; *Heidland* in: Kölner Schrift[2], S. 711, 732; *Ries* in: Heidelberger Kommentar, § 158 Rn. 3; *Wegener* in: Frankfurter Kommentar, § 158 Rn. 8.

1143 *Marotzke*, KTS 2014, 113, 151.

1144 *Eckardt* in: Jaeger, § 158 Rn. 16.

1145 Vgl. *Decker* in: Hamburger Kommentar, § 158 Rn. 7; *Heidland* in: Kölner Schrift[2], S. 711, 732; *Jungmann* in: K. Schmidt, § 158 Rn. 9; *Wegener* in: Frankfurter Kommentar, § 158 Rn. 8. – A. A. *Spieker*, S. 52 ff. und 73.

1146 Vgl. nur *Decker* in: Hamburger Kommentar, § 158 Rn. 7; *Jungmann* in: K. Schmidt, § 158 Rn. 9; *Ries* in: Heidelberger Kommentar, § 158 Rn. 3; *Webel* in: Kübler/Prütting/Bork, § 158 Rn. 6; *Wegener* in: Frankfurter Kommentar, § 158 Rn. 8.

1147 S. dazu Teil 3 § 3 A. II.

1148 So *Hirte* in: Braun, § 67 Rn. 3.

steht,[1149] und sie in solchen Fällen anscheinend auch der gelebten Gerichtspraxis entspricht[1150]. Denn für die Gläubigergesamtheit verbleibt eine Unsicherheit, die ihr wohl doch schwerlich aufgebürdet werden kann, da § 158 InsO eben – wie gezeigt – auch ihrem Schutz dient. Es gilt daher nach einer Lösung für diese spezielle Problematik zu suchen.

b) Lösungsansatz

Marotzke[1151] sieht darin zwar ein »Dilemma«, das er aber nicht *de lege lata*, sondern nur durch legislatorische Abhilfe für lösbar hält. *Eckardt*[1152] hingegen zieht eine teleologische Reduktion des § 158 Abs. 1 InsO in Betracht, lehnt sie jedoch letztlich mit dem Argument ab, dass auch in dem hier in Rede stehenden Sonderfall »das besondere Bedürfnis nach einer schnellen Veräußerung« bestehen könne. Die Korrektur, die er erwägt hatte, ging somit wohl dahin, in diesem Fall der Vorschrift die Anwendbarkeit *im Ganzen* zu versagen. Das erscheint tatsächlich zu weitgehend, jedoch auch gar nicht erforderlich. Aus den vorgenannten Gründen dürfte ausreichend aber eben auch geboten sein, § 158 Abs. 1 InsO dahingehend teleologisch zu reduzieren, dass bei einem vorzeitigen Unternehmensverkauf die Zustimmung des Gläubigerausschusses *stets* einzuholen ist, sofern er an Insider i. S. d. § 162 InsO erfolgen soll, was sich durch eine gedankliche Streichung des letzten Halbsatzes jener Vorschrift (»wenn ein solcher bestellt ist«) erreichen ließe.

c) Interessenabwägung

Praktisch bedeutsam würde die hier postulierte Einschränkung des § 158 Abs. 1 InsO wohl lediglich bei Insolvenzverfahren über das Vermögen kleiner Unternehmen. Denn bei Großinsolvenzen ist die Einsetzung eines vorläufigen Gläubigerausschusses nach § 67 InsO, die häufig in der Form der »Bestätigung« eines vor-vorläufigen Gläubigerausschusses aus dem Eröffnungsverfahren i. S. d. §§ 21 Abs. 2 S. 1 Nr. 1a, 22a InsO erfolgt,[1153] in der Praxis ohnehin die Regel; lediglich bei Kleininsolvenzen wird darauf meist verzichtet und werden die Verfahren ohne Gläubigerausschuss durchgeführt.[1154] Schließlich kann es bei solchen Verfahren – zur Verfahrensstraffung und im Sinne der Kostenersparnis – zweckmäßig sein, auf die Einsetzung zu verzichten. Nun wird aus der Praxis allerdings berichtet, dass häufig gerade bei kleinen Unternehmen ein Ver-

---

1149 Vgl. *Kübler* in: Kübler/Prütting/Bork, § 67 Rn. 10; *Jungmann* in: K. Schmidt, § 67 Rn. 12; ferner *Knof* in: Uhlenbruck, § 67 Rn. 8.

1150 So *Meyer-Löwy*, ZInsO 2011, 613, 614.

1151 So fordert er unter anderem, in § 158 Abs. 2 S. 2 InsO auch für die Gläubiger ein Recht auf Antrag einer Untersagungsverfügung einzuführen und dafür die Voraussetzung eines andernfalls drohenden *erheblichen* Nachteils für die Insolvenzmasse zu streichen, vgl. *Marotzke* in: FS H.-P. Kirchhof, S. 320, 353 f.; ferner *Marotzke*, KTS 2014, 113, 150 f. mit Fn. 193.

1152 *Eckardt* in: Jaeger, § 158 Rn. 16.

1153 Vgl. nur *Kübler* in: Kübler/Prütting/Bork, § 67 Rn. 14.

1154 *Knof* in: Uhlenbruck, § 67 Rn. 8; vgl. *Hirte* in: Braun, § 67 Rn. 2; *Schmitt* in: Frankfurter Kommentar, § 67 Rn. 2 ff.

kauf an Insider das »beste Geschäft« sei.[1155] Doch auch wenn dem tatsächlich so sein sollte, dürfte der Aspekt der Massemehrung, der primäre Telos des § 158 InsO, der vorgenannten beschränkten teleologischen Reduktion nicht entgegenstehen. Denn mit der hier befürworteten Korrektur geht eben gerade kein Verbot von vorzeitigen Insidergeschäften einher. Vielmehr verbleibt die Abwägungsentscheidung, ob die Gelegenheit dazu im Einzelfall tatsächlich derart günstig oder dringend ist, dass sich der mit den besonderen Verfahrensvorgaben einhergehende Aufwand lohnt.[1156] Ergeben sich dabei Zweifel an der Zweckmäßigkeit, erscheint es noch weniger gerechtfertigt, auf einen angemessenen Gläubigerschutz zu verzichten, und zwar insbesondere in kleineren Verfahren, die ohnehin weniger unter Kontrolle der Öffentlichkeit stehen. Die Beteiligung des Gläubigerausschusses ist für sich genommen mit der Durchführung eines vorzeitigen Unternehmensverkaufs nicht generell praktisch inkompatibel.

d)   Ergebnis

Es ist sowohl methodologisch zulässig als auch sachlich notwendig, § 158 Abs. 1 InsO dahingehend teleologisch zu reduzieren, dass ein Unternehmensverkauf vor dem Berichtstermin im Ergebnis *nur* mit Zustimmung des Gläubigerausschusses zulässig ist, sofern der Erwerber ein Insider gemäß § 162 InsO ist. Daraus folgt der einzige Kontrollmechanismus des deutschen Rechts, der speziell bei einem Insidergeschäft in der Zwischenphase greift.

§ 3   Generelle Kontrollmechanismen

Im Folgenden sollen nun die Kontrollmechanismen dargestellt werden, die in England und Deutschland generell bei einem vorzeitigen Unternehmensverkauf greifen, also vor allem auch dann, wenn es sich dabei nicht um ein Insidergeschäft handelt und keine besondere Verfahrensart mit eigenen Kontrollmechanismen eingeschlagen worden ist.

A.   Untersagungsmöglichkeiten

Insofern soll zunächst beleuchtet werden, ob und gegebenenfalls unter welchen Voraussetzungen der Amtsperson in den beiden Rechtsordnungen der Vollzug eines von ihr geplanten Unternehmensverkaufs in der Zwischenphase untersagt werden kann. Falls eine solche Untersagungsmöglichkeit besteht, ist freilich von besonderem Interesse, wem das Interventionsrecht zusteht. Sofern eine gerichtliche Untersagung an einen Antrag von bestimmten Verfahrensbeteiligten geknüpft ist, gilt dies freilich auch

---

1155 So *Spliedt* in: *Arbeitskreis der Insolvenzverwalter Deutschland e.V.*, NZI 2002, 3, 9.
1156 Daher besteht auch kein Konflikt mit dem evidenten gesetzgeberischen Willen (vgl. § 78 RegE-InsO; RegE-InsO, BT-Drucks. 12/2443, S. 131; Rechtsausschuss zum RegE-InsO, BT-Drucks. 12/7302, S. 162), dass insbesondere bei Kleininsolvenzen keine *Pflicht* zur Einsetzung eines vorläufigen Gläubigerausschuss nach § 67 InsO bestehen soll.

für den Kreis der Antragsberechtigten, denen dann gewissermaßen eine mittelbare Untersagungsmöglichkeit zustehen würde.

I. England

Im Hinblick auf das englische Recht endet der Bericht jedoch schon beim »Ob«, da es den hier in Rede stehenden Regelungsansatz gar nicht verfolgt: Eine Untersagungsmöglichkeit besteht weder für das Gericht noch (mittelbar) für den Schuldner oder die Gläubiger. Sie alle sind nicht mit einer speziellen gesetzlichen Befugnis ausgestattet, dem *administrator* den Vollzug eines Pre-Packs zu verbieten. Auch wenn man den Begriff »Untersagung« in einem weiteren Sinne versteht, der Weisungen des Gerichts in Bezug auf die Amtsführung des *administrator* im Allgemeinen umfasst, fällt der Bericht eher ernüchternd aus: Im Hinblick auf einen Unternehmensverkauf in der Zwischenphase bestehen auch insoweit keine besonderen Möglichkeiten. Die allgemeinen Aufsichtskompetenzen des Gerichts werden im englischen Schrifttum, soweit ersichtlich, noch nicht einmal als potenzielle Kontrollmechanismen für Pre-Packs behandelt. Ein gerichtlicher Eingriff in die Veräußerungsentscheidung des *administrator* auf einer dieser Grundlagen dürfte in aller Regel – wie im Kern bereits *Bork*[1157] herausgearbeitet hat – auch tatsächlich ausscheiden: Die Weisungsbefugnis aus para. 68 (2) sch. B1 IA 1986 wird in der Praxis generell nicht zu derartigen *ex-ante*-Interventionen von Amts wegen genutzt. Die Gerichte beschränken sich – wie auch die eingangs dargestellte Rechtsprechung betreffend die Zulässigkeit von Pre-Packs noch einmal verdeutlicht haben dürfte – eher auf eine (nachträgliche) Rechtsaufsicht.[1158] Eine gerichtliche Untersagung im Rahmen des Beanstandungsverfahrens nach para. 74 (1) sch. B1 IA 1986 ist wiederum an so strenge Voraussetzungen geknüpft, dass sie grundsätzlich nicht einmal bei einem pflichtwidrigen, weil unterwertigen, Pre-Pack erreicht sein sollen.[1159] In Bezug auf Pre-Packs kommt eine praktische Problematik hinzu: Jede Intervention setzt naturgemäß voraus, dass die potenziellen Intervenienten Kenntnis von der Veräußerungsabsicht haben. Daran wird es indes nicht zuletzt im Hinblick auf die regelmäßig sehr kurze Zeit zwischen Verfahrenseröffnung und Verkauf bei einem Pre-Pack wohl häufig fehlen. Insbesondere die Beanstandungen außenstehender Gläubiger dürften häufig nicht mehr rechtzeitig für eine Untersagung kommen.[1160]

II. Deutschland

Demgegenüber ist im deutschen Recht in § 158 Abs. 2 S. 2 InsO die Möglichkeit, einen vorzeitigen Unternehmensverkauf zu untersagen, ausdrücklich geregelt. Dass diese Untersagungsmöglichkeit unabhängig von der im Einzelfall eingeschlagenen Verfahrensart besteht, also sowohl in einem Verfahren mit als auch in einem ohne Gläubigerausschuss, ergibt die Gesetzessystematik im Hinblick auf den *ersten* Satz des zweiten Absatzes der Vorschrift, der schließlich die Anwendbarkeit »vor der Beschlußfassung

---

1157 Vgl. *Bork*, Sanierungsrecht, Rn. 6.18.
1158 S. dazu Teil 1 § 4 C. II. 1. a) aa)
1159 S. dazu Teil 1 § 4 C. II. 1. a) bb)
1160 *Bork*, Sanierungsrecht, Rn. 6.18.

des Gläubigerausschusses, oder wenn ein solcher nicht bestellt ist« festhält.[1161] Einen Unternehmensverkauf in der Zwischenphase »untersagen« kann nach dem insoweit eindeutigen Gesetzeswortlaut ausschließlich das »Insolvenzgericht«, also nicht etwa der Schuldner oder einzelne Gläubiger selbst. Die gerichtliche Befugnis nach § 158 Abs. 2 S. 2 InsO besteht indes wiederum nicht *ex officio*, sondern nur auf Antrag.[1162] Auch insoweit lässt der Gesetzeswortlaut keinen Raum für eine anderweitige Interpretation. Ohne einen entsprechenden Antrag ist das Gericht auf seine allgemeine Aufsichtskompetenz beschränkt,[1163] die – wie bereits dargelegt[1164] – ganz überwiegend im Ausgangspunkt eben nicht als Fach-, sondern als Rechtsaufsicht verstanden wird. Jenseits davon kann das Gericht in Deutschland die Amtsführung des Insolvenzverwalters nicht mit Einzelanordnungen beeinflussen.[1165] Ganz entscheidende Bedeutung kommt somit dem Kreis der Antragsberechtigten zu.

1. Schuldner

Dazu zählt nach dem Wortlaut von § 158 Abs. 2 S. 2 InsO allein der Schuldner. Bei Unternehmensinsolvenzen, wie sie Gegenstand der vorliegenden Untersuchung sind, wird es sich bei dem eigentlichen »Schuldner« in aller Regel um juristische Personen oder Gesellschaften ohne Rechtspersönlichkeit handeln, die freilich selbst schon gar nicht antragsfähig sind. Zu Recht wurde diesbezüglich jüngst darauf hingewiesen, dass den jeweiligen gesetzlichen Vertretern an dieser Stelle keine besondere insolvenzrechtliche Einzelvertretungsbefugnis zukommt; hinsichtlich der Ausübung der schuldnerischen Antragsberechtigung sind richtigerweise die allgemeinen gesellschaftsrechtlichen Vorgaben und etwaige -vertragliche Abreden maßgeblich.[1166] Für eine analoge Anwendung der Sonderregelung des § 15 Abs. 1 S. 1 InsO ist kein Raum.[1167] Es fehlt an besonderen (insolvenzrechtlichen) Gründen, von den Regelungen des Gesellschaftsrechts abzuweichen, insbesondere im Hinblick auf verbandsinterne Konflikte.[1168]

Das Vorliegen der Voraussetzungen einer Untersagung nach § 158 Abs. 2 S. 2 InsO muss nicht glaubhaft gemacht, der Antrag noch nicht einmal begründet werden. Eine

---

1161 Vgl. im Ergebnis statt aller *Jungmann* in: K. Schmidt, § 158 Rn. 18.

1162 Vgl. *Frege* in: Kölner Kommentar, § 158 Rn. 8; *Janssen* in: MüKo, § 158 Rn. 22; *Zipperer* in: Uhlenbruck, § 158 Rn. 2.

1163 Vgl. *Webel* in: Kübler/Prütting/Bork, § 158 Rn. 11.

1164 S. dazu Teil 1 § 4 C. II. 2. a).

1165 *Bork*, Sanierungsrecht, Rn. 9.25.

1166 *Eckardt* in: Jaeger, § 158 Rn. 75 – A. A. *Janssen* in: MüKo, § 158 Rn. 26; *Zipperer* in: Uhlenbruck, § 158 Rn. 15.

1167 Vgl. zu § 212 InsO BGH NZI 2016, 702 Rn. 14.

1168 So ist die Untersagung eines vorzeitigen Unternehmensverkaufs, wie im Folgenden gezeigt werden soll, nicht zwingend im Interesse der Gläubiger. Auf der anderen Seite greift hier – anders als etwa für die einzelnen organschaftlichen Vertreter nach § 15a InsO – keine insolvenzrechtliche Antragspflicht, die ein korrespondierendes Recht notwendig machen könnte. Schließlich besteht an dieser Stelle – wie ebenfalls sogleich im Text dargelegt werden soll und entgegen § 15 Abs. 2 InsO – kein Glaubhaftmachungserfordernis. Damit fehlt es an einem Korrektiv, das etwa missbräuchlichen Anträgen Einzelner entgegenwirken könnte.

Antragsbegründung ist jedoch freilich zweckmäßig.[1169] Insbesondere wird – wie jüngst *Eckardt*[1170] treffend hervorgehoben hat – nach der gesetzlichen Konzeption (»wenn [...] ohne«) vermutet, dass die Voraussetzungen für eine Untersagung *nicht* vorliegen. Im Einzelfall muss das Insolvenzgericht folglich zu der Überzeugung kommen, dass der vorzeitige Unternehmensverkauf *ausnahmsweise* zu untersagen ist. Die »Schärfe« des hier behandelten Kontrollmechanismus hängt damit maßgeblich davon ab, anhand welcher Kriterien und auf Grundlage welcher Informationen das Gericht seine Entscheidung nach § 158 Abs. 2 S. 2 InsO zu treffen hat. Dies soll im Folgenden untersucht werden.

a) Untersagungswirkung

Zunächst soll aber die Bedeutung eines gerichtlichen Untersagungsbeschlusses auf der Grundlage dieser Vorschrift dargelegt werden. Dadurch wird festgelegt, dass das jeweilige Unternehmen in dem Zeitraum vor dem Berichtstermin nicht veräußert werden darf; eine beschlusswidrige Veräußerung währenddessen wäre bereits für sich genommen unzulässig, insbesondere würde der jeweilige Insolvenzverwalter dadurch gegen seine insolvenzrechtlichen Pflichten verstoßen.[1171] Nach dem Berichtstermin besteht diese Bindungswirkung nicht weiter, und zwar unabhängig davon, ob die Gläubigerversammlung dann eine Entscheidung über den Unternehmensverkauf trifft.[1172] Denn mit der »Veräußerung« in § 158 Abs. 2 S. 2 InsO ist eben nur der *vorzeitige* Unternehmensverkauf gemeint, was sich nicht zuletzt aus der wiederholten Bezugnahme der Vorschrift auf den Zeitraum bis zum Berichtstermin zeigt. Aus diesem Blickwinkel wirkt ein Untersagungsbeschluss nach § 158 Abs. 2 S. 2 InsO somit lediglich vorläufig.[1173] Im Hinblick auf die Zwischenphase ist diese gerichtliche Entscheidung jedoch tatsächlich endgültig, insbesondere gegenüber den übrigen Kontrollmechanismen bei einem vorzeitigen Unternehmensverkauf von höchster Autorität. So kann das Insolvenzgericht darüber faktisch nicht nur die Entscheidung des Insolvenzverwalters, sondern vor allem – wie bereits die amtliche Begründung klargestellt hat[1174] – auch eine möglicherweise bereits vorliegende Zustimmung des vorläufigen Gläubigerausschusses überstimmen.[1175] Anders gewendet: Es ist keine Voraussetzung für eine Untersagung nach § 158 Abs. 2 S. 2 InsO, dass der vorläufige Gläubigerausschuss im Einzelfall nicht schon zugestimmt hat.[1176]

1169 Vgl. *Decker* in: Hamburger Kommentar, § 158 Rn. 9; *Eckardt* in: Jaeger, § 158 Rn. 78; *Webel* in: Kübler/Prütting/Bork, § 158 Rn. 11.
1170 *Eckardt* in: Jaeger, § 158 Rn. 85.
1171 S. dazu weiterführend *Eckardt* in: Jaeger, § 158 Rn. 93 ff.
1172 Vgl. im Ergebnis ebenso *Janssen* in: MüKo, § 158 Rn. 31; *Webel* in: Kübler/Prütting/ Bork, § 158 Rn. 16; *Zipperer* in: Uhlenbruck, § 158 Rn. 20.
1173 So etwa *Eckardt* in: Jaeger, § 158 Rn. 91.
1174 Vgl. RegE-InsO, BT-Drucks. 12/2443, S. 173.
1175 Vgl. etwa *Eckardt* in: Jaeger, § 158 Rn. 85; *Jungmann* in: K. Schmidt, § 158 Rn. 23; *Wegener* in: Frankfurter Kommentar, § 158 Rn. 9.
1176 Vgl. *Ries* in: Heidelberger Kommentar, § 158 Rn. 5; *Webel* in: Kübler/Prütting/Bork, § 158 Rn. 12; *Zipperer* in: Uhlenbruck, § 158 Rn. 17.

b) Informationsbasis des Gerichts

Für die Entscheidung des Gerichts ist dessen Informationsgrundlage naturgemäß von erheblicher Bedeutung. Nach § 158 Abs. 2 S. 2 InsO hat es vor seiner Entscheidung den Insolvenzverwalter anzuhören. Eine Pflicht zur Anhörung eines möglicherweise eingesetzten vorläufigen Gläubigerausschusses[1177] oder anderer Gläubigergruppen besteht hingegen nicht. Darüber hinaus kann es auf die Begründung des Untersagungsantrags zurückgreifen, falls im Einzelfall eine solche überobligatorisch vorliegt.[1178] Die Frage, ob das Insolvenzgericht dafür über die genannten Informationsquellen hinaus noch sachverständigen Rat einholen darf, wird unter Berufung auf eine besondere Eilbedürftigkeit der Entscheidung überwiegend im Grundsatz verneint.[1179] Allerdings gilt auch bei der Entscheidung nach § 158 Abs. 2 S. 2 InsO der Amtsermittlungsgrundsatz nach § 5 Abs. 1 InsO.[1180] Nicht zuletzt besteht hinsichtlich der Voraussetzungen für eine Untersagung nach jener Vorschrift – wie soeben gezeigt – kein Erfordernis zur Glaubhaftmachung für den jeweiligen Antragsteller, das der Geltung des Grundsatzes entgegenstehen könnte.[1181] Daher kann dem Insolvenzgericht die Einholung von entsprechenden Gutachten keinesfalls generell verwehrt werden. Einschränkungen ergeben sich insoweit (nur) aus den allgemeinen Grenzen der Amtsermittlung,[1182] was in Bezug auf § 158 Abs. 2 S. 2 InsO im Besonderen bedeutet, dass eine etwaige Eilbedürftigkeit der Entscheidung bei der pflichtgemäßen Ermessensausübung des Gerichts über Art und Umfang der Ermittlungen Berücksichtigung zu finden hat. Ferner steht die eingangs erläuterte gesetzliche Vermutung des Bedürfnisses des Vollzugs des vorzeitigen Unternehmensverkaufs im Rahmen des § 158 Abs. 2 S. 2 InsO einer proaktiven Amtsermittlung von möglichen Untersagungsgründen entgegen.[1183] Dafür müssen mithin im Einzelfall hinreichende Anknüpfungspunkte bestehen. Schließlich ist der Gegenstand der gerichtlichen Prüfung streng auf die maßgeblichen Entscheidungsparameter begrenzt.

c) Entscheidungsparameter

Worüber das Gericht auf einen Antrag nach § 158 Abs. 2 S. 2 InsO hin in der Sache entscheiden muss und was es dabei überprüfen darf, erscheint jedoch keineswegs unstreitig. Einigkeit herrscht – vor allem im Hinblick auf den Wortlaut dieser Vorschrift (»untersagt […], wenn«) – erst wieder insoweit, als das Insolvenzgericht bei der Entscheidung über die Untersagung eines vorzeitigen Unternehmensverkaufs nach § 158 Abs. 2 S. 2 InsO letztlich kein Ermessen hat, ob es interveniert, sofern die Voraussetzungen dafür vorlie-

---

1177 Vgl. *Webel* in: Kübler/Prütting/Bork, § 158 Rn. 12.

1178 *Eckardt* in: Jaeger, § 158 Rn. 88.

1179 Vgl. *Eckardt* in: Jaeger, § 158 Rn. 88; *Webel* in: Kübler/Prütting/Bork, § 158 Rn. 13; *Zipperer* in: Uhlenbruck, § 158 Rn. 17. – A. A. *Wegener* in: Frankfurter Kommentar, § 158 Rn. 10.

1180 Insofern insbesondere auch noch *Eckardt* in: Jaeger, § 158 Rn. 78; *Zipperer* in: Uhlenbruck, § 158 Rn. 17; ferner freilich *Wegener* in: Frankfurter Kommentar, § 158 Rn. 10.

1181 S. dazu Teil 3 § 3 A. II. 2. d) cc) (3).

1182 S. dazu *Gerhardt* in: Jaeger, § 5 Rn. 6 ff.

1183 Vgl. im Ergebnis *Zipperer* in: Uhlenbruck, § 158 Rn. 17.

gen. Anerkannt ist aber auch, dass ihm insofern (zumindest *de facto*) ein gewisser Beurteilungsspielraum zukommt.[1184] Nicht zuletzt ist dabei – wie im Folgenden gezeigt werden soll – ein unbestimmter Rechtsbegriff maßgeblich, der in hohem Maße auslegungsbedürftig ist und seinerseits in nicht unerheblichem Maße Prognosen erfordert.

aa) Bedeutung anderer Kontrollmechanismen

Fraglich ist zunächst, inwieweit bei der Entscheidung das durch die Planung der Transaktion in der Zwischenphase manifestierte Placet des Insolvenzverwalters und möglicherweise vorliegende oder zu erwartende Voten der Gläubigerorgane maßgeblich sind, mithin das Gewicht anderer Kontrollmechanismen.

(1) Meinungsstand

So vertritt einerseits *Eckardt*[1185], dass das Gericht auch dann befugt sei, einen vorzeitigen Unternehmensverkauf nach § 158 Abs. 2 S. 2 InsO zu untersagen, wenn er wirtschaftlich nicht sinnvoll erscheint, sofern dafür im Einzelfall eine überwiegende Wahrscheinlichkeit besteht. Die zuvor wohl einhellige Ansicht in der Literatur hält hingegen explizit fest, dass das Insolvenzgericht keinesfalls Zweckmäßigkeitserwägungen anstellen dürfe; dies sei allein Sache des Insolvenzverwalters.[1186] Andererseits messen sogar einige Stimmen im Schrifttum in diesem Kontext dem – je nach Einzelfall – bereits geäußerten oder vermeintlich zu erwartenden Willen der Gläubigerorgane erhebliche Bedeutung zu: Eine vorherige Zustimmung des vorläufigen Gläubigerausschusses soll die Hürde für eine gerichtliche Untersagung höherlegen[1187] bzw. insoweit einen besonderen Begründungsaufwand erforderlich machen[1188].[1189] Andere betonen demgegenüber zwar, dass die Untersagungsentscheidung nach § 158 Abs. 2 S. 2 InsO stets unabhängig von einem etwaigen positiven Votum des vorläufigen Gläubigerausschusses sei, fordern ihrerseits aber wiederum eine antizipierende Berücksichtigung der Gläubigerversammlung: Deren voraussichtliches Votieren sei entsprechend in die Entscheidungsfindung des Gerichts einzubeziehen[1190] bzw. eine Abwägung mit ihrer Entscheidungskompetenz zu treffen[1191]. Ein wieder anderer Teil des Schrifttums misst hingegen offenbar keinem der anderen Kontrollmechanismen im vorliegenden Kontext Bedeutung zu.[1192]

1184 S. dazu mit begrifflicher Kritik *Eckardt* in: Jaeger, § 158 Rn. 84.
1185 *Eckardt* in: Jaeger, § 158 Rn. 86.
1186 Vgl. nur *Jungmann* in: K. Schmidt, § 158 Rn. 19; *Ries* in: Heidelberger Kommentar, § 158 Rn. 5; wohl auch *Zipperer* in: Uhlenbruck, § 158 Rn. 17.
1187 *Eckardt* in: Jaeger, § 158 Rn. 85.
1188 *Haffa/Leichtle* in: Braun, § 158 Rn. 7.
1189 Vgl. ähnlich auch *Wegener* in: Frankfurter Kommentar, § 158 Rn. 10.
1190 *Zipperer* in: Uhlenbruck, § 158 Rn. 17.
1191 *Janssen* in: MüKo, § 158 Rn. 28; *Andres* in: Andres/Leithaus, § 158 Rn. 13; vgl. auch *Webel* in: Kübler/Prütting/Bork, § 158 Rn. 14.
1192 Denn dort werden vielmehr rein wertmäßige Kriterien angesetzt, die es im Folgenden zu erläutern gilt, vgl. etwa *Balthasar* in: Nerlich/Römermann, § 158 Rn. 24; *Ries* in: Heidelberger Kommentar, § 158 Rn. 5; *Wegener* in: Frankfurter Kommentar, § 158 Rn. 10.

(2) Stellungnahme

Die Würdigung hat mit dem Gesetzeswortlaut zu beginnen. Dieser nennt als einziges Kriterium für die Entscheidung des Insolvenzgerichts nach § 158 Abs. 2 S. 2 InsO die zu erwartende Auswirkung auf das insolvenzbefangene Vermögen des Schuldners. Die Gesetzesmotive betonen sogar nochmals:

»Als Kriterium für die Entscheidung des Gerichts wird vorgegeben, ob die sofortige Stilllegung zur Vermeidung einer erheblichen Verminderung der Insolvenzmasse erforderlich ist«,

was seit der Neufassung des § 158 InsO durch das InsVerfVereinfG mangels gegensätzlicher Hinweise auch für den Veräußerungsfall gilt. Außerdem sei daran erinnert, dass gesetzgeberisch ausdrücklich gewollt und allgemein anerkannt ist, dass das Gericht auch ein positives Votum des vorläufigen Gläubigerausschusses faktisch überstimmen kann.[1193] Es wäre inkonsequent und würde den Kontrollmechanismus entwerten, wenn es seine Entscheidung nicht auch in der Sache vollkommen unabhängig von dessen Votum treffen kann. Ferner überzeugt es nicht, das Beteiligungsinteresse der Gläubiger bei der Entscheidung berücksichtigen zu lassen. Zum einen stünde dies nicht im Einklang damit, dass es zur Befassung des Gerichts nach der gesetzlichen Konzeption nur auf Antrag des Schuldners kommt. Zum anderen kommt diesem Begehren hier kein Vorrang gegenüber ihrem Befriedigungsinteresse zu, welches im Einzelfall eben auch *für* einen vorzeitigen Unternehmensverkauf sprechen kann. Nach alledem ist schließlich auch die Frage, ob eine spätere Gläubigerversammlung dem geplanten Unternehmensverkauf zustimmen würde, *per se* eine sachfremde Erwägung.

(3) Ergebnis

Insgesamt ist eine bewusste Entscheidung des Gesetzgebers zu erkennen, nach welcher der Umfang der gerichtlichen Prüfung auf das gesetzliche Kriterium der Erheblichkeit der zu erwartenden Masseminderung beschränkt ist. Davon losgelöste Zweckmäßigkeitserwägungen sind daher ebenso außer Betracht zu lassen wie die genannten Aspekte der Gläubigerautonomie.

bb) Erhebliche Verminderung der Insolvenzmasse nach § 158 Abs. 2 S. 2 InsO

Maßgeblich für die Entscheidung des Insolvenzgerichts über die Untersagung eines vorzeitigen Unternehmensverkaufs nach § 158 Abs. 2 S. 2 InsO ist somit allein, ob bis zum Berichtstermin eine erhebliche Verminderung der Insolvenzmasse im Sinne dieser Vorschrift zu erwarten ist. Dass bei der Anwendung dieses Merkmals eine rein wertmäßige Betrachtung des insolvenzbefangenen Vermögens vorzunehmen ist, ist im Grunde schon aus dem Gesetzeswortlaut ersichtlich (»Insolvenzmasse«), bestätigen die Motive aber noch einmal, indem sie festhalten, dass es insofern auf wirtschaftliche Gründe ankommt[1194]. Daher wird im Schrifttum zu Recht betont, dass anderweitige Aspekte ohne unmittelbaren Massebezug, wie etwa ein möglicher Arbeitsplatzerhalt,

---

1193 S. dazu Teil 3 § 3 A. II. 1. a).
1194 Vgl. RegE-InsO, BT-Drucks. 12/2443, S. 173.

für sich genommen nicht zu berücksichtigen sind.[1195] In Bezug auf einen vorzeitigen Unternehmensverkauf im Besonderen ist relevant, dass das fragliche Merkmal auch dann erfüllt ist, wenn – in Umstellung des Gesetzeswortlauts, aber in der Sache gleichbedeutend – die Veräußerung erheblich günstiger als ihre Untersagung bis zum Berichtstermin ist.[1196] Dies hat der Gesetzgeber klargestellt, indem er § 158 InsO im Rahmen der InsVerfVereinfG-Reform gerade deshalb um den Regelungsgegenstand »vorzeitiger Unternehmensverkauf« erweitert hat, um die Wahrnehmung einer »außerordentlich günstige[n] Veräußerungsmöglichkeit« zu ermöglichen.[1197] Soweit im Schrifttum insofern auf eine »sachliche Dringlichkeit« abgestellt wird,[1198] dürfte darin auch nur eine Umschreibung der wirtschaftlichen Aspekte liegen.

(1) Vergleichsparameter

Hinsichtlich der »Verminderung der Insolvenzmasse« i. S. d. § 158 Abs. 2 S. 2 InsO soll es ankommen auf den zu erwartenden Gesamtwert der Insolvenzmasse und die daraus folgende Befriedigungsquote der Gläubiger,[1199] die anhand einer Gesamtbetrachtung aller Umstände des Einzelfalls zu ermitteln seien[1200]. Dem ist beizupflichten, sofern diese Maßgaben im richtigen Kontext angewendet werden. Zu beachten ist insbesondere, dass bereits die gesetzgeberische Wahl des Begriffs »Verminderung« zeigt, dass das Gericht zwei alternative Szenarien zu vergleichen hat, wie im Kern auch *Jungmann*[1201] herausgearbeitet hat. In diesen Vergleich einzubeziehen ist einerseits der Massewert bei vorzeitigem Unternehmensverkauf. Dieser Parameter ergibt sich vor allem aus den Gegenleistungen, die für die Übertragung des jeweiligen Unternehmens geboten werden, mithin insbesondere aus dem Kaufpreis. Dabei sollten unter teleologischen Gesichtspunkten – wie im Rahmen des § 163 InsO bereits weitgehend anerkannt[1202] – auch die Zahlungsmodalitäten sowie weitere Effekte des vorzeitigen Verkaufs, die sich auf die Masse auswirken, angemessen Berücksichtigung finden. Auf der anderen Seite ist der prognostizierte Massewert bei regulärer Verwertung nach dem Berichtstermin einzustellen. Dieser Wert umfasst – je nach den im Einzelfall aus Sicht des Gerichts bestehenden Chancen – vor allem den zu erwartenden Erlös aus einer späteren Liquidation, übertragenden Sanierung oder Sanierung des Unternehmensträgers. Denn die Verwertungsfrage muss für einen sachgerechten Vergleich ebenfalls behandelt werden. Dabei sind etwaige Fortführungskosten, die voraussichtlich bis zum Berichtstermin entstehen,[1203] zu berücksichtigen, soweit sie nicht bereits

---

1195 Vgl. statt vieler *Frege* in: Kölner Kommentar, § 158 Rn. 4.
1196 Vgl. ähnlich *Webel* in: Kübler/Prütting/Bork, § 158 Rn. 13; auch *Ries* in: Heidelberger Kommentar, § 158 Rn. 1; *Wegener* in: Frankfurter Kommentar, § 158 Rn. 11.
1197 Vgl. RegE-InsVerfVereinfG, BT-Drucks. 16/3227, S. 20. – S. dazu auch Teil 2 § 2 A. I. 2.
1198 So etwa *Ries* in: Heidelberger Kommentar, § 158 Rn. 4 m. w. N.
1199 Vgl. statt vieler *Haffa/Leichtle* in: Braun, § 158 Rn. 8; *Ries* in: Heidelberger Kommentar, § 158 Rn. 5; *Zipperer* in: Uhlenbruck, § 158 Rn. 17.
1200 Vgl. statt vieler *Frege* in: Kölner Kommentar, § 158 Rn. 4; *Ries* in: Heidelberger Kommentar, § 158 Rn. 5; *Zipperer* in: Uhlenbruck, § 158 Rn. 17.
1201 Vgl. *Jungmann* in: K. Schmidt, § 158 Rn. 20.
1202 S. dazu Teil 3 § 3 A. II. 2. d) cc) (4) (b).
1203 Vgl. etwa *Webel* in: Kübler/Prütting/Bork, § 158 Rn. 13 m. w. N.

eingepreist worden sind. Sodann sind die beiden Werte, die naturgemäß auch erheblich auf Prognosen beruhen, in Relation zu setzen.

(2) Maßstab der Erheblichkeit

Ergibt sich dabei eine Differenz, bleibt zu prüfen, ob diese »erheblich« i. S. d. § 158 Abs. 2 S. 2 InsO ist. Im Schrifttum werden in diesem Kontext, wie auch in vergleichbaren Zusammenhängen,[1204] konkrete Prozentsätze vorgeschlagen, beispielsweise »10 % der Insolvenzmasse«;[1205] hier werden sie jedoch ganz überwiegend abgelehnt.[1206] Die Ablehnung wird vor allem damit begründet, dass eine solche Vorgehensweise der Individualität des Einzelfalls nicht gerecht werde.[1207] In Bezug auf einen starren zahlenmäßigen Grenzwert wäre dies freilich zutreffend. Dagegen sprechen schon die mit den erläuterten Prognosen einhergehenden Unwägbarkeiten. Sofern jedoch – wie hier soeben propagiert – bereits auf der ersten Stufe der Ermittlung der zu vergleichenden Gesamtsummen eine umfangreiche Betrachtung aller Umstände des Einzelfalls vorgenommen worden ist, erscheint es letztlich doch sowohl sachgerecht als auch für die Praxis sachdienlich, im Rahmen des Vergleichs einen prozentualen Schwellenwert anzusetzen. Dessen Erreichen sollte (nur) eine widerlegbare Vermutung für die »Erheblichkeit« i. S. d. § 158 Abs. 2 S. 2 InsO begründen. Als Schwellenwert erscheint eine Differenz von mindestens 10 % tatsächlich angemessen. Denn nach der Eröffnung des Insolvenzverfahrens kann und muss der Schuldnerschutz geringer und der Gläubigerschutz höher gewichtet werden als im Eröffnungsverfahren, wo bei der vergleichbaren Frage im Rahmen des § 22 Abs. 1 S. 2 Nr. 2 InsO vielfach auch 25 % angesetzt werden.[1208] Schließlich steht dann fest, dass »im Wesentlichen nur noch die wirtschaftlichen Interessen der Gläubiger auf dem Spiel stehen«, wie der Gesetzgeber betont hat.[1209] Dass die Gläubiger eine größere Verlusterwartung hinsichtlich ihrer Befriedigungsquote in Kauf nehmen müssen, erscheint weder gewollt noch gerechtfertigt.

cc) Zusammenfassung

Eine »erhebliche Verminderung der Insolvenzmasse« i. S. d. § 158 Abs. 2 S. 2 InsO ist somit dann zu erwarten, falls der anvisierte Unternehmensverkauf in der Zwischenphase erheblich günstiger ist als die im Einzelfall realistischen Alternativen. Die Prü-

---

1204 So zur »Erheblichkeit« i. S. d. § 160 InsO, wo die Anwendung solcher Schwellenwerte ebenfalls von der herrschenden Ansicht abgelehnt wird, vgl. nur *Jungmann* in: K. Schmidt, § 160 Rn. 20; sowie im Rahmen des § 22 Abs. 1 S. 2 Nr. 2 InsO, wo diesbezüglich überwiegend genau der entgegengesetzte Standpunkt vertreten wird, vgl. nur *Vallender* in: Uhlenbruck, § 22 Rn. 33.

1205 Vgl. insbesondere *Undritz/Fiebig* in: Berliner Kommentar, § 158 Rn. 14; im Ansatz wohl auch *Wegener* in: Frankfurter Kommentar, § 158 Rn. 12.

1206 So etwa *Haffa/Leichtle* in: Braun, § 158 Rn. 8; *Jungmann* in: K. Schmidt, § 158 Rn. 21; *Zipperer* in: Uhlenbruck, § 158 Rn. 17.

1207 Vgl. nur *Zipperer* in: Uhlenbruck, § 158 Rn. 17.

1208 So etwa *Haarmeyer/Schildt* in: MüKo, § 22 Rn. 114. – Dagegen etwa (auch insofern für 10 % plädierend) *Rüntz/Laroche* in: Heidelberger Kommentar, § 22 Rn. 23.

1209 RegE-InsVerfVereinfG, BT-Drucks. 16/3227, S. 20.

fung dieses Merkmals verlangt eine Gegenüberstellung der Werte der Insolvenzmasse bei vorzeitigem Unternehmensverkauf und bei regulärer Verwertung, mit denen bei Gesamtbetrachtung sämtlicher Umstände des Einzelfalls, die einen unmittelbaren Massebezug aufweisen, zu rechnen ist. Eine etwaige Differenz ist in der Regel dann erheblich, wenn sie 10 % oder mehr beträgt.

Darin liegt das alleinige sachliche Kriterium für die gerichtliche Entscheidung über die Untersagung eines vorzeitigen Unternehmensverkaufs nach § 158 Abs. 2 S. 2 InsO. Nur falls die oben umrissene Prüfung im Einzelfall ergibt, dass die Untersagung des vorzeitigen Unternehmensverkaufs voraussichtlich nicht zu einer erheblichen Verminderung der Insolvenzmasse im Sinne dieser Vorschrift führen wird, hat sie ausnahmsweise zu ergehen. Anderenfalls ist der Untersagungsantrag abzulehnen. Insbesondere hat das Gericht keine Zweckmäßigkeitserwägungen anzustellen und seine Entscheidung auch in der Sache unabhängig von einem etwaigen Gläubigervotum zu treffen.

2. Gläubiger

Fraglich ist, ob auch einzelne Gläubiger oder zumindest bestimmte Gläubigergruppen das Recht haben, die gerichtliche Untersagung eines Unternehmensverkaufs in der Zwischenphase nach den vorstehend erläuterten oder ähnlichen Maßgaben zu beantragen. Nicht zuletzt wird durch eine solche Transaktion ihr Beteiligungsinteresse erheblich berührt, da dadurch – um es wieder mit den Worten des Gesetzgebers zu sagen – »die Entscheidung der Gläubigerversammlung im Berichtstermin über den Fortgang des Insolvenzverfahrens [präjudiziert wird]«.[1210] Sofern sich eine Gruppe von Gläubigern gemäß §§ 75 Abs. 1 Nr. 3, Nr. 4 InsO zusammenfindet, kann sie zwar die Einberufung einer außerordentlichen Gläubigerversammlung erzwingen.[1211] Dadurch wäre der Verwalter aber strenggenommen nicht verpflichtet, die Gläubigerentscheidung abzuwarten.[1212] Für eine Untersagungswirkung, wie sie § 158 Abs. 2 S. 2 InsO vorsieht, fehlen die Anknüpfungspunkte.

In dieser Vorschrift findet die Gläubigerseite allerdings eben gerade keine Erwähnung. Konkret fraglich ist also zum einen, ob diese Vorschrift insoweit entsprechend anwendbar ist. Zum anderen könnte sich zumindest für qualifizierte Gläubigerminderheiten i. S. d. § 75 Abs. 1 Nr. 3 InsO eine Befugnis zur Beantragung einer gerichtlichen Intervention nach im Großen und Ganzen ähnlichen Maßgaben aus § 161 S. 2 InsO (analog) oder § 163 Abs. 1 InsO (analog) ergeben. Hinsichtlich der letzten beiden, allgemeinen Vorschriften stellt sich dabei die bereits zu Beginn dieses Kapitels aufgeworfene Frage nach ihrer Anwendbarkeit beim Sonderfall »vorzeitiger Unternehmensverkauf« i. S. d. § 158 InsO. Dabei kann weitgehend auf die entsprechenden Ausführungen zu § 162 InsO verwiesen werden.[1213] Vor diesem Hintergrund ist hier zunächst davon auszugehen, dass sowohl § 161 InsO in Bezug auf den Beschlussgegenstand »Unternehmensverkauf« als auch § 163 InsO ebenfalls erst ab dem Berichts-

---

1210 RegE-InsO, BT-Drucks. 12/2443, S. 173.
1211 *Janssen* in: MüKo, § 158 Rn. 5.
1212 *Eckardt* in: Jaeger, § 158 Rn. 76. – Dieser Unterschied dürfte vor allem im Hinblick auf gerichtliche Aufsichtsmaßnahmen relevant sein. Auch *Janssen* (in: MüKo, § 158 Rn. 5) bezweifelt, dass § 75 InsO insoweit aus Gläubigerschutzgesichtspunkten ausreicht.
1213 S. dazu Teil 3 § 2 B. II. 2.

termin anwendbar sind, mithin § 158 InsO auch insoweit in der Zwischenphase allein maßgeblich ist. Jedoch gilt es im Folgenden zu untersuchen, ob bezüglich der beiden hier in Rede stehenden Vorschriften jeweils spezielle Auslegungs- oder Interpretationskriterien für ein anderweitiges Ergebnis sprechen.

a) Meinungsstand

Im Schrifttum werden die vorliegenden Fragen kaum (eingehend) behandelt und, falls doch, abschlägig beschieden:

Soweit die Fragen in Literaturbeiträgen betreffend die Regulierung vorzeitiger Unternehmensverkäufe nach § 158 InsO behandelt werden, fallen die entsprechenden Ausführungen indes durchaus kritisch aus. Aus dieser Perspektive scheint der eingangs angerissene Regelungskonflikt somit aufzufallen. So bemängelt *Marotzke*[1214], dass § 158 Abs. 2 S. 2 InsO keine Antragsberechtigung für die »Gläubigerseite« vorsehe, und zwar anders als in den §§ 161 S. 2, 163 Abs. 1 InsO auch nicht für eine qualifizierte Gläubigerminderheit i. S. d. § 75 Abs. 1 Nr. 3 InsO. Nach *Webel*[1215] ist ein Gläubigerantrag im Kontext dieser Vorschrift, auch aus der Mitte des Gläubigerausschusses, vom Gesetzgeber nicht gewollt und daher unzulässig, was er indes ebenfalls für »nicht recht verständlich« hält. *Janssen*[1216] weist – ebenfalls kritisch im Hinblick auf den Gläubigerschutz – darauf hin, dass für die Gläubiger »nur« die hier soeben erläuterte Möglichkeit eines Antrags nach § 75 InsO bestehe; im Kontext des § 158 InsO scheide ein »analoges Antragsrecht der Gläubiger nach dem Vorbild in §§ 161, 163« InsO mangels *planwidriger* Regelungslücke aus[1217]. Auch *Eckardt*[1218] sieht bei einem vorzeitigen Unternehmensverkauf nach § 158 InsO für die Gläubigerseite direkt keine Untersagungsmöglichkeit, erkennt darin im Hinblick auf die Fälle des § 163 InsO ebenfalls eine »Problematik«, zieht aber insoweit keine analoge Antragsbefugnis der Gläubiger, sondern eine teleologische Reduktion des § 158 InsO in Betracht.

Soweit sich die einschlägigen Literaturbeiträge gewissermaßen aus der entgegengesetzten Perspektive primär mit den Anwendungsbereichen der §§ 161, 163 InsO befassen, fallen sie in der Sache gleich und sogar noch weniger kritisch aus: In Bezug auf § 161 InsO halten in dem nach der InsVerfVereinfG-Reform erschienenen Schrifttum mehrere Stimmen fest, dass diese Vorschrift im Zeitraum vor dem Berichtstermin durch die dadurch neu gefasste Sonderregelung des § 158 InsO verdrängt werde;[1219] allein *Eckardt*[1220] verneint insofern darüber hinaus noch die analoge Anwendbarkeit jener Vorschrift ausdrücklich, indes ohne nähere Begründung. Er nimmt soweit ersichtlich auch als Einziger zur konkreten Frage der Anwendbarkeit des § 163 InsO bei einem vorzeitigen Unternehmensverkauf Stellung und verneint sie wiederum unter

---

1214 *Marotzke*, KTS 2014, 113, 150 f.
1215 *Webel* in: Kübler/Prütting/Bork, § 158 Rn. 4.
1216 *Janssen* in: MüKo, § 158 Rn. 5.
1217 *Janssen* in: MüKo, § 158 Rn. 26.
1218 Vgl. *Eckardt* in: Jaeger, § 158 Rn. 17 und 76.
1219 *Eckardt* in: Jaeger, § 158 Rn. 17 und § 161 Rn. 10; *Jungmann* in: K. Schmidt, § 161 Rn. 2; *Ries* in: Heidelberger Kommentar, § 161 Rn. 1. – S. zu der abweichenden Ansicht aus der Zeit vor der InsVerfVereinfG-Reform Teil 3 § 1 B. II.
1220 *Eckardt* in: Jaeger, § 158 Rn. 76.

Berufung auf den *lex-specialis*-Grundsatz im Hinblick auf § 158 InsO.[1221] Im Übrigen finden sich zu jener Vorschrift regelmäßig die Hinweise, dass sie (nur) gegenüber den §§ 160, 161 InsO eine Sonderregelung darstelle[1222] bzw. (nur) eine Erweiterung der Voraussetzungen sei, die an einen Unternehmensverkauf i. S. d. 160 InsO geknüpft sind[1223]. Zu alldem gilt es im Folgenden Stellung zu beziehen.

b) § 158 Abs. 2 S. 2 InsO (analog)

Fraglich ist zuvorderst, ob § 158 Abs. 2 S. 2 InsO tatsächlich als vorrangige Sonderregelung gegenüber § 163 InsO einzustufen ist. Der Verweis auf den *lex-specialis*-Grundsatz setzt bekanntermaßen voraus, dass die Normen in Konkurrenz stehen. Nicht zuletzt da § 158 Abs. 2 S. 2 InsO aber eben keine Untersagungsmöglichkeiten für die Gläubigerseite explizit vorsieht, dürfte dies allenfalls dann in Betracht kommen, wenn mit dieser Vorschrift eine *abschließende* Regelung getroffen werden sollte. Zu prüfen ist damit konkret, ob der Einwand trägt, der Gesetzgeber habe in § 158 Abs. 2 S. 2 InsO eine (abschließende) Nichtregelungsentscheidung im Hinblick auf eine Untersagungsmöglichkeit der Gläubiger bei einem vorzeitigen Unternehmensverkauf getroffen.[1224] Der Hintergrund dazu ist, dass nach der Entwurfsfassung des heutigen § 158 Abs. 2 InsO (§ 177 Abs. 2 RegE-InsO) neben dem Insolvenzschuldner auch noch einzelne Mitglieder des Gläubigerausschusses das Recht haben sollten, eine Untersagung zu beantragen. Genau diese Regelung strich im weiteren Verlauf jedoch der Rechtsausschuss,[1225] was die Annahme einer entsprechend »beredten« Lücke in § 158 Abs. 2 S. 2 InsO zugegebenermaßen nahelegt.

Dem ist allerdings entgegenzusetzen, dass bezüglich der »Sperrwirkung« einer Nichtregelungsentscheidung – wie im Abschnitt betreffend die methodologischen Grundlagen dieser Figur bereits dargelegt[1226] – stets ihr Umfang zu beachten ist: Nur in Bezug auf den konkreten Sachverhalt, den der Gesetzgeber bewusst nicht geregelt hat, kann und muss sie bei der Interpretation des Gesetzes berücksichtigt werden. Nun hat *Lüke*[1227] schon vor einiger Zeit darauf hingewiesen, dass sich der Gesetzgeber bei der Entscheidung nicht im Allgemeinen mit den Möglichkeiten des Eingriffs in das Verfahren bei Maßnahmen nach § 158 InsO für die Gläubigerseite beschäftigt habe; lediglich die besondere Frage, ob »auch den einzelnen (überstimmten) Mitgliedern

---

1221 *Eckardt* in: Jaeger, § 158 Rn. 16 und 163 Rn. 9.

1222 Vgl. *Janssen* in: MüKo, § 163 Rn. 1; *Ries* in: Heidelberger Kommentar, § 163 Rn. 1; *Webel* in: Kübler/Prütting/Bork, § 163 Rn. 2; *Zipperer* in: Uhlenbruck, § 163 Rn. 2.

1223 Vgl. *Balthasar* in: Nerlich/Römermann, § 163 Rn. 2 f.; *Bünning/Beyer* in: Braun, § 162 Rn. 1; *Frege* in: Kölner Kommentar, § 163 Rn. 5.

1224 So in der Sache *Janssen* in: MüKo, § 163 Rn. 26; vgl. auch *Webel* in: Kübler/Prütting/Bork, § 163 Rn. 4. – Die Sachfragen in Bezug auf den abschließenden Charakter einer Norm sind weitgehend dieselben wie hinsichtlich der Planwidrigkeit der Regelungslücke einer anderen Vorschrift. Sie stellen sich lediglich in einem anderen methodologischen Gewand abhängig von der Perspektive. So stellt etwa auch der *Bundesgerichtshof* bei der Prüfung der analogen Anwendbarkeit direkt darauf ab, ob dem eine andere abschließende Sonderregelung entgegensteht, vgl. nur BGH NJW 2005, 1348, 1349 (= BGHZ 162, 219).

1225 Vgl. Rechtsausschuss zum RegE-InsO, BT-Drucks. 12/7302, S. 175.

1226 S. dazu Teil 2 § 2 A. I. 3. b) cc).

1227 *Lüke* in: Prütting, S. 67, 76 mit Fn. 43.

dieses Gremiums ein Antragsrecht zugestanden werden soll«, sei Gegenstand seiner Erwägungen gewesen. Dieses Verständnis erscheint zutreffend. Dafür spricht zunächst, dass sich die Begründung der Streichung in der amtlichen Begründung eben allein zu Letzterem explizit verhält. So lautet die maßgebliche Passage wörtlich:

»In [§ 158 Abs. 2 S. 2 InsO] hat der Ausschuß das Antragsrecht des Mitglieds des Gläubigerausschusses gestrichen. Zwar können die Gläubigerinteressen durch eine Stillegung des insolventen Unternehmens vor dem Berichtstermin erheblich betroffen sein. Wenn ein Gläubigerausschuss bestellt ist, sind diese Interessen jedoch ausreichend dadurch gewahrt, daß diese Maßnahme nur mit Zustimmung des Gläubigerausschusses erfolgen kann [§ 158 Abs. 1 InsO]. Es ist nicht erforderlich, daß ein überstimmtes Mitglied die Möglichkeit hat, nachträglich einen Mehrheitsbeschluß des Ausschusses korrigieren zu lassen.«[1228]

Zu berücksichtigten ist außerdem, dass es sich bei dem Entwurf um eine atypische Regelung handelte. Denn Rechte einzelner Mitglieder des Gläubigerausschusses sind in der Insolvenzordnung äußerst rar gesät.[1229] In aller Regel stehen verfahrensrechtliche Mitwirkungs- oder Antragsbefugnisse nur dem Kollegialorgan zu.[1230] Ähnliches gilt für einzelne Gläubiger. Sie müssen sich insoweit regelmäßig in bestimmten Gruppen zusammenfinden.[1231] Dies lässt annehmen, dass der Gesetzgeber zwar davon absehen wollte, eine Sonderregelung einzuführen, ohne aber eine Entscheidung über die üblichen Gestaltungen zu treffen. Ferner ist zu beachten, dass der Rechtsauschuss ausführte, die Regelung sei nicht »erforderlich«, obwohl er vorher noch betont hatte, dass in der maßgeblichen Konstellation die Gläubigerinteressen »erheblich betroffen« seien.[1232] Diese Tatsache legt den Schluss nahe, dass er die Interessen der Gläubiger im Kontext des § 158 InsO auf eine andere Weise bereits gewahrt sah, wofür freilich gerade die Gläubigerrechte der §§ 161 S. 2, 163 Abs. 1 InsO in Betracht kommen.

Nach alledem ist als *Zwischenergebnis* zu konstatieren, dass die gesetzgeberische Nichtregelungsentscheidung im Rahmen des § 158 Abs. 2 S. 2 InsO auf die erläuterte Sonderfrage betreffend einzelne (überstimmte) Gläubiger beschränkt ist; davon nicht erfasst ist insbesondere die Frage, ob größere Gläubigergruppen bei einem vorzeitigen Unternehmensverkauf eine gerichtliche Intervention nach den anderen Regelungen beantragen können. Damit erscheint indes zugleich das Folgende geklärt: Sollte in dieser Konstellation § 161 S. 2 InsO oder § 163 Abs. 1 InsO (entsprechend) anwendbar sein, wäre insoweit ein Analogieschluss aus § 158 Abs. 2 S. 2 InsO unzulässig, und zwar deshalb, weil dem der Plan des Gesetzgebers (nur) insoweit entgegensteht, als der notwendige Gläubigerschutz eben tatsächlich auf andere Weise gewährleistet sein soll. Auf der anderen Seite wäre dann mit *Eckardt*[1233] auch eine teleologische Reduktion dieser Vorschrift in den Fällen des § 163 InsO von vornherein auszuscheiden, da keineswegs geboten.

1228 Rechtsausschuss zum RegE-InsO, BT-Drucks. 12/7302, S. 175.
1229 So in §§ 69 S. 2 und 70 S. 2 InsO, die im Übrigen nicht das Verfahren als solches, sondern gewissermaßen Interna des Gläubigerausschusses betreffen.
1230 Vgl. *Gerhardt* in: Jaeger, § 69 Rn. 4; *Knof* in: Uhlenbruck, § 69 Rn. 3; *Schmid-Burgk* in: MüKo, § 69 Rn. 6.
1231 So etwa im Rahmen von §§ 75 Abs. 1, 161 S. 2 und 163 Abs. 1 InsO.
1232 Rechtsausschuss zum RegE-InsO, BT-Drucks. 12/7302, S. 175.
1233 *Eckardt* in: Jaeger, § 158 Rn. 16.

c) § 161 S. 2 InsO (analog)

Allerdings offenbart schon ein kurzer Blick auf § 161 S. 2 InsO, dass zumindest diese Vorschrift bei einem vorzeitigen Unternehmensverkauf i. S. d. § 158 InsO nicht (entsprechend) anwendbar, mithin insoweit das hergebrachte Verständnis in der Literatur zutreffend ist. Der unmittelbaren Anwendbarkeit dieser Vorschrift lässt sich – neben den bereits im Rahmen der Auslegung des § 162 InsO erwähnten Aspekten, die das Verhältnis der §§ 160 ff. InsO gegenüber § 158 InsO im Allgemeinen betreffen[1234] – noch ihr Wortlaut entgegenhalten. Denn demnach gilt sie nur »[i]n den Fällen des § 160« InsO und diese Norm ist ihrerseits eben zumindest in Bezug auf den Beschlussgegenstand »Unternehmensverkauf« in der Zwischenphase nicht anwendbar.[1235] Außerdem soll § 161 InsO ausweislich der amtlichen Begründung bei »besonders bedeutsamen Rechtshandlungen« greifen,[1236] worin ein erneuter Verweis auf den so betitelten § 160 InsO liegt. Dieser eindeutige, exklusive Bezug jener Vorschrift lässt schon ihre Analogiefähigkeit bezweifeln. Ein solcher Schluss ist jedenfalls nicht geboten. Dabei ist noch vernachlässigbar, dass der Sinn und Zweck des § 161 InsO (Stärkung der Gläubigerversammlung gegenüber dem -ausschuss[1237]) im vorliegenden Kontext nicht einschlägig erscheint, da der Gesetzgeber in § 158 Abs. 1 InsO die besondere Wertung getroffen hat, dass bei einem vorzeitigen Unternehmensverkauf noch nicht einmal letzteres Gläubigerorgan zwingend zu beteiligen ist. Entscheidend ist, dass die Untersagung im Rahmen des § 161 S. 2 InsO ausweislich des Gesetzeswortlauts an keine materielle Voraussetzung geknüpft ist; ein entsprechender Antrag von einer qualifizierten Gläubigerminderheit i. S. d. § 75 Abs. 1 Nr. 3 InsO genügt demnach dafür. Wäre dem tatsächlich so, müsste ein vorzeitiger Unternehmensverkauf im Einzelfall etwa auch dann untersagt werden, wenn er gemäß § 158 Abs. 2 S. 2 InsO außerordentlich günstig erscheint. Darin läge ein systematischer Bruch mit dieser Vorschrift und den darin verkörperten Zielen des Gesetzgebers.[1238] Zwar verstehen § 161 S. 2 InsO nur wenige Stimmen im Schrifttum tatsächlich derart weit,[1239] überwiegend werden materielle Untersagungsvoraussetzungen angelegt[1240]. Die Vorschläge weichen aber inhaltlich so weit voneinander ab, dass die Kriterien letztlich in der Tat als »völlig ungeklärt« einzustufen sind.[1241] Allein schon die damit verbundene Rechtsunsicherheit würde in der praktischen Rechtsanwendung die gesetzgeberischen Ambitionen gefährden.

d) § 163 Abs. 1 InsO (analog)

Das lenkt den Blick auf § 163 Abs. 1 InsO. Nicht zuletzt regelt diese Vorschrift gerade eine Untersagungsmöglichkeit bei einem Unternehmensverkauf im Allgemeinen und schreibt dafür auch konkrete sachliche Voraussetzungen vor, die – wie es die amtliche

---

1234 S. dazu Teil 3 § 2 B. II. 2. b).
1235 S. dazu Teil 3 § 1 A. II.
1236 RegE-InsO, BT-Drucks. 12/2443, S. 173.
1237 Vgl. RegE-InsO, BT-Drucks. 12/2443, S. 174.
1238 S. dazu Teil 2 § 2 A. I. 2 und Teil 3 § 2 B. II. 2. a).
1239 So etwa *Andres* in Andres/Leithaus, § 161 Rn. 6.
1240 S. dazu *Eckardt* in: Jaeger, § 161 Rn. 58 ff.
1241 So *Eckardt* in: Jaeger, § 158 Rn. 58.

Überschrift selbst fasst – im Kern besagen, dass die geplante Veräußerung »unter Wert« sein muss. Zu prüfen ist, ob sie auch bei einem vorzeitigen Unternehmensverkauf nach § 158 InsO im Besonderen anwendbar ist.

aa) Normzweck

Der Telos von § 163 InsO liegt in der Abwehr der konkreten Gefahr einer Masseschädigung durch einen unterwertigen Unternehmensverkauf, wie besonders deutlich und zu Recht *Jungmann*[1242] der wohl überwiegenden Ansicht[1243] im Schrifttum entgegnet, die ihr jegliche Sinnhaftigkeit weitgehend abspricht. Denn an dieser Stelle ist freilich nicht die vermeintliche Zweckdienlichkeit in der Praxis, sondern die gesetzgeberische Intention bei der Schaffung der Regelung maßgeblich. Diese Zielsetzung ist nicht zuletzt durch deren amtliche Überschrift manifestiert. Sie lässt sich auch der amtlichen Begründung entnehmen, nach der die Vorschrift eben verhindern soll, dass ein Unternehmen zu ungünstigeren Konditionen als im Einzelfall möglich verkauft wird.[1244] Das Ziel wurde auch nicht etwa dadurch aufgegeben, dass das Insolvenzplanerfordernis, welches der Entwurf des § 163 InsO noch als Kontrollmechanismus vorgesehen hatte (§ 182 Abs. 2 RegE-InsO), durch den Rechtsausschuss gestrichen wurde.[1245] Dafür bestehen schlicht keine Hinweise. Die Streichung erfolgte gerade nicht ersatzlos und wurde vielmehr mit »Verfahrensvereinfachung« und »Gerichtsentlastung« begründet.[1246] Ob die heutige Regelung zweckgemäß ist, ist eine andere Frage, die an dieser Stelle nicht zur Debatte steht – zwecklos ist § 163 InsO keinesfalls. Dass auch ein *vorzeitiger* Unternehmensverkauf »unter Wert« im Sinne dieser Vorschrift erfolgen kann, dürfte außer Frage stehen. Da die Regelung der Abwehr eben dieser Gefahr dienen soll, spricht der Normzweck entsprechend deutlich für ihre Anwendbarkeit in der Zwischenphase, sei sie direkt oder entsprechend.

bb) Direkte Anwendbarkeit

Gemessen an dem Gesetzeswortlaut bedarf es dafür keines Analogieschlusses. Denn § 163 Abs. 1 InsO bezieht sich ohne jegliche Einschränkung hinsichtlich der Verfahrensphase auf die »geplante Veräußerung des Unternehmens oder eines Betriebs«. Der Normtext ist offen für eine direkte Anwendbarkeit in der Zwischenphase, mehr aber auch nicht. Dagegen spricht indes die Historie des § 163 InsO: Der Gesetzgeber ging ausweislich der amtlichen Begründung offensichtlich davon aus, dass diese Vorschrift (§ 182 RegE-InsO) zeitgleich zu § 161 InsO (§ 180 RegE-InsO) anwendbar ist. Denn er riet dort dazu, sicherheitshalber Anträge auf Grundlage beider Normen parallel zu

---

1242 *Jungmann* in: K. Schmidt, § 163 Rn. 1; vgl. ähnlich *Balthasar* in: Nerlich/Römermann, § 163 Rn. 2; *Frege* in: Kölner Kommentar, § 163 Rn. 3.
1243 Vgl. *Smid* in: Rattunde/Smid/Zeuner, § 163 Rn. 9 (»schlechthin unsinnig«); ähnlich *Decker* in: Hamburger Kommentar, § 163 Rn. 1 (»redaktionsversehentliches Überbleibsel«); differenzierend *Eckardt* in: Jaeger, § 163 Rn. 1 ff.
1244 RegE-InsO, BT-Drucks. 12/2443, S. 175.
1245 So aber wohl *Eckardt* in: Jaeger, § 163 Rn. 2.
1246 Rechtsausschuss zum RegE-InsO, BT-Drucks. 12/7302, S. 176.

stellen.[1247] Unter Berücksichtigung der soeben zu letzterer Vorschrift getroffenen Ausführungen legt dies nahe, dass § 163 InsO ebenfalls erst nach dem Berichtstermin anwendbar sein soll. Dafür streiten schließlich auch gleich mehrere Aspekte, die bereits im Kontext des § 162 InsO erläutert wurden und das (systematische) Verhältnis der §§ 160 ff. InsO zu § 158 InsO im Allgemeinen betreffen.[1248] Bei einer Gesamtbetrachtung aller Auslegungskriterien ist die Frage nach der *unmittelbaren* Anwendbarkeit des § 163 InsO bei einem vorzeitigen Unternehmensverkauf eher zu verneinen.

cc) Analoge Anwendbarkeit

Zu prüfen bleibt, ob diese Vorschrift insoweit *entsprechend* anwendbar ist. Denn nach dem hier angesetzten Verständnis spricht nicht nur – wie soeben erläutert – ihr Telos deutlich dafür, sondern wäre ein Analogieschluss insbesondere auch mangels planmäßiger Regelungslücke (abschließender Sonderregelung) in Bezug auf die Interventionsmöglichkeiten der Gläubigerseite in § 158 InsO[1249] nicht von vornherein unzulässig. Damit ist hier konkret nur noch fraglich, ob bei einem vorzeitigen Unternehmensverkauf die Interessenlage vergleichbar ist. Insbesondere könnte die (entsprechende) Anwendbarkeit des § 163 InsO vor dem Berichtstermin – wie die des § 162 InsO[1250] – vorrangigen Zielen des Gesetzgebers zuwiderlaufen. Schließlich betont auch *Eckardt*[1251] in diesem Kontext die mit der Neufassung des § 158 InsO im Zuge der InsVerfVereinfG-Reform verfolgten gesetzgeberischen Absichten. Die Frage lässt sich indes nur im vollen Bewusstsein davon beantworten, *was* § 163 InsO konkret regelt, insbesondere ob und gegebenenfalls an welche Kriterien die gerichtliche Untersagungsentscheidung geknüpft ist.

(1) Grundlagen zur Regelung

Im Rahmen des § 163 Abs. 1 InsO ist eben auch die Gläubigerseite antragsbefugt, namentlich eine qualifizierte Gläubigerminderheit i. S. d. § 75 Abs. 1 Nr. 3 InsO. Eine solche Gruppe setzt als Mitglieder mindestens fünf absonderungsberechtigte oder nicht nachrangige Insolvenzgläubiger voraus,[1252] die mindestens 20 % der Summe aller Absonderungsrechte und der Forderungsbeträge aller nicht nachrangigen Insolvenzgläubiger innehaben. Diese Rechtspositionen können in der Praxis typischerweise nur größere Gläubiger aufweisen.[1253] Ein gemeinsamer Antrag dieser Gläubiger ist jedoch nicht erforderlich. Denn das Insolvenzgericht hat bei mehreren Anträgen zu prüfen, ob das Quorum insgesamt erreicht ist.[1254]

1247 Vgl. RegE-InsO, BT-Drucks. 12/2443, S. 175.
1248 S. dazu Teil 3 § 2 B. II. 2. b).
1249 S. dazu Teil 3 § 3 A. II. 2. b).
1250 S. dazu Teil 3 § 2 B. II. 2. b) dd).
1251 Vgl. *Eckardt* in: Jaeger, § 158 Rn. 16.
1252 Das für einzelne Großgläubiger eingeführte Privileg des § 75 Abs. 1 Nr. 4 InsO gilt hier nicht entsprechend, vgl. *Eckardt* in: Jaeger, § 163 Rn. 19.
1253 *Jungmann* in: K. Schmidt, § 75 Rn. 6.
1254 *Eckardt* in: Jaeger, § 163 Rn. 19.

Die Gläubiger müssen – anders als der Schuldner im Rahmen des § 158 Abs. 2 S. 2 InsO – das Vorliegen der Untersagungsvoraussetzungen des § 163 Abs. 1 InsO wegen der expliziten gesetzlichen Anordnung glaubhaft machen. Das Gericht muss daher im Einzelfall zwar nicht voll davon überzeugt sein, es aber zumindest für überwiegend wahrscheinlich halten, dass sie gegeben sind,[1255] mithin muss praktisch mehr dafür als dagegen sprechen[1256]. Zur Glaubhaftmachung können sich die Gläubiger gemäß § 4 InsO i. V. m. § 294 ZPO aller präsenten zivilprozessualen Beweismittel und eidesstattlicher Versicherungen bedienen.[1257] Aus Sicht des Gesetzgebers, die indes viele Stimmen im Schrifttum für praxisfern halten,[1258] bieten sich hierzu auch Sachverständigengutachten an.[1259] Allein die unsubstantiierten Behauptungen, dass die Möglichkeit einer günstigeren Veräußerung bestehe,[1260] oder dass der anvisierte Unternehmensverkauf unter Wert erfolge,[1261] genügen dafür jedoch nach allgemeinen Grundsätzen keineswegs.

(2) Untersagungswirkung

Gibt das Insolvenzgericht einem Antrag nach § 163 Abs. 1 InsO statt, hat es nach dem Gesetzeswortlaut die Anordnung zu treffen, dass der geplante Unternehmensverkauf »nur mit Zustimmung der Gläubigerversammlung zulässig ist«. Da damit explizit die Zulässigkeit unter eine Voraussetzung gestellt wird, würde man denken, es sei selbstverständlich, dass die Wirkung einer solchen Anordnung vor allem darin liegt, dass eine Veräußerung vor der angeordneten Zustimmung der Gläubigerversammlung bereits für sich genommen unzulässig wäre und der jeweilige Insolvenzverwalter dadurch gegen seine insolvenzrechtlichen Pflichten verstoßen würde. So sieht es in der Sache auch die wohl überwiegende Ansicht im Schrifttum.[1262] Allerdings vertreten dort andere, auf der Grundlage von § 163 InsO dürfe das Insolvenzgericht die geplante Maßnahme gerade nicht untersagen;[1263] allein eine solche gerichtliche Anordnung hindere den Insolvenzverwalter nicht, den geplanten Unternehmensverkauf vorzunehmen.[1264] Der Hintergrund dazu ist häufig der bereits eingangs erwähnte gesetzgeberische Rat, wonach

---

1255 Vgl. etwa *Decker* in: Hamburger Kommentar, § 163 Rn. 4; *Janssen* in: MüKo, § 163 Rn. 9 f.; *Webel* in: Kübler/Prütting/Bork, § 163 Rn. 5; zur Glaubhaftmachung i. R. d. § 290 Abs. 2 InsO BGH NZI 2003, 662 (= BGHZ 156, 139).

1256 Vgl. *Zipperer* in: Uhlenbruck, § 163 Rn. 5.

1257 Vgl. nur *Eckardt* in: Jaeger, § 163 Rn. 42 m. w. N.

1258 So etwa *Eckardt* in: Jaeger, § 163 Rn. 42; *Janssen* in: MüKo, § 163 Rn. 10; *Undritz/Fiebig* in: Berliner Kommentar, § 163 Rn. 10.

1259 Vgl. RegE-InsO, BT-Drucks. 12/2443, S. 175.

1260 Vgl. etwa *Webel* in: Kübler/Prütting/Bork, § 163 Rn. 6.

1261 Vgl. etwa *Janssen* in: MüKo, § 163 Rn. 10.

1262 Vgl. etwa *Hofmann* in *Graf-Schlicker*, § 163 Rn. 7; *Eckardt* in: Jaeger, § 163 Rn. 47; *Janssen* in: MüKo, § 163 Rn. 15; *Webel* in: Kübler/Prütting/Bork, § 163 Rn. 6b; wohl ebenso *Decker* in: Hamburger Kommentar, § 163 Rn. 1; *Ries* in: Heidelberger Kommentar, § 163 Rn. 6; ähnlich ferner *Wegener* in: Frankfurter Kommentar, § 163 Rn. 1 und 5.

1263 So vor allem *Jungmann* in: K. Schmidt, § 163 Rn. 3, nach dem – im unmittelbaren Anwendungsbereich der Vorschrift – daher eine möglicherweise bereits vorliegende Willensäußerung der Gläubigerversammlung bis zu ihrem Widerruf maßgeblich bleibe.

1264 Vgl. *Balthasar* in: Nerlich/Römermann, § 163 Rn. 18; *Spieker*, S. 215 f.; wohl auch *Frege* in: Kölner Kommentar, § 163 Rn. 4 und 15; *Zipperer* in: Uhlenbruck, § 163 Rn. 8 f.

unter Umständen zusätzlich zum Vorgehen über § 163 Abs. 1 InsO noch ein Antrag auf vorläufige Untersagung der jeweiligen Rechtshandlung nach § 161 S. 2 InsO zu stellen sei.[1265] Die meisten Vertreter des genannten Ansatzes gehen dementsprechend auch davon aus, dass diese beiden Vorschriften stets nebeneinander anwendbar sind.[1266] So viel zum *Meinungsstand.*

Die *Stellungnahme* hat mit dem Hinweis zu beginnen, dass letztere Annahme jedoch – unter Berücksichtigung der vorstehenden Ausführungen zu § 161 S. 2 InsO – nicht zuletzt dann nicht zutrifft, wenn § 163 Abs. 1 InsO bei einem vorzeitigen Unternehmensverkauf i. S. d. § 158 InsO analog anwendbar sein sollte.[1267] Des Weiteren gilt es zu beachten, dass die amtliche Begründung an der maßgeblichen Stelle lediglich eine *Empfehlung* aussprach,[1268] was kaum für die rechtliche Notwendigkeit einer zusätzlichen vorläufigen Untersagung nach § 161 S. 2 InsO spricht, sondern eher Klarstellungszwecke annehmen lässt.[1269] Das gilt umso mehr, als sie konkret für den Fall ausgesprochen wurde, dass bereits eine Zustimmung des Gläubigerausschusses (nach § 160 Abs. 1 S. 1 InsO) vorliegt. Schließlich darf diese gesetzgeberische Randbemerkung mit eher unklarem Zweck nicht vom Gesetzeswortlaut ablenken, der nun einmal – wie eingangs dargelegt – deutlich für die erstgenannte Ansicht spricht. Das gilt umso mehr bei systematischer Betrachtung. So steht in Bezug auf § 162 InsO, wo der Zustimmungsvorbehalt der Gläubigerversammlung gesetzlich geregelt ist, soweit ersichtlich, zu Recht außer Frage, dass der Verwalter vor ihrer Beteiligung eben nicht veräußern darf.[1270] Dass das Erfordernis der Zustimmung im vorliegenden Kontext durch das Gericht angeordnet wird, kann insofern keinen Unterschied machen.

Somit ist als *Ergebnis* festzuhalten, dass einem Insolvenzverwalter allein kraft Anordnung des Zustimmungsvorbehalts nach § 163 Abs. 1 InsO untersagt ist, den im Einzelfall ursprünglich anvisierten Unternehmensverkauf vorzunehmen; der entsprechenden, wohl überwiegenden Ansicht im Schrifttum ist beizupflichten. Damit entspricht die Wirkung dieser gerichtlichen Intervention im Wesentlichen der bei einer stattgebenden § 158 Abs. 2 S. 2 InsO-Entscheidung.[1271] Betont sei, dass auch im vorliegenden Kontext eine etwaige Zustimmung des (vorläufigen) Gläubigerausschusses faktisch durch das Gericht überstimmt werden kann.[1272]

1265 Vgl. RegE-InsO, BT-Drucks. 12/2443, S. 175.

1266 Vgl. *Balthasar* in: Nerlich/Römermann, § 163 Rn. 18; *Frege* in: Kölner Kommentar, § 163 Rn. 4 und 15; *Zipperer* in: Uhlenbruck, § 163 Rn. 8. – A. A. *Jungmann* in: K. Schmidt, § 163 Rn. 3.

1267 Daneben kommt § 163 InsO nach einer im Vordringen befindlichen Ansicht auch insoweit ein eigenständiger Anwendungsbereich zu, als sie unter Umständen auch dann anwendbar ist, wenn im Einzelfall die Gläubiger*versammlung* bereits dem geplanten Unternehmensverkauf zugestimmt hatte, vgl. so nun etwa auch *Eckardt* in: Jaeger, § 163 Rn. 23 f.

1268 Vgl. (auch zum Folgenden) RegE-InsO, BT-Drucks. 12/2443, S. 175.

1269 Vgl. ähnlich *Webel* in: Kübler/Prütting/Bork, § 163 Rn. 6b mit Fn. 31 (»überflüssig«).

1270 Vgl. nur *Eckardt* in: Jaeger, § 162 Rn. 46 ff.

1271 S. dazu Teil 3 § 3 A. II. 1. a).

1272 Vgl. statt aller *Janssen* in: MüKo, § 163 Rn. 3. – Etwas anderes soll nur gelten, falls die Gläubigerversammlung zuvor beschlossen hatte, alle Entscheidungsbefugnisse abschließend auf den Gläubigerausschuss zu übertragen oder sie bereits selbst zugestimmt hat, was im vorliegenden Kontext jedoch beides praktisch ausscheidet. – S. dazu *Eckardt* in: Jaeger, § 163 Rn. 23 ff.

(3) Informationsbasis des Gerichts

Ferner hat das Gericht auch vor der Entscheidung über einen Antrag nach § 163 Abs. 1 InsO (nur), wie explizit angeordnet, den Verwalter anzuhören.[1273] Zu der Frage, ob sich das Gericht auf den Amtsermittlungsgrundsatz nach § 5 Abs. 1 InsO berufen kann, ist die Meinung in der Literatur in diesem Rahmen indes geteilt.[1274] Im Streit steht insbesondere, inwieweit es bei der Prüfung der Untersagungsvoraussetzungen auf die ihm vorgelegten Glaubhaftmachungsmittel beschränkt ist.[1275] Zutreffend erscheint die Ansicht, dass eine Amtsermittlung der Gründe für eine gerichtliche Intervention nach § 163 Abs. 1 InsO unzulässig ist.[1276] Denn hier sind sogar gleich zwei allgemeine Grenzen der Amtsermittlung nach § 5 Abs. 1 InsO berührt:[1277] Wie schon *Gerhardt*[1278] herausgearbeitet hat, erfährt diese gerichtliche Befugnis zum einen insoweit eine Einschränkung, als unmittelbar die Verwertungsbefugnis des Insolvenzverwalters betroffen ist; eine weitere Grenze liegt dort, wo das Gesetz in Bezug auf bestimmte Voraussetzungen ein Glaubhaftmachungserfordernis festschreibt. Denn anderenfalls würden doch dadurch die vom Gesetzgeber bewusst aufgestellten Hürden faktisch »durch die Hintertür« abgesenkt. Das Gericht ist im vorliegenden Kontext folglich nur im Rahmen seiner allgemeinen Aufsichtpflicht zu amtswegigen Ermittlungen befugt.[1279] Bezüglich der Gründe für eine gerichtliche Intervention nach § 163 Abs. 1 InsO liegt die Darlegungs- und Glaubhaftungsmachungslast ganz bei den Antragstellern. Zu deren Lasten geht der weitgehende Ausschluss amtswegiger Ermittlungen folglich letztlich. Dadurch ist die Informationsbasis des Gerichts hier auch potenziell beschränkter als im Rahmen des § 158 Abs. 2 S. 2 InsO.[1280]

(4) Entscheidungsparameter

Hinsichtlich der sachlichen Kriterien der Untersagungsentscheidung nach § 163 Abs. 1 InsO bestehen – wie auch im Kontext des § 158 Abs. 2 S. 2 InsO – gewisse Unklarheiten. Diese beziehen sich hier indes weniger darauf, welche Bedeutung den anderen Kontrollmechanismen insoweit zukommt, und zwar – unter Berücksichtigung der dor-

---

1273 Wohl allgemeine Ansicht, vgl. etwa *Jungmann* in: K. Schmidt, § 163 Rn. 9; *Webel* in: Kübler/Prütting/Bork, § 163 Rn. 6a; *Zipperer* in: Uhlenbruck, § 163 Rn. 6.

1274 Dagegen *Frege* in: Kölner Kommentar, § 163 Rn. 15; *Zipperer* in: Uhlenbruck, § 163 Rn. 7; auch *Balthasar* in: Nerlich/Römermann, § 163 Rn. 15. – Dafür *Eckardt* in: Jaeger, § 163 Rn. 43; *Janssen* in: MüKo, § 163 Rn. 14; *Webel* in: Kübler/Prütting/Bork, § 163 Rn. 6b, wohl auch *Hofmann* in Graf-Schlicker, § 163 Rn. 5.

1275 Vgl. exemplarisch *Eckardt* in: Jaeger, § 163 Rn. 43 (in der Regel); *Janssen* in: MüKo, § 163 Rn. 14 (generell nicht); *Zipperer* in: Uhlenbruck, § 163 Rn. 7 (generell). – Nach *Decker* (in: Hamburger Kommentar, § 163 Rn. 7) soll das Insolvenzgericht sogar stets den Insolvenzverwalter beauftragen können, ein externes Gutachten einzuholen.

1276 Vgl. im Ergebnis auch *Spieker*, S. 209.

1277 Vgl. ebenso *Frege* in: Kölner Kommentar, § 163 Rn. 15; ähnlich ferner *Balthasar* in: Nerlich/Römermann, § 163 Rn. 15; *Zipperer* in: Uhlenbruck, § 163 Rn. 7.

1278 S. dazu umfassend *Gerhardt* in: Jaeger, § 5 Rn. 9 und 11 m. w. N.; vgl. ferner *Pape* in: Uhlenbruck, § 5 Rn. 22; *Stephan* in: K. Schmidt, § 5 Rn. 5.

1279 S. dazu *Gerhardt* in: Jaeger, § 5 Rn. 8.

1280 S. dazu Teil 3 § 3 A. II. 1. b).

tigen Ausführungen – zu Recht. So herrscht zum einen weitgehend Einigkeit dahingehend, dass auch in diesem Rahmen im Ausgangspunkt allein der Insolvenzverwalter
und nicht das Insolvenzgericht zu Zweckmäßigkeitserwägungen berufen ist.[1281] Zum
anderen wird nur ganz vereinzelt vertreten, dass das möglicherweise vorliegende Votum eines Gläubigerorgans die gerichtliche Entscheidung in der Sache beeinflussen
solle.[1282] Es besteht auch dahingehend weitgehend Einigkeit, dass sich das Ermessen,
welches dem Insolvenzgericht bei der Entscheidung über eine Untersagung nach
§ 163 Abs. 1 InsO grundsätzlich zukommt (»kann«),[1283] »auf null« reduziert, sofern im
Einzelfall die entsprechenden Voraussetzungen glaubhaft gemacht worden sind.[1284]
Auch dem ist nichts entgegenzusetzen. Der gesetzliche Rahmen bietet für anderweitige
Ermessenserwägungen schlicht keinen Raum. Weitgehend unklar erscheint hingegen
vor allem, was in den Günstigkeitsvergleich einzubeziehen ist, dessen es bei der Prüfung bedarf, ob »eine Veräußerung an einen anderen Erwerber« gemäß § 163 Abs. 1
InsO »günstiger wäre«, wie sogleich dargelegt werden soll.

(a) Alternative Veräußerungsmöglichkeit

Zuvor gilt es eine im Schrifttum weit verbreite Ansicht dazu zu hinterfragen, wie konkret dabei die alternative Veräußerungsmöglichkeit glaubhaft zu machen ist. Denn ihr
zufolge soll dafür offenbar *zwingend* erforderlich sein, dass der jeweilige Antragsteller
ein Konkurrenzangebot unter Benennung des Interessenten und mit den genauen
Kaufpreismodalitäten zum Vergleich vorlegt.[1285] Nach *Jungmann*[1286] und (ihm folgend)
Theiselmann[1287] hat das Gericht ohne derart konkrete alternative Veräußerungsmöglichkeit sogar dann nicht nach § 163 Abs. 1 InsO eine Entscheidung der Gläubigerversammlung anzuordnen, »wenn offensichtlich ist, dass bei der Unternehmensveräußerung
kein angemessener Preis erzielt wird«; in solchen Fällen sei »die Insolvenzmasse« über

---

1281 Vgl. etwa *Balthasar* in: Nerlich/Römermann, § 163 Rn. 15; *Janssen* in: MüKo, § 163
      Rn. 12; *Ries* in: Heidelberger Kommentar, § 163 Rn. 5; *Zipperer* in: Uhlenbruck, § 163
      Rn. 7; insofern auch noch *Eckardt* in: Jaeger, § 163 Rn. 40 f. und 46. – Wohl lediglich
      leicht missverständlich *Frege* (in: Kölner Kommentar, § 163 Rn. 15), der das Insolvenzge-
      richt zwar auch »Effizienzgesichtspunkte« einbeziehen lassen will, insofern aber allein die
      Auswirkungen auf die Insolvenzquote nennt, die – wie im Text sogleich dargelegt werden
      soll – indes ohnehin im Rahmen der sachlichen Entscheidungskriterien Berücksichtigung
      findet.
1282 So *Decker* in: Hamburger Kommentar, § 163 Rn. 4 (Glaubhaftmachungsmaßstab). – Im
      Übrigen wird dies als Frage des Rechtsschutzinteresses behandelt, die bereits das »Ob«
      einer Untersagungsentscheidung nach § 163 Abs. 1 InsO betrifft, sich jedoch im vorlie-
      genden Kontext praktisch nicht stellt. – S. dazu Fn. 1272.
1283 A. A. wohl allein *Spieker*, S. 212.
1284 Vgl. etwa *Eckardt* in: Jaeger, § 163 Rn. 46; *Jungmann* in: K. Schmidt, § 163 Rn. 1; *Webel*
      in: Kübler/Prütting/Bork, § 163 Rn. 6b. – A. A. *Frege* in: Kölner Kommentar, § 163
      Rn. 15.
1285 So etwa *Decker* in: Hamburger Kommentar, § 163 Rn. 3; *Frege* in: Kölner Kommentar,
      § 163 Rn. 11; *Janssen* in: MüKo, § 163 Rn. 9; *Köchling*, ZInsO 2007, 690, 693; *Wegener*
      in: Frankfurter Kommentar, § 163 Rn. 4; *Zipperer* in: Uhlenbruck, § 163 Rn. 5.
1286 *Jungmann* in: K. Schmidt, § 163 Rn. 6.
1287 Vgl. *Theiselmann* in: BeckOK, § 163 Rn. 3.

die §§ 160, 161 InsO geschützt. Dass dieses Argument jedenfalls im Kontext eines vorzeitigen Unternehmensverkaufs über § 158 InsO nicht trägt, dürfte sogar zu vernachlässigen sein. Denn alle übrigen Auslegungskriterien sprechen generell gegen derart strenge Anforderungen:

Zunächst stellt der Gesetzwortlaut auf »eine Veräußerung«, mithin eine unbestimmte Alternative ab. Dessen Satzstruktur verdeutlicht, dass auch diese alternative Veräußerungsmöglichkeit (nur) dem Erfordernis der Glaubhaftmachung unterliegt. Dementsprechend hält auch die amtliche Begründung fest, dass lediglich die »*Möglichkeit* einer günstigeren Veräußerung« glaubhaft gemacht werden muss.[1288] Für das strenge Verständnis hätte der Gesetzgeber etwa formulieren müssen: Eine gerichtliche Anordnung setzt voraus, dass ein vergleichbares Erwerbsangebot vorliegt und der Antragsteller glaubhaft macht, dass diese Veräußerung für die Insolvenzmasse günstiger wäre. Übersetzt man den prozessualen Begriff, ist der Tatbestand *de lege lata* aber richtigerweise folgendermaßen zu lesen: Das Gericht muss es für überwiegend wahrscheinlich halten, dass – erstens – eine anderweitige Veräußerungsmöglichkeit besteht und – zweitens – diese »günstiger« im Sinne der Vorschrift ist. Dafür erscheint jedoch die Vorlage eines Konkurrenzangebots lediglich *in der Regel* notwendig, weshalb der entsprechenden Gegenansicht im Schrifttum[1289] beizupflichten ist.

So hielt auch der Gesetzgeber explizit fest, dass in besonderen Fällen insoweit auch bereits ein Vergleich mit den Wertangaben im Verzeichnis der Massegegenstände (§ 151 InsO) genügen kann, insbesondere sofern die Summe der »dort angegebenen Einzelveräußerungswerte« den beabsichtigten Verkaufspreis« übersteigt.[1290] Damit dürfte indes vor allem der Fall gemeint sein, dass die Wertdifferenz derart erheblich ist, dass eine drohende Verschleuderung des Unternehmens evident ist. Denn dann lässt sich eine anderweitige, günstigere Veräußerungsmöglichkeit ohne Weiteres annehmen. Nicht zuletzt sah der Gesetzgeber einen Anlass zur Einführung der einschlägigen Verfahrensvorschriften gerade darin, dass konkursbefangene Unternehmen »unter ihrem wirklichen Fortführungswert veräußert, ja manchmal geradezu verschleudert« worden sind.[1291] In weniger extremen Fällen dürfte in diesen Wertangaben nur ein Indiz dafür liegen, dass der geplante Verkauf »unter Wert« i. S. d. § 163 Abs. 1 InsO erfolgen würde.[1292] Das gilt umso mehr für ähnliche Angaben im Untersagungsantrag. Jedenfalls ist *Lind*[1293] insoweit beizupflichten, als vermeintlich objektive Marktwerte, wie sie sich insbesondere aus dem § 151 InsO-Verzeichnis ergeben, dahingehend kritisch zu würdigen sind, ob sie tatsächlich als durch eine »ernsthafte« Gelegenheit zum Verkauf gedeckt erscheinen. Insofern *stets* die Benennung konkreter Erwerbsinteressenten und -Konditionen zu fordern,[1294] dürfte hingegen der soeben erläuterten präventiven Funktion des § 163 Abs. 1 InsO nicht entsprechen, mithin wiederum zu weit gehen.

1288   RegE-InsO, BT-Drucks. 12/2443, S. 175 (eigene Hervorhebung).
1289   Vgl. etwa *Spieker*, S. 210; *Webel* in: Kübler/Prütting/Bork, § 163 Rn. 6; wohl auch *Lind* in: Ahrens/Gehrlein/Ringstmeier, § 163 Rn. 2 f.
1290   RegE-InsO, BT-Drucks. 12/2443, S. 175.
1291   Vgl. RegE-InsO, BT-Drucks. 12/2443, S. 75.
1292   A. A. (ohne derartige Einschränkungen) *Balthasar* in: Nerlich/Römermann, § 163 Rn. 12; *Spieker*, S. 210; vgl. wohl auch *Undritz/Fiebig* in: Berliner Kommentar, § 163 Rn. 6.
1293   *Lind* in: Ahrens/Gehrlein/Ringstmeier, § 163 Rn. 2.
1294   So aber *Eckardt* in: Jaeger, § 163 Rn. 36.

(b) Günstigkeitsvergleich

Ob eine Alternative zum geplanten Verkauf »günstiger« i. S. d. § 163 Abs. 1 InsO ist, richtet sich – wie im Rahmen des § 158 Abs. 2 S. 2 InsO[1295] – nach den jeweiligen Auswirkungen auf den Gesamtwert der Insolvenzmasse und die daraus folgende Befriedigungsquote der Gläubiger,[1296] wie nicht zuletzt die amtliche Begründung klarstellt.[1297] Auch hier geht es somit um einen Vergleich zweier Szenarien, bei dem Effekte ohne unmittelbaren Massebezug außer Betracht bleiben. So ist vor allem ein etwaiges Interesse des Schuldners an seiner eigenen Sanierung nicht zu berücksichtigen.[1298] Dasselbe gilt im Hinblick auf einen möglichen Arbeitsplatzerhalt.[1299] Des Weiteren hat der Gesetzgeber betont, dass für die »Günstigkeit« eines Erwerbsangebots nicht allein die nominelle Höhe der jeweils gebotenen Kaufpreise maßgeblich ist, sondern alle massebezogenen Umstände des Einzelfalls, insbesondere die Zahlungsmodalitäten angemessen Berücksichtigung finden müssen.[1300] Im Schrifttum werden insofern beispielsweise noch die Bonität des potenziellen Erwerbers[1301] sowie die Entlastung der Insolvenzmasse durch Übernahme von kosten- oder haftungsträchtigen Positionen und Verbindlichkeiten[1302] genannt.[1303] Wie es bereits *Jungmann*[1304] treffend gefasst hat, ist die gemäß § 163 Abs. 1 InsO günstigere Variante somit diejenige, welche unmittelbar oder mittelbar den Gesamtwert der Insolvenzmasse erhöht.

Die Alternative muss entgegen der bisher ganz herrschenden Ansicht[1305] nicht zwingend eine einzige Gesamtveräußerung sein.[1306] Denn während der Gesetzeswortlaut (»eine Veräußerung«) wegen der wohl eher beschränkten Aussagekraft des unbestimmten Artikels nicht zwingend für diese Einschränkung streitet,[1307] sprechen Sinn und Zweck des § 163 Abs. 1 InsO erst recht für eine gerichtliche Intervention, wenn sogar ein Vergleich mit einer Mehrzahl von Einzelveräußerungen zeigt, dass der geplante Verkauf »unter Wert« im Sinne dieser Vorschrift wäre[1308]. Unter diesem Aspekt abzulehnen ist auch die Auffassung von *Wegener*[1309], die alternative Veräußerungs-

---

1295 S. dazu Teil 3 § 3 A. II. 1. c) bb) (1).
1296 Vgl. (auch zum Folgenden) etwa *Eckardt* in: Jaeger, § 163 Rn. 39; *Jungmann* in: K. Schmidt, § 163 Rn. 8; *Webel* in: Kübler/Prütting/Bork, § 163 Rn. 3a f.
1297 Vgl. RegE-InsO, BT-Drucks. 12/2443, S. 175 (»für die Insolvenzmasse – und damit für die Befriedigung der Gläubiger – ungünstiger«).
1298 Vgl. statt vieler *Eckardt* in: Jaeger, § 163 Rn. 39.
1299 Vgl. statt vieler *Jungmann* in: K. Schmidt, § 163 Rn. 8.
1300 Vgl. RegE-InsO, BT-Drucks. 12/2443, S. 175.
1301 So etwa *Webel* in: Kübler/Prütting/Bork, § 163 Rn. 3a.
1302 So etwa *Eckardt* in: Jaeger, § 163 Rn. 40.
1303 S. für weitere Kriterien *Undritz/Fiebig* in: Berliner Kommentar, § 163 Rn. 6.
1304 *Jungmann* in: K. Schmidt, § 163 Rn. 8.
1305 Vgl. etwa *Bünning/Beyer* in: Braun, § 163 Rn. 5; *Janssen* in: MüKo, § 163 Rn. 9; *Ries* in: Heidelberger Kommentar, § 163 Rn. 3; bereits zweifelnd, aber wohl auch noch *Webel* in: Kübler/Prütting/Bork, § 163 Rn. 6.
1306 Vgl. jüngst *Eckardt* in: Jaeger, § 163 Rn. 36 m. w. N.; nunmehr zumindest offen *Zipperer* in: Uhlenbruck, § 163 Rn. 5.
1307 So aber etwa *Bünning/Beyer* in: Braun, § 163 Rn. 5.
1308 *Eckardt* in: Jaeger, § 163 Rn. 36.
1309 *Wegener* in: Frankfurter Kommentar, § 163 Rn. 4.

möglichkeit müsse *stets* auf demselben Verhandlungsstand wie der geplante Unternehmensverkauf sein. Die Alternative muss im Ausgangspunkt vielmehr nur so konkret sein, dass sie – im ursprünglichen Wortsinn – *vergleichbar* ist. Etwaige Unsicherheiten, die im Einzelfall im Hinblick auf ihre Konkretisierung bestehen, sind im Rahmen des Günstigkeitsvergleichs entsprechend zu berücksichtigen.[1310] So sind die direkten und indirekten Kosten, die mit einer möglicherweise zu erwartenden Verzögerung einhergehen, im Rahmen des Vergleichs einzupreisen.[1311] Beispielsweise sind die zu erwartenden Erlöse bei abweichendem Umsetzungszeitpunkt entsprechend zu diskontieren.[1312] Das kann freilich in erheblichem Maße Prognosen erforderlich machen, was aber im Hinblick auf das Verständnis von § 158 Abs. 2 S. 2 InsO keineswegs systemfremd ist. Allerdings hat *Eckardt*[1313] zu Recht gefordert, dass sich die damit einhergehenden Unwägbarkeiten auch im Günstigkeitsmaßstab niederschlagen müssen und daher eine nicht auf dem identischen Verhandlungsstand befindliche alternative Veräußerungsmöglichkeit *erheblich* günstiger sein muss. Auch im vorliegenden Kontext ließe sich als Schwellenwert, der eine widerlegbare Vermutung für die Erheblichkeit begründet, eine Differenz von über 10 % ansetzen.[1314]

(5) Gesamtschau

Somit setzt eine gerichtliche Anordnung nach § 163 Abs. 1 InsO, die von ihrer Untersagungswirkung her einer Verfügung auf der Basis von § 158 Abs. 2 S. 2 InsO gleichkommt, das Aufzeigen einer vergleichbaren alternativen Veräußerungsmöglichkeit voraus, sofern der anvisierte Unternehmensverkauf nicht ausnahmsweise ein evidenter Verschleuderungsfall ist. Die Alternative muss, falls sie noch nicht auf demselben Verhandlungsstand wie der geplante Verkauf ist, erheblich günstiger sein. Ob dies der Fall ist, richtet sich im Wesentlichen nach denselben Kriterien, wie im Rahmen des § 158 Abs. 2 S. 2 InsO, wenngleich der Bezugspunkt dort mit dem realistischen Alternativszenario im Berichtstermin ein anderer ist. Schon vor diesem Hintergrund lässt sich festhalten, dass es im Hinblick auf die entsprechende Anwendbarkeit des § 163 Abs. 1 InsO bei einem vorzeitigen Unternehmensverkauf auch nicht an der Vergleichbarkeit der Interessenlage fehlt. Denn dessen Entscheidungsparameter gewährleisten einen Einklang sowohl mit dem überragenden Verfahrensziel der bestmöglichen Gläubigerbefriedigung (§ 1 S. 1 InsO) als auch mit der in § 158 InsO manifestierten Absicht des InsVerfVereinfG-Reformgebers, vorzeitige Unternehmensverkäufe zu besonders günstigen Konditionen zu ermöglichen[1315]. Denn dass der geplante Unternehmensverkauf diesen Zielen dienen würde, ist nun einmal denklogisch ausgeschlossen, falls er – aufgrund einer (erheblich) günstigeren alternativen Veräußerungsmöglichkeit – tatsächlich »unter Wert« i. S. d. § 163 Abs. 1 InsO ist, nachdem insoweit richtigerweise weitgehend übereinstimmende Günstigkeitsbegriffe gelten. Dass im Rahmen dieser Vorschrift – anders als bei § 158 Abs. 2 S. 2 InsO – die Untersagungsvoraussetzungen

---

1310 Vgl. (auch zum Folgenden) *Eckardt* in: Jaeger, § 163 Rn. 41.
1311 Vgl. *Webel* in: Kübler/Prütting/Bork, § 163 Rn. 3a.
1312 *Jungmann* in: K. Schmidt, § 163 Rn. 8.
1313 *Eckardt* in: Jaeger, § 163 Rn. 41.
1314 S. dazu Teil 3 § 3 A. II. 1. c) bb) (2).
1315 S. dazu Teil 1 § 2 B bzw. Teil 2 § 2 A. I. 2 und Teil 3 § 2 B. II. 2. a).

von den jeweiligen Antragstellern glaubhaft zu machen sind und richtigerweise insoweit keine Amtsermittlungen des Gerichts zulässig sind, dürfte schließlich sicherstellen, dass unbegründete und sogar missbräuchliche Untersagungsanträge letztlich nicht zu erheblichen Verfahrensverzögerungen führen.

dd) Ergebnis

Nach alledem ist § 163 Abs. 1 InsO in Bezug auf das Antragsrecht einer qualifizierten Gläubigerminderheit nach § 75 Abs. 1 Nr. 3 InsO bei einem vorzeitigen Unternehmensverkauf i. S. d. § 158 InsO entgegen dem hergebrachten Verständnis entsprechend anwendbar. Somit kommt richtigerweise generell auch der Gläubigerseite die Möglichkeit zu, bei Gericht die Untersagung eines Unternehmensverkaufs in der Zwischenphase zu beantragen.

B. Informationsmöglichkeiten

Nun soll untersucht werden, inwiefern für die Schuldner- und Gläubigerseite Möglichkeiten bestehen, sich über einen vorzeitigen Unternehmensverkauf zu informieren. Zum einen setzt die Wahrnehmung ihrer Verfahrensrechte, wie etwa der soeben erläuterten Untersagungsmöglichkeiten, faktisch die Kenntnis vom Stattfinden der Transaktion und von deren wesentlichen Eckpunkten voraus. Zum anderen können entsprechende Informationsmöglichkeiten Transparenz und damit letztlich auch Akzeptanz bei den Verfahrensakteuren schaffen. Für den »Wert« etwaiger Informationsmöglichkeiten kommt es indes nicht nur darauf an, dass sie bestehen, sondern vor allem wie sie im Detail ausgestaltet sind. So macht es praktisch freilich einen erheblichen Unterschied, ob beispielsweise eine *ex-ante*-Unterrichtungspflicht oder aber lediglich ein *ex-post*-Auskunftsrecht besteht. Ferner können sich die »geschuldeten« Informationen hinsichtlich ihres Inhalts und ihrer Detailtiefe unterscheiden.

I. England

Zwischen den Informationsmöglichkeiten der Schuldner- und der Gläubigerseite bestehen in England erhebliche Unterschiede.

1. Schuldner

Denn für die Schuldnerseite sieht das englische Recht derartige Informationsmöglichkeiten nicht ansatzweise vor. Es trifft schlicht keine Regelung, nach der das Management eines schuldnerischen Unternehmens oder dessen Anteilsinhaber über ein Pre-Pack zu informieren ist. Rechtlich gesehen bleibt die Schuldnerseite in England damit insoweit außen vor. Zu berücksichtigen ist allerdings, dass – wie bereits betont[1316] – gerade Pre-Packs in der Praxis nicht selten im Einvernehmen mit dem schuldnerischen Management stattfinden oder sogar durch die Schuldnerseite initiiert werden. In diesen

---

1316 S. dazu Teil 1 § 5 A.

Fällen ist freilich unerheblich, dass ihr rechtlich verankerte Informationsmöglichkeiten fehlen.

2. Gläubiger

Für die Gläubigerseite sieht das englische Recht solche Informationsmöglichkeiten demgegenüber vor. So bestehen nach SIP 16 – wie im Folgenden genauer erläutert werden soll – für den *administrator* speziell in Bezug auf Pre-Packs gegenüber sämtlichen Gläubigern umfassende, streng sanktionierte *ex-post*-Begründungs- und Offenlegungsobliegenheiten. Diese Vorgaben gelten auch generell. Denn nur die bereits erläuterten Vorgaben des SIP 16, die explizit nur Pre-Packs an Insider im Besonderen regeln, haben einen entsprechend eingeschränkten Geltungsbereich; die übrigen, nachfolgend dargelegten Regelungen des SIP 16 gelten (im Umkehrschluss) bei sämtlichen Pre-Packs. Auch ist ihre Geltung nicht davon abhängig, ob die *in-court-* oder aber die *out-of-court route* beschritten wird.

a) Kontext: Besondere Bedeutung von SIP 16

SIP 16 kommt – wie allen SIP[1317] – auch ohne Gesetzeskraft eine gewisse Verbindlichkeit zu. Dieses spezielle SIP hat jedoch eine besondere Bedeutung. Tatsächlich ist SIP 16 für die Amtsführung des *administrator* bei einem Pre-Pack von erheblicher praktischer Relevanz.[1318] Dies folgt zunächst daraus, dass die Einhaltung seiner Vorgaben streng überwacht wird. So ist zeitgleich mit dem Inkrafttreten des neugefassten SIP 16 im Jahr 2015 die Zuständigkeit für die Überwachung gewechselt. Sie liegt nun unmittelbar bei dem jeweiligen Fachverband und nicht mehr – gewissermaßen verbandsübergreifend – beim *Insolvency Service*.[1319] Auch diese Änderung geht auf einen konkreten Reformvorschlag des *Graham Report* zurück und soll zu einer stärkeren Kontrolle führen.[1320] Die möglichen Sanktionen etwaiger Verstöße gegen diese berufsrechtliche Vorgabe richten sich nach den allgemeinen Regelungen.[1321] Entscheidend ist freilich deren praktische Handhabung. Insofern erscheint zwar die Sanktionsquote auf den ersten Blick bemerkenswert niedrig: Das Verhältnis der ausgesprochenen Sanktionen zur Gesamtzahl aller registrierten SIP-16-Verstöße betrug rund 2,0 % im Zeitraum von November 2015 bis Dezember 2016,[1322] 2,8 % im Jahr 2017[1323] und 7,8 % im Jahr 2018[1324]. Von einem fehlenden Sanktionierungswillen einer (zu) kulanten Aufsicht ist aber nicht auszugehen.[1325] Denn nach Angaben der Fachverbände beruht die geringe

---

1317 S. dazu Teil 3 § 1 A. I. 2.
1318 So sogar noch zur alten Rechtslage *Steffek* in: Leible/Reichert, § 38 Rn. 105.
1319 Vgl. *Insolvency Service*, Dear IP (69), Article 26.
1320 S. dazu *Graham Report*, S. 67.
1321 S. dazu. Teil 1 § 4 C. III. 2.
1322 Vgl. *Insolvency Service*, 2016 IP Regulation Review, S. 7 (eigene Berechnung).
1323 Vgl. *Insolvency Service*, 2017 IP Regulation Review, S. 9 (eigene Berechnung).
1324 Vgl. *Insolvency Service*, 2018 IP Regulation Review, S. 10 (eigene Berechnung).
1325 So aber wohl vor dem Hintergrund älterer Praxisberichte *Bork/Wiese*, Rn. 3.37 mit Fn. 139.

Quote schlicht darauf, dass die übrigen Verstöße *unwesentlich* waren,[1326] was – soweit ersichtlich – im Schrifttum auch nicht bezweifelt wird. Schließlich werden in der Praxis scheinbar leichte Verstöße doch hart sanktioniert. So wurde beispielsweise sowohl bei einem Unterlassen eines Hinweises auf die speziellen Kontrollmechanismen bei einem Insider-Pre-Pack[1327] als auch bei einem fehlerhaften SIP-16-Statement[1328] ein Bußgeld in vierstelliger Höhe verhängt. Die »eigentliche« Bestrafung dürfte in beiden Fällen aber darin gelegen haben, dass jeweils nicht nur die berufsrechtliche Pflichtwidrigkeit und deren finanzielle Sanktion, sondern auch der jeweilige *administrator* öffentlich beim Namen genannt wurde. Die allgemeine »Naming and Shaming«-Ermächtigung wird somit insoweit offenbar tatsächlich wahrgenommen. SIP 16 hat darüber hinaus auch deshalb eine besondere Bedeutung, weil es mittlerweile ebenso von den englischen Insolvenzrichtern im Rahmen der Gesetzesanwendung Berücksichtigung findet. So hat der *High Court* die Informationen aus einem SIP-16-Statement bereits im Rahmen einer *pre-action disclosure* in einen Haftungsprozess einfließen lassen.[1329] Des Weiteren ist ein ordnungsgemäßes SIP-16-Statement für den Erlass einer gerichtlichen *administration order* bei einem Pre-Pack in der Regel sogar Voraussetzung.[1330]

b) Ablauf und Umfang der Information

SIP 16 gibt im Ausgangspunkt einen umfangreichen Verhaltenskodex vor, den der *administrator* bei einem Pre-Pack beachten soll. Seit der Neufassung des SIP 16 im Jahr 2015 verhält sich dieses berufsrechtliche Regelungswerk auch umfassend zum »marketing« im Vorfeld eines Pre-Packs, also dem Bewerben des Unternehmens am Markt unter Ansprache möglicher Erwerbsinteressenten vor der Verfahrenseröffnung.[1331] Damit wurde eine konkrete Reformforderung des Graham Report umgesetzt.[1332] Der erklärte Hintergrund dazu ist, dass ein ordnungsgemäßes Marketing zum einen ein bedeutender Faktor dafür sei, im Sinne der Gesamtheit der Gläubiger den höchstmöglichen Kaufpreis zu erlangen; zum anderen sei es ein wichtiges Element dafür, deren Vertrauen zu gewinnen. Vor diesem Hintergrund gibt SIP 16 nunmehr einige »marketing essentials« vor, die es bei einem Pre-Pack zu beachten gilt, die sich allerdings in eher allgemein gehaltenen Vorgaben erschöpfen. So soll beispielsweise die Suche nach einem potenziellen Erwerber möglichst breit angelegt sein, über verschiedene Kanäle (auch das Internet) laufen und lange andauern. Ihre Wirkung dürften diese Vorgaben vornehmlich über die entsprechenden Berichtspflichten und deren Kontrolle entfalten.

Denn Kerngehalt von SIP 16 sind umfassende, nachträgliche Begründungs- und Offenlegungsobliegenheiten, unter die dieses berufsrechtliche Regelwerk den *administrator* gegenüber den Gläubigern und dem aufsichtführenden Fachverband stellt. Die

---

1326 S. dazu Teil 3 § 2 B. I. 4.
1327 Vgl. *Insolvency Service*, 2017 IP Regulation Review, S. 22.
1328 Vgl. *Insolvency Service*, 2016 IP Regulation Review, S. 16.
1329 Vgl. *Maltby Investment Ltd* [2010] EWHC 4 (Ch); *Umfreville*, Insolv. Int. 2018, 58, 60.
1330 S. dazu Teil 3 § 4 B. II.
1331 SIP 16, para. 13 f. und Appendix (auch zum Folgenden).
1332 S. dazu *Graham Report*, S. 64 f.

Information erfolgt über das bereits erläuterte SIP-16-Statement.[1333] Dieses Dokument soll den Gläubigern bei nächster Gelegenheit und spätestens innerhalb von sieben Tagen *nach* Vollzug des jeweiligen Pre-Packs übermittelt werden.[1334] Etwaige Verzögerungen sind (lediglich) zu erklären. Des Weiteren ist das SIP-16-Statement beim Gesellschaftsregister (*Companies House*) zusammen mit den insolvenzrechtlich vorgeschriebenen *proposals*[1335] einzureichen und schließlich dem im Einzelfall zuständigen Fachverband zu übermitteln. Aus der Information der *RPBs* und dem damit einhergehenden Sanktionsrisiko dürfte primär die Disziplinierung der *administrator* folgen. Die Gläubigerinformation soll *per se* und in erster Linie Transparenz und Akzeptanz schaffen.[1336]

In der Sache muss der *administrator* in einer »ausführlichen, erzählerischen Erklärung und Rechtfertigung« darlegen, warum das jeweilige Pre-Pack vollzogen wurde, welche Alternativen bedacht und dass ihre Interessen angemessen berücksichtigt wurden.[1337] Darüber hinaus soll das SIP-16-Statement Informationen zu weiteren enumerativ genannten und eingehend erläuterten Themenbereichen enthalten, wobei auch insofern ein »Comply or Explain«-Prinzip gilt.[1338] Bei einem Insider-Pre-Pack soll indes ein Verweis darauf, dass Geschäftsgeheimnisse zu wahren seien, nicht als Begründung genügen. Grundsätzlich vom *administrator* offenzulegen sind unter anderem Details zu dessen Auswahl, den einschlägigen Vorgängen vor der Verfahrenseröffnung, insbesondere dem Umfang und Inhalt seiner Tätigkeit in dieser Phase, sowie dem Marketing des Unternehmens, wobei freilich insbesondere zur (Nicht-)Beachtung der *marketing essentials* Stellung zu nehmen ist. Zu benennen sind in der Regel ferner etwa – neben dem Kaufpreis mitsamt den Zahlungsmodalitäten sowie dem konkreten Kaufgegenstand – die Parteien des Kaufvertrags mitsamt etwaiger Insiderverbindungen und, falls Mitglieder des Managements oder ihnen Zugehörige[1339] auf beiden Seiten auftreten, deren Namen. Schließich treffen den *administrator* weitgehende Offenlegungsobliegenheiten hinsichtlich der Bewertung des Unternehmens. So sind nicht nur die Bewertung selbst in weiten Teilen und ihre maßgeblichen Grundlagen anzugeben, sondern gegebenenfalls auch die Namen und die Qualifikation[1340] dazu engagierter Berater.

1333 S. dazu Teil 3 § 2 B. I.
1334 SIP 16, para. 17 (auch zum Folgenden).
1335 S. dazu Teil 1 § 1.
1336 S. dazu umfassend SIP 16, para. 2 f.
1337 SIP 16, para. 16 (eigene Übersetzung).
1338 SIP 16, para. 16 und Appendix (auch zum Folgenden). – Die Vorgaben sind in Gänze abgedruckt und kommentiert etwa bei *Titchen* in: *Lightman/Moss*, Rn. 11-017.
1339 S. dazu Teil 3 § 2 A.
1340 Dabei ist nach SIP 16 (Appendix) seit der Neufassung im Jahr 2015 auch offenzulegen, ob der jeweilige wirtschaftliche Berater Inhaber einer Berufshaftpflicht ist und, falls nicht, warum nicht. Damit wurde ebenfalls eine Empfehlung des *Graham Report* umgesetzt. Deren Ratio war erklärtermaßen, dass – vereinfacht gesagt – nur anständige Berater in den Genuss einer solchen Versicherung kommen und daher das Engagement eines solchen Beraters für mehr Akzeptanz bei den Gläubigern sorge, vgl. *Graham Report*, S. 66.

c)   Rechtstatsachen

Der Grad der Beachtung der SIP-16-Vorgaben in der Praxis lässt sich Berichten des *Insolvency Service* entnehmen, die seit dem soeben erläuterten Wechsel in der Überwachungszuständigkeit im Jahr 2015 auf entsprechenden Meldungen der Fachverbände beruhen. Demnach entsprachen sowohl im Zeitraum von November 2015 bis Dezember 2016[1341] als auch im Jahr 2017[1342] rund 62 % aller überprüften SIP-16-Statements den entsprechenden Vorgaben vollumfänglich. Im Jahr 2018 betrug der Anteil sogar etwa 70 %.[1343] Dabei wurde jeweils noch gesondert betont, dass die weit überwiegende Mehrheit dieser Verstöße nicht schwerwiegend, sondern eher technischer Natur gewesen sei. Dem entspricht das Verhältnis der Fälle, in denen aufsichtsrechtliche Maßnahmen ergriffen, mithin die Verstöße offenbar für *wesentlich* befunden wurden, zur Gesamtzahl aller anhand der SIP-16-Statements registrierten Pre-Packs. Denn dieser Anteil lag bei lediglich rund 0,7 % im Zeitraum von November 2015 bis Dezember 2016,[1344] 0,6 % im Jahr 2017[1345] und 1,3 % im Jahr 2018[1346]. Damit weichen die heutigen Zustände nicht erheblich von denen ab, die vor dem Wechsel der Überwachungszuständigkeit vorlagen: In den Jahren 2010 und 2011 betrug die »fully compliant«-Rate 75 %[1347] bzw. 68 %[1348] und der Anteil der Fälle, die vom *Insolvency Service* an den jeweiligen Fachverband gemeldet wurden, um zu *prüfen*, ob aufsichtsrechtliche Maßnahmen zu ergreifen sind, 2 %[1349] bzw. 3 %.[1350] Inwieweit dann auch tatsächlich Sanktionen erlassen worden sind, wurde damals noch nicht erhoben.

II.   Deutschland

Auf den ersten Blick bestehen auch in Deutschland erhebliche Unterschiede zwischen den Informationsmöglichkeiten der Gläubiger- und der Schuldnerseite, allerdings in der Sache genau umgekehrt zur Rechtslage in England.

1.   Schuldner

Denn das deutsche Recht sieht (nur) für die Schuldnerseite explizit entsprechende Rechte vor. So regelt § 158 Abs. 2 S. 1 InsO, dass der Verwalter vor einem vorzeitigen Unternehmensverkauf im Sinne dieser Vorschrift oder, falls das Verfahren mit Gläubigerausschuss läuft, sogar noch vor dessen Beschlussfassung den Schuldner »zu unterrichten« hat. Bei den hier in Rede stehenden Unternehmensinsolvenzen wird es sich bei Letzterem in aller Regel um juristische Personen oder Gesellschaften ohne Rechts-

---

1341 *Insolvency Service*, 2016 IP Regulation Review, S. 7.
1342 *Insolvency Service*, 2017 IP Regulation Review, S. 9.
1343 *Insolvency Service*, 2018 IP Regulation Review, S. 10.
1344 Vgl. *Insolvency Service*, 2016 IP Regulation Review, S. 7 (eigene Berechnung).
1345 Vgl. *Insolvency Service*, 2017 IP Regulation Review, S. 9 (eigene Berechnung).
1346 Vgl. *Insolvency Service*, 2018 IP Regulation Review, S. 10 (eigene Berechnung).
1347 *Insolvency Service*, 2010 SIP 16 Report, S. 7.
1348 *Insolvency Service*, 2011 SIP 16 Report, S. 6.
1349 *Insolvency Service*, 2010 SIP 16 Report, S. 7.
1350 *Insolvency Service*, 2011 SIP 16 Report, S. 5 f. (eigene Berechnung).

persönlichkeit handeln. In solchen Fällen besteht die Unterrichtungspflicht gegenüber sämtlichen Mitgliedern des jeweiligen Vertretungsorgans bzw. den persönlich haftenden Gesellschaftern (§ 10 Abs. 2 S. 1 InsO analog).[1351] Inhaltlich umfasst diese Pflicht all die Informationen, die zur sachgerechten Wahrnehmung des im zweiten Satz jener Vorschrift enthaltenen Antragsrechts notwendig sind,[1352] weshalb die anvisierte Transaktion so konkret und umfassend darlegen ist, wie sie gegebenenfalls auch dem Gläubigerausschuss für die Entscheidung über seine Zustimmung nach § 158 Abs. 1 InsO vorzulegen ist.[1353] Derselbe teleologisch bedingte Maßstab gilt hinsichtlich ihrer Rechtzeitigkeit.[1354] In einer bestimmten Form muss die Unterrichtung jedoch nicht ergehen.[1355]

Zu der Frage, ob und gegebenenfalls unter welchen Voraussetzungen eine Ausnahme von dieser Unterrichtungspflicht gilt, besteht demgegenüber kein einhelliges *Meinungsbild*. Nach einer Ansicht soll insofern § 161 S. 1 InsO entsprechend gelten, mithin das Drohen einer nachteiligen Verzögerung im Sinne dieser Vorschrift als Ausnahmegrund genügen.[1356] *Eckardt*[1357] schränkt dies allerdings dahingehend ein, dass die sich aus einem möglicherweise anschließenden Antrag nach § 158 Abs. 2 S. 2 InsO ergebende Verzögerung dabei gerade keine Berücksichtigung finden dürfe; in Betracht käme insoweit vor allem ein etwaiges Zerschlagen der Veräußerungsoption. *Decker*[1358] betont zwar, die Pflicht zur Unterrichtung bestehe auch, falls eine nachteilige Verzögerung i. S. d. § 161 S. 1 InsO drohe, relativiert dies faktisch aber dadurch,[1359] dass der Insolvenzverwalter dann aber gleichwohl sofort zur Umsetzung schreiten möge. Eine andere Ansicht lässt demgegenüber nur eine erhebliche Verzögerung gemäß § 10 Abs. 1 S. 1 InsO analog eine derartige Ausnahme rechtfertigen, mithin allein eine solche aufgrund der Unerreichbarkeit des jeweiligen Schuldners im Ausland.[1360] Schließlich stellen einige Stimmen insofern zwar auch auf § 161 S. 1 InsO analog ab, nennen aber ausschließlich letzteren Ausnahmegrund.[1361]

Im Rahmen der *Stellungnahme* gilt es, die erstere Ansicht abzulehnen, und zwar auch in ihren eingeschränkten Formen. So wünschenswert sie im Ergebnis auch sein mag, so erheblich sind die sich diesbezüglich in methodologischer Hinsicht aufdrängenden

---

1351 *Eckardt* in: Jaeger, § 158 Rn. 66; *Janssen* in: MüKo, § 158 Rn. 24. – A. A. (nur) im Detail *Zipperer* in: Uhlenbruck, § 158 Rn. 14 (ein Vertreter genügt).

1352 *Decker* in: Hamburger Kommentar, § 158 Rn. 8; *Webel* in: Kübler/Prütting/Bork, § 158 Rn. 9; *Zipperer* in: Uhlenbruck, § 158 Rn. 14.

1353 *Eckardt* in: Jaeger, § 158 Rn. 70; vgl. auch *Webel* in: Kübler/Prütting/Bork, § 158 Rn. 9.

1354 Vgl. nur *Eckardt* in: Jaeger, § 158 Rn. 70.

1355 *Ries* in: Heidelberger Kommentar, § 158 Rn. 5; *Webel* in: Kübler/Prütting/Bork, § 158 Rn. 9; *Wegener* in: Frankfurter Kommentar, § 158 Rn. 4.

1356 Vgl. *Andres* in Andres/Leithaus, § 158 Rn. 9; *Balthasar* in: Nerlich/Römermann, § 158 Rn. 22; *Webel* in: Kübler/Prütting/Bork, § 158 Rn. 9.

1357 *Eckardt* in: Jaeger, § 158 Rn. 67.

1358 *Decker* in: Hamburger Kommentar, § 158 Rn. 8.

1359 Vgl. *Zipperer* in: Uhlenbruck, § 158 Rn. 14.

1360 Vgl. *Haffa/Leichtle* in: Braun, § 158 Rn. 6; *Zipperer* in: Uhlenbruck, § 158 Rn. 14; wohl auch *Spieker*, S. 74; *Wegener* in: Frankfurter Kommentar, § 158 Rn. 4.

1361 So *Janssen* in: MüKo, § 158 Rn. 25; *Jungmann* in: K. Schmidt, § 158 Rn. 16; ferner auch *Lind* in: Ahrens/Gehrlein/Ringstmeier, § 158 Rn. 9 mit § 161 Rn. 2.

Zweifel. Denn dass der Gesetzgeber in den §§ 158 Abs. 2 S. 1, 161 S. 1 InsO zwei ähnliche Pflichten geschaffen, dabei aber allein im Rahmen der letzteren Vorschrift eine derartige Ausnahme geregelt hat, spricht für eine bewusste Nichtregelungsentscheidung im vorliegenden Kontext. Schließlich sahen die Vorgängernormen, §§ 130 bzw. 135 KO, noch beide eine derartige Ausnahme explizit vor. Demnach besteht kein Raum für eine entsprechende Anwendung des § 161 S. 1 InsO. Dass in den neuen Vorschriften – anders als nach altem Recht – die Unerreichbarkeitsausnahme nicht geregelt ist, steht ihrer Anwendbarkeit hier nicht entgegen. Denn sie ist nunmehr für *Anhörungen* des Schuldners allgemein in § 10 Abs. 1 S. InsO geregelt,[1362] was – *a maiore ad minus* – auch für dessen *Unterrichtung* gilt. Die praktische Relevanz dieser Ausnahme dürfte gleichwohl bei den hier in Rede stehenden Unternehmensinsolvenzen sehr beschränkt sein.

2. Gläubiger

Die Gläubigerseite findet im Rahmen des § 158 Abs. 2 S. 1 InsO jedoch eben gerade keine Erwähnung. Die allgemeinen Vorschriften betreffend die Regulierung von Unternehmensverkäufen scheiden zur Herleitung von entsprechenden Informationsmöglichkeiten auf den ersten Blick ebenfalls aus. So gilt die Unterrichtungspflicht des § 161 S. 1 InsO nach dem Gesetzeswortlaut ebenfalls nur gegenüber dem Schuldner. § 163 Abs. 1 InsO erklärt gar nicht erst, wie die Gläubiger- oder die Schuldnerseite überhaupt von der geplanten Transaktion erfahren soll, deren »Untersagung«[1363] sie nach dieser Vorschrift beantragen können (sollen) – entsprechende Informationsmöglichkeiten sind dort nicht explizit vorgesehen. Die Kenntnis ist jedoch freilich faktisch zwingende Voraussetzung für die Wahrnehmung ihres Verfahrensrechts. Der vorstehende Befund erscheint nicht zuletzt deshalb fragwürdig, weil dieses Recht für die Gläubigerseite nach hier soeben vertretener Ansicht auch bei einem vorzeitigen Unternehmensverkauf bestehen soll. Das Recht zur Einsicht in die Verfahrensakten aus § 4 InsO i. V. m. § 299 Abs. 1 ZPO wird insofern kaum fruchtbar zu machen sein. Auch besteht außerhalb der Gläubigerversammlung keine allgemeine Auskunftpflicht des Verwalters gegenüber einzelnen Gläubigern.[1364] Denen können zwar gewisse materiell-rechtliche Informationsansprüche zukommen, die aber an entsprechende Rechtspositionen anknüpfen und sich auch inhaltlich darauf beschränken.[1365]

1362 Vgl. *Ganter/Bruns* in: MüKo, § 10 Rn. 1.
1363 S. dazu Teil 3 § 3 A. II. 2. d) cc) (2).
1364 Wohl allgemeine Ansicht, vgl. etwa *Gerhardt* in: Jaeger, § 79 Rn. 3; *Windel* in: Jaeger, § 80 Rn. 59; *Sponagel*, S. 29 ff.; ferner – entgegen dem Verständnis von *Sponagel* – insbesondere auch *Heese*, S. 43 ff., 317 f. und 365 ff., der sich wohl nur in Bezug auf die Rechtslage *im Rahmen* der Gläubigerversammlung gegen die h. M. stellt.
1365 S. dazu *Eckardt* in: Jaeger, § 156 Rn. 63.

a) Meinungsstand

Im Schrifttum wird dieser Befund jedoch vielfach offenbar nicht in Zweifel gezogen.[1366] *Andres*,[1367] *Webel*[1368] und *Zipperer*[1369] betonen sogar noch, die Gläubiger hätten insofern allenfalls die Möglichkeit, sich über den Gläubigerausschuss zu informieren. Und *Sponagel*[1370] kommt zu dem Schluss, dass auch »Anfragen zur Wahrung von Verfahrensrechten« nicht gegenüber einzelnen, nicht als »Vertreter« eines solchen Kollektivs auftretenden Gläubigern beantwortet werden müssen. *Heese*[1371] hält hingegen die Informationsrechte, welche die verfahrensrechtlichen Beteiligungsrechte der Gläubiger flankieren, im Allgemeinen für nicht ausreichend. Auch nach Ansicht von *Janssen*[1372] spricht viel dafür, im Rahmen des § 163 Abs. 1 InsO dem Verwalter gegenüber den Gläubigern eine Auskunftspflicht aufzuerlegen, damit deren Verfahrensrecht nicht ohne praktische Konsequenz bleibt. *Eckardt*[1373] vertritt aus demselben Grund, dass den Gläubigern in Bezug auf die Details der anvisierten Transaktion zumindest aus § 242 BGB ein Auskunftsrecht zustehe. *Smid*[1374] führt aus, zu jenem Zweck bestehe zumindest gegenüber dem Gläubigerausschuss sogar die Pflicht zur *Unterrichtung* nach § 161 S. 1 InsO. Dabei verhält er sich allerdings nicht zu der Tatsache, dass der Wortlaut dieser Vorschrift dafür jedenfalls nichts hergibt, was ihn freilich einiger Kritik aussetzt.[1375] In der Sache Ähnliches vertritt *Eckardt*[1376], allerdings im Kontext von § 163 Abs. 1 InsO: Der Insolvenzverwalter müsse, damit die Gläubiger ihr Auskunftsrecht wahrnehmen können, zunächst »alle Gläubiger in allgemeiner Form über seine Verkaufsabsicht unterrichten«. Eine derart ausgestaltete Information hält *Decker*[1377] indes schlicht für nicht praktikabel.

b) Stellungnahme

Gegenüber letzterem Ansatz bestehen tatsächlich erhebliche Bedenken, auch wenn der Einwand fehlender Praktikabilität für sich genommen eher nicht überzeugen mag. Eine Pflicht zur *Unterrichtung* einzelner Gläubiger würde jedoch über die eingangs angerissenen, *de lege lata* anerkannten Möglichkeiten der Gläubigerinformation derart weit hinausgehen, dass sie mit diesem System nicht mehr im Einklang stehen dürfte. Eine

---

1366 Vgl. *Bünning/Beyer* in: Braun, § 158 Rn. 6; *Decker* in: Hamburger Kommentar, § 161 Rn. 2; *Jungmann* in: K. Schmidt, § 161 Rn. 3 und § 158 Rn. 17; *Ries* in: Heidelberger Kommentar, § 163 Rn. 6; *Theiselmann* in: BeckOK, § 161 Rn. 1; *Undritz/Fiebig* in: Berliner Kommentar, § 161 Rn. 4.
1367 *Andres* in Andres/Leithaus, § 161 Rn. 3.
1368 *Webel* in: Kübler/Prütting/Bork, § 161 Rn. 3b.
1369 *Zipperer* in: Uhlenbruck, § 161 Rn. 2.
1370 *Sponagel*, Informationsrechte, S. 34 ff.
1371 *Heese*, S. 12.
1372 *Janssen* in: MüKo, § 163 Rn. 6.
1373 *Eckardt* in: Jaeger, § 163 Rn. 45.
1374 Vgl. *Smid* in: Rattunde/Smid/Zeuner, § 161 Rn. 2.
1375 Vgl. etwa *Andres* in Andres/Leithaus, § 161 Rn. 2; *Jungmann* in: K. Schmidt, § 161 Rn. 3; auch *Undritz/Fiebig* in: Berliner Kommentar, § 161 Rn. 4.
1376 *Eckardt* in: Jaeger, § 163 Rn. 45.
1377 *Decker* in: Hamburger Kommentar, § 161 Rn. 2.

solche Pflicht erscheint auch nicht geboten. Wie nicht zuletzt das bekannte Phänomen der gläubigerfreien Versammlungen zeigt, ist in der Praxis ein beachtlicher Teil der Gläubiger regelmäßig überhaupt nicht daran interessiert, seine Rechte im Verfahren wahrzunehmen. Die Information dieser Gläubigergruppe wäre somit ein unnötiger Aufwand. Hinsichtlich der Gläubiger, bei denen es sich anders verhält, wird man jedoch davon ausgehen können, dass sie das Verfahren ohnehin aktiv verfolgen. Daher erscheint es nicht als unbillige Härte, ihnen die Bürde aufzuerlegen, ihre Information proaktiv einzufordern. Ein *Auskunftsrecht* würde somit genügen, falls ein Informationsanspruch der Gläubiger dem Grunde nach anzuerkennen ist.

Insofern überzeugt der Hinweis von *Eckardt*[1378] absolut, dass das Fehlen einer Informationsmöglichkeit für einzelne Gläubiger jedenfalls dann nicht mehr hinnehmbar ist, wenn das Gesetz ihnen abverlangt, glaubhaft zu machen, dass eine konkrete Transaktion – so sie denn umgesetzt wird – »unter Wert« ist, wie eben im Rahmen des § 163 Abs. 1 InsO. Anderenfalls wären die Gläubiger, sofern sie nicht ausnahmsweise aus anderen Quellen Kenntnis von den Details des geplanten Verkaufs haben, gewissermaßen gezwungen die Voraussetzungen der gerichtlichen Intervention »ins Blaue hinein« darzulegen. Dies könnte auch die zweckwidrige Konsequenz haben, dass (unbewusst) aussichtslose Anträge gestellt werden, was freilich nicht im Sinne einer effizienten Verfahrensabwicklung wäre. Schließlich kann man insoweit wohl kaum darauf vertrauen – wie aber offenbar *Spieker* im Kontext von § 161 S. 1 InsO[1379] –, dass über die Unterrichtungspflicht gegenüber dem Schuldner mittelbar auch die Gläubigerinteressen hinreichend gewahrt werden. Dafür kommen zu viele Fälle in Betracht, in denen zwischen diesen Akteuren keine Interessenkongruenz bestehen dürfte und daher nicht anzunehmen ist, dass die maßgeblichen Informationen weitergeleitet werden.

Daher ist *Eckardt* (nur) insoweit beizupflichten, als im Rahmen des § 163 Abs. 1 InsO ein Auskunftsanspruch der einzelnen Gläubiger gegenüber dem Verwalter anzuerkennen ist. Dieser Anspruch dürfte sich vor dem erläuterten Hintergrund richtigerweise als Annexbefugnis aus dieser Vorschrift selbst ergeben. Da er zur Wahrnehmung ihrer geschriebenen Rechte faktisch notwendig ist, erscheint ein Rückgriff auf § 242 BGB nicht erforderlich. Eine solche ungeschriebene Befugnis ist dem Insolvenzrecht nicht fremd. So entspricht es etwa im Rahmen des § 160 InsO der wohl einhelligen Ansicht in Rechtsprechung und Schrifttum, dass der Verwalter dem Gläubigerorgan vor der Einholung seiner Zustimmung alle Informationen mitzuteilen hat, die für eine sachgerechte Entscheidung notwendig sind.[1380] Dementsprechend umfasst der Auskunftsanspruch hier inhaltlich auch (nur) diejenigen Informationen, die zur effizienten und zweckmäßigen Ausübung des Antragsrechts nach § 163 Abs. 1 InsO notwendig sind, also regelmäßig insbesondere Kaufgegenstand und -preis sowie die Zahlungsmodalitäten, nicht zwingend aber etwa den jeweiligen Interessenten.

1378 *Eckardt* in: Jaeger, § 163 Rn. 45.
1379 *Spieker*, S. 112 f.
1380 Vgl. etwa BGH ZIP 1985, 423, 425; *Berger/Frege/Nicht*, NZI 2010, 321, 325; *Fischer*, NZI 2014, 241, 244; sowie jüngst *Eckardt* in: Jaeger, § 160 Rn. 137 m. w. N.

c) Ergebnis

Bei einem vorzeitigen Unternehmensverkauf ist die Gläubigerseite zwar nicht *ex officio* zu unterrichten, für sie besteht aber eine Informationsmöglichkeit in Gestalt eines Auskunftsrechts gegenüber dem Verwalter, das als Annexbefugnis aus § 163 Abs. 1 InsO in der Konsequenz daraus folgt, dass diese Vorschrift richtigerweise bereits vor dem Berichtstermin anwendbar ist.

§ 4 Kontrollmechanismen besonderer Verfahrensarten

Abschließend sollen nun die Kontrollmechanismen untersucht werden, die nicht bei jedem vorzeitigen Unternehmensverkauf in England und Deutschland, sondern nur unter besonderen Umständen greifen. Dies ist dann der Fall, wenn in England die *administration* über die *in-court route* begangen wird und in Deutschland das Verfahren *mit Gläubigerausschuss* geführt wird. Betont sei nochmals, dass es sich dabei jeweils nicht um selbstständige Verfahrensarten, sondern eher um besondere Spielarten der *administration* bzw. des Insolvenzverfahrens handelt.

In England greifen die entsprechenden Kontrollmechanismen *de iure* unabhängig davon, ob es sich bei dem jeweiligen vorzeitigen Unternehmensverkauf um ein Insidergeschäft handelt oder nicht. *De facto* zeichnet sich ein etwas anderes Bild, das im Folgenden dargelegt werden soll. In Deutschland kommt es nach der hier vertretenen Ansicht nicht nur, aber auch in diesen Fällen dazu. Denn demnach *muss* bei einem vorzeitigen Unternehmensverkauf an einen Insider i. S. d. § 162 InsO eben stets ein Verfahren mit Gläubigerausschuss durchlaufen werden, da zu dessen pflichtgemäßer Umsetzung zwingend die besonderen Kontrollmechanismen dieser Verfahrensart einzuhalten sind.[1381] Die folgenden Erläuterungen betreffen somit zugleich auch die speziellen Kontrollmechanismen in Deutschland bei einem Insidergeschäft in der Zwischenphase.

Von grundlegender Bedeutung ist dabei freilich die Frage, wer in den beiden Rechtsordnungen bestimmt, ob die jeweilige besondere Verfahrensart durchlaufen wird, sowie ob und gegebenenfalls an welche Voraussetzungen diese Entscheidung geknüpft ist. Dies gilt es zu erläutern, bevor die entsprechenden Kontrollmechanismen in ihren wichtigsten Details dargelegt werden sollen.

A. Bestimmung der Verfahrensart

Zu einem »gerichtlichen« *administration*-Verfahren kommt es in England dann, wenn eine nach para. 12 oder 35 sch. B1 IA 1986 einleitungsberechtigte Person[1382] einen entsprechenden Antrag bei dem zuständigen Gericht stellt. Die Details des Antragsverfahrens richten sich dann nach r. 3.3 ff. IR 2016. Wie bereits im Zuge der Darstellung der Verfahrenseinleitung in England erläutert, besteht diese Option grundsätzlich al-

---

1381 S. dazu Teil 1 § 5 A.
1382 S. dazu Teil 1 § 3 C. I.

ternativ zu der, das *administration*-Verfahren »außergerichtlich« einzuleiten, indem beispielsweise das schuldnerische Management – vereinfacht gesagt – den *administrator* seiner Wahl selbst bestellt und dies dem Gericht bloß anzeigt. In der Regel laufen sowohl *administration*-Verfahren im Allgemeinen als auch solche zur Umsetzung eines Pre-Packs im Besonderen über diese *out-of-court route*.[1383] Die *in-court route* stellt in der Praxis generell den Ausnahmefall. Nicht zuletzt bietet ersteres Vorgehen für die treibenden Akteure den Vorteil, dass sie sich – zumindest *de iure* – weder mit den Gläubigern abstimmen noch nach einer gerichtlichen Entscheidung richten müssen.[1384] Das drängt freilich die Frage auf, warum in der Praxis die gerichtliche Option überhaupt ausnahmsweise gewählt wird. Zum einen ist sie bei besonders umstrittenen Pre-Pack-Vorhaben das Mittel der Wahl, um damit eine gerichtliche *ex-ante*-Prüfung des jeweiligen Pre-Pack zu ermöglichen und zur Schaffung von Rechtssicherheit eine entsprechende Stellungnahme des Gerichts einzuholen. Zum anderen muss die *in-court route* gezwungenermaßen eingeschlagen werden, sofern und soweit bereits konkurrierende Anträge auf Einleitung eines *winding-up*-Verfahrens vorliegen und die *out-of-court route* daher kraft Gesetzes gesperrt ist.[1385] Letzteres ist nach Einschätzung des *High Court* der häufigere Grund.[1386]

Damit in Deutschland die besondere Verfahrensart beschritten wird, muss sich das zuständige Insolvenzgericht dazu entscheiden, auf der Grundlage von § 67 Abs. 1 InsO einen Gläubigerausschuss einzusetzen. Zwar ist – wie bereits dargelegt[1387] – zu attestieren, dass in der Praxis in der Regel von dieser Möglichkeit Gebrauch gemacht wird, sofern ein vorzeitiger Unternehmensverkauf im Raum steht und die Gerichte häufig entsprechende Anregungen von Seiten der Gläubiger berücksichtigen. Aber letztlich bleibt der Gläubigerausschuss in dieser Phase gewissermaßen ein fakultatives Organ.[1388] Dessen Einsetzung steht im gerichtlichen Ermessen, das lediglich insoweit eine Einschränkung erfährt, als sich das Gericht an Zweckmäßigkeitsaspekten orientieren muss[1389].

B. Untersagungsmöglichkeiten im Rahmen der in-court route

Soll es in England – aus welchem Grund auch immer – zu einem gerichtlichen *administration*-Verfahren kommen, steht unmittelbar nach der Antragstellung eine gerichtliche Entscheidung an. Falls im Einzelfall ein Pre-Pack geplant ist, wird bereits an dieser Stelle darüber befunden, ob es durchgeführt werden darf; die Entscheidung erschöpft sich jedoch keineswegs darin. Vielmehr wird im Ausgangspunkt über die

---

1383 S. zum Ganzen Teil 1 § 5 B. I.
1384 Vgl. instruktiv *Re Super Auguri F1 Ltd.* [2011] BCC 452, 461.
1385 *van Zwieten* in: Goode, Rn. 11-48. – Beispiel für die erstere Fallgruppe: *Re Halliwells LLP* [2010] EWHC 2036 (Ch); für die letzte Fallgruppe: *Re DKLL Solicitors v Revenue and Customs Commissioners* [2007] EWHC 2067 (Ch).
1386 Vgl. *Re Kayley Vending* [2009] EWHC 904 (Ch).
1387 S. dazu Teil 3 § 2 B. II. 4. c).
1388 So treffend *Schmid-Burgk* in: MüKo, § 67 Rn. 6.
1389 Vgl. etwa *Jungmann* in: K. Schmidt, § 22 Rn. 10; *Knof* in: Uhlenbruck, § 67 Rn. 7 f.; *Schmid-Burgk* in: MüKo, § 67 Rn. 6.

weitaus grundlegendere Frage entschieden, ob und – was aus deutscher Perspektive möglicherweise überrascht – gegebenenfalls mit welchem Inhalt ein Eröffnungsbeschluss (*administration order*) zu erlassen ist, also über das »Ob« *und* »Wie« der Verfahrenseinleitung. Denn dem Gericht kommen im Rahmen der Eröffnungsentscheidung mehrere grundverschiedene Alternativen zu. So ist es nach para. 13 (1) (b), (e) und (f) sch. B1 IA 1986 nicht nur explizit dazu befugt, statt des Erlasses der beantragten *administration order* den Antrag abzulehnen, sondern insbesondere auch dazu, ein Liquidationsverfahren einzuleiten oder »jede andere Anordnung zu treffen, die das Gericht für angemessen hält«[1390]. Letztere Generalermächtigung spielt – wie sogleich erläutert werden soll – gerade im Pre-Pack-Kontext eine Rolle. Zu einer Antragsablehnung kommt es in der Praxis insbesondere dann, wenn die Anträge nicht formal ordnungsgemäß oder in der Sache unbegründet sind.[1391] Das *winding-up*-Verfahren wird etwa dann bevorzugt, wenn im Zeitraum vor der Antragstellung fragwürdige Dispositionen von Vermögen erkennbar sind, zu deren Aufklärung und etwaiger Anfechtung die besonderen Möglichkeiten dieses Verfahrens genutzt werden sollen.[1392] Diese Hürden gilt es generell zu überwinden, bevor über die (Un-)Zulässigkeit des Pre-Packs entschieden werden kann, die mithin noch an andere Kriterien geknüpft ist.

Die mündliche Anhörung (*hearing*), die – wie bereits erwähnt[1393] – vor dieser gerichtlichen Entscheidung stattzufinden hat, ist nach dem allgemeinen Grundsatz in r. 39.2 (1) CPR in der Regel öffentlich. Ausnahmsweise kann die Öffentlichkeit jedoch ausgeschlossen werden, und zwar bereits dann, wenn es um besondere Geschäftsgeheimnisse geht (r. 39.2 (3) (a) CPR). Steht die Einleitung des *administration*-Verfahrens im Streit, kann es sogar auch unter der generischen Bezeichnung »Re A Company« geführt und ausgehangen werden, um jegliche Aufmerksamkeit zu vermeiden.[1394] Stets anwesenheitsberechtigt sind neben dem Antragsteller, den Vertretern der schuldnerischen Gesellschaft sowie dem vorgeschlagenen *administrator* insbesondere diejenigen Personen, welche einen konkurrierenden Antrag auf Einleitung eines Liquidationsverfahrens gestellt haben, und all jene, die – nach Einschätzung des befassten Gerichts – ein berechtigtes Teilnahmeinteresse darlegen können (r. 3.12 IR 2016). Gerade für Letztere dürfte sich in der Praxis aber schon das Problem stellen, vorab Kenntnis vom Stattfinden der gerichtlichen Anhörung zu erlangen. Den Gesellschaftern des Schuldners wird das notwendige Interesse wiederum im Grundsatz abgesprochen.[1395]

Doch auch falls interessierte Beteiligte die tatsächlichen und rechtlichen Hürden zur Teilnahme überwunden haben, ist ihr Einfluss beschränkt. So kommt es nicht etwa zu einer Gremienentscheidung durch Abstimmung nach Köpfen. Die Zusammenkunft vor

---

1390 Eigene Übersetzung.
1391 Vgl. exemplarisch *Re Information Governance* [2013] EWHC 2611 (Ch); *Data Power Systems Ltd v Safehosts (London) Ltd* [2013] EWHC 2479 (Ch); *Re Colt Telecom Group Plc (No. 2)* [2002] EWHC 2815 (Ch).
1392 Vgl. exemplarisch *Harlow v Creative Staging Ltd* [2014] EWHC 2787 (Ch); *Re Brown Bear Foods Ltd Shaw v Webb* [2014] EWHC 1132 (Ch); *Re Bowen Travel Ltd* [2012] EWHC 3405 (Ch).
1393 S. dazu Teil 1 § 5 B. I.
1394 Vgl. *Barden* in: Lightman/Moss, Rn. 6-047.
1395 Vgl. etwa *Re Farnborough Aircraft.com Ltd.* [2002] EWHC 1224 (Ch).

dem befassten Gericht behält den Charakter einer Anhörung und die Einwirkungsmöglichkeit der Teilnehmer erschöpft sich in dem Recht, ihren jeweiligen Standpunkt vorzutragen. Die Entscheidung über das »Ob« und »Wie« der Einleitung des *administration*-Verfahrens trifft in jedem Fall nur das Gericht. Der Maßstab dafür ist – positiv gewendet – im Ausgangspunkt allein, ob nach Ansicht des Gerichts die allgemeinen Einleitungsvoraussetzungen vorliegen, insbesondere ob der Verfahrenszweck der *administration* erreichbar scheint.[1396]

I. Untersagungswirkung

Aufgrund des weiten Spektrums möglicher Entschließungen des Gerichts kann über den Antrag auf Erlass einer *administration order* zur Umsetzung eines Pre-Packs auf verschiedene Weise negativ beschieden werden. Hinsichtlich der Untersagungswirkung gilt es insoweit folglich zu differenzieren. Der Antrag kann einerseits abgelehnt werden, was freilich bedeutet, dass es schon gar nicht zur gerichtlichen Einleitung des *administration*-Verfahrens kommt, mithin gewissermaßen nicht nur ein vorzeitiger, sondern jeder Unternehmensverkauf im Rahmen dieses Verfahrens ausscheidet. Auf der anderen Seite hat das Gericht – wie der *High Court* in der Entscheidung in *Re Hellas Telecommunications*[1397] ausdrücklich festhielt – aufgrund seiner Generalermächtigung in para. 13 (1) (f) sch. B1 IA 1986 die Möglichkeit, das Verfahren zwar einzuleiten, aber dem im Einzelfall bestellten *administrator* die Umsetzung des Pre-Packs im Wege einer entsprechenden, besonderen Anordnung zu untersagen. Dann käme lediglich noch ein regulärer Unternehmensverkauf im Rahmen der *administration* in Betracht.

II. Informationsbasis

Das Gericht kann sich bei der Entscheidung über einen Antrag auf Erlass einer *administration order* aus verschiedenen Quellen informieren. So geben r. 3.3 (2) (f), (i) IR 2016 explizit vor, dass der Antrag Informationen über den Gegenstand des schuldnerischen Unternehmens sowie das Vorliegen der Einleitungsvoraussetzungen darlegen muss. Des Weiteren muss der Antragsteller Beglaubigungen (*witness statements*) von bestimmten Personen vorlegen, die sich unter anderem detailliert zur finanziellen Lage des jeweiligen Unternehmens, etwaigen Kreditsicherheiten sowie dazu verhalten, warum gerade ein *administration*-Verfahren (und nicht etwa ein Liquidationsverfahren) der im Einzelfall richtige Weg ist (r. 3.6 (1), (2) (a) und (5) (b) IR 2016). Neben diesen Unterlagen wird das Gericht bei seiner Entscheidung freilich auch etwaige Erkenntnisse aus der Anhörung berücksichtigen.

Im Kontext von Pre-Packs dürften hinsichtlich der gerichtlichen Informationsbasis aber häufig die folgenden von der Rechtsprechung selbst entwickelten Vorgaben die größte Bedeutung haben. Grundlegend ist insofern die Entscheidung *Re Kayley Ven-*

1396 Vgl. etwa *Re World Class Homes Ltd.* [2004] 2906 (Ch); *Re Colt Telecom Group Plc (No. 2)* [2002] EWHC 2815 (Ch); *Re Rowbotham Baxter Ltd.* [1990] BCC 113. – S. dazu weiterführend *Barden* in: Lightman/Moss, Rn. 6-044, 6-049 ff. und 6-063.

1397 *Re Hellas Telecommunications (Luxembourg) II SCA* [2009] EWHC 3199 (Ch), Rn. 8 (»direct the administrators not to complete a pre-pack sale«).

ding[1398]. Denn diesen Fall nutzte der *High Court*, um *obiter* einige Hinweise zur Darlegungslast bei der Beantragung einer *administration order* im Allgemeinen und zur Bedeutung des – zum Entscheidungszeitpunkt noch ganz neuen – SIP 16 zu erteilen. Hierzu führt er instruktiv aus:

»While it is primarily a matter for the applicant to identify what information is likely to assist the court, and that information may not be limited to the matters identified in SIP 16, it seems to me likely that in most cases the information required by SIP 16, insofar as known or ascertainable at the date of application would fall within the requirement I have referred to and so ought to be included in the application. [...] [I]t should not normally be unduly burdensome or costly for it to be so included, and no doubt if there are special reasons why it cannot readily be provided in a particular case this can be explained.«[1399]

In späteren Entscheidungen wurde dieser Grundsatz mehrfach bestätigt.[1400] Mittlerweile erscheint es dementsprechend aus Sicht der Praxis in aller Regel notwendig, dem Gericht die Informationen nach Maßgabe des SIP 16 offenzulegen, falls bei einem Pre-Pack eine *administration order* erfolgen soll.[1401]

III. Entscheidungsparameter

Auch wenn das Gericht über den Antrag auf Erlass einer *administration order* für die Umsetzung eines Pre-Packs positiv befinden will, hat es – letztlich wiederum aufgrund der Generalermächtigung – mehrere Möglichkeiten, wie der *High Court* zuletzt in der Entscheidung in *Re Hibernia*[1402] noch einmal darlegte. So kann es freilich dem Antrag schlicht stattgeben, ohne weitere Vorgaben zu treffen, mithin gewissermaßen eine einfache *administration order* erlassen. Das Gericht kann indes darüber hinaus dem Pre-Pack auch »ausdrücklich zustimmen«.[1403] Eine derartige *administration order* wird teilweise plastisch als gerichtlicher »Segen« bezeichnet,[1404] lässt sich – in Abgrenzung zur vorstehenden Variante – aber auch als »qualifiziert« charakterisieren. Allerdings wurde bereits in der grundlegenden Entscheidung in *Re Hellas Telecommunications*[1405] betont, dass auch eine derartige Zustimmung des Gerichts zu einem Pre-Pack nicht ausschließen würde, dass die Gläubiger diesbezüglich nachträglich auf ihre allgemeinen Rechtsschutzmöglichkeiten zurückgreifen können. Gleichwohl dürfte eine qualifizierte *administration order* in der Praxis für deutlich mehr Akzeptanz bei den beteiligten Stakeholdern und (dadurch) für mehr Rechts- und Planungssicherheit bei den treibenden Akteuren sorgen. Die besonderen Kriterien, die bestimmen, welche Entscheidung bei einem Antrag auf Erlass einer *administration order* zur Umsetzung eines vorzeitigen Unternehmensverkaufs zu ergehen hat, sind – wie die Grundsätze

---

1398 *Re Kayley Vending* [2009] EWHC 904 (Ch).
1399 *Re Kayley Vending* [2009] EWHC 904 (Ch), Rn. 26.
1400 So etwa in; *Re Re Christopherus 3 Ltd.* [2014] EWHC 1162 (Ch); *UK Steelfixers Ltd* [2012] EWHC 2409 (Ch); *Re Halliwells LLP* [2010] EWHC 2036 (Ch).
1401 Vgl. nur *Barden* in: Lightman/Moss, Rn. 6-053.
1402 *Re Hibernia (2005) Ltd* [2013] EWHC 2615 (Ch).
1403 Vgl. nur *Re Christopherus 3 Ltd* [2014] EWHC 1162 (Ch), Rn. 44 (eigene Übersetzung)
1404 Vgl. nur *Re Hibernia (2005) Ltd* [2013] EWHC 2615 (Ch), Rn. 24 (eigene Übersetzung).
1405 Vgl. *Re Hellas Telecommunications (Luxembourg) II SCA* [2009] EWHC 3199 (Ch); s. dazu auch umfassend *Lightman/Bailey* in: Lightman/Moss, Rn. 12-013.

betreffend Pre-Packs im Allgemeinen[1406] – nicht gesetzlich geregelt, sondern lassen sich nur der Rechtsprechung des *High Court* entnehmen:

Demnach ist dann negativ zu entscheiden (Ablehnung des Antrags auf Erlass einer *administration order* oder zumindest ausdrückliche Untersagung des beabsichtigten Vorgehens), wenn das Pre-Pack offensichtlich missbräuchlich ist. So hält es der *High Court* zumindest in ständiger Rechtsprechung fest.[1407] Allerdings ist kein Fall ersichtlich, in dem tatsächlich einmal eine negative Entscheidung auf dieser Grundlage erging. In dem einzig erkennbaren Fall, in dem ein Gericht den Erlass einer *administration order* speziell für ein Pre-Pack abgelehnt hat, stützte es dies nicht auf die Missbräuchlichkeit des geplanten Vorgehens, sondern auf einen der soeben erläuterten allgemeinen Ablehnungsgründe.[1408] Dies mag auch darauf beruhen, dass sich die Gerichte in England traditionell in großer Zurückhaltung üben, soweit es um wirtschaftliche Entscheidungen des *administrator* geht.[1409] Dementsprechend halten Praktiker dort negative Entscheidungen auch zukünftig für unwahrscheinlich.[1410] Jedenfalls hat das Fehlen von Anwendungsfällen zur Folge, dass bisher unklar ist, was genau die Rechtsprechung unter dem Kriterium »offensichtlicher Missbrauch« verstanden haben will. Aufschluss darüber vermögen vielleicht die Kriterien für die gegenläufigen Entscheidungen bieten.

Für positive Entscheidungen über den Erlass einer *administration order* zur Umsetzung eines Pre-Packs liegen auch zahlreiche Beispiele vor, und zwar nicht nur in der einfachen,[1411] sondern vor allem auch in der qualifizierten Form[1412]. Eine Entschließung erster Art kann sogar dann ergehen, wenn – so die illustrative Wortwahl des Gerichts in der Entscheidung in *Re Hellas Telecommunications*[1413] – »die Lage unklar

---

1406 S. dazu Teil 3 § 1 A. I. 1.

1407 Vgl. *Re Halliwells LLP* [2010] EWHC 2036 (Ch), Rn. 22 (»abuse of the process«); *Re Hellas Telecommunications (Luxembourg) II SCA* [2009] EWHC 3199 (Ch), Rn. 8 (»obvious […] abuse of the administrator's powers«); *Re Kayley Vending* [2009] EWHC 904 (Ch), Rn. 24 (»procedure […] obviously abused to the disadvantage of the creditors«).

1408 Vgl. *Re UK Steelfixers Ltd* [2012] EWHC 2409 (Ch). – In dem Verfahren in *Re Moss Groundworks* [2019] EWHC 3079 (Ch) bezweifelte das Gericht zwar in einer ersten Anhörung die Angemessenheit, erließ jedoch keine endgültige negative Entscheidung, sondern gewährte eine zweite Anhörung in der – nach »Nachbesserung« der Antragsunterlagen – die begehrte *administration order* zur Durchführung eines Pre-Packs erlassen wurde.

1409 Vgl. allein im Pre-Pack-Kontext exemplarisch *Re Hellas Telecommunications (Luxembourg) II SCA* [2009] EWHC 3199 (Ch), Rn. 8 (»It seems to me that in general the merits of a pre-pack sale are for the administrator to deal with«); *Re Kayley Vending* [2009] EWHC 904 (Ch); *Re T&D Industries Plc* [2000] BCC 956. – S. dazu umfassend *Lightman/Bailey* in: Lightman/Moss, Rn. 12-008 ff.; sowie im Übrigen die eingangs vorgelegte Rechtsprechungsauswertung.

1410 So berichten *Lightman/Bailey* in: Lightman/Moss, Rn. 12-013.

1411 So etwa in *Re Hibernia (2005) Ltd* [2013] EWHC 2615 (Ch).

1412 So etwa in *Re Christopherus 3 Ltd* [2014] EWHC 1162 (Ch); *Re Hellas Telecommunications (Luxembourg) II SCA* [2009] EWHC 3199 (Ch); *Re Halliwells LLP* [2010] EWHC 2036 (Ch).

1413 *Re Hellas Telecommunications (Luxembourg) II SCA* [2009] EWHC 3199 (Ch), Rn. 8 (eigene Übersetzung). – Anders aber wohl noch *Re Kayley Vending* [2009] EWHC 904 (Ch).

ist«. Dass auch in Zweifelsfällen Zurückhaltung geübt wird, verdeutlicht noch einmal die hohen Hürden für eine gerichtliche Intervention. In der Entscheidung hielt der *High Court* auch fest, dass eine qualifizierte *administration order* dann erlassen werden kann, wenn »offensichtlich ist, dass das Pre-Pack die bestmögliche Lösung ist«.[1414] Diese Voraussetzung wurde seitdem in zahlreichen Judikaten im Kern bestätigt und deren Vorliegen auch im Einzelfall bejaht. Begründet wurde dies jeweils im Wesentlichen damit, dass nach der Einschätzung des Gerichts nur durch das Pre-Pack das Unternehmen fortgeführt und ein Abwicklungsverfahren abgewendet werden kann.[1415] Dahinter dürfte letztlich die Frage stehen, ob das beabsichtigte Vorgehen aller Voraussicht nach – als günstigste der verfügbaren Optionen – der bestmöglichen Befriedigung der Gläubigergesamtheit, mithin dem Verfahrenszweck der *administration* dient. Dies lässt sich nicht zuletzt der Entscheidung in *Re Kayley Vending*[1416] entnehmen, wo es zur Begründung einer solchen positiven Entscheidung eben heißt:

»On [the] evidence [before me], I was satisfied that there was a reasonable prospect of achieving a better return to creditors as a whole.«

Als Maßstab der Missbräuchlichkeit bleibt damit vor allem der Verfahrenszweck. Nach alledem dürfte sich konstatieren lassen, dass eine negative Entscheidung über ein Pre-Pack im Rahmen der *in-court route*, etwa in Form einer ausdrücklichen Untersagung durch das Gericht, (nur) zu ergehen hat, sofern es offensichtlich nicht zweckmäßig, mithin im Einzelfall eindeutig eine ungünstige Variante ist, was indes praktisch offenbar nicht vorkommt; im Zweifelsfall erfolgt keine Untersagung.

C. Untersagungsmöglichkeiten im »Verfahren mit Gläubigerausschuss«

Falls in Deutschland in der Zwischenphase ein Gläubigerausschuss bestellt worden ist, ist nach § 158 Abs. 1 InsO dessen Zustimmung zu einem vorzeitigen Unternehmensverkauf erforderlich; fehlt sie, ist der jeweilige Verkauf mithin ohne Weiteres unzulässig. Zu der Streitfrage, ob auch eine nachträgliche Genehmigung formal legitimierend wirkt, erscheinen die gegenseitigen Argumente ausgetauscht. Beizupflichten ist der nunmehr nahezu einhelligen Ansicht, die überzeugend auf Wortlaut (»will der Verwalter [...] veräußern«), Historie und Telos der Norm verweist, um zu begründen, dass es

---

1414 *Re Hellas Telecommunications (Luxembourg) II SCA* [2009] EWHC 3199 (Ch), Rn. 8 (eigene Übersetzung).

1415 *Re Christopherus 3 Ltd* [2014] EWHC 1162 (Ch), Rn. 45 (»the proposed restructuring was the only available alternative to the liquidation of the Company and the break up of the group«); *Re Halliwells LLP* [2010] EWHC 2036 (Ch), Rn. 23 (»the only way forward«); ferner bereits *Re DKLL Solicitors v Revenue and Customs Commissioners* [2007] EWHC 2067 (Ch), Rn. 20 (»I am particularly influenced by the fact that the proposed sale appears to be the only way of saving the jobs of the 50 odd employees of the partnership. The proposed sale is also likely to result in the affairs of the partnership's clients being dealt with, with the minimum disruption«).

1416 *Re Kayley Vending* [2009] EWHC 904 (Ch), Rn. 30.

zwingend einer vorherigen Einwilligung bedarf.[1417] Die Begründung der Gegenansicht von *Spieker*[1418], die vor allem in dem Rückgriff auf die Figur der »Einheit der Rechtsordnung« im Hinblick auf den (BGB-)Terminus »Zustimmung« liegt, erscheint demgegenüber nicht durchgreifend. Jedenfalls hat der Gläubigerausschuss seine Entscheidung in der Form eines Beschlusses zu fassen, wofür die Grundsätze, insbesondere die Mehrheitserfordernisse, des § 72 InsO gelten.[1419] Auch muss diese Zustimmung gewissermaßen zwingend tatsächlich in der Form einer positiven Entschließung des Organs erfolgen.[1420] Denn bei ihrem Unterbleiben – sei es in Form einer expliziten Ablehnung oder einer schlichten Nichtäußerung des Gläubigerausschusses – greift weder eine Zustimmungsfiktion wie im Rahmen des § 160 InsO noch besteht (dann) eine Ersetzungsbefugnis des Gerichts.[1421]

I. Untersagungswirkung

Der hier behandelte Kontrollmechanismus stellt freilich keine Möglichkeit zur »Untersagung« nach einem engen Begriffsverständnis dar. Denn ein vorzeitiger Unternehmensverkauf steht im Rahmen der besonderen Verfahrensart »Verfahren mit Gläubigerausschuss« in regelungstechnischer Hinsicht letztlich unter einem Verbot mit Erlaubnisvorbehalt. Da er aber folglich gewissermaßen bereits grundsätzlich untersagt ist, gleicht indes eine Verweigerung der Erlaubnis in Form der Zustimmung durch den Gläubigerausschuss von ihrer Wirkung her einer Untersagung. Das gilt nicht zuletzt deshalb, weil sie eben nicht ersetzbar ist. Ein nicht unerheblicher praktischer Unterschied besteht freilich insoweit, als eine Untersagung im engeren Sinne ein proaktives Einschreiten der »Kontrolleure« und damit zwingend auch entsprechende Kenntnis erfordert, während dann, wenn das Gesetz ihnen über einen strengen Zustimmungsvorbehalt letztlich ein Vetorecht zubilligt, sie ein entsprechendes Ersuchen der treibenden Akteure abwarten und darauf reagieren können. Aus deren Sicht dürfte das Verbot mit Erlaubnisvorbehalt schon deswegen die höhere und damit unangenehmere Hürde darstellen. Dieser Kontrollmechanismus ist schließlich auch deshalb strenger, weil es in seinem Rahmen nun einmal *zwingend* zu einer Entscheidung über die Untersagung durch die Kontrollinstanz kommen muss, während Untersagungsmöglichkeiten eben keineswegs stets wahrgenommen werden können, geschweige denn müssen.

1417 Vgl. jüngst *Eckardt* in: Jaeger, § 158 Rn. 51 m. w. N.; ferner bereits *Heidland* in: Kölner Schrift[2], S. 711, 732; *Paulus*, DZWIR 1999, 53, 57. – Unklar aber *Janssen* in: MüKo, § 158 Rn. 20 und § 160 Rn. 26.
1418 *Spieker*, S. 70 ff.
1419 Vgl. statt aller *Lind* in: Ahrens/Gehrlein/Ringstmeier, § 158 Rn. 5.
1420 Vgl. *Webel* in: Kübler/Prütting/Bork, § 158 Rn. 8.
1421 Wohl allgemeine Ansicht, vgl. etwa *Eckardt* in: Jaeger, § 158 Rn. 55; *Jungmann* in: K. Schmidt, § 158 Rn. 13; *Webel* in: Kübler/Prütting/Bork, § 158 Rn. 8. – Der teilweise als a. A. deklarierte Beitrag von *Ehricke* (NZI 2000, 57, 62) verhält sich wohl allein zu der entsprechenden Frage bei Zustimmungsvorbehalten der Gläubigerversammlung, die von der vorliegenden zu trennen ist.

II. Informationsbasis

Vor diesem Hintergrund dürfte ein Verwalter, der einen vorzeitigen Unternehmens-verkauf umsetzen will, in der Regel ein eigenes Interesse daran haben, die zur Ent-scheidung über Zustimmung dazu nach § 158 Abs. 1 InsO letztlich berufenen Mitglie-der des Gläubigerausschusses auch hinreichend über sein Vorhaben zu informieren. Dennoch soll die Unterrichtungspflicht, welcher der Verwalter – wie bereits er-wähnt[1422] – gegenüber dem Organ allgemein unterliegt, sofern und soweit es im Rah-men des Insolvenzverfahrens zu beteiligen ist, auch im vorliegenden Kontext gelten und im Ausgangspunkt all diejenigen Informationen umfassen, welche für eine sach-gerechte Entscheidung notwendig sind.[1423] Die Gefahr dürfte in der Praxis eher darin liegen, dass vereinzelt ein Anreiz bestehen mag, dem Ausschuss falsche oder zumin-dest unvollständige Informationen zu geben, um ihn zur Erlaubnis zu bewegen. Aller-dings kann einer Zustimmung auf derart fehlerhafter Informationsbasis unter teleologi-schen Gesichtspunkten keine Legitimationswirkung zukommen.[1424] Ein etwaiger Verkauf auf dieser Grundlage wäre somit unzulässig, die Taktik mithin äußerst risiko-behaftet.

III. Entscheidungsparameter

Ob und gegebenenfalls welche Vorgaben für die Entscheidung des Gläubigerausschus-ses über die Zustimmung zu einem vorzeitigen Unternehmensverkauf nach § 158 Abs. 1 InsO gelten, ist – anders als etwa hinsichtlich der Entscheidung des Gerichts nach § 158 Abs. 2 S. 2 InsO – gesetzlich nicht ausdrücklich geregelt. Die Frage wird im Schrifttum auch kaum behandelt, obwohl es ihr an Relevanz eigentlich nicht fehlen dürfte. Nicht zuletzt kommt für pflichtwidrig erteilte bzw. verweigerte Zustimmungen eine persönliche Haftung der Mitglieder des Gläubigerausschusses in Betracht (§ 71 InsO).[1425]

1. Meinungsstand

Spieker[1426] geht insofern offenbar von einer weitgehend freien Ermessensentscheidung aus. Denn seiner Ansicht nach kann der Gläubigerausschuss auch schlicht aus »Verär-gerung« seine Zustimmung verweigern, da nirgendwo stünde, dass insofern eine Be-gründungspflicht bestehe. Ganz überwiegend wird dies aber offenkundig anders gese-hen. So betont *Janssen*[1427], dass die Zustimmung des Gläubigerausschusses für sich genommen fehlerhaft sein und tatsächlich eine Haftung seiner Mitglieder nach § 71 InsO nach sich ziehen könne. Nach einigen anderen Stimmen im Schrifttum kommt es zu Letzterem konkret dann, wenn für die zustimmungspflichtige Handlung keine hin-

---

1422 S. dazu Teil 3 § 3 B. II. 2. b).
1423 Vgl. *Berger/Frege/Nicht*, NZI 2010, 321, 325 und 329; *Eckardt* in: Jaeger, § 158 Rn. 58; *Theiselmann* in: BeckOK, § 158 Rn. 7.
1424 Vgl. im Ergebnis *Eckardt* in: Jaeger, § 158 Rn. 58.
1425 S. dazu *de Bruyn*, Rn. 511 ff.
1426 *Spieker*, S. 71 mit Fn. 153.
1427 *Janssen* in: MüKo, § 158 Rn. 22.

reichenden wirtschaftlichen oder tatsächlichen Gründe bestanden haben[1428] bzw. die Fortführungschancen unzulänglich geprüft wurden[1429]. *Eckardt*[1430] ist in der Sache auch diesem Lager zuzurechnen, wird indes noch konkreter. So richtet sich seiner Auffassung nach die Pflichtgemäßheit des hier in Rede stehenden Beschlusses nach denselben Kriterien, die auch für die Entscheidung des Gerichts über eine nach § 158 Abs. 2 S. 2 InsO beantragte Untersagung maßgeblich sind.

2. Stellungnahme

Nimmt man *Eckardt* streng beim Wort, dürfte der Gläubigerausschuss auch dann nicht zustimmen, wenn die anvisierte Veräußerung nicht gemäß dieser Vorschrift *erheblich* günstiger ist. Seine Mitglieder könnten folglich im Einzelfall gehalten sein, einer Masseschädigung, wenngleich auch nur einer unerheblichen, ihr Placet zu erteilen. In dieser Konsequenz kann dem Ansatz, sollte er denn so gemeint gewesen sein, nicht gefolgt werden. Die damit potenziell einhergehende Pflicht, zu Lasten der Gläubigergesamtheit zu entscheiden, steht nicht damit im Einklang, dass die Gesetzesmaterialien insofern nochmals betonen, dass das Gremium gerade ihre Interessen wahrnehmen soll[1431]. Etwas anderes könnte nur gelten, falls man dem Beteiligungsinteresse der Gläubiger (hinsichtlich der Gläubigerversammlung im Berichtstermin) Vorrang gegenüber ihrem Befriedigungsinteresse zubilligen würde, was hier aber bereits an anderer Stelle abgelehnt worden ist[1432]. Im Übrigen stellt der Ansatz von *Eckardt* jedoch eine überzeugende Konkretisierung der zutreffenden herrschenden Ansicht dar. Denn der Gläubigerausschuss muss sich bei derartigen Entscheidungen im Ausgangspunkt stets an der bestmöglichen Befriedigung der Gläubiger (§ 1 S. 1 InsO) orientieren.[1433] Auch im Rahmen des § 158 Abs. 1 InsO hat er seine verfahrensrechtlich vorgesehenen Befugnisse somit – anders als *Spieker* nahelegt – entsprechend pflichtgemäß auszuüben. Für die sich insoweit stellende Sachfrage fasst diese Vorschrift mit der »Günstigkeit« des vorzeitigen Unternehmensverkaufs den allgemeinen Maßstab schlicht pointierter.

3. Ergebnis

Demnach darf der Gläubigerausschuss seine Zustimmung nur verweigern, sofern die Veräußerung ohne *jegliche* Verminderung der Insolvenzmasse bis zum Berichtstermin aufgeschoben werden kann. Umgekehrt hätte er – zumindest nach hiesigem Verständnis des § 158 Abs. 2 S. 2 InsO – insbesondere bereits dann zuzustimmen, wenn der geplante Verkauf günstiger ist als die realistischen Alternativen im Berichtstermin; *erheblich* günstiger muss er dafür nicht sein.

1428 *Balthasar* in: Nerlich/Römermann, § 158 Rn. 18; vgl. auch *Decker* in: Hamburger Kommentar, § 158 Rn. 7.
1429 *Haffa/Leichtle* in: Braun, § 158 Rn. 5; *Zipperer* in: Uhlenbruck, § 158 Rn. 21.
1430 Vgl. *Eckardt* in: Jaeger, § 158 Rn. 60 mit 38 ff. und 45.
1431 Vgl. RegE-InsVerfVereinfG, BT-Drucks. 16/3227, S. 20.
1432 S. dazu oben unter Teil 3 § 3 A. II. 1. c) aa) (2).
1433 Vgl. nur BGH NZI 2008, 491, Rn. 14; BGH ZIP 1985, 423, 427; *de Bruyn*, Rn. 514 m. w. N.

§ 5 Zusammenfassung

Hinsichtlich der Regulierung vorzeitiger Unternehmensverkäufe in England und Deutschland lässt sich das Folgende konstatieren:

Grundlagen zu den Kontrollmechanismen: Die Regulierungen entspricht sich in der entscheidenden Weichenstellung, dass beide Rechtsordnungen solche Verkäufe seit nicht allzu langer (in England aber noch etwas längerer) Zeit in einer Ausnahme vom gesetzlich konzipierten Regelfall für zulässig erklären, wenn auch auf unterschiedliche Weise: Ständige Rechtsprechung und flankierendes Berufsrecht stehen insofern konkreten (insolvenz-)gesetzlichen Regelungen gegenüber. Die Kontrollmechanismen, die in diesen Fällen jeweils greifen, sind ebenfalls unter einem ganz grundlegenden Aspekt vergleichbar, und zwar insoweit, als sie nur die Zulässigkeit und nicht die Wirksamkeit eines vorzeitigen Unternehmensverkaufs betreffen. Im Übrigen dürften im vorliegenden Kontext in der Summe aber die Unterschiede die Gemeinsamkeiten überwiegen.

Insiderprophylaxe: So bestehen bereits hinsichtlich der Insiderprophylaxe bei einem vorzeitigen Unternehmensverkauf in England und Deutschland neben einigen grundsätzlichen Gemeinsamkeiten zahlreiche erhebliche Unterschiede.

Das gilt schon in Bezug auf das jeweilige Verständnis vom Begriff »Insider«. Vor allem gelten Unternehmensverkäufe an starke (gesicherte) Gläubiger in Deutschland *qua* Gesetz als Insidergeschäfte, und zwar sowohl bei unmittelbarer als auch bei mittelbarer Beteiligung der Gläubiger am Erwerb, während in England solche Transaktionen in beiden Konstellationen von den dortigen speziellen Kontrollmechanismen jüngst bewusst weitgehend ausgenommen worden sind. Dort wird auch – wiederum im Gegensatz zur Rechtslage in Deutschland – der sicherlich seltenere, aber keineswegs irrelevante Fall nicht erfasst, dass das beim Schuldner lediglich angestellte Management am Erwerb indirekt beteiligt ist. Sofern aber das (faktische) obere, exekutive Management des schuldnerischen Unternehmens selbst als Käufer auftritt, unterfällt die Transaktion in beiden Ländern gleichermaßen den speziellen Kontrollmechanismen für Insidergeschäfte. Und auch falls Gesellschafter des Schuldners (über Mittelspersonen) als Erwerbsinteressenten auftreten, gleicht die Rechtslage in England im Wesentlichen der in Deutschland – eine (mittelbare) Gesellschafterstellung begründet jeweils die Eigenschaft als Insider, sofern sie maßgeblich ist. Dass in Deutschland die Hürde dafür bei 25 % der Anteile liegt, während insofern in England eine 33,33%-Schwelle greift, erscheint nicht zuletzt deshalb unerheblich, weil das englische Recht in diesem Kontext andersartige, insbesondere auch rein faktische Einflussmöglichkeiten gleichermaßen berücksichtigt. Daher überwiegen im Gesamtbild doch die Gemeinsamkeiten zwischen den Insiderbegriffen in England und Deutschland, zumindest soweit es um die genannten, als besonders kritisch erachteten Konstellationen geht. Und das, obwohl die beiden Rechtsordnungen dabei andersartige Regelungstechniken verwenden. So wird in England *de lege lata* – einem konkreten Reformvorschlag zum Trotz und eben anders als in Deutschland (§ 162 Abs. 1 2. Fall, Abs. 2 InsO) – der Fall »mittelbare Insiderbeteiligung« zwar nicht ausdrücklich adressiert, aber über die allgemeinen *common-control-* und *common-directorship*-Regeln erfasst, insbesondere ob der Weite der Begriffe »control« und »director«. Im Allgemeinen dürfte aus diesem Grund die Reichweite der speziellen Kontrollmechanismen in England bei der unmittelbaren Beteiligung von Insidern sogar größer sein. Bei deren mittelbarer Beteiligung geht das deutsche Recht einerseits über die Varianten des § 162 Abs. 2 InsO gewissermaßen noch einige Stufen weiter. Andererseits ist es dabei – zumindest nach dem hergebrachten Verständnis – insoweit strenger, als wegen dessen Begriff der »Beteiligung« eben ausschließlich solche Einflussmöglichkeiten Berücksichtigung finden, die aus einer Gesellschafterstellung herrühren. Richtigerweise besteht dieser Unterschied indes nur in abgeschwächter Form, da § 162 InsO nach hier vertretener Ansicht bei einer Organstellung des »eigentlichen« Insiders beim Erwerber analog anwendbar ist.

In Bezug auf die speziellen Kontrollmechanismen bei einem vorzeitigen Unternehmensverkauf an solche Insider überwiegen demgegenüber die Unterschiede deutlich. So lässt sich zwar beiden Rechtsordnungen im Ausgangspunkt gleichermaßen entnehmen, dass sie Geschäfte mit Insidern für besonders kontrollbedürftig erachten. Um dem nachzukommen, haben sie aber Regelungen gewählt, die in nahezu jeglicher Hinsicht voneinander abweichen: Das englische (Berufs-)Recht unterwirft (nur) Pre-Packs an Insider im Besonderen speziellen Kontrollmechanismen, die Insolvenzordnung tut dasselbe mit § 162 InsO explizit für Unternehmensverkäufe an Insider im Allgemeinen. Allerdings greift diese Regelung nach hier vertretener, im Schrifttum vereinzelt ausdrücklich geteilter und teilweise stillschweigend vorausgesetzter Ansicht bei einem *vorzeitigen* Unternehmensverkauf gerade nicht. Anwendbar ist insofern allein § 158 InsO, der wiederum solche Verkäufe im Allgemeinen betrifft. Der spezielle Kontrollmechanismus des deutschen Rechts folgt nach hier vertretener Ansicht daraus, dass diese Vorschrift um ihren letzten Halbsatz (»wenn ein solcher bestellt ist«) teleologisch zu reduzieren ist, sodass ein Unternehmensverkauf vor dem Berichtstermin *nur* mit Zustimmung des Gläubigerausschusses zulässig ist, sofern der Erwerber ein Insider i. S. d. § 162 InsO ist. In diesen Fällen greift damit letztlich ein Verbot mit Erlaubnisvorbehalt. Das englische Recht lässt die Kontrolle demgegenüber gänzlich außerhalb des *administration*-Verfahrens stattfinden. Sie liegt dort – seit einer Reform aus dem Jahr 2015 – vor allem in der Beteiligung eines Mitglieds eines unabhängigen Expertengremiums (Pre-Pack-Pool). Dabei bedarf es aber nicht etwa dessen Zustimmung. Die Kontrolle erschöpft sich vielmehr in seiner freiwilligen *und* unverbindlichen Anhörung zur Angemessenheit des jeweiligen Pre-Packs. Die Expertenmeinung sowie eine kurze Erläuterung zur Sanierungsfähigkeit des jeweiligen Unternehmens (*viability statement*) *sollen* dann letztlich auch an die Gläubiger weitergeleitet werden. Die gewünschte Kontrolle findet in der Praxis jedoch nur äußerst selten statt. In der weit überwiegenden Mehrheit der Fälle werden diese Soll-Vorgaben schlicht außer Acht gelassen, obwohl der englische Gesetzgeber als »Drohkulisse« bereits eine gesetzliche Regulierung in Aussicht gestellt hat. Den geltenden Vorgaben vermag indes wohl zumindest eine gewisse Abschreckungswirkung zukommen – der Anteil Pre-Packs, die gegenüber Insidern getätigt werden, ist seit der Reform leicht zurückgegangen.

Generelle Kontrollmechanismen: Auch hinsichtlich der Kontrollmechanismen, die in England und Deutschland bei einem vorzeitigen Unternehmensverkauf in jedem Fall greifen, lassen sich eher wenige Gemeinsamkeiten ausmachen.

So sieht das englische Recht – im Gegensatz zum deutschen – in diesem Kontext nicht eine generelle Möglichkeit der gerichtlichen Untersagung (auf Antrag bestimmter Verfahrensakteure) explizit vor. Und auf die allgemeinen Weisungs- und Eingriffskompetenzen der englischen Gerichte lässt sich insofern – auch bei einer Beanstandung – in der Regel letztlich gleichermaßen wenig vertrauen. § 158 Abs. 2 S. 2 InsO berechtigt den Schuldner ausdrücklich zur Einschaltung des Gerichts. Nicht zuletzt da diese Regelung – anders als im Schrifttum teilweise befürchtet wird – aber keinen abschließenden Charakter hat, ergibt sich nach hier vertretener Ansicht aus § 163 Abs. 1 InsO analog ein entsprechendes Recht für die Gläubigerseite. Einem gerichtlichen Beschluss auf letzterer Grundlage kommt ferner richtigerweise gleichermaßen die Wirkung zu, dass dem Insolvenzverwalter der Verkauf einstweilen verboten ist, auch wenn der Gläubigerausschuss ihn befürwortet. Allein die Gläubigerversammlung kann dann noch das Gericht »überstimmen«. Im Zentrum der gerichtlichen Entscheidung steht richtigerweise jeweils grundsätzlich (nur) die relative Günstigkeit der geplanten Veräußerung, die sich im Wesentlichen nach denselben, mithin vor allem rein wirtschaftlichen und massebezogenen Kriterien bemisst; allein die Bezugspunkte sind mit dem realistischen Alternativszenario im Berichtstermin (§ 158 InsO) bzw. der alternativen Verkaufsmöglichkeit (§ 163 InsO) andere. In letzterem Rahmen muss sie indes gewissermaßen durch die Gläubiger selbstständig widerlegt werden – das Gericht darf dazu (nur) in ersterem Rahmen eigene Ermittlungen anstellen. Dort gilt immerhin ebenfalls, dass der vorzeitige Unternehmensverkauf im Zweifel nicht zu untersagen ist. Bei einem Schuldnerantrag muss diese Option jedoch nicht nur günstiger, sondern aller Voraussicht nach *erheblich* günstiger sein, um vor einer Untersagung gefeit zu sein; die materiellen Voraussetzungen der Intervention sind damit milder. Auch aus diesem Grund ist die Begründungslast bei einem Gläubigerantrag höher, eine Untersagung auf diesem Weg schwerer zu erreichen.

Die Möglichkeiten einzelner Verfahrensakteure des *administration*- bzw. Insolvenzverfahrens, sich über den von der jeweiligen Amtsperson getragenen vorzeitigen Unternehmensverkauf zu informieren, unterscheiden sich ebenfalls, wenn auch letztlich weniger deutlich: Eine Informationsmöglichkeit für die Schuldnerseite, wie sie das deutsche Recht mit der richtigerweise praktisch nahezu ausnahmslos bestehenden *ex-ante*-Unterrichtungspflicht des Insolvenzverwalters aus § 158 Abs. 2 S. 1 InsO insofern generell vorsieht, ist dem englischen Recht ebenfalls gänzlich fremd. Da aus § 163 Abs. 1 InsO – entgegen dem hergebrachten Verständnis dieser Vorschrift – als ungeschriebene Annexbefugnis auch ein Auskunftsanspruch gegenüber dem Verwalter folgt, besteht in Deutschland demgegenüber eine Informationsmöglichkeit für die Gläubigerseite, wie sie im englischen (Berufs-)Recht in SIP 16 gleichermaßen angelegt ist. Insoweit wird somit – gemessen an dem hiesigen Verständnis des deutschen Rechts – in beiden Ländern derselbe Regelungsansatz verfolgt. Die Umsetzungen unterscheiden sich jedoch erheblich, und zwar nicht nur in der Technik. Denn während die Gläubiger in Deutschland selbst die Initiative ergreifen müssen, um die wesentlichen Informationen über den anvisierten Verkauf zu erhalten, obliegt die Gläubigerinformation in England dem *administrator* (in Form von Begründungen und Offenlegungen im Rahmen des SIP-16-Statement). Sie dürfte dort in der Regel aufgrund zahlreicher, detaillierter Vorgaben auch vom Umfang her über das hinausgehen, was der Insolvenzverwalter auf entsprechende Anfrage schuldet. Allerdings sind sie lediglich als Soll-Vorgaben ausgestaltet. Insoweit gilt grundsätzlich (nur) ein »Comply or Explain«-Prinzip. Eine weitere Einschränkung erfährt die Gläubigerinformation in England insoweit, als die Obliegenheit erst *ex post* greift. Immerhin wird sie nach offiziellen Angaben in den ganz überwiegenden Fällen im Wesentlichen auch tatsächlich gewahrt, was nicht zuletzt daran liegen dürfte, dass Verstöße gegen die Vorgaben durch die Fachverbände, und in gewisser Weise auch durch die Gerichte, streng sanktioniert werden.

Kontrollmechanismen besonderer Verfahrensarten: Schließlich können sowohl das *administration-* als auch das Insolvenzverfahren in speziellen Ausprägungen durchlaufen werden. Diese besonderen »Verfahrensarten« bringen jeweils eigene Kontrollmechanismen im Hinblick auf einen vorzeitigen Unternehmensverkauf mit sich, sind ansonsten jedoch grundverschieden:

Die englische Variante, die *in-court route*, beinhaltet insbesondere eine Möglichkeit, die im deutschen Recht als solche im Kern generell vorgesehen ist: die gerichtliche Untersagung des Verkaufs. Diese Gefahr besteht in England indes allenfalls dann, wenn sich die treibenden Akteure selbst für die Verfahrenseinleitung auf diesem Weg entscheiden und sie beantragen, was in der Praxis teils freiwillig, teils gezwungenermaßen, letztlich aber nur selten geschieht. Insbesondere können opponierende Gläubiger die gerichtliche Befassung mit einem geplanten Pre-Pack (über die Sperrung *out-of-court route* durch konfligierende Anträge) nur erzwingen, falls sie noch vor der Verfahrenseinleitung zumindest einen entsprechenden Verdacht hegen, was in der Praxis offenbar nicht häufig der Fall ist. Als Rahmen für die gerichtliche Entscheidungsfindung sieht das englische Recht grundsätzlich – anders als es die deutsche Praxis[1434] handhabt – eine öffentliche mündliche Anhörung insbesondere der treibenden sowie etwaiger opponierender Akteure vor. Die Informationsbasis, auf die das Gericht dabei zurückgreifen kann, ist als breit einzustufen. Denn sie speist sich nicht nur daraus, sondern auch aus den Antragsunterlagen, die bereits mit zahlreichen, detaillierten Informationen zu versehen sind, in der Regel insbesondere auch denen aus dem SIP-16-Statement. Damit das Gericht nicht interveniert, muss es zwar vom Vorliegen der allgemeinen Einleitungsvoraussetzungen überzeugt sein, aber – anders als in Deutschland im Rahmen des § 158 InsO – nicht davon, dass der geplante Verkauf *erheblich* günstiger ist. Dafür genügt nach ständiger Rechtsprechung in der Sache vielmehr bereits, dass er nicht ungünstig erscheint, wobei insofern nicht – wie in Deutschland bei § 163 InsO – die Glaubhaftmachung genügen, sondern Evidenz erforderlich sein soll. Die materiellen Voraussetzungen der Untersagung dürften damit in England noch einmal etwas strenger sein, auch wenn sie dort genauso wie in Deutschland in Zweifelsfällen nicht zu erfolgen hat. Dies dürfte ein Grund dafür sein, weshalb die Untersagungsmöglichkeit in der englischen Praxis offenbar sogar überhaupt keine Wahrnehmung erfährt.

Die deutsche Variante, das Verfahren mit Gläubigerausschuss, stellt demgegenüber den praktischen Regelfall dar, sofern ein vorzeitiger Unternehmensverkauf im Raum steht. Sie bringt außerdem mit der Beteiligung dieses Gläubigerorgans einen Kontrollmechanismus mit sich, der der Rechtspraxis[1435] in der Zwischenphase gänzlich fremd ist. Ob er im Einzelfall greift, ist letztlich allein Sache des Gerichts und nicht etwa – wie bei der englischen Variante – der treibenden Akteure selbst. Ferner geht der Kontrollmechanismus in seiner Wirkung strenggenommen über die – aus England und Deutschland gleichermaßen im Übrigen bekannte – *Möglichkeit* der Untersagung

---

1434 S. dazu Teil 1 § 5 B.
1435 S. zu den (grundsätzlich gegebenen) rechtlichen Möglichkeiten Teil 1 § 3 B.

sogar noch deutlich hinaus. Denn in diesen Fällen ist dem Insolvenzverwalter der vorzeitige Unternehmensverkauf tatsächlich stets so lange verboten, bis ihn der Gläubigerausschuss durch seine Zustimmung erlaubt. Sie darf indes richtigerweise (nur) dann verweigert werden, wenn die Veräußerung ohne *jegliche* Verminderung der Insolvenzmasse bis zum Berichtstermin aufgeschoben werden kann, mithin der anvisierte Verkauf nicht (auch nur unerheblich) günstiger ist. Dass der Gläubigerausschuss dabei auf eine hinreichende und zutreffende Informationsbasis zurückgreifen kann, erscheint schließlich gewährleistet.

§ 6 Auswertung

Aufbauend auf den vorstehend zusammengetragenen Ergebnissen lässt sich hinsichtlich der wesentlichen Gemeinsamkeiten und Unterschiede bei der Regulierung vorzeitiger Unternehmensverkäufe in England und Deutschland das Folgende anmerken.

A.   Unternehmensverkäufe im Allgemeinen

Die englische Insiderprophylaxe kann zurzeit nicht als Vorbild für Reformen in Deutschland dienen. So erweist sich der deutsche Insiderbegriff als noch ein wenig leistungsfähiger, soweit es darum geht, die relevanten Fälle der Beteiligung faktischer Insider zu erfassen. Insbesondere in Bezug auf die Konstellation, dass sich starke Gläubiger (mittelbar) am Erwerb beteiligen, lässt sich im englischen Insiderbegriff eine Lücke ausmachen, auch wenn es sich dabei um eine bewusste Entscheidung des Gesetzgebers handelt. Vor allem aber können die speziellen Kontrollmechanismen, die das englische Recht für Pre-Packs an Insider vorsieht, nicht überzeugen, jedenfalls nicht in ihrer derzeitigen Ausgestaltung als Soll-Vorgaben. Denn sie sind praktisch weitgehend wirkungslos, da sie in den meisten Fällen schlicht missachtet werden. Die vom englischen Gesetzgeber mit der Einführung dieser Regelungen offenkundig verbundene Hoffnung, dass sie in der Praxis regelmäßig freiwillig befolgt werden und über die rege Wahrnehmung die Transparenz und damit die Akzeptanz von Pre-Packs gesteigert wird, hat sich eindeutig nicht erfüllt. Dass der *Insolvency Service*[1436] bereits mitgeteilt hat, dass diese Änderung erneut auf den Prüfstand gestellt werden soll, ist vor diesem Hintergrund nur konsequent und zu begrüßen. Es bleibt abzuwarten, ob und gegebenenfalls welche Schritte insoweit tatsächlich ergriffen werden. Gefordert (und erwartet) wird sowohl von Seiten des größten *insolvency practitioner*-Verbands[1437] als auch im Schrifttum[1438] überwiegend eine erneute Reform, die sich im Wesentlichen darin erschöpft, die Anhörung des Pre-Pack-Pools in eine verpflichtende Vorgabe umzugestalten.

1436 *Insolvency Service*, 2017 IP Regulation Review, S. 8.
1437 *R3*, Pre-Pack Evaluation 2018, S. 5.
1438 Vgl. *Adebola*, Insolv. Int. 2019, 71, 71 ff.; *Umfreville*, Insolv. Int. 2018, 58, 62; *Wood*, NILQ 2016, 173, 173 ff.; tendenziell auch *Finch/Milman*, S. 402; mit Einschränkungen *Vaccari*, I.C.C.L.R. 2018, 697, 697 ff. (nicht bei Kleininsolvenzen).

Auch dürften die Gläubiger, sofern sie denn wählen könnten, lieber im Rahmen des Insolvenz- als im *administration*-Verfahren beteiligt werden: Das englische Recht gewährleistet zwar generell eine umfangreiche(re) Information der Gläubigerseite, aber erst *ex post*. Die Möglichkeiten der Gläubiger, ein Pre-Pack nachträglich gerichtlich überprüfen zu lassen, hat *Steffek*[1439] allerdings vor einiger Zeit als aus ihrer Sicht unattraktiv eingeschätzt. Dies dürfte heute im Hinblick auf die Beantragung der Entlassung des *administrator* zwar nur noch mit Abstrichen gelten, nachdem seit einer zwischenzeitlichen Entwicklung der Rechtsprechung solchen Bestrebungen bessere Chancen beigemessen werden.[1440] Hinsichtlich der Einleitung eines Haftungsprozesses, die aus Sicht der Gläubiger freilich interessanter ist, lässt sich die Einschätzung aber weiterhin uneingeschränkt unterstreichen.[1441] Daher erscheint die Nutzbarkeit der Informationen für sie letztlich oft beschränkt, was wiederum bezweifeln lässt, dass die höhere Transparenz tatsächlich auch stets mit einer entsprechenden Akzeptanz einhergeht. Solange theoretisch noch die Gelegenheit besteht, durch konkurrierende Einleitungsanträge die Wahl der Verfahrensart faktisch auf die *in-court route* zu beschränken, ist die Gläubigerinformation demgegenüber nicht in auch nur annähernd vergleichbarer Weise gewährleistet. Dass sie in der Praxis kaum Wahrnehmung findet, überrascht vor diesem Hintergrund nicht. Darin liegt jedoch – nicht zuletzt ob der sehr hohen Hürden für ein erfolgreiches Beanstandungsverfahren[1442] – regelmäßig der einzige zumindest prinzipiell aussichtsreiche Weg, den das englische Recht den Gläubigern bietet, um die gerichtliche *ex-ante*-Prüfung eines Pre-Packs zu erzwingen. Sobald das *administration*-Verfahren eröffnet (und publik) ist, ist es dafür schlicht zu spät. Das deutsche Recht gewährt hingegen der Gläubigerseite im Insolvenzverfahren noch besondere Rechte zur Information und Intervention, zumindest nach hiesiger Lesart. Doch auch wenn man diese nicht teilt, erscheint es gegenüber dem englischen Recht aus Gläubigersicht nicht nachteilig. Schließlich gewährt die Einbindung des Gläubigerausschusses, über die (nur) das Gericht befindet, und zwar in den einschlägigen Fällen in der Praxis eben regelmäßig positiv, sogar der Gläubigerseite selbst eine *ex-ante*-Prüfung des vorzeitigen Unternehmensverkaufs, was – wie im Kern auch *Bork*[1443] meint – auch akzeptanzsteigernd wirken dürfte. Damit sollte sich spätestens an dieser Stelle die im ersten Kapitel angekündigte Bedeutung dieses Gläubigerorgans gezeigt haben. Nach alledem lässt sich auch der (hohe) Wert erahnen, den die englische Eigenheit, dass die von einem Pre-Pack betroffenen gesicherten Gläubiger direkt einzubinden sind, aus ihrer Sicht hat.[1444]

Der Vergleich mit den englischen Ansätzen führt jedoch auch eine Eigenheit des deutschen Rechts vor Augen, die nicht überzeugen kann: Bei einem vorzeitigen Unternehmensverkauf im Insolvenzverfahren ist der Schuldner mit erheblichen Informations- und Interventionsrechten ausgestattet. Die Angemessenheit dieser Regelungen wird hier zugegebenermaßen nicht zum ersten Mal in Zweifel gezogen. Das schuldnerische Vetorecht wurde tatsächlich sogar schon kritisiert, bevor die Insolvenzordnung

---

1439 *Steffek* in: Leible/Reichert, § 39 Rn. 111.
1440 S. dazu Teil 1 § 4 C. III. 3. a).
1441 S. dazu Teil 1 § 4 C. III. 4. a).
1442 S. dazu Teil 1 § 4 C. II. 1. a) bb).
1443 *Bork*, Sanierungsrecht, Rn. 6.33.
1444 S. dazu Teil 1 § 3 D. 2.

überhaupt in Kraft getreten ist.[1445] *Wegener*[1446] erachtet § 158 Abs. 2 S. 2 InsO weiterhin für »wenig sachgerecht«, insbesondere mit der Gläubigerautonomie unvereinbar, vor allem da der Insolvenzverwalter und der Gläubigerausschuss die Chancen zur Fortführung des Unternehmens weit besser beurteilen könnten als der Schuldner und das Gericht. *Jungmann*[1447] hält diese Regelung zwar aus demselben Grund ebenfalls für kaum nachvollziehbar, aber letztlich doch für berechtigt, nicht zuletzt da der Unternehmensverkauf einen schwerwiegenden Eingriff in die schuldnerischen Rechte darstelle. Andere befinden sie deshalb für richtig, weil dadurch das Recht des Schuldners zur Vorlage eines Insolvenzplans (§ 218 Abs. 1 S. 1 InsO) abgesichert[1448] und er ansonsten davon abgehalten werde, dem gesetzgeberischen Willen entsprechend, frühzeitig einen Antrag auf Einleitung des Insolvenzverfahrens zu stellen[1449].[1450] Über diese Ziele schießt § 158 Abs. 2 S. 2 InsO allerdings weit hinaus. Denn diese Norm gewährt dem Schuldner ein Recht zur Intervention, welches aufgrund seiner materiellen und prozessualen Ausgestaltung sogar stärker erscheint als das der Gläubigerseite aus § 163 Abs. 1 InsO. Insbesondere hat sie sogar dann Aussicht auf Erfolg, wenn damit voraussichtlich eine – wenn auch nur unerhebliche – Schädigung der Gläubiger einhergeht. In dem Zeitraum, in dem jene Regelung anwendbar ist, steht jedoch – wie im Kern schon *Lüke*[1451] angemahnt und der Gesetzgeber[1452] selbst zwischenzeitlich noch einmal betont hat – eben fest, dass »im Wesentlichen nur noch die wirtschaftlichen Interessen der Gläubiger auf dem Spiel stehen und sie die Folgen von wirtschaftlichen Fehlentscheidungen zu tragen haben«; der Verfahrenszweck des § 1 S. 1 InsO gilt uneingeschränkt. Daher sollten Einwürfe des Schuldners (nur) dann Berücksichtigung finden, wenn er im Einzelfall darlegen kann, dass der vorzeitige Unternehmensverkauf aller Voraussicht nach nicht zweckmäßig ist, was § 163 Abs. 1 InsO (ersatzweise[1453]) gewährleisten könnte. Diese Vorschrift könnte man allenfalls (zu Klarstellungszwecken) dahingehend erweitern, dass *auch* ein Vorgehen über einen Insolvenzplan in ihrem Sinne »günstiger« sein kann.

B.   Pre-Packs im Besonderen

Soweit sich das deutsche Recht zur Regulierung vorzeitiger Unternehmensverkäufe verhält, erscheint es für die Übertragung der englischen Pre-Pack-Praxis nicht ungeeignet: Der Insolvenzverwalter kann und darf – wie bereits *Kranz*[1454] aufgezeigt hat –

1445 Vgl. *Gravenbrucher Kreis*, ZIP 1989, 468, 473 f.; *Haberhauer/Meeh*, DStR 1995, 2005, 2006.
1446 *Wegener* in: Frankfurter Kommentar, § 158 Rn. 9.
1447 *Jungmann* in: K. Schmidt, § 158 Rn. 23 f.
1448 *Janssen* in: MüKo, § 158 Rn. 3.
1449 *Balthasar* in: Nerlich/Römermann, § 158 Rn. 6.
1450 *Eckardt* in: Jaeger, § 158 Rn. 3.
1451 Vgl. *Lüke* in: Prütting, S. 67, 76.
1452 RegE-InsVerfVereinfG, BT-Drucks. 16/3227, S. 20.
1453 Ohne Reform würde dem Schuldner der Rückgriff auf diese Vorschrift in der Zwischenphase vor dem Berichtstermin unter Verweis auf § 158 Abs. 2 InsO als *lex specialis* wohl überwiegend versagt werden, s. dazu Teil 3§ 1A.II.
1454 *Kranz*, S. 223.

in der Phase unmittelbar nach der Verfahrenseröffnung in einem Verfahren ohne Gläubigerausschuss einen Unternehmensverkauf grundsätzlich genauso (sofort) vollziehen wie der *administrator*. Unberücksichtigt ließ er allerdings, dass auch in dem im vorliegenden Kontext praktisch relevanteren Verfahren *mit* Gläubigerausschuss der hinreichend schnelle und absehbare Vollzug eines im Eröffnungsverfahren *pre-packaged deal* keineswegs unmöglich ist. Denn im Regelfall sollte sich – wie etwa auch *Madaus/ Geiwitz*[1455] mit ihrer geballten Erfahrung offensichtlich annehmen – in hinreichendem Maße sicherstellen lassen, dass dieses Gläubigerorgan dann auch seine Zustimmung erteilt. Jedenfalls sollte darüber Planungssicherheit bestehen, *ob* der Ausschuss zustimmen wird. Um das Einvernehmen bestmöglich zu gewährleisten, raten sie zu dem Versuch, schon die gerichtliche Entscheidung über die Besetzung des Gläubigerausschusses so zu beeinflussen, dass dort letztlich Personen sitzen, die den treibenden Akteuren wohlgesonnen sind. Dieses Vorgehen ist in der Praxis offenbar teilweise von Erfolg gekrönt, auch wenn es gesetzlich nicht verankert ist.[1456] Vor allem aber gilt es, die (künftigen) Mitglieder des Gläubigerausschusses inhaltlich vom vorzeitigen Unternehmensverkauf zu überzeugen, was eben in der Regel gelingen sollte. Nicht zuletzt droht ihnen bei pflichtwidriger Verweigerung die Haftungssanktion.[1457] Die Prämisse bei alledem ist selbstverständlich, dass der Verkauf im Einzelfall dem (wohlverstandenen) Interesse der Gläubiger entspricht. Aber eine Eignung für Pre-Packs, die nicht dem überragenden Verfahrenszweck aus § 1 S. 1 InsO dienen, ist freilich ohnehin nicht erstrebenswert. Abschließend sei angemerkt, dass der letztere Weg im Verfahren mit Gläubigerausschuss richtigerweise auch dann nicht verschlossen ist, wenn der geplante Verkauf sich als Insidergeschäft darstellt.

Auch die übrigen Kontrollmechanismen, die das deutsche Recht bei einem vorzeitigen Unternehmensverkauf generell vorsieht, sind nach hiesiger Einschätzung mit dem Konzept »Pre-Pack« nicht inkompatibel, jedenfalls aber nicht kritikwürdig. Das gilt uneingeschränkt für die Regelungsansätze, die soeben auch im Allgemeinen befürwortet wurden, mithin die Informations- und Interventionsrechte der Gläubigerseite. Insbesondere zeigt die englische Praxis, dass einem solchen Vorgehen eine sachliche Prüfung durch das Gericht nicht absolut entgegensteht, sofern sie – wie eben im Rahmen des § 163 Abs. 1 InsO – an einen entsprechenden Antrag geknüpft ist, die Begründungslast beim Antragsteller liegt und vor allem keine Amtsermittlungen ausgelöst werden. Insbesondere sind dann missbräuchliche Anträge wenig aussichtsreich und kaum verzögernd. Und auch die materielle Eingriffshürde ist sachgerecht, da sie ebenfalls den Zweck des § 1 S. 1 InsO widerspiegelt. Dass der insoweit erforderliche Überzeugungsgrad in Deutschland möglicherweise ein klein wenig niedriger ist als in England, ist aus Gläubigerschutzgesichtspunkten eher zu begrüßen. Und auch an dieser Stelle gilt freilich: Ein Pre-Pack, das diese Hürden im Einzelfall nicht nimmt, ist eben aller Voraussicht nach bei Lichte betrachtet auch nicht zweckmäßig, dementsprechend nicht erwünscht. Hier könnte sich jedoch auszahlen, falls das deutsche Gerichtsorganisations- und Zuständigkeitsrecht – wie hier angeregt[1458] – im Sinne einer weiteren Professionalisierung der Insolvenzgerichte reformiert würde. Insgesamt wirkt der vor-

---

1455 Vgl. *Madaus/Geiwitz* in: Paulus/Knecht, § 2 Rn. 228 ff.
1456 S. dazu Teil 1 § 3 B. II.
1457 S. dazu Teil 3 § 4 C. III. 2.
1458 S. dazu Teil 1 § 8 A.

stehend erläuterte Rahmen, der nach deutschem Recht für vorzeitige Unternehmensverkäufe gilt, weniger missbrauchsanfällig[1459] und damit aus der Sicht außenstehender Gläubiger wohl auch weniger suspekt als sein englisches Pendant.

Das Informations- und vor allem das Interventionsrecht des Schuldners sind demgegenüber nicht nur bereits im Allgemeinen kritikwürdig, sondern auch im vorliegenden Kontext potenziell wesentliche, nicht immer sachgemäße Störfaktoren. Schließlich kann er durch einen Untersagungsantrag nach § 158 Abs. 2 S. 2 InsO auch gerichtliche Ermittlungen veranlassen, was freilich erheblichere Verzögerungen mit sich bringt und im Übrigen auch ein unbilliger Selbstzweck sein mag. Und er hat damit sogar dann Erfolg, wenn das anvisierte Pre-Pack im Einzelfall (unerheblich) zweckmäßiger als eine spätere Lösung erscheint. *De lege lata* verbleibt insoweit (nur) die aus England wohlbekannte Taktik, den Schuldner proaktiv mit einzubinden und für die eigene Sache zu gewinnen.

In aller Kürze: Die Kontrollmechanismen, die bei einem vorzeitigen Unternehmensverkauf in Deutschland greifen, sind – mit Ausnahme der in § 158 Abs. 2 InsO verankerten Schuldnerrechte – für eine Übertragung der englischen Pre-Packs in die deutsche Praxis *cum grano salis* geeignet; um dabei zugleich den gebotenen Schutz und vor allem die gewünschte Akzeptanz der Gläubiger zu gewährleisten, womöglich sogar besser, als ihre englischen funktionalen Äquivalente.

1459 Vgl. im Ergebnis ebenso *Steffek* in: Allmendinger/Dorn/Lang/Lumpp/Steffek, S. 302, 327.

Schluss

Abschließend soll zu den in der Einleitung aufgeworfenen Fragen Stellung bezogen werden, ohne dabei die Zusammenfassungen und Auswertungen der wesentlichen Ergebnisse der einzelnen Teile dieser Untersuchung in Gänze zu wiederholen. Die Arbeit sollte im Wesentlichen aufklären, warum *pre-packaged deals* nach englischer Gangart der deutschen Praxis momentan fremd sind, und der Frage nachgehen, ob ihnen unter Effizienz- und Gläubigerschutzgesichtspunkten (in einzelnen Aspekten) Vorbildcharakter zukommt.

Das Regelinsolvenzverfahren ist aktuell für Pre-Packs nach englischem Muster nicht deshalb ungeeignet, weil die Regulierung *vorzeitiger* Unternehmensverkäufe in der Insolvenz in England und diejenige in Deutschland erheblich voneinander abweichen. Insoweit haben sich als potenzielle Störfaktoren allein die Rechte des Schuldners aus § 158 Abs. 2 InsO ausmachen lassen, die auch in der Sache nicht geglückt und daher reformbedürftig erscheinen.[1460] In Deutschland funktioniert ein solcher Verkauf sogar dann, wenn es sich dabei im Einzelfall um ein Insidergeschäft handelt. Denn richtigerweise greifen auch in diesem Fall die Kontrollmechanismen des § 158 InsO und nicht etwa die des § 162 InsO.[1461] Allerdings ist § 158 Abs. 1 InsO insofern nach hier vertretener Auffassung teleologisch zu reduzieren, so dass ein Unternehmensverkauf vor dem Berichtstermin nach § 158 InsO an Insider i. S. d. § 162 InsO *nur* mit Zustimmung des Gläubigerausschusses zulässig ist.[1462]

Die wirklich gravierenden, einer Übertragung englischer Pre-Packs in die deutsche Praxis momentan gegenüberstehenden Unterschiede ergeben sich vielmehr aus den einschlägigen Rahmenbedingungen des englischen und deutschen Verfahrens:

Zum einen legt das englische Recht die Auswahl der Amtsperson weitgehend in die Hände desjenigen, der das Verfahren einleitet, und gestattet darüber hinaus grundsätzlich auch noch die intensive Vorbefassung des *administrator*. Dem stehen hier die §§ 56, 56a InsO entgegen und verhindern so insbesondere die konkrete *Vorplanung* des Unternehmensverkaufs in der vorinsolvenzlichen Phase.[1463] Akuter Reformbedarf ist insoweit jedoch nicht auszumachen, bevor das deutsche Recht die Rahmenbedingungen nicht insofern zum englischen anpasst, als es ebenfalls eine Berufsordnung und -aufsicht für seine Amtsperson einführt.[1464] Schließlich ist sogar in dem strengeren Kontrollumfeld die (Un-)Abhängigkeit des *administrator* ein ganz wesentlicher Grund dafür, weshalb es den englischen Pre-Packs (im Vergleich zur deutschen übertragenden Sanierung) an Akzeptanz fehlt.[1465] Außerdem scheint sich die Rechtsprechung in England zurzeit dahin zu entwickeln, dass sie bereits Anzeichen für eine »kritische«

1460 S. dazu Teil 3 § 6 A.
1461 S. dazu Teil 3 § 2 B. II. 2.
1462 S. dazu Teil 3 § 2 B. II. 4.
1463 S. dazu Teil 1 § 4 A. und Teil 1 § 4 B.
1464 S. zur Rechtslage in England Teil 1 § 4 C. II. 1. b) und Teil 1 § 4 C. III. 2.
1465 S. zur Reformdiskussion Teil 1 § 8 C.

Vorbefassung als Entlassungsgrund begreift, was sich auch als indirekte Beschränkung der Vorbefassungsmöglichkeit lesen lässt.[1466]

Zum anderen bietet das Eröffnungsverfahren, das in seiner derzeitigen praktischen Handhabung eine Eigenheit des deutschen Rechts ist,[1467] richtigerweise keinen Raum für einen planmäßigen Verkauf des schuldnerischen Unternehmens im Ganzen oder in wesentlichen Teilen. Denn die (äußerst umstrittene) Frage der Zulässigkeit solcher – gewissermaßen *vor-vorzeitiger* – Unternehmensverkäufe in der Insolvenz lässt sich letztlich knapp wie folgt beantworten: grundsätzliches Verbot mit nur zwei eng umgrenzten Ausnahmen, insbesondere ohne anderweitige Möglichkeit der Legitimation kraft Zustimmung bestimmter Beteiligter.[1468] Anders als teilweise angenommen wird, liegt darin aber nicht zugleich eine Frage der *Wirksamkeit* des Verkaufs.[1469] Dennoch wurde in dieser Arbeit (im Hinblick auf die Bedürfnisse der Praxis) versucht, vor allem die Reichweite der beiden Ausnahmen auszuloten.[1470] Schließlich erscheint auch insoweit momentan keine Reform geboten. Nicht zuletzt wird das Eröffnungsverfahren oftmals bloß freiwillig »verschleppt«, insbesondere um den sanierenden Effekt des Insolvenzgelds wahrzunehmen.[1471]

Darin liegt zudem *ein* Grund dafür, warum das Insolvenzverfahren für eine Betriebsfortführung besser geeignet ist als die *administration*. Das führt wiederum dazu, dass in Deutschland auch schlicht ein geringerer Bedarf dafür auszumachen ist, dass ein Unternehmensverkauf in der Insolvenz *pre-packaged* wird und unmittelbar nach der Verfahrenseröffnung erfolgt.[1472]

Des Weiteren weist das englische Recht in seinen Rahmenbedingungen einige Eigenheiten auf, die für Pre-Packs (nur) förderlich und zugleich weitere Gründe für die Skepsis der einfachen Gläubiger sind: Die *administration* hält eine Alternative zur *gerichtlichen* Verfahrenseinleitung vor,[1473] gewährt in diesem Rahmen und bei der Auswahl der Amtsperson einer bestimmten Gruppe der gesicherten Gläubiger, den Inhabern einer *qualifying floating charge*, den entscheidenden Einfluss[1474] und sieht eher lockere Publizitätsvorgaben vor[1475].

Abgesehen davon sind die Rahmenbedingungen für einen (*pre-packaged*) Unternehmensverkauf ähnlich. So dient – anders als in Deutschland teilweise angenommen – nicht nur das Insolvenzverfahren, sondern auch die *administration* primär der bestmöglichen Gläubigerbefriedigung und nicht etwa der Unternehmenssanierung. Diese ist nur Mittel zum Zweck.[1476] Auch greift in der Praxis des englische nicht früher als das deutsche Verfahren, obwohl die (drohende) materielle Insolvenz dort keine zwin-

---

1466 S. dazu Teil 1 § 4 C. III. 3.
1467 S. dazu Teil 1 § 5 B.
1468 S. dazu Teil 2 § 2.
1469 S. dazu Teil 2 § 3.
1470 S. dazu Teil 2 § 2 C. und vor allem Teil 2 § 2 B. II.
1471 S. zur Reformdiskussion Teil 2 § 5.
1472 S. dazu auch Teil 1 § 1.
1473 S. dazu Teil 1 § 5 B.
1474 S. dazu Teil 1 § 4 A bzw. Teil 1 § 5.
1475 S. dazu Teil 1 § 6.
1476 S. dazu Teil 1 § 2.

gende Voraussetzung zur Einleitung ist.[1477] Das »Grundproblem« beim Unternehmensverkauf in der Insolvenz, die Preisfindung, stellen beide Verfahren in erster Linie in die Verantwortung ihrer jeweiligen Amtsperson[1478] und verpflichten sie dabei gleichermaßen dazu, den bestmöglichen Preis zu erlangen[1479]. Und sowohl dem *administrator* als auch dem Insolvenzverwalter droht bei einem Pflichtverstoß die Haftung. Deren Durchsetzung ist in den Verfahren zwar technisch sehr unterschiedlich ausgestaltet, aber aus Gläubigersicht im Ergebnis ähnlich schwierig.[1480] Auch die gerichtliche Aufsicht, der die beiden Amtspersonen jeweils unterstellt sind, unterscheidet sich nach dem *law in the books* erheblich, nicht jedoch nach dem *law in practice*.[1481] Vorbildlich sorgt allerdings das englische Gerichtsorganisations- und Zuständigkeitsrecht für einen sehr hohen Professionalisierungsgrad der damit betrauten Richter.[1482]

Schließlich halten die Kontrollmechanismen, die bei einem *vorzeitigen* Unternehmensverkauf in der Insolvenz in Deutschland greifen, dem Vergleich mit ihren englischen Äquivalenten grundsätzlich stand, und zwar nicht nur unter Effizienz-, sondern auch unter Gläubigerschutzgesichtspunkten. Die Ausnahme stellen die bereits eingangs erwähnten Schuldnerrechte aus § 158 Abs. 2 InsO dar;[1483] eine weitere wäre zu machen, falls man – entgegen der hier vertretenen Ansicht – solche Verkäufe an *Insider* doch den Vorgaben des § 162 InsO unterwerfen will. So setzt das englische Recht grundsätzlich vor allem auf eine Kontrolle durch Gläubigerinformation. Diese legt sie zwar dem *administrator* mit ihrem konkreten (umfangreichen) Inhalt als Pflicht gegenüber sämtlichen Gläubigern auf, allerdings erst *ex post*, mithin vor allem ohne eine Möglichkeit für sie, noch vor dem Verkauf dessen gerichtliche Überprüfung zu beantragen.[1484] Nach hier vertretener Ansicht kann das aber die Gläubigerseite in Deutschland nach § 163 Abs. 1 InsO analog, wozu ihr – als Annexbefugnis – immerhin auch ein Auskunftsanspruch gegen den Insolvenzverwalter zukommt.[1485] Um mit ihrem Antrag Erfolg zu haben, was richtigerweise zu einer *Untersagung* des Verkaufs führt, muss sie richtigerweise auch nicht zwingend ein konkretes Alternativangebot vorlegen. Eine *ex-ante*-Prüfung durch das Gericht ist in England auf anderem Weg zwar möglich, aber in der Praxis der Ausnahmefall.[1486] In Deutschland ist daneben – *qua* Gesetz *ausnahmsweise*, jedoch praktisch *in der Regel* – noch die Zustimmung des Gläubigerausschusses erforderlich, die er aber nach hier vertretener Ansicht bereits zu erteilen hat, falls der Verkauf die *günstigste* Option ist.[1487] Zu guter Letzt kann (auch) die englische Insiderprophylaxe nicht als Vorbild dienen, und zwar nicht nur weil der Insiderbegriff in Deutschland leistungsfähiger erscheint,[1488] sondern vor allem da die

---

1477 S. dazu Teil 1 § 5 C.
1478 S. dazu Teil 1 § 3 D.
1479 S. dazu Teil 1 § 4 C. I.
1480 S. dazu Teil 1 § 4 C. III. 4.
1481 S. dazu Teil 1 § 4 C. II. 1. a) bzw. Teil 1 § 4 C. II. 2. a).
1482 S. dazu Teil 1 § 3 C.
1483 S. dazu Teil 3 § 6.
1484 S. dazu Teil 3 § 3 B. I.
1485 S. zum Ganzen Teil 3 § 3 A. II. 2 bzw. Teil 3 § 3 B. II. 2.
1486 S. dazu Teil 3 § 4 A.
1487 S. dazu Teil 3 § 4 C.
1488 S. dazu Teil 3 § 2 A.

speziellen Kontrollmechanismen in der Praxis keine Wirkung entfalten. Deren jüngste Reform hat zwar einen neuartigen Regelungsansatz verfolgt, sich aber als Fehlschlag entpuppt. Es bleibt abzuwarten, welche Gestalt die (bereits angekündigten) nächsten Änderungen haben werden.[1489]

Damit dürfte die Arbeit gezeigt haben, dass der gegenwärtige »Hype« um *pre-packaged deals* mit Vorsicht zu genießen ist. Sie bieten Effizienzvorteile, können aber – in England auch nach den jüngsten Verbesserungsversuchen – die Gläubigerinteressen beeinträchtigen. Das deutsche (Regel-)Insolvenzverfahren ist für eine Übertragung des Konzepts *de lege lata* nur in wenigen Grundvorgaben ungeeignet. Im Übrigen ist es dessen Gefahren strukturell sogar in geringerem Maße ausgesetzt als sein englisches Pendant. Eine Öffnung des Verfahrens für *pre-packaged deals* müsste dennoch mit einer umfassenden Anpassung weiterer Rahmenbedingungen einhergehen. Einzelne Aspekte der Regulierung vorgeplanter, vorzeitiger Unternehmensverkäufe in der Insolvenz in England könnten dem deutschen Gesetzgeber aber ohne Weiteres als Inspiration dienen.

1489 S. dazu Teil 3 § 2 B.

Abkürzungen

BCC	British Company Law Cases
BCLC	Butterworths Company Law Cases
BIS	Department for Business Innovation & Skills
C.R & I	Corporate Rescue & Insolvency
Ch	Chancery Division
Civ	Civil Division
Col.	Column
Comp. Law.	Company Lawyer
CPR	Civil Procedure Rules
CSOH	Court of Session (Outer House)
EBOR	European Business Organization Law Review
Eq.	Equity
EWCA	England and Wales Court of Appeals
EWHC	England and Wales High Court of Justice
I.C.C.L.R	International Company and Commercial Law Review
IA 1986	Insolvency Act 1986
ICR	International Corporate Rescue
IIR	International Insolvency Review
Insolv. Int.	Insolvency Intelligence
IP(s)	Insolvency Practioner(s)
IR 2016 (1986)	Insolvency Rules 2016 (1986)
J.B.L.	Journal of Business Law
JCLS	Journal of Corporate Law Studies
JIBFL	Journal of International Banking and Financial Law
L.Q.R.	Law Quarterly Review
L.R.	Law Reports
LMCLQ	Lloyd's Maritime and Commercial Law Quarterly
NILQ	Northern Ireland Legal Quarterly
OJLS	Oxford Journal of Legal Studies
para.	Paragraph(s)
r.	Rule(s)
RPB(s)	Recognised Professional Body/Bodies
SBEEA 2015	Small Business, Enterprise and Employment Act 2015
sch.	Schedule(s)
sec.	Section(s)
SI	Statutory Instruments

SIP	Statement(s) of Insolvency Practice
UKSC	United Kingdom Supreme Court
Vol.	Volume
WLR	Weekly Law Reports

Literatur

Balz, Manfred	Sanierung von Unternehmen oder von Unternehmensträgern? – Zur Stellung der Eigentümer in einem künftigen Reorganisationsverfahren, Köln 1986.
Beck, Siegfried/ Depré, Peter (Hrsg.)	Praxis in der Insolvenz, 3. Aufl. München 2017 (zit. *Bearbeiter* in: Beck/Depré).
Becker, Udo	Insolvenzverwalterhaftung bei Unternehmensfortführung, Tübingen 2016.
Beckwith, Ryan/ Jones, Megan	The revised SIP 16: a practical perspective, Journal of International Banking and Financial Law (JIBFL) 2016. S. 168 ff.
Beisel, Wilhelm/ Klumpp, Hans-Hermann (Hrsg.)	Der Unternehmenskauf, 7. Aufl. München 2016 (zit. *Bearbeiter* in: Beisel/Klumpp).
Beissenhirtz, Volker	Die Insolvenzanfechtung in Deutschland und England: eine rechtsvergleichende Betrachtung, Frankfurt am Main 2003.
Berger, Christian/ Frege, Michael/ Nicht, Matthias	Unternehmerische Ermessensentscheidung im Insolvenzverfahren – Entscheidungsfindung, Kontrolle und persönliche Haftung, NZI 2010, S. 321 ff.
Berscheid, Ernst-Dieter	Ausgewählte arbeitsrechtliche Probleme im Insolvenzeröffnungsverfahren, NZI 2000, S. 1 ff.
Biehl, Kristof	Insider im Insolvenzverfahren, Herne/Berlin 2000.
Bitter, Georg/ Laspeyres, Anne	Rechtsträgerspezifische Berechtigungen als Hindernis übertragender Sanierungen, ZIP 2010, S. 1157 ff.
Bitter, Georg/ Rauhut, Tilman	Insolvenzrechtliche Grundlagen der übertragenden Sanierung – Teil B: Verfahrensfragen, KSI 2007, S. 258 ff.
Bitter, Georg	Sanierung in der Insolvenz – Der Beitrag von Treue- und Aufopferungspflichten zum Sanierungserfolg, ZGR 2010, S. 147 ff.
Blersch, Jürgen/ Goetsch, Hans-W./ Haas, Ulrich (Hrsg.)	Berliner Kommentar zum Insolvenzrecht, Stand: September 2018 Köln (zit. *Bearbeiter* in: Berliner Kommentar).
Bork, Reinhard/ Hölzle, Gerrit (Hrsg.)	Handbuch Insolvenzrecht, 2. Aufl. Köln 2019 (zit. *Bearbeiter* in: Bork/Hölzle).
Bork, Reinhard/ Thole, Christoph	Die Verwalterauswahl, Köln 2018.
Bork, Reinhard/ Wiese, Jenny	Die Rechtsstellung des Insolvency Practitioner, Köln 2011.
Bork, Reinhard	§ 55 Abs. 2 InsO, § 108 Abs. 2 InsO und der allgemeine Zustimmungsvorbehalt, ZIP 1999, S. 781 ff.
Bork, Reinhard	Allgemeiner Teil des Bürgerlichen Gesetzbuches, 4. Aufl. Tübingen 2016 (zit. BGB AT).

Bork, Reinhard	Creditors' Committees: An Anglo-German Comparative Study, International Insolvency Review (IIR) 2012, S. 127 ff.
Bork, Reinhard	Die Unabhängigkeit des Insolvenzverwalters – ein hohes Gut, ZIP 2006, S. 58 ff.
Bork, Reinhard	Die Unabhängigkeit des Insolvenzverwalters ist nicht disponibel, ZIP 2013, S. 145 ff.
Bork, Reinhard	Einführung in das Insolvenzrecht, 9. Aufl. Tübingen 2019 (zit. Insolvenzrecht).
Bork, Reinhard	Principles of Cross-Border Insolvency Law, Cambridge u.a. 2017 (zit. Principles).
Bork, Reinhard	Sanierungsrecht in Deutschland und England, Köln 2011 (zit. Sanierungsrecht).
Bork, Reinhard	Zahlungsunfähigkeit, Zahlungsstockung und Passiva II, ZIP 2008, S. 1749 ff.
Bothe, Jasper	Europäisches Arbeitsrecht bei einem Betriebsübergang in der Insolvenz, ZIP 2017, S. 2441 ff.
Brahmstaedt, Robert	Die Feststellung der Zahlungsunfähigkeit, Köln 2012.
Brambosch, Uta	Die floating charge, Frankfurt am Main 2011.
Brandt, Verena	Das englische Disclosure-Verfahren: ein Modell für Zugang zu Information und Beweis im deutschen Zivilprozess, Tübingen 2012.
Braun, Eberhard (Hrsg.)	Insolvenzordnung, 8. Aufl. München 2020 (zit. *Bearbeiter* in: Braun).
Brinkmann, Moritz/ Zipperer, Helmut	Die Eigenverwaltung nach dem ESUG aus Sicht von Wissenschaft und Praxis, ZIP 2011, S. 1337 ff.
Brinkmann, Moritz	Die Bedeutung der §§ 92, 93 InsO für den Umfang der Insolvenz- und Sanierungsmasse, Köln 2002.
Brodführer, Michael	Bewusste Lücken im Gesetz und der Verweis auf »Wissenschaft und Praxis«, Baden-Baden 2010.
Bruns, Alexander	Zivilrichterliche Rechtsschöpfung und Gewaltenteilung, JZ 2014, S. 162 ff.
Bruyn, Benedikt de	Der vorläufige Gläubigerausschuss im Insolvenzeröffnungsverfahren, Köln 2015.
Bundesministerium der Justiz (Hrsg.)	Erster Bericht der Kommission für Insolvenzrecht, Köln 1985 (zit. BMJ).
Bydlinksi, Franz	Juristische Methodenlehre und Rechtsbegriff, Wien u. a. 1991.
Canaris, Claus-Wilhelm	Die richtlinienkonforme Auslegung und Rechtsfortbildung im System der juristischen Methodenlehre, in: Festschrift für Franz Bydlinski, hrsg. v. Koziol/Rummel, Wien u. a. 2002, S. 47 ff.
Castendieck, Johann H.	Die Verhinderung »künstlicher« Masseschulden und Massekosten durch Maßnahmen im Konkurseröffnungsverfahren, KTS 1978, S. 9 ff.

Cavaillès, Philip	Der Unternehmenskauf in der Insolvenz: Rechtsvergleichung zwischen dem deutschen und französischen Insolvenzrecht, Hamburg 2009.
Classen, Dirk	Distressed M&A – Besonderheiten beim Unternehmenskauf aus der Insolvenz, BB 2010, S. 2898 ff.
Decker, Torsten/ Schäfer, Thiemo	Die Unternehmensinsolvenz aus Investorensicht, BB 2015, S. 198 ff.
Denkhaus, Stefan/ Ziegenhagen, Andreas	Unternehmenskauf in Krise und Insolvenz, 3. Aufl. Köln 2016.
Derksen, Nils	Die Unternehmenssanierung innerhalb und außerhalb der Insolvenz – Eine vergleichende Betrachtung der gesetzlichen Sanierungsinstrumente im deutschen und englischen Recht, Baden-Baden 2016.
Dimassi, Yassin	Haftung nach § 613a Abs. 1 S. 1 BGB bei Betriebsveräußerungen im Insolvenzeröffnungsverfahren, Aachen 2006.
Ehricke, Ulrich/ Köster, Malte/ Müller-Seils, Carsten Oliver	Neuerungen im englischen Unternehmensinsolvenzrecht durch den Enterprise Act 2002, NZI 2003, S. 409 ff.
Ehricke, Ulrich	Beschlüsse einer Gläubigerversammlung bei mangelnder Teilnahme der Gläubiger, NZI 2000, S. 57 ff.
Ehricke, Ulrich	Die Änderungen im Unternehmensinsolvenzrecht nach dem RefE eines Gesetzes zur Änderung der InsO, des KWG und anderer Gesetze, ZIP 2004, S. 2262 ff.
Eidenmüller, Horst/ Zwieten, Kristin van	Restructuring the European Business Enterprise: the European Commission's Recommendation on a New Approach to Business Failure and Insolvency, European Business Organization Law Review (EBOR) 2015, S. 625 ff.
Eidenmüller, Horst	Collateral Damage: Brexit's Negative Effects on Regulatory Competition and Legal Innovation in Private Law, ZEuP 2018, S. 868 ff.
Eidenmüller, Horst	Contracting for a European Insolvency Regime, European Business Organization Law Review (EBOR) 2017, S. 273 ff.
Eidenmüller, Horst	Strategische Insolvenz: Möglichkeiten, Grenzen, Rechtsvergleichung, ZIP 2014, S. 1197 ff.
Eidenmüller, Horst	Unternehmenssanierung zwischen Markt und Gesetz: Mechanismen der Unternehmensreorganisation und Kooperationspflichten im Reorganisationsrecht, Köln 1999. (zit. Unternehmenssanierung).
Eilers, Stephan/ Koffka, Nils/ Mackensen, Markus (Hrsg.)	Private Equity: Unternehmenskauf, Finanzierung, Restrukturierung, Exitstrategien, 2. Aufl. München 2012 (zit. *Bearbeiter* in: Eilers/Koffka/Mackensen).
Ellers, Holger	Anmerkung zu BGH, Urteil vom 05.05.2011 – IX ZR 144/10, BB 2011, S. 2003 ff.

Engelhardt, Timo	Die gerichtliche Entscheidung nach §§ 21 ff. InsO und ihre Auswirkungen auf die vermögensrechtliche Stellung des Insolvenzschuldners, Berlin 2002.
Engisch, Karl	Einführung in das juristische Denken, 12. Aufl. Stuttgart 2018.
Ettinger, Jochen/ Jaques, Henning (Hrsg.)	Beck'sches Handbuch Unternehmenskauf im Mittelstand, 2. Aufl. München 2017 (zit. *Bearbeiter* in: Ettinger/Jaques).
Faber, Dennis/ Vermunt, Niels/ Kilborn, Jason/ Richter, Tomas (Hrsg.)	Commencement of Insolvency Proceedings, Oxford 2012 (zit. *Bearbeiter* in: Faber/Vermunt/Kilborn/Richter).
Falk, Ulrich/ Schäfer, Carsten	Insolvenz- und gesellschaftsrechtliche Haftungsrisiken der übertragenden Sanierung, ZIP 2004, S. 1337 ff.
Feuerborn, Sabine	Rechtliche Probleme der Unternehmensfortführung durch den Sequester und den vorläufigen Insolvenzverwalter, KTS 1997, S. 171 ff.
Finch, Vanessa/ Milman, David	Corporate Insolvency Law – Perspectives and Principles, 3. Aufl. Cambridge 2017.
Finch, Vanessa	Pre-Packaged Administrations and the Construction of Propriety, Journal of Corporate Law Studies (JCLS) 2011, S. 1 ff.
Finch, Vanessa	Re-invigorating corporate rescue, Journal of Business Law (J.B.L.) 2003, S. 527 ff.
Fischer, Gero	Haftungsrisiken für Insolvenzverwalter bei unterlassener Inanspruchnahme gewerblicher Prozessfinanzierung, NZI 2014, S. 214 ff.
Fischer, Gero	Zur Feststellung der Zahlungsunfähigkeit – Folgerungen aus der Rechtsprechung des IX. Zivilsenats, in: Festschrift für Hans Gerhard Ganter, hrsg. v. Berger/Kayser/Pannen, München 2010, S. 153 ff.
Fleischer, Holger	Rechtsvergleichende Beobachtungen zur Rolle der Gesetzesmaterialien bei der Gesetzesauslegung, AcP 2011, S. 317 ff.
Fleischer, Holger	Reichweite und Grenzen der unbeschränkten Organvertretungsmacht im Kapitalgesellschaftsrecht, NZG 2005, S. 529 ff.
Fletcher, Ian F.	UK Corporate Rescue: Recent Developments – Changes to Administrative Receivership, Administration, and Company Voluntary Arrangements – The Insolvency Act 2002, The White Paper 2001, and the Enterprise Act 2002, European Business Organization Law Review (EBOR) 2004, S. 119 ff.
Foerste, Ulrich	Gläubigerautonomie und Sanierung im Lichte des ESUG, ZZP 2012, S. 256 ff.
Frege, Michael	Die Rechtsstellung des Gläubigerausschusses nach der Insolvenzordnung (InsO), NZG 1999, S. 478 ff.
Freund, Thomas	Die Sanierung der Kapitalgesellschaft – eine Analyse des reformierten deutschen Rechts im Vergleich zum englischen Recht, Hamburg 2014.

Fridgen, Alexander/ Geiwitz, Arndt/ Göpfert, Burkard (Hrsg.)	Beck'scher Online Kommentar Insolvenzordnung, Stand: Oktober 2019 München (zit. *Bearbeiter* in: BeckOK).
Frieling, Tino	Gesetzesmaterialien und Wille des Gesetzgebers, Tübingen 2017.
Frind, Frank	Aktuelle Anwendungsprobleme beim »ESUG«-Teil 1: Zu den Kompetenzen des Insolvenzgerichts/Zur Unabhängigkeitsprüfung, ZInsO 2013, S. 59 ff.
Frind, Frank	Die Reichweite der amtswegigen Tätigkeit des Insolvenzgerichtlichen Rechtsanwenders – oder: »Prüfen statt Durchwinken!«, ZInsO 2018, S. 231 ff.
Fritsche, Stefan	Entwicklungstendenzen der Zustimmungsverwaltung nach §§ 21 Abs. 2 Nr. 2 2. Alt, 22 Abs. 2 InsO im Insolvenzeröffnungsverfahren, DZWIR 2005, S. 265 ff.
Ganter, Hans Gerhard	Die Bedeutung der »Bugwelle« für die Feststellung der Zahlungsunfähigkeit, ZInsO 2011, S. 2297 ff.
Ganter, Hans Gerhard	Die Haftung der Mitglieder des Gläubigerausschusses nach § 71 InsO, in: Festschrift für Gero Fischer, hrsg. v. Ganter/ Gottwald/Lwowski, München 2008, S. 121 ff.
Ganter, Hans Gerhard	Die Rechtsprechung des BGH zum Insolvenzrecht im Jahr 2011, NZI 2011, S. 201 ff.
Ganter, Hans Gerhard	Sicherungsmaßnahmen gegenüber Aus- und Absonderungsberechtigten im Insolvenzeröffnungsverfahren – Ein Beitrag zum Verständnis des neuen § 21 II 1 Nr. 5 InsO, NZI 2007, S. 549 ff.
Ganter, Hans Gerhard	Zur drohenden Zahlungsunfähigkeit in § 270b InsO, NZI 2012, S. 985 ff.
Gerhardt, Walter	Inhalt und Umfang der Sequestrationsanordnungen, ZIP 1982, S. 1 ff.
Getzler, Joshua/ Payne, Jennifer (Hrsg.)	Company Charges – Spectrum and Beyond, Oxford 2006 (zit. *Bearbeiter* in: Getzler/Payne).
Gordon, Jeffrey N./ Ringe, Wolf-Georg	The Oxford Handbook of Corporate Law and Governance, Oxford 2018 (zit. *Bearbeiter* in: Gordon/Ringe).
Gottwald, Peter (Hrsg.)	Insolvenzrechts-Handbuch, 5. Aufl. München 2015 (zit. *Bearbeiter* in: Gottwald).
Gottwald, Peter	Zum Stand der Zivilprozessrechtsvergleichung, in: Festschrift für Peter Schlosser, hrsg. v. Bachmann/Breidenbach/Coester-Waltjen/Heß/Nelle/Wolf, Tübingen 2005, S. 227 ff.
Grädler, Thomas	Die Möglichkeiten der globalen Belastung von Unternehmen im deutschen Recht – dargestellt am Beispiel der englischen floating charge, Tübingen 2012.
Graf-Schlicker	Marie Luise (Hrsg.), Insolvenzordnung, 5. Aufl. Köln 2020 (zit. *Bearbeiter* in: Graf-Schlicker).
Graf-Schlicker, Marie Luise	Schwachstellenanalyse und Änderungsvorschläge zum Regelinsolvenzverfahren, ZIP 2002, S. 1166 ff.

Gravenbrucher Kreis	Stellungnahme des Gravenbrucher Kreises zum Diskussionsentwurf eines Gesetzes zur Änderung der InsO, des BGB und anderer Gesetze, ZIP 2003, S. 1220 ff.
Gravenbrucher Kreis	Stellungnahme zum Diskussionsentwurf eines Insolvenzrechtsreformgesetzes, ZIP 1989, S. 468 ff.
Gray, David	Uncooperative secured creditors, para 71 and pre-pack administrations, Corporate Rescue & Insolvency (C.R & I) 2013, S. 107 ff.
Grell, Frank/ Klockenbrink, Ulrich	Stimmverbote in Gläubigerversammlung und Gläubigerausschuss – Grenzen der Gläubigermitbestimmung in Insolvenzverfahren?, DB 2014, S. 2514 ff.
Grubb, Duncan	Diving in at the Deep End, Recovery (Autumn) 2016, S. 32 ff.
Gundlach, Ulf/ Frenzel, Volkhard/ Jahn, Andreas	Die Zustimmung der Gläubigerversammlung gemäß § 162 InsO, ZInsO 2008, S. 360 ff.
Haarmeyer, Hans/ Wutzke, Wolfgang/ Förster, Karsten	Handbuch der vorläufigen Insolvenzverwaltung, München 2010.
Haberhauer, Stefanie/ Meeh, Gunther	Handlungsspielraum des Insolvenzverwalters im eröffneten Verfahren, DStR 1995, S. 2005 ff.
Hackenberg, Franziska	Anmerkung zu BGH, Urteil vom 05.05.2011 – IX ZR 144/10, EWiR 2011, S. 603.
Hagebusch, Alfred/ Oberle, Thomas	Gläubigerbefriedigung durch Unternehmenssanierung: die übertragende Sanierung – Eine Bestandsaufnahme vor dem Hintergrund jüngster InsO-Reformen, NZI 2006, S. 618 ff.
Hartmann, Beatrice Maria	Die Insolvenzantragspflicht des faktischen Organs: im Vergleich zu den insolvenzrechtlichen Pflichten des de facto director und des shadow director im englischen Recht, Frankfurt am Main 2005.
Häsemeyer, Ludwig	Insolvenzrecht, 4. Aufl. Köln/München 2007.
He, Wangxiang	Unternehmenserwerb im Insolvenzplanverfahren, München 2012.
Heese, Michael	Gläubigerinformation in der Insolvenz, Tübingen 2008.
Henke, Johannes	Effektivität der Kontrollmechanismen gegenüber dem Unternehmensinsolvenzverwalter – Eine Untersuchung des deutschen und englischen Rechts, Tübingen 2009.
Hess, Harald (Hrsg.)	Kölner Kommentar zur Insolvenzordnung, Köln ab 2016 (zit. *Bearbeiter* in: Kölner Kommentar).
Hirte, Heribert	Ökonomische Überlegungen zur zwingenden Insolvenzantragspflicht des deutschen Rechts, in: Festschrift für Hans-Bernd Schäfer, hrsg. v. Eger/Ott/Bigus/von Wangenheim, Wiesbaden 2008, S. 605 ff.

Hölken, Helge	Die Nichtigkeit von Rechtshandlungen nach den Grundsätzen der evidenten Insolvenzzweckwidrigkeit im (vorläufigen) Regelinsolvenzverfahren und in der (vorläufigen) Eigenverwaltung, DZWIR 2019, S. 51 ff.
Hölters, Wolfgang (Hrsg.)	Handbuch Unternehmenskauf, 8. Aufl. Köln 2015 (zit. *Bearbeiter* in: Hölters).
Hölzle, Gerrit	Die Fortführung von Unternehmen im Insolvenzeröffnungsverfahren, ZIP 2011, S. 1889 ff.
Hölzle, Gerrit	Zur Disponibilität der Unabhängigkeit des Insolvenzverwalters, ZIP 2013, S. 447 ff.
Honsell, Thomas	Historische Argumente im Zivilrecht, Ebelsbach 1982.
Jacoby, Florian	Das private Amt, Tübingen 2007.
Jaeger, Ernst (Begr.)	Insolvenzordnung, Berlin u. a. ab 2004 (zit. Bearbeiter in: *Jaeger*).
Jaeger, Ernst (Begr.)	Konkursordnung, Band 2/1, 8. Aufl. Berlin u. a. 1973 (zit. *Bearbeiter* in: Jaeger-KO).
Johnson, Clara	Some implications of the Small Business, Enterprise and Employment Act 2015, Insolvency Intelligence (Insolv. Int.) 2015, S. 117 ff.
Kammel, Volker	Ausgewählte Probleme des Unternehmenskaufs aus der Insolvenz, NZI 2000, S. 102 ff.
Kautzsch, Christof	Unternehmenssanierung im Insolvenzverfahren, Lohmar/Köln 2001.
Kayser, Godehard/ Thole, Christoph (Hrsg.)	Insolvenzordnung, 9. Aufl. Heidelberg 2018 (zit. *Bearbeiter* in: Heidelberger Kommentar).
Kebekus, Frank/ Zenker, Wolfgang	Unabhängigkeit im modernen Insolvenzverfahren, in: Festschrift für Siegfried Beck, hrsg. v. Paulus/Exner, München 2016, S. 285 ff.
Kirchhof, Hans-Peter	Begründung von Masseverbindlichkeiten im vorläufigen Insolvenzverfahren, ZInsO 2004, S. 57 ff.
Kirchhof, Hans-Peter	Masseverwertung durch den vorläufigen Insolvenzverwalter, ZInsO 1999, S. 436 ff.
Kischel, Uwe	Rechtsvergleichung, München 2015.
Klein, Jessica	Pre-Pack administration: a comparison between Germany and the United Kingdom – Part 1, Company Lawyer (Comp. Law.) 2012, S. 261 ff.
Klein, Jessica	Pre-Pack administration: a comparison between Germany and the United Kingdom – Part 2, Company Lawyer (Comp. Law.) 2012, S. 303 ff.
Kleine-Cosack, Michael	Grundrechtsleerlauf bei juristischen Personen – Insolvenzverwalterbeschluss des BVerfG im Kreuzfeuer der Kritik, ZIP 2015, S. 741 ff.

Kleiner, Oswald	Bedeutung und Probleme der Sicherungsmaßnahmen während des Konkurseröffnungsverfahrens, Frankfurt am Main u. a. 1993.
Kleweta, Fritz	Die Sicherungsfunktion der Floating Charge in Deutschland, Tübingen 2018.
Klinck, Fabian	Insolvenzzweckwidrigkeit, KTS 2019, S. 1 ff.
Koblitz, Tanja	Betriebsübergang in der Insolvenz, Berlin 2008.
Koch, Harald	Prozessrechtsvergleichung: Grundlage europäischer Verfahrensrechtspolitik und Kennzeichnung von Rechtskreisen, ZEuP 2007, S. 735 ff.
Koffka, Lorenz	Die Verletzung von Lock-up Agreements – Zur Herleitung eines Haftungskonzepts *extra legem, intra ius*, Berlin 2019.
Kolbe, Sebastian	Arbeitnehmer-Mitbestimmung im vorläufigen Gläubigerausschuss, NZI 2015, S. 400 ff.
Köster, Malte	Die Bestellung des Insolvenzverwalters – Eine vergleichende Untersuchung des deutschen und englischen Rechts, Baden-Baden 2006.
Kranz, Christopher	Die Rescue Culture in Großbritannien: eine ökonomische, vergleichende und internationalprivatrechtliche Analyse des Rechts der Unternehmenssanierung in Großbritannien und Deutschland, Köln 2017.
Kreft, Gerhard	Vergleich über Anfechtungsansprüche, in: Festschrift Karsten Schmidt, hrsg. v. Bitter/Lutrer/Priester/Schön/Ulmer, Köln 2009, S. 965 ff.
Kriegs, Moritz	Übertragende Sanierung im Insolvenzeröffnungsverfahren, Frankfurt am Main 2015.
Kübler, Bruno M. (Hrsg.)	HRI – Handbuch Restrukturierung in der Insolvenz – Eigenverwaltung und Insolvenzplan, 3. Aufl. Köln 2019 (zit: *Bearbeiter* in: Kübler).
Kübler, Bruno M./ Prütting, Hanns/ Bork, Reinhard (Hrsg.)	Insolvenzordnung, Stand: Oktober 2019 Köln (zit: *Bearbeiter* in: Kübler/Prütting/Bork).
Kuder, Karen	Besitzlose Mobiliarsicherheiten im Insolvenzantragsverfahren nach dem geänderten § 21 InsO, ZIP 2007, S. 1690 ff.
Kuglarz, Pawel	Neue Restrukturierungsinstrumente im polnischen Insolvenzrecht für Gläubiger, Schuldner und Investor: Das Pre-Pack, die vorbereitete Liquidation, NZI 2018, S. 926 ff.
Kuhn, Georg/ Uhlenbruck, Wilhelm ([ehem.] Verf.)	Konkursordnung, 11. Aufl. München 1994 (zit. *Bearbeiter* in: Kuhn/Uhlenbruck).
Kumpan, Christoph	Der Interessenkonflikt im deutschen Privatrecht, Tübingen 2014.
Landfermann, Hans-Georg	Das neue Unternehmenssanierungsgesetz (ESUG), WM 2012, S. 821 ff.

Landfermann, Hans-Georg	Die Befriedigung der Gläubiger im Insolvenzverfahren – bestmöglich und gleichmäßig!, in: Festschrift für Klaus Wimmer, hrsg. v. Paulus/Wimmer-Amend, Baden-Baden 2017, S. 408 ff.
Larenz, Karl/ *Canaris, Claus-Wilhelm*	Methodenlehre der Rechtswissenschaft, 3. Aufl. Berlin u. a. 1995.
Laroche, Peter	Einzelermächtigung zur Begründung von Masseverbindlichkeiten durch den »schwachen« vorläufigen Insolvenzverwalter, NZI 2010, S. 965 ff.
Laukemann, Björn	Die Unabhängigkeit des Insolvenzverwalters: eine rechtsvergleichende Untersuchung, Tübingen 2010.
Leible, Stefan/ *Reichert, Jochem (Hrsg.)*	Münchener Handbuch des Gesellschaftsrechts, Band 6, Internationales Gesellschaftsrecht – Grenzüberschreitende Umwandlungen, 4. Aufl. München 2013 (zit. *Bearbeiter* in: Leible/Reichert).
Lightman, Gavin/ *Moss, Gabriel/* *Anderson, Hamish/* *Fletcher, Ian/* *Snowden, Richard (Hrsg.)*	Lightman and Moss on the Law of Administrators and Receivers of Companies, 6. Aufl. London 2017 (zit. *Bearbeiter* in: Lightman/Moss).
Lohkemper, Wolfgang	Zur Haftung des Erwerbers beim Betriebsübergang im Insolvenzeröffnungsverfahren, ZIP 1999, S. 1251 ff.
Löhnig, Martin/ *Würdinger, Markus*	Eigentums- und Gewahrsamsvermutung bei nichtehelichen Lebensgemeinschaften, zugleich Anmerkung zu BGH, Urteil vom 14.12.2006 – IX ZR92/05, FamRZ 2007, S. 1865 ff.
Louven, Christoph/ *Böckmann, Tobias*	Ermächtigung des schwachen vorläufigen Insolvenzverwalters zur Begründung von Masseverbindlichkeiten beim Verkauf von Unternehmen, NZI 2000, S. 128 ff.
Lutter, Marcus (Hrsg.)	Legal Capital in Europe, Berlin 2006 (zit. *Bearbeiter* in: Lutter).
Mallon, Christopher/ *Waisman, Shai Y./* *Schrock, Ray C. (Hrsg.)*	The Law and Practice of Restructuring in the UK and US, 2. Aufl. Oxford 2018 (zit. *Bearbeiter* in: Mallon/Waisman/Schrock).
Marotzke, Wolfang	Das Unternehmen in der Insolvenz – Fortführung und Veräußerung zwischen Eröffnungsantrag und Berichtstermin, Neuwied/Kriftel 2000.
Marotzke, Wolfgang	Das deutsche Insolvenzverfahren: ein Hort institutionalisierter Unverantwortlichkeit?, KTS 2014, S. 113 ff.
Marotzke, Wolfgang	Gläubigerautonomie – ein modernes Missverständnis, in: Festschrift für Hans-Peter Kirchhof, hrsg. v. Gerhardt, Recklinghausen 2003, S. 321 ff.
Menke, Thomas	Der Erwerb eines Unternehmens aus der Insolvenz – das Beispiel der übertragenden Sanierung, BB 2003, S. 1133 f.
Menke, Thomas	Zum Betriebsübergang im Insolvenzeröffnungsverfahren und zum Verwertungsrecht des vorläufigen Insolvenzverwalters, NZI 2003, S. 522 ff.

Meyer-Löwy, Bernd Aufgeschobene Gläubigerautonomie bei Unternehmensveräußerung vor dem Berichtstermin?, ZInsO 2011, S. 213 f.

Meyer-Sparenberg, Wolfgang/ Beck'sches M&A Handbuch, München 2017 (zit. *Bearbeiter*
Jäckle, Christof (Hrsg.) in: Meyer-Sparenberg/Jäckle).

Meyer, Stefan Die Haftung des vorläufigen Insolvenzverwalters, Köln 2003.

Mitlehner, Stephan Anmerkung zu BGH, Urteil vom 24.9.2015 – IX ZR 272/13, NZI 2016, S. 947 ff.

Mokal, Rizwaan Corporate Insolvency Law – Theory and Application, Oxford 2005.

Möllers, Thomas Juristische Methodenlehre, 2. Aufl. München 2019.

Morshäuser, Ralf/ Unternehmenskauf aus der Insolvenz, NZG 2010, S. 881 ff.
Falkner, Tobias

Moulton, John The Uncomfortable Edge of Propriety – Pre-Packs or just Stitch-ups?, Recovery (Autumn) 2005, S. 2 ff.

Müller-Glöge, Rudi/ Erfurter Kommentar zum Arbeitsrecht, 20. Aufl. München
Preis, Ulrich/ 2020 (zit. *Bearbeiter* in: Erfurter Kommentar).
Schmidt, Ingrid (Hrsg.)

Müller-Seils, Carsten Oliver Rescue Culture und Unternehmenssanierung in England und Wales nach dem Enterprise Act 2002, Baden-Baden 2006.

Musielak, Hans-Joachim/ Zivilprozessordnung, 16. Aufl. München 2019 (zit. *Bearbeiter*
Voit, Wolfgang in: Musielak/Voit).

Nachmann, Josef/ Anmerkung zu BGH, Urteil vom 05.05.2011 – IX ZR 144/10,
Fuhst, Christian GWR 2011, S. 390.

Nerlich, Jörg/ Insolvenzordnung, Stand: Juli 2019 München (zit. *Bearbeiter*
Römermann, Volker (Hrsg.) in: Nerlich/Römermann).

Neuner, Jörg Die Rechtsfindung contra legem, 2. Aufl. München 2005.

Noack, Ulrich/ Gläubigerbeteiligung an Sanierungserträgen und Vertragsüber-
Bunke, Caspar leitung bei übertragender Sanierung in der Gesellschaftsinsolvenz, KTS 2005, S. 129 ff.

Noonan, Chris/ The nature of shadow directorship: ad hoc statutory interven-
Watson, Susan tion or core company law principle?, Journal of Business Law (JBL) 2006, S. 763 ff.

Olivares-Caminal, Rodrigo Expedited Corporate Debt Restructuring in the EU, Oxford 2015 (zit. *Bearbeiter* in: Olivares-Caminal).

Ott, Wolfgang Unternehmenskauf aus der Insolvenz, 2. Aufl. Wiesbaden 2011.

Palandt, Otto (Begr.) Bürgerliches Gesetzbuch mit Nebengesetzen, 78. Aufl. München 2019 (zit. *Bearbeiter* in: Palandt).

Pape, Gerhard Aktuelle Entwicklungen im Insolvenzeröffnungsverfahren, ZIP 2002, S. 2277 ff.

Pape, Gerhard Die Insolvenzzweckwidrigkeit von Rechtshandlungen des vorläufigen und des endgültigen Insolvenzverwalters, ZInsO 2016, S. 2149 ff.

Pape, Gerhard

Ungeschriebene Kompetenzen der Gläubigerversammlung versus Verantwortlichkeit des Insolvenzverwalters, NZI 2006, S. 65 ff.

Paterson, Sarah

Rethinking Corporate Bankruptcy Theory in the Twenty-First Century, Oxford Journal of Legal Studies (OJLS) 2015, S. 1 ff.

*Paulus, Christoph G./
Dammann, Reinhard*

Präsidentielle Vorgaben und Symbiosen im Insolvenzrecht: Annäherungen zwischen Deutschland und Frankreich, ZIP 2018, S. 249 ff.

*Paulus, Christoph G./
Knecht, Thomas C. (Hrsg.)*

Gerichtliche Sanierung, München 2018 (zit. *Bearbeiter* in: Paulus/Knecht).

Paulus, Christoph G.

§ 1 InsO und sein Insolvenzmodell, NZI 2015, S. 1001 ff.

Paulus, Christoph G.

Die Insolvenz als Sanierungschance – ein Plädoyer, ZGR 2005, S. 309 ff.

Paulus, Christoph G.

Die Rolle der Gläubiger im neuen Insolvenzrecht, DZWIR 1999, S. 53 ff.

Paulus, Christoph G.

Notwendige Änderungen im Insolvenzrecht!?, ZIP 2005, S. 2301 ff.

Payne, Jennifer

Schemes of Arrangement – Theory, Structure and Operation, Cambridge 2014).

Perzborn, Philipp

Der »363 Sale«: Unternehmenskauf unter dem U.S. Bankruptcy Code, Hamburg 2013.

*Phillips, Stephen/
Kaczor, Anna*

The Benefits of UK-style Pre-packs and Comparisons with other Jurisdictions, International Corporate Rescue (ICR) 2010, S. 328 ff.

Pohlmann, Ulrich

Befugnisse und Funktionen des vorläufigen Insolvenzverwalters, Köln 1998.

*Pollard, David/
Heath, Dawn*

Some tricky issues on »control« in section 435(10) of the Insolvency Act 1986, Insolvency Intelligence (Insolv. Int.) 2018, S. 33 ff.

Pollard, David

Who is »connected« or »associated« within the meaning of the Insolvency Act 1986, Insolvency Intelligence (Insolv. Int.) 2009, S. 33 ff.

*Pollmächer, Frank/
Siemon, Klaus*

Der Ein-Personen-Gläubigerausschuss – so lonely, NZI 2018, S. 625 ff.

Polo, Andrea

Secured Creditor Control in Bankruptcy: Costs and Conflict, Dissertation Oxford 2012, veröffentlicht als Job Market Paper 2012.

Preuß, Nicola

»Missbrauch der Vertretungsmacht« des Insolvenzverwalters, NZI 2003, S. 625 ff.

Prütting, Hanns (Hrsg.)

RWS-Forum 9 – Insolvenzrecht 1996, Köln 1997 (zit. *Bearbeiter* in: Prütting).

Rattunde, Rolf/ *Smid, Stefan/* *Zeuner, Mark (Hrsg.)*	Insolvenzordnung, 4. Aufl. Stuttgart 2019 (zit. *Bearbeiter* in: Rattunde/Smid/Zeuner).
Reimann, Mathias/ *Zimmermann, Reinhard*	The Oxford Handbook of Comparative Law, 2. Aufl. Oxford 2019 (zit. *Bearbeiter* in: Reimann/Zimmermann).
Reul, Adolf/ *Heckschen, Heribert/* *Wienberg, Rüdiger (Hrsg.)*	Insolvenzrecht in der Gestaltungspraxis, 2. Aufl. München 2018 (zit. *Bearbeiter* in: Reul/Heckschen/Wienberg).
Reynolds, Philip/ *Manning, Lee*	Pre-Packaged Sales in Administrations: Statement of Insolvency Practice 16 (›SIP 16‹), International Corporate Rescue (ICR) 2016, S. 1 ff.
Richter, Johannes	Verschleppte Eröffnung von Insolvenzverfahren: zur unzulässigen Verlängerung von Insolvenzeröffnungsverfahren und besonderer Berücksichtigung der Insolvenzgeldvorfinanzierung, Tübingen 2018.
Römermann, Volker	Die »Unabhängigkeit« des Insolvenzverwalters: Endlich Schluss mit der uferlosen Auslegung, ZInsO 2013, S. 218 ff.
Römermann, Volker	Neues Insolvenz- und Sanierungsrecht durch das ESUG, NJW 2012, S. 645 ff.
Roth, Herbert	Anmerkung zu BGH, Urteil vom 14.12.2006 – IX ZR92/05, JZ 2007, S. 530 ff.
Runkel, Hans Peter/ *Schmidt, Jens M. (Hrsg.)*	Anwalts-Handbuch Insolvenzrecht, 3. Aufl. Köln 2015 (zit. *Bearbeiter* in: Runkel/Schmidt).
Runkel, Hans Peter	Der Gläubigerausschuss und der Insolvenzverwalter, in: Festschrift für Klaus Hubert Görg, hrsg. v. Dahl/Jauch/Wolf, München 2010, S. 393 ff.
Rüthers, Bernd/ *Fischer, Christian/* *Birk, Axel*	Rechtstheorie, 10. Aufl. München 2018.
Säcker, Franz Jürgen/ *Rixecker, Roland/* *Oetker, Hartmut/* *Limperg, Bettina (Hrsg.)*	Münchener Kommentar zum Bürgerlichen Gesetzbuch, 8. Aufl. München ab 2018 (zit. *Bearbeiter* in: MüKo-BGB).
Schenke, Peter	Die Rechtsfindung im Steuerrecht: Konstitutionalisierung, Europäisierung und Methodengesetzgebung, Tübingen 2008.
Schmerbach, Ulrich/ *Staufenbiel, Peter*	Die übertragende Sanierung im Insolvenzverfahren, ZInsO 2009, S. 458 ff.
Schmidt, Andreas (Hrsg.)	Hamburger Kommentar zum Insolvenzrecht, 7. Aufl. Köln 2019 (zit. *Bearbeiter* in: Hamburger Kommentar).
Schmidt, Andreas/ *Hölzle, Gerrit*	Der Verzicht auf die Unabhängigkeit des Insolvenzverwalters, ZIP 2012, S. 2238.
Schmidt, Karsten (Hrsg.)	Insolvenzordnung, 19. Aufl. München 2016 (zit. *Bearbeiter* in: K. Schmidt).

Schmidt, Karsten/ Kilger, Joachim ([ehem.] Verf.)	Insolvenzgesetze (Konkursordnung), 17. Aufl. München 1997 (zit. *Bearbeiter* in: Kilger/K. Schmidt).
Schmidt, Karsten/ Uhlenbruck, Wilhelm (Hrsg.)	Die GmbH in Krise, Sanierung und Insolvenz, 5. Aufl. Köln 2016 (zit. *Bearbeiter* in: K. Schmidt/Uhlenbruck).
Schmidt, Karsten	Handelsrecht, 6. Aufl. Köln 2014. (zit. Handelsrecht).
Schmidt, Karsten	Möglichkeiten der Sanierung von Unternehmen durch Maßnahmen im Unternehmens-, Arbeits-, Sozial- und Insolvenzrecht: unternehmens- und insolvenzrechtlicher Teil, in: Gutachten für den 54. Deutschen Juristentag, hrsg. v. Deutscher Juristentag e.V., München 1982 (zit. Gutachten 54. DJT).
Schmidt, Karsten	Organverantwortlichkeit und Sanierung im Insolvenzrecht der Unternehmen, ZIP 1980, S. 328 ff.
Schneider, Björn	Verpfändete GmbH-Anteile … und der Pfandgläubigerschutz?, ZIP 2018, S. 1113 ff.
Schreier, Hans-Georg	Die rechtzeitige Einleitung deutscher und englischer Insolvenzverfahren, Hamburg 2012.
Seagon, Christopher	Anmerkung zu BGH, Urteil vom 05.05.2011 – IX ZR 144/10, Lindenmaier-Möhring Kommentierte BGH-Rechtsprechung (LMK) 2012, 327757.
Servatius, Wolfgang	Anmerkung zu BGH, Urteil vom 05.05.2011 – IX ZR 144/10, WM 2011, S. 1420, WuB Insolvenzrecht VI. A § 60 InsO 1.11.
Shaw, Andrew	Risky Business: unpacking »pre-packs«, South Square Digest (June 2018), S. 44 ff.
Shekerdemian, Marcia/ Curl, Joseph	Administrators: Conflicts of Interest and Removal, International Corporate Rescue (ICR) 2019, S. 4 ff.
Siemens, Peter	Die Bestellung von Insolvenzverwaltern nach deutschem und englischem Recht – ein reformgerichteter Rechtsvergleich, ZInsO 2010, S. 2451 ff.
Smid	Handbuch Insolvenzrecht, 7. Aufl. Berlin 2018 (zit. Handbuch Insolvenzrecht).
Smits, Jan M.	Elgar Encyclopedia of Comparative Law, 2. Aufl. Cheltenham/Northampton 2012 (zit. *Bearbeiter* in: Smits).
Smits, Ramon	Supervision and Efficiency of the Pre-Pack: An Anglo Dutch Comparison, International Corporate Rescue (ICR) 2016, S. 26 ff.
Söhner, Matthias	UK Companies Act »under construction«, RIW 2016, S. 489 ff.
Soudry, Rouven/ Schwenkel, Martin	Distressed M&A: Vertragsgestaltung der übertragenden Sanierung, GWR 2010, S. 366 ff.
Spickhoff, Andreas	Insolvenzzweckwidrige Rechtshandlungen des Insolvenzverwalters, KTS 2000, S. 15 ff.
Spieker, Oliver	Die Unternehmensveräußerung in der Insolvenz, Bonn 2001.

Spindler, Gerald/ *Stilz, Eberhard*	Aktiengesetz, 4. Aufl. München 2019 (zit. *Bearbeiter* in: Spindler/Stilz).
Sponagel, Maximilian	Informationsrechte des Gläubigers im Insolvenzverfahren, Hamburg 2011.
Staudinger, Julius von *(Begr.)*	Kommentar zum Bürgerlichen Gesetzbuch, §§ 164 bis 240 BGB (Allgemeiner Teil 5), Berlin Neubearbeitung 2014 (zit. *Bearbeiter* in: Staudinger).
Steffek, Felix	Gläubigerschutz in der Kapitalgesellschaft – Krise und Insolvenz im englischen und deutschen Gesellschafts- und Insolvenzrecht, Tübingen 2011 (zit. Gläubigerschutz).
Steffek, Felix	Insolvenzgründe in Europa – Rechtsvergleich, Regelungsstrukturen und Perspektiven der Rechtsangleichung, KTS 2009, S. 317 ff.
Stephan, Guido	Das InsO-Änderungsgesetz 2005 – Die geplanten Neuerung im Referentenentwurf eines Gesetzes zur Änderung der Insolvenzordnung, des Kreditwesengesetzes und anderer Gesetze, NZI 2004, S. 521 ff.
Stiegler, Sascha	Der britische Small Business, Enterprise and Employment Act 2015, ZIP 2016, S. 1808 ff.
Strümpell, Philipp	Die übertragende Sanierung innerhalb und außerhalb der Insolvenz, München 2006.
Stürner, Rolf/ *Eidenmüller, Horst/* *Schoppmeyer, Heinrich (Hrsg.)*	Münchener Kommentar zur Insolvenzordnung, 4. Aufl. München 2020, mit Ausnahme:
Kirchhof, Hans-Peter/ *Stürner, Rolf/* *Eidenmüller, Horst (Hrsg.)*	Münchener Kommentar zur Insolvenzordnung, 3. Aufl. München 2016, Band 4, EGInsO, EuInsVO, Länderberichte (zit. *Bearbeiter* in: MüKo).
Tett, Richard	Administration Falls Short: The Need for Contractual Stability and an Executory Contract Regime, International Corporate Rescue (ICR) 2012, S. 167 ff.
Theiselmann, Rüdiger	M&A in Krisensituationen: Die übertragende Sanierung, GmbH-StB 2012, S. 309 ff.
Thole, Christoph	Die Disposition über Insolvenzanfechtungsansprüche im Regelverfahren und im Insolvenzplan, ZIP 2014, S. 1653 ff.
Thole, Christoph	Gläubigerschutz durch Insolvenzrecht, Tübingen 2010.
Thole, Christoph	Vom Totengräber zum Heilsbringer – Insolvenzkultur und Insolvenzrecht im Wandel, JZ 2011, S. 765 ff.
Totty, Peter/ *Moss, Gabriel/* *Segal, Nick (Nicholas) (Hrsg.)*	Insolvency, Stand: August 2019 London (zit. *Bearbeiter* in: Totty/Moss/Segal).
Triebel, Volker/ *Illmer, Martin/* *Ringe, Wolf-Georg/* *Vogenauer, Stefan/* *Ziegler, Katja (Hrsg.)*	Englisches Handels- und Wirtschaftsrecht, 3. Aufl. Frankfurt am Main 2012 (zit. *Bearbeiter* in: Triebel/Illmer/Ringe/Vogenauer/Ziegler).

Uhlenbruck, Wilhelm/ *Hirte, Heribert/* *Vallender, Heinz (Hrsg.)*	Insolvenzordnung, 15. Aufl. München 2019 (zit. *Bearbeiter* in: Uhlenbruck).
Umfreville, Chris	Review of the pre-pack industry measures: reconsidering the connected party sale before the sun sets, Insolvency Intelligence (Insolv. Int.) 2018, S. 58 ff.
Undritz, Sven-Holger	Restrukturierung in der Insolvenz, ZGR 2010, S. 201 ff.
Unterbusch, Silke	Der vorläufige Insolvenzverwalter unter besonderer Berücksichtigung aktueller Probleme der Betriebsfortführung, Hamburg 2006.
Vaccari, Eugenio	Pre-pack pool: is it worth it?, International Company and Commercial Law Review (I.C.C.L.R) 2018, S. 697 ff.
Vallender, Heinz/ *Fuchs, Karlhans*	Ein großer Wurf? – Anmerkungen zum Diskussionsentwurf des BMJ, NZI 2003, S. 292 ff.
Vallender, Heinz/ *Zipperer, Helmut*	Der vorbefasste Insolvenzverwalter – ein Zukunftsmodell?, ZIP 2013, S. 149 ff.
Vallender, Heinz	Die Anordnung der vorläufigen Insolvenzverwaltung, DZWIR 1999, S. 265 ff.
Vallender, Heinz	Die Zeit ist reif – ein Plädoyer für eine Berufsordnung für Insolvenzverwalter, NZI 2017, S. 641 ff.
Vallender, Heinz	Unternehmenskauf in der Insolvenz (I), GmbHR 2004, S. 548 ff.
Vallender, Heinz	Unternehmenskauf in der Insolvenz (II), GmbHR 2004, S. 642 ff.
Walton, Peter	»Inability to pay debts«: beyond the point of no return?, Journal of Business Law (J.B.L.) 2013, S. 212 ff.
Walton, Peter	From the Point of No Return to Crystal Ball Gazing, Insolvency Intelligence (Insolv. Int.) 2013, S. 124 ff.
Walton, Peter	Pre-Packin' in the UK, International Insolvency Review (IIR) 2009, S. 85 ff.
Wee, Meng Seng	Misconceptions About the »Unable to Pay Its Debts« Ground of Winding Up, Law Quarterly Review (L.Q.R.) 2014, S. 648 ff.
Wee, Meng Seng	Understanding commercial insolvency and its justifications as a test for winding up, Lloyd's Maritime and Commercial Law Quarterly (LMCLQ) 2015, S. 62 ff.
Weisgard, Geoffrey/ *Griffiths, Michael,/* *Doyle, Louis*	Company Voluntary Arrangements and Administrations, 2. Aufl. Bristol 2010.
Wellard, Mark/ *Walton, Peter*	A Comparative Analysis of Anglo Australian Pre-packs: Can the Means Be Made to Justify the Ends?, International Insolvency Review (IIR) 2012, S. 143 ff.

Wimmer, Klaus (Hrsg.)	Frankfurter Kommentar zur Insolvenzordnung, 9. Aufl. Köln 2018 (zit. *Bearbeiter* in: Frankfurter Kommentar).
Wischmeyer, Thomas	Der »Wille des Gesetzgebers«, JZ 2015, S. 957 ff.
Wolf, Annika	Promoting an effective rescue culture with debt-equity-swaps? A comparative study of restructuring public companies in Germany and England, Baden-Baden 2015.
Wolf, Manfred/ Neuner, Jörg	Allgemeiner Teil des Bürgerlichen Rechts, 11. Aufl. München 2016.
Wood, John M.	Review of the Regulatory System: How Effective has the Complaints Gateway been?, Insolvency Intelligence (Insolv. Int.) 2018, S. 106 ff.
Wood, John M.	The objectives of administration, Company Lawyer (Co Law) 2015, S. 1 ff.
Wood, John M.	The sun is setting: is it time to legislate pre-packs?, Northern Ireland Legal Quarterly (NILQ) 2016, S. 173 ff.
Würdinger, Markus	Die Analogiefähigkeit von Normen, AcP 2006, S. 946 ff.
Xie, Bo	Comparative Insolvency Law – The Pre-pack Approach in Corporate Rescue, Cheltenham/Northampton 2016.
Xie, Bo	Role of Insolvency Practitioners in the UK Pre-Pack Administrations: Challenges and Control, International Insolvency Review (IIR) 2012, S. 85 ff.
Zanten, Marc van	Auswirkungen des Estro-Urteils des EuGH auf die niederländische Pre-pack-Praxis, NZI 2018, S. 144 ff.
Zipperer, Helmut	»Übertragende Sanierung« – Sanierung ohne Grenzen oder erlaubtes Risiko?, NZI 2008, S. 206 ff.
Zwanziger, Bertram	Die aktuelle Rechtsprechung des Bundesarbeitsgerichts in Insolvenzsachen, BB 2006, S. 1682 ff.
Zwieten, Kristin van	Goode on Principles of Corporate Insolvency Law, 5. Aufl. London 2018 (zit. van Zwieten in: Goode).

Material

Department for Business Innovation & Skills (BIS)	Transparency & Trust – Discussion Paper July 2013 (zit. *BIS, Transparency & Trust*) abrufbar (am 02.02.2020) unter: https://assets.publishing.service.gov.uk/government/uploads/system/uploads/attachment_data/file/212079/bis-13-959-transparency-and-trust-enhancing-the-transparency-of-uk-company-ownership-and-increaing-trust-in-uk-business.pdf.
Frisby, Sandra	Report to The Association of Business Recovery Professionals: A preliminary analysis of pre-packaged administrations, August 2007 (zit. *Frisby Report*) abrufbar (am 02.02.2020) unter: https://www.iiiglobal.org/sites/default/files/sandrafrisbyprelim.pdf.
Graham, Teresa	Review into Pre-Pack Administration – Report to the Rt Hon Vince Cable MP (zit. *Graham Report*) abrufbar (am 02.02.2020) unter: https://www.gov.uk/government/publications/graham-review-into-pre-pack-administration.
Her Majesty's Courts & Tribunals Service	Chancery Guide February 2016 (zit. Chancery Guide) abrufbar (am 02.02.2020) unter https://www.judiciary.uk/wp-content/uploads/2016/02/chancery-guide-feb-2016.pdf.
Insolvency Service	2016 Annual Review of Insolvency Practitioner Regulation, March 2017, (zit. 2016 IP Regulation Review) abrufbar (am 02.02.2020) unter: https://assets.publishing.service.gov.uk/government/uploads/system/uploads/attachment_data/file/605331/Annual_Review_Of_IP_Regulation_2016_final.pdf.
Insolvency Service	2017 Annual Review of Insolvency Practitioner Regulation, May 2018, (zit. 2017 IP Regulation Review) abrufbar (am 02.02.2020) unter: https://assets.publishing.service.gov.uk/government/uploads/system/uploads/attachment_data/file/706354/Annual_Review_of_IP_Regulation_2017.pdf.
Insolvency Service	2018 Annual Review of Insolvency Practitioner Regulation, May 2019, (zit. 2018 IP Regulation Review) abrufbar (am 02.02.2020) unter: https://assets.publishing.service.gov.uk/government/uploads/system/uploads/attachment_data/file/807755/Annex_1_Annual_Review_of_IP_Regulation_2018_Final.pdf.
Insolvency Service	Dear IP (69), Article 26, abrufbar (am 02.02.2020) unter: https://www.insolvencydirect.bis.gov.uk/insolvencyprofessionandlegislation/dearip/dearipmill/chapter1.htm#26.
Insolvency Service	Red Tape Challenge – Consultation (zit. Red Tape Challenge) abrufbar (am 02.02.2020) unter: https://assets.publishing.service.gov.uk/government/uploads/system/uploads/attachment_data/file/244904/rtc-consultation.pdf.

Insolvency Service	Report on the Operation of Statement of Insolvency Practice 16 – 1 January to 31 December 2010 (zit. 2010 SIP 16 Report) abrufbar (am 02.02.2020) unter: https://assets.publishing. service.gov.uk/government/uploads/system/uploads/attach ment_data/file/301179/final_sip_16_report_2010.pdf.
Insolvency Service	Report on the Operation of Statement of Insolvency Practice 16 – 1 January to 31 December 2011 (zit. 2011 SIP 16 Report) abrufbar (am 02.02.2020) unter: https://www.gov.uk/govern ment/publications/statements-of-insolvency-practice-16-sip-16.
Insolvency Service	Review of the monitoring and regulation of insolvency practitioners (zit. IP Monitoring and Regulation Report) abrufbar (am 02.02.2020) unter: https://assets.publishing.service.gov. uk/government/uploads/system/uploads/attachment_data/file/7 75650/Monitoring_and_Regulation_of_IPs_Report.pdf.
Jacoby, Florian/ Madaus, Stephan/ Sack, Detlef/ Schmidt, Heinz/ Thole, Christoph	Evaluierung: Gesetz zur weiteren Erleichterung der Sanierung von Unternehmen (ESUG) vom 7. Dezember 2011 (zit. ESUG-Evaluation), abrufbar (am 02.02.2020) unter: https://www. bmjv.de/SharedDocs/Downloads/DE/News/Artikel/101018_ Gesamtbericht_Evaluierung_ESUG.pdf?__blob=publication File&v=2.
McKinsey/ Noerr	InsO-Studie 2018, abrufbar (am 02.02.2020) unter: https:// www.mckinsey.de/~/media/mckinsey/locations/europe%20and %20middle%20east/deutschland/publikationen/inso%20studie %202018/20180607_inso_studie_final.ashx.
Pre-Pack-Pool	Annual Report 2018, abrufbar (am 02.02.2020) unter: https:// www.prepackpool.co.uk/uploads/files/documents/Pre-Pack-Pool-2018-Annual-report-v4.pdf.
Pre-Pack-Pool	Annual Review 2016, March 2017, abrufbar (am 02.02.2020) unter: https://www.prepackpool.co.uk/uploads/files/documents /Pre-pack%20Pool%20Annual%20Review%202016-17.pdf.
Pre-Pack-Pool	Annual Review 2017, May 2018, abrufbar (am 02.02.2020) unter: https://www.prepackpool.co.uk/uploads/files/documents /Pre-pack-Pool-Annual-Review-2017.pdf.
R3	Evaluation of Industry Measures to Improve Transparency of Connected Party Pre-pack Administration Sales May 2018, (zit. Pre-Pack Evaluation 2018) abrufbar (am 02.02.2020) unter: https://www.r3.org.uk/media/documents/policy/consulta tion_subs/Pre-pack_Review_May_2018_R3_Comments_ FINAL.pdf.
Walton, Peter/ Umfreville, Chris	Pre-Pack Empirical Research: Characteristic and Outcome Analysis of Pre-Pack Administration – Final Report to the Graham Review April 2014 (zit. Pre-Pack Empirical Research) abrufbar (am 02.02.2020) unter: https://www.gov.uk/govern ment/publications/graham-review-into-pre-pack-administration.
Wessels, Bob/ Madaus, Stephan (Reporter)	Rescue of Business in Insolvency Law – Instrument of the European Law Institute (zit. ELI-Report), abrufbar (am 02.02. 2020) unter: https://www.europeanlawinstitute.eu/fileadmin/ user_upload/p_eli/Publications/Instrument_INSOLVENCY.pdf.

Sachregister

KTS Schriften
zum Insolvenzrecht

Herausgegeben von
Reinhard Bork und Rolf Stürner

Band 64

Die Insolvenz der Arztpraxis

Von Leonie Sievers

2020. XIV, 202 Seiten. Kart.   ISBN 978-3-452-29583-5

Band 65

Pre-Packaged Deals

Die Regulierung vorgeplanter, vorzeitiger Unternehmensverkäufe in der Insolvenz
in England und Deutschland

Von Jasper Bothe

2020. XVI, 248 Seiten. Kart.   ISBN 978-3-452-29687-0

Carl Heymanns Verlag